西方传统 经典与解释
Classici et commentarii
HERMES

HERMES

在古希腊神话中，赫耳墨斯是宙斯和迈亚的儿子，奥林波斯神们的信使，道路与边界之神，睡眠与梦想之神，亡灵的引导者，演说者、商人、小偷、旅者和牧人的保护神……

西方传统 经典与解释
Classici et commentarii
HERMES
施米特集

刘小枫●主编

施米特的学术遗产
Der wissenschaftliche Nachlass von Carl Schmitt

朱晓峰●编

朱晓峰 张洁 等●译

华东师范大学出版社

华东师范大学出版社六点分社　策划

出版说明

1985年，卡尔·施米特以96岁高龄逝于慕尼黑，盖棺被定论为"20世纪最重要的政治思想家"。施米特的写作生涯长达60余年（第一篇文章发表于1912年，最后一篇文章发表于1978年），在20世纪诸多重大政治事件中扮演了引人注目的角色。虽然有"20世纪的霍布斯"之称，实际上，施米特代表的是欧洲古典文明的一个重要传统：源于罗马法和基督教会法的欧洲公法传统。古希腊孕育了西方的哲学传统，古罗马和中世纪孕育了西方的法学传统。晚年施米特曾这样自况："我是欧洲公法最后一个自觉的代表，是它最后一个生存意义上的教师和学者，我经历着它的终结，就像蔡伦诺经历海盗船航行。"西方学界承认，施米特堪称"最后一位欧洲公法学家"。

施米特还是一位极富现实斗争精神的公法（宪法和国际法）学家。本着欧洲近代法学传统，施米特从公法法理和法理思想史两个层面对现代的代议民主制及其理论做了令人印象深刻的批判性探讨。即便自由主义政治思想大家也承认，施米特乃"宪法和公法领域最重要的人物"（阿伦特语），其论著"最具学识且最富洞见力"（哈耶克语）。自上世纪90年代以来，施米特的研究文献已经远远超过韦伯，以至于西方学界业内人士断言，施米特的思想分量已经盖过韦伯。

"施米特文集"以编译施米特论著为主（由世纪文景出版公司出版），也选译有代表性的研究文献（由华夏出版社和华东师范大学出版社出版）。文集自2004年面世以来很快受到我国学界广泛关注（已经面世的四种在2006年重印），由于受当时的出版规划限制，其中三种论著的编排过于局促。这次重印，我们对已经刊行的四种做了重新校订，调整了其中三种论著的编排，并增加了若干新选题，以期文集更为整全地囊括施米特一生的要著。

古典文明研究工作坊
西方典籍编译部乙组
2013年5月

目 录

编者说明 / 1

第一编　施米特研究状况 / 1

夸里奇　如何看待施米特其人及其作品 / 3
梅德姆　施米特的学术遗产 / 15
施瓦布等　就梅德姆报告的谈话 / 21
托米森　学术传记的砖石材料 / 24
施瓦布等　就托米森报告的谈话 / 70
施瓦布　英语学界施米特研究之进展 / 77
本德斯基等　就施瓦布报告的谈话 / 96

第二编　政治处境中的施米特 / 101

本德斯基　《政治的浪漫派》:学术批判与持久的
　　　　　学术影响 / 103
胡贝尔　魏玛末期联邦危机中的施米特 / 138

胡贝尔等　就胡贝尔报告的谈话 / 158
霍恩达尔　对1940年之后战争与和平的反思：悭格尔与施米特 / 180

第三编　政治思想处境中的施米特 / 211

舒尔曼　施米特对自由宪政主义的批判 / 213
本哈碧　施米特对康德的批判：主权与国际法 / 238
加缪等　施米特与托克维尔论民主时代的政治未来 / 269
汤姆森　施米特：20世纪的霍布斯主义者？ / 304
马尔基　无价值的规范：对施米特《价值的僭政》的哲学反思 / 331
鲁　本　施米特与对法律战的批判 / 345
贡　捷　从"政治的神学"到"政治的宗教" / 366

编者说明

施米特研究如今已经成为国际显学，原因可能很简单：施米特的著述所关注的问题与当今世界各国所面临的内政秩序和国际政治冲突难题仍然有令人惊讶的现实相关性。因此，继刘小枫教授编选的两部研究文献（《施米特与政治法学》和《施米特与政治的现代性》，华东师范大学出版社）之后，我们再广泛收集材料，编选了这部研究文献，希望我们的施米特研究能够跟上域外研究的进展。

本书共辑录十四篇域外学者关于施米特研究的学术论文和四篇相关的谈话，根据题材和内容共分三编。第一编"施米特研究状况"收录四篇论文和三篇谈话，其中包括施米特研究的一些权威人士如德国国家档案馆馆长梅德姆（Eberhard von Medem）博士、美国学界最早研究施米特的施瓦布（George Schwab）教授和长期致力于编辑施米特文献的托米森（Piet Tommissen）教授的文章和谈话。第二编"政治处境中的施米特"收录三篇论文和一篇谈话，其中包括曾与施米特共事的胡贝尔（Ernst Rudolf Huber）教授的报告和英文版施米特评传的作者本德斯基（Joseph W. Bendersky）教授的文章。

第三编"政治思想处境中的施米特"收录七篇论文，作者涵盖的国家较为广泛：舒尔曼（William E. Scheuerman）、本哈碧（Seyla Benhabib）和鲁本（David Luban）是美国的大学教授，加缪（Anaïs Camus）是比利时布鲁克塞拉斯自由大学教授，斯多摩（Tristan Storme）是牛津大学教授，汤姆森（Jacob Als Thomsen）是丹麦罗斯基勒大学教授，马尔基（Paola Premoli De Marchi）是意大利帕多瓦大学教授，贡捷（Thierry Gontier）是法国里昂第三大学教授，由此可以看到施米特研究的国际性。

本书题材广泛，翻译难度不小。幸赖我们有一群志趣相投的朋友，共同热情地投入艰难的翻译工作，他们是：中央财经大学法学院朱晓峰博士，德国波恩大学罗马法与比较法研究所张洁博士，德国洪堡大学在读博士生杜晓明，德国波恩大学罗马法与比较法研究所在读博士生夏昊晗，中国人民公安大学曾文远博士，广西师范学院政法学院张兴娟博士和白雪松博士，中国政法大学比较法学研究院在读博士生王萍和钟云龙，央视国际视频通讯部编辑张佳静女士以及中央财经大学法学院在读硕士生贾泽。朱晓峰、张洁和张佳静统校全部译文。

朱晓峰
2015 年春

第一编 施米特研究状况

如何看待施米特其人及其作品

夸里奇(Helmut Quaritsch)著
张洁、杜晓明 译 朱晓峰 校

一

1986年3月19日,贝尔丁(Helmut Berding)在海涅之家(Pariser Maison Heinrich Heine)主持了一场关于施米特(Carl Schmitt)的讨论,参加者有松特海默尔(Kurt Sontheimer)和陶伯斯(Jacob Taubes)。开始讨论前,贝尔丁援引了施米特两篇众所周知的文章:《领袖守护法律》(Der Führer schützt das Recht,1934)和《德国法学对犹太幽灵的斗争》(Die deutsche Rechtswissenschaft im Kampf gegen den jüdischen Geist,1936)。当陶伯斯表示,他将施米特视为"一位学识渊博的天主教思想家"时,松特海默尔明显失去了耐心,他用尖锐的提问打断陶伯斯详尽感人的告白,他问道:"施米特是不是一个反犹太主义者?"[1]撇开对陶伯斯这个"蠢犹太人"(陶伯斯自称)提出这个问题是否合适不谈,松特海默尔的诘问还暗含着这样一个问题:如果施米特是一个反犹太主义者,那么,他于1910年至1978年所写的40本书、200篇学术论文及文章

---

[1] Jacob Taubes,《向施米特致敬:逆流而上》(*Ad Carl Schmitt-Gegenstrebige Fügung*, Berlin,1987),页52。

意味着什么？下面我们就来回答这个问题。

是否要研究施米特以及如何展开对他的研究，我想通过迂回的方式一步步向读者揭示这个问题的答案。为此，首先，我想请读者诸君做一个这样的设想，假设我们的讨论会是在巴黎召开，开会的时间回溯到了 1597 年，会谈的主题是法国法学家博丹（Jean Bodin），他在会议的前一年即 1596 年就已经在里昂去世，终年 66 岁。根据 1986 年关于施米特研究的讨论会的模式，关于博丹的讨论①将这样展开：

（一）博丹难道不是一个实足的机会主义者吗？他在 1586 年拉丁文本的《共和六书》中，难道没有用 30 页篇幅来论证《撒利安法》（Lex Salica）中的法国王位继承权吗？他没有在 3 年后最后一个瓦卢瓦（Valois）被谋杀后，在法国王位继承战争爆发时，试图违反《撒利安法》而替天主教另立的伪帝波旁（Karl von Bourbon）所谓的王位继承权辩护吗？在辩护时，他没有以法国国王必须是天主教徒这一决定性的信仰，来废除他自己刚刚提出的近代主权国家的世俗政治体系吗？

答案：有，并且他的行为使他沦为失败者一方的成员：根据《撒利安法》，亨利三世（Heinrich Ⅲ）的法定继承人那瓦拉-波旁（[Heinrich von Navarra-Bourbon]，即亨利四世[Heinrich Ⅳ]）成了法国历史上最伟大的国王之一。②

---

① 此处所述事实在博丹文献中毫无争议，因此不再进一步论述。各个主题的相关文献最终为夸里奇所证明：《主权：该概念在十三世纪至 1806 年间法兰西王国和德意志地区的形成和发展》（Souveränität-Entstehung und Entwicklung des Begriffs in Frankreich und Deutschland vom 13. Jh. Bis 1806, Berlin, 1986），页 70 及以下。
② 施米特关于博丹评论的第二部分旨在指出其作为失败者的事实，1946 年夏天，他意欲通过对博丹的评论描述自己的命运："他经常走进他的国家和他那个时代的内政火线，干预危险的局势，往往陷于生命危险，而且，死前不久又在错误的时刻投靠错误的一方。他因而葬送了他毕生工作的实际利益。"《从图圄获救》（Ex Captivitate Salus, Köln, 1950），页 65。[译注]中译见施米特《从图圄获救》，载施米特《论断与概念：在与魏玛、日内瓦、凡尔赛的斗争中（1923—1939）》，朱雁冰译，上海：上海人民出版社，2006，页 356。

(二)更糟糕的是:博丹没有通过将唯一真正的基督教信仰同犹太教邪说、穆斯林及其它异教崇拜相提并论而亵渎耶稣基督吗?

答案:有。毫无疑问,博丹在其写于1587年至1593年的《七贤聚谈》一书中对基督教教义进行了彻底的批判。如果该作品在其有生之年出版,那么,博丹在任何一个欧洲国家都将被处以火刑。该书直到19世纪中期才得以出版。

(三)教皇及众多虔诚的国王及亲王没有禁止博丹所有的著述吗?

答案:有。直到1841年,博丹出版的所有作品都还在天主教的禁书目录上。

(四)博丹没有肆无忌惮地将神圣罗马帝国斥为一个贵族的王侯共和国吗?

答案:有,并且他还影响了17世纪君主制下的法学家们,以致于现今国家法教师联合会的一名成员还认为,瑞士并非民主国家,它更多的是被苏黎世银行家及巴塞尔化学工厂大股东的寡头所统治。

(五)博丹没有号召抓捕巫师和女巫吗?当德国医生魏尔(Johann Weyer)首次尝试证明女巫审判既不正义又没有意义时,博丹没有通过出版一本大部头的关于巫术及妖术的研究性书籍而对这一工作加以破坏吗?当巫师和女巫们拒绝认罪时,博丹没有要求对他们施以刑讯吗?他没有坚持要处死女巫?他不愿将年仅14岁的女巫处以火刑吗?

答案:有。《巫师的魔法狂热》一书出版于1580年,在法国再版14次,德语和拉丁语4次,意大利语3次;最后一次(德语)出版于1698年,与之相比,终版于1641年的《共和六书》就没有取得这样的成功。对发生在16世纪末及17世纪的女巫迫害,博丹应共同承担理论上的①责任。

---

① [译注]原文为:intellektuell mitverantwortlich,intellektuell为有理智的,有才智的意思,结合上下文此处意为博丹为女巫迫害提供理论上的辩护,因此译为"理论上的"。

1985年5月19日,松特海默尔在《时代周刊》上发表了《施米特讣告》,如果将该讣告中的名句稍加修改,那它就是对1597年在会谈上所提出的尴尬问题以及对应的让人痛心的答案所作的结论:谁把正统的基督教和神圣的教会母亲置于心中,谁热爱并珍视帝国和王国以及它们所带来的秩序和自由,谁与所有开明人士一起同迷信和对无辜者的司法谋杀作斗争,谁便不需要博丹。①

但是,现在没有一个严肃的学者会冒险得出这样的结论。博丹毫无疑问可以跻身于欧洲早期思想史中的伟大人物之列;我们也承认,他开启了法学的国家理论的新纪元。因此"我们不需要博丹"这一结论是错误的。我们做出这样的结论是没有问题的,因为现在我们可以嘲笑德国法学家对德意志帝国国家形式的担心,因为我们感到《七贤聚谈》的信仰怀疑论很时髦,甚至使人心生好感,因为我们对博丹在法国内战前后的矛盾表现不感兴趣,对于今天的我们而言,著有女巫著作的博丹与因此将博丹称为魔王律师的严肃的伏尔泰没有区别。"我们不需要博丹"这一结论之所以错误,是因为它限制了我们审视博丹及其作品的视角,在这种受限制的视角下,我们只关注博丹的作品如《巫师的魔法狂热》一书中观点错误的那一部分,只关注展现其作为主流神学与法律观念的狂热追随者的那一部分。这种观察视角无视博丹有关欧洲国家理论中的大部分积极内容,使其作品的整体学术性无法得到正确评价。② 谁把博丹仅仅视为机会主义者、背叛者、专制主义的宪法破

---

① [译注]松特海默尔箴言原文为:"我不明白,为什么对施米特作品的研究对于理解人民民主的宪政国家不可或缺。谁真正关切自由的民主,谁便不需要施米特。"此处自由的民主原文为:Wem die liberale, das heißt: die freiheitliche Demokratie am Herzen liegt. 因 liberal 和 freiheitlich 在中文中皆为自由的意思,所以此处直译为自由的民主。

② 这一观察视角的局限在松特海默尔的表述中体现得尤其明显:"之后在纳粹时期他亦不愿妨害当权者利益,如此除了将施米特视为民族主义独裁的精神开路者、法律上的辩护者及追随者,我们没有在他身上发现什么其他已知的一面。"

坏者以及女巫迫害者,那么谁便不能做出正确的学术判断。"我们不需要博丹"仅是一个政治道德上的判断,正如吕贝(Hermann Lübbe)在一个类似的关系中所讲述的,态度战胜了判断力。①

谁基于《德国法学家报》1934 年及 1936 年的两篇文章展开关于对施米特的讨论,谁就已经在先入为主地追求一个政治判断,它确立的前提仅仅是控诉者对反犹太②犯罪者的诘问。

施米特和博丹行为方式的一致性,既激动人心并且近乎令人愉快,又让人悲伤:在 1936 年的演讲中,施米特通过将一批已逝的及在世的同僚斥为仇视帝国的自由主义犹太人代表,意欲将他们排除出学界。松特海默尔及其他狂热者总在施米特背后大声呼喊其所有真实及臆想的新杀人罪孽,他们与普鲁士议会在 1936 年所持的观点相同:把纳粹御用法学家及反犹主义者的施米特宣布为敌人。无论是 1936 年还是 1986 年的观点都可以确立这样的认知,该认知我仅需通过引文给出:

> 任何宗教、道德、经济、种族或其他领域的对立,当其尖锐到足以有效地把人类按照敌友划分阵营时,便转化成了政治对立。③

毫无疑问,在当今社会,无人会企图谋害其政治上的学术敌人,至少在我们这里无论如何也不会发生这样的事情。但记录抹煞之刑(damnatiomemoriae)却可以扼杀一位作者的作品,因此,基于这种关联,我们至少可以借用一下施米特的政治概念:朋友与敌

---

① Lübbe,《政治的道德主义:态度对判断力的胜利》(*Politischer Moralismus. Der Triumph der Gesinnung über die Urteilskraft*, Berlin, 1987)。

② [译注]原文为:mit der rhetorischen Frage, die rhetorische Frage,意为反问,是为了使问题生动而提出的不必回答的问题。

③ Schmitt,《政治的概念》(*Der Begriff des Politischen*, 2. Aufl., Berlin, 1987),页 37。
[译注]中译见施米特,《政治的概念》,刘小枫编,刘宗坤等译,上海:人民出版社,2004,页 117。

人的区分并不属于学术的范畴;如果将这种区分移植于其它层面,它将使所有方法上的真理求索变为泡影。敌人是没有认知能力的,他们那里没有任何值得一学的东西,更糟糕的是,其作品有害:Qui mange du Schmitt,en meurt[谁吞食施米特,谁就死]。拒绝阅读本雅明(Walter Benjamin)及其他马克思主义者作品的资产阶级学者,正是这样思考的;当布莱希特(Bertolt Brecht)出演时便使其长期戏票[暂时]失效的资产阶级戏剧观众,也是这样做的。

谁从学术的角度研究施米特,谁就必须这样观察其人及其作品,即把他视为是在 1596 年去世,而不是 1985 年。施米特在魏玛民国以及第三帝国时期的行为和他所支持的观点,仅在当时的历史背景下具有重要意义,除此之外就只有传记意义了。对于传记工作而言,人们不能忽视与之相似的博丹①的例子:伟大的、边缘性的以及不可理解的东西,可能同时存在于一个头脑中。一个天才式的人物不能因其做了几件蠢事就变得"无趣"甚或成为笨蛋,即便这些事在我们现在看来仍同样极其愚蠢。②

施米特作为 1919 年至 1945 年间的政治人物,是历史及传记研究的对象。但在他的著作中,施米特是作为学术世界的主体,以及作为《论专政》、《政治的浪漫派》、《国际联盟的核心问题》、《宪

---

① 施米特感到与博丹和霍布斯(Hobbes)这两位内战中的思想家最为亲近:"但他们二者的思维和措辞对我而言熟悉的如同一个兄弟的思维和表达方式。"参见:《从囹圄获救》,前揭,页 63—68,64。[译注]中译见施米特《从囹圄获救》,前揭,页 355。

② 仅有施米特案例促使我使用这个本来浅薄的措辞。我称它浅薄,因为其他有地位及声誉的作者在世时几乎不会,去世后完全不会被添上施米特式的"愚蠢",例如布洛赫(Ernst Bloch)、耶克尔(Hartmut Jäckel)在 1987 年 6 月 15 日及 16 日于柏林科学研究院举行的施米特学术座谈会上针对施米特的文章《领袖守护法律》的那些措辞非常恰当并准确的与布洛赫出版的对 1936/37 年莫斯科公审及对 1956 年匈牙利起义的镇压的意见相配:"可恶的行为配可恶的注脚……一个难以理解的无情的自我伤害的行为。"克嫩(Gerd Koenen)将以上所指的布洛赫的文段与一长系列的 20 世纪普受尊敬的思想家的类似大论编纂为《伟大的歌曲》(*Die grossen Gesaenge*,Frankfurt/M.,1987)一书(见布洛赫,页 71 及以下,157)。

法学说》、《政治的神学》、《政治的概念》、《机构的保障》、《向歧视性战争概念转变》以及《大地的法》的作者,出现在我们面前的。

我们不需要这样的施米特吗?

二

我想通过名人轶事以及统计方式来回答这一问题。

1952年的耶路撒冷:正因为以色列司法部长罗森(Pinchas Rosen)[前任部长:罗森布鲁特(Fritz Rosenblut)]让士兵从以色列大学图书馆取出《宪法学说》,才使得陶伯斯得到该书;罗森在制定《以色列宪法》的相关工作时需要这本书。①

1954年的波恩:纳粹的受迫害者、50及60年代②联邦议会中社会民主党的首席法学家阿恩特(Adolf Arndt),在传唤施米特作为污点证人时说道:"这是一个……应归功于施米特的认识",该认识指的是宪法及宪法法的区别,以及施米特在1932年发表的《合法性与正当性》一书中所阐述的对修宪的立法者的不成文限制理论。③

---

① Jacob Taubes,《向施米特致敬》,前揭,页19及66。
② 其生平(1904—1974年)见:阿恩特,《法学著作文集》(*Gesammelte juristische Schriften*, E-W. Böckenförde, W. Lewald 编, München, 1976),页439及以下。
③ 联邦议会,第二届立法周期,法制与宪法法律委员会于1954年2月19日第7次会议;会议中商讨了在《基本法》中国防法规的建立。速记会议备忘录第63页的记录原文如下:"……第79条(《基本法》)仅规定了一个受限的宪法修改或补充权限。如果在宪法中不存在第79条,那么将另外存在一个宪法修改的实质性界限。这是一个应归功于施米特著作的认识。我完全没有传讯魔鬼的顾虑;因为总是否定的力量有时亦会成为创造美好事物的动力。施米特或恺格尔或其他诸如此类的从事于猛烈撕毁错误概念的人们通过清除废物这种方式起到了一种完全积极的历史性作用[议员麦卡茨(von Merkatz)博士:这里废物亦被清除!]——哦不,因为废物成堆,以致于施米特的这一认识在学术上至今亦绝对值得注意。他的成就不仅在此,宪法原理至今仍遵循着他的理论。纯粹实证主义的、人形式上可做所有事情的见解,现今恰恰亦因民族主义时期的经历证明站不住脚。"这一文段的获知,我谨感谢我敬爱的老师伊普森(Hans Peter Ipsen)的指点。

1967年的柏林:法国复兴黑格尔主义的发动机科耶夫(Alexandre Kojève),在从北京至巴黎的回程中,在柏林短暂停留,他向目瞪口呆的陶伯斯解释说,他还准备前往普莱腾贝格去见施米特,他说:"否则,在德国还能与谁交谈?"①

统计:一个政治法学家重新统计了1949年至1982年举行的"德国国家教师联合会"年会上的报告,报告人频繁引用施米特和赫勒(Hermann Heller)的作品,后者在魏玛时期属于国家法教师中具有新奇头脑的人物,是犹太国家法教师,也是社会民主人士,于1933年11月在流亡中去世。这个所谓的引文分析的结果看起来颇符合我们的期待:在被统计的66篇文章(报告)中,施米特在1934年以前出版的作品被引用了213次,赫勒的被引用了72次。赫勒很少作为所谓的反面引文出现,将他作为反面引文的仅有6次,而施米特则被否定了63次。②

对此,我们的分析家认为:就当今的国家法学讨论而言,施米特的著作显然比赫勒的著作更具有意义并更为重要。③ 如果考虑到某些同仁对施米特作品的畏惧或至少对引用其作品的恐惧,再考虑一下本次统计所没有掌握的数字,那么,这幅引注图景看起来可能要比这里所描述的还要清楚。1932年,在德意志联邦国家最

---

① Jacob Taubes,《关于施米特:违反追求的命运安排》,前揭,页6;第二种表述,页24:"那么在德国还应去哪里?"
② 完整的:213个施米特引文,72个赫勒引文,其中各自有36个及11个为"中性"引文,仍剩余177及61个引文。肯定性援引施米特114条,否定性的援引63条;赫勒的是55比6。这个引文分析家从谁作为报告人引用赫勒"谁对国家的理解必定更为积极"中得出(上述)结论,参见:Rüdiger Voigt/ Wolfgang Luthardt,《持不同政见者和大学者:德国国家法教师联合会会刊的引文分析》(Von Dissidenten und Klassiken. Eine Zitationsanalyse der Veroeffentlichungen der Vereinigung der Deutschen),见:Historische Soziologie der Rechtswissenschaft, E. V. Heyen 编,Ius Commune, Sonderheft Nr. 26(1986),页135及以下,页143。
③ Rüdiger,《持不同政见者和大学者:德国国家法教师联合会会刊的引文分析》,前揭,页143。

高法院的诉讼中,赫勒作为普鲁士布劳恩-泽韦林(Braun-Severing)政府的律师站在了正确一方的阵营,作为巴本(von Papen)政府诉讼代理人的施米特则站在了错误一方的阵营——或者我再次引用下面的话说,那就是,赫勒已被证明是"目光敏锐的法西斯阴谋活动的观察者及民主社会主义的热心代理人"(同上,页154),但这对于学术工作及争论却无关紧要。

名人轶事及统计学上的结论:就像某个抵制施米特政治理论标准学说的国家法教师所注意到的那样,公开使用施米特的作品,仅仅是把它作为批判的试金石。然而,这位教师又补充说:"就好像中立的评价一样,这些作品可以在批判中大量使用。"①

为了满足我所提出的假设要求,即施米特逝于1596年并以此为基点对他进行讨论,那么,也许把评论施米特的时间放在未来,放在2377年会更简单一些。如果情况确实如此,那么届时人们将怎样谈论以及描述施米特呢?我坚信:就像我们现在对待博丹那样,届时人们在谈论和描述施米特时,既不会有视角的限制,也不存在不良氛围。当今的学者们在客观性以及放弃责难的感情上存在困难时,实际上至少已经能够通过理智的努力,通过有意识的控制感情而持一种有所保留的立场,这种立场因时间的流逝而产生。这样做有两个优点:我们不会在一开始就拒绝一种有用的知识给我们所带来的益处,并且对后世而言,我们的形象也不会因为极小的瑕疵而被玷污。

对于因时间距离而产生的立场而言,施米特是否已经达到了博丹所处的思想史上的高度并不重要;如今,谁能确定无疑的对施米特在思想史上的高度予以肯定或否定的回答?每个学术作品都

---

① Herbert Wehrhahn,VVDStRL 15(1956),页43,脚注26;同样为福格特(R. Voigt)所引用,《持不同政见者和大学者:德国国家法教师联合会会刊的引文分析》,前揭,页151。

有其自身的价值,学术界在阅读它时,需要摒弃个人的好感与受时代局限的情感。较差级别的作品只会被遗忘,它不会给咒骂及禁阅提供辩护。低下的精神自然会被遗忘,对此无需他人要求。

三

我把以上考虑归纳为几个正确评价施米特的"指导原则",并尝试概括如下:

(一)对于如何研究施米特,人们的意见存在分歧,对此有三种立场:

1. 施米特因其对纳粹政府提供的无法辩驳的学术上的支持,所以他从开始就是一个罪犯。在所谓的摆脱过去的范围内,他的作品或多或少成为了学术研究或谴责的对象。作为《领袖守护法律》与《德国法学对犹太幽灵的斗争》的作者,他不能期待无罪释放、减罪或因已过追诉时效而免于起诉。他或被评价为一个彻头彻尾的机会主义者,或被认为是易受骗的知识分子的典型,或被评价为一个从公民思想家突变为给法西斯背书的思想家的典型,或被评价为具备以上所有特征的人。但是,只要对第三帝国的评价属于学术界的任务以及属于德国人的自我查证,那么在这种视角下,对施米特的研究,无论如何都具有重大意义。

2. 主要是法学家,他们就像阅读引用拉邦德(Laband)、安许茨(Anschütz)的作品或联邦最高法院的判决那样,来阅读引用施米特于1933年以前或1945年以后发表的著作及文章。对使用这些作品的人而言,作者个人的品格及政治纠葛,就像那些撰写及签署联邦最高法院判决的人一样,无关紧要。起决定作用的仅仅是:这一观点正确抑或错误?

施米特的作品在其法律专业同行那里获得持久生命力的原因,不仅是因为前面所说的引注习惯,而且还因为其持久的魅力。

例如,其专为魏玛民国宪法所著的《宪法学说》(1928 年,1983 年第 6 版)一书经久不息的生命力在于,它和思想史与现行法的联系,这种联系在当时不被人所知,并且至今仍未被超越。此外,对于国家法、国际法与欧盟法中有现实意义的问题,施米特对它们或多或少的关注,也引起了人们的注意。但是,如果排除时代性的诱因与使用(例如"具体的制度思维",特别是发表的公法意见)外,前述论断在多大程度上还适用于其在 1933 年以后出版的作品,仍然有待研究。

3. 同施米特的法律作品相联系的或从其中分离出来的国家与政治学理论,逐渐成为了批判的对象,这种批判并没有从一开始就对相关作品或理论进行否定或定罪型的研究。在国际上,未来对施米特研究的重点亦在于此。

(二) 对施米特的学术性研究遵循如下准则,即真相只有在被发现的地方才能被认识。[①] 时刻准备融汇别人思想中的有益因素,就是意味着削弱或背叛,这只是对那些狂热者[②]来说的。就像博丹的例子所表明的那样,施米特并不是欧洲思想上第一个集发现、边缘化与无法理解于一身的例子。

(三) 作为政治思想家,施米特是一个境遇思想家。他没能提出一套完整的体系。命题与解释反映了他自 1914 年开始在德国的例外情况中的观察和体会。

(四) 施米特身上有四重"烙印":他是 19 世纪意义上的天主教徒(不是自由主义者),他是民族主义者(他认为 1919 年的凡尔赛条约可耻),他是国家主义者(即不从"社会"角度考虑问题),他

---

① 这一句子仅是表面上不证自明的,即便该句自从中世纪神学家接受了异教哲学后就为我们所熟悉。在我们这个时代,吕贝试图说服左翼去研究格伦(Arnold Gehlen)。参见《法权与制度》(*Recht und Institution*: *Helmut Schelsky-Gedaechtnissymposion*. Münster,1985)。
② [译注]宗教的或政治的狂热者。

是唯美主义者(正如教授们所评价的,他时常为了文学的形式及公众影响而放弃"学术上恰当而透彻的"表述)。

（五）谁要评价施米特的作品并使用其观点,就必须考虑施米特眼中的政治形势以及其个人的可以影响其视角和结论的思想烙印。

施米特的学术遗产
——关于杜塞尔多夫国家档案馆馆存内容一览及对外开放信息

梅德姆(Eberhard Frhr. von Medem)著
张洁、杜晓明 译 朱晓峰 校

显然,在《六秩咏》之后的短短几年内,施米特就致力于其学术文献在将来的保存和保护问题。就像其遗物中的往来信件所显示的那样,早在1953年,他就已经为这件事情与科布伦茨联邦档案馆建立了联系。他的兴趣重点似乎很少在于藏书,更多关注的是其著作文献、日记以及内容丰富的信件、手稿和私人笔记的保护。联邦档案馆的提示表明,在那里,人们可以把施米特用加贝尔斯贝格速记法撰写的日记和工作笔记改写为正常文字。1945年,柏林的美国占领军没收了施米特藏书(大约3300册)中的大部分,到1952年才归还。施米特将这些藏书存放在美因茨欧洲历史研究所的洛茨(Lortz)教授那里,后来仅将少数珍品带回普莱腾贝格的,其余的都在1954年卖给了旧书店。随着时间流逝,在普莱腾贝格,新收藏的书逐渐又丰富起来。1958年,当时的联邦档案馆馆长温特(Winter)博士给施米特送去一个协议草案。施米特与温特就此草案持续磋商了多年,后来,德国联邦议会图书馆的格罗斯(Johannes Gross)询问的结果是,该草案最终没有签署,在70年代初以失败告终。在此期间,作为比勒菲尔德大学行政机构确定的负责人,我根据博肯菲尔德(E.-W. Böckenförde)教授的建议,征求施米特的意见,可不可以把在此期间重新丰富起来的藏书转让给比勒菲尔德大学。波鸿-鲁尔大学也提出了同样的提议,施米特拒绝了这一提议,也拒绝了我的提议。我当时第一次听说,他考虑将其学术遗产交给他特别信任的国家档案馆收藏。70年代,同样想获得这些藏书未来归属权的明斯特大学图书馆曾与施米特磋商,也没有取得积极成果。

1975年6月5日,设在杜塞尔多夫的国家档案馆馆长扬森(Janssen)博士同施米特签订了保管合同,该合同确定,施米特保留所有权和随时要求归还权,在此前提下,施米特的文字遗产以及学术藏书出借给该档案馆。对施米特移交的档案以及藏书,国家档案馆有义务像对待其他馆藏一样谨慎且无偿保存,并尽快重新整理。合同还确定,第三者只有经施米特书面同意或者其委托人书面同意才能使用这些文献。国家档案馆还获得了优先购买权。至此,施米特的学术遗产找到了一个新家。我在其收藏中发现了一封信,是明斯特大学图书馆馆长哈勒尔(Haller)教授在此事之后写给施米特的,信中写道:"尽管我们为此对档案馆心怀妒意,不言而喻,我们尊重您的意愿。"

不久以后,现存于北莱茵威斯特法伦州国家档案馆中三分之二的藏书被放在档案馆连续编排至328号的制式档案箱中,被运送到杜塞尔多夫国家档案馆存放,编号是RW265。剩余的藏书,即只要施米特健康状况允许便仍在使用的藏书,直至其去世前才被放在编号329至500的档案箱中被运送到杜塞尔多夫存放,显然,施米特自己已经不能再继续使用这些藏书。施米特的全部收藏包括书籍、杂志(专业的,也有《明镜周刊》、《资本》)、特刊、手稿与长条校样、往来信件、日记、私人笔记以及各类研究资料,特别是为特定题目收集的剪报。在收藏中还发现了三卷广播谈话录音磁带,分别是施米特于1970年3月3日同什克尔(J. Schickel)关于巴尔（Hugo Ball）的谈话,他于1971年1月25/26日以"游击队员：朋友-敌人"为题所做的谈话,以及他于1972年2月6日同格罗（Dieter Groh）与菲格（Klaus Figge）关于《同代人》的谈话。施米特很多藏书中都包含有其所做的附件与注释,绝大部分以速记法写成,但也有手写稿。其中,为数众多的是出版物、工作资料,也有整编成卷的书信与私人笔记,施米特给它们配上了特定的题目标识,例如《政治的概念》、《大地的法》以及《空间和大空间》。标有国别的卷宗如《美国》、《希腊》、《法国》,这些卷宗中的大多数都包含了同施米特作品翻译相关的资料以及往来的信件。有单独的四箱专门存放施米特出版的其它作品、同恽格尔（Ernst Jünger）的往来信件,以及有关恽格尔的和他同施米特之间紧密联系的资料。很多卷帙包含了施米特私人的各种各样的资料,如1932年"普鲁士-民国"诉讼（附有以速记法记录的庭审笔记）和1947年"纽伦堡诉讼"[此外还有其对肯普纳（R. Kempner）所提问题的意见草稿]。也有非常私密,且附有标题的文件夹,如"一个受伤的名誉"或"你是谁——为了帮助提问者——真实的传记"。就像在其日记中也会发现的评论一样,它们是施米特,尤其在其后半生因那些反对他的、时常中伤以及歧视性的批判而忍受精神上的伤感、孤独与抑郁的感人证明。

很多文件夹都标有与施米特有特别联系人的名字。施佩耶尔的名字在这些文件夹中占有很大比例。据笔者查证,也不能排除与这些人有关的重要档案可能会在其它地方出现。在之后的几年里,施米特似乎也从单独的卷帙或文件夹中抽出档案而将其归于其它类别当中。这在信件类中似乎表现的尤为明显。它们有一部分被放在施米特标有人名、时间或"美好或有趣的信件"的文件夹当中。这些信件中的大多数没有整理。文件夹的人名标识也并不意味着,所有与该人名相关的信件都包含在该文件夹内,也不表明这里不会出现其他人的信件。这一现象同样也出现在以时间为标识的文件夹中。对这些信件细致的登记或者归类,只能在耗费大量时间的前提下才有可能完成,但这却是一项特别重要的任务,例如,如果人们想查看收藏中所包含的施米特与恽格尔在1930年至1960年这一特定时段的往来信件。往来信件中的其余部分,几乎都是施米特收到的信件。其中仅有少量的施米特信件的复制本或回信草稿,它们偶尔也会出现在1947年至1951年施米特以普通德语写成的日记《语汇》中。

对于杜塞尔多夫国家图书馆而言,它只能将这一数量巨大、内容丰富的各式各样的收藏,像其在普勒滕贝格—帕泽尔被委托的工作人员接收时所发现的那样,依照保管顺序(也是杂乱无章的)自然地存放在档案箱中。这些档案箱上只有粗略的指示性的关键词语,由于档案工作的压力,对于它们的系统统计工作还没有展开。1984年2月1日施米特通过公证授权凯泽(J. H. Kaiser)教授行使一切与其学术遗产有关的权利之后,当我在帕泽尔拜访他之后,他请求我出于登记杜塞尔多夫国家档案馆中所保存之藏书内容的可能而查阅这些藏书。在主管档案委员会的指导下,我第一次查阅了这些藏书。1984年底,国家档案馆的领导给我分配了一间工作室,在这里,直到1985年夏,我才完成了密密麻麻长达六十二页的概览,是编目形式,内容丰富。我当时的出发点是:

一、鉴于整个藏书规模及其特别的专业广度(涉及国家法、宪法与公法、政治学尤其是政治神学、社会学、文艺学、历史、哲学及文化研究等),因此,一个完整的符合体系性分类及详尽归档标准的登记,大概需要花费多年的时间,在部分领域内,可能还需要向专业人士求助。无论是为了施米特生活在西班牙的继承人阿尼玛(Anima)的利益,还是学术遗产管理人对于既好又快的保护与开发藏书的利益,尤其是对杜塞尔多夫国家档案馆的优先购买权的行使而言,都要求有一个尽快的解决方案。在放弃完美性和完整性的前提下,最紧急的任务似乎是,首先建立一个能给专业人士具体使用存档于单个保管箱中的藏书提供一个以内容为出发点的具体认识的概览。

二、文献,尤其专著,仅在涉及贵重的古版书、初版书、签名书时,才详尽登记,当然,对此还应包含所有由施米特注释或由其所做附件的单行本。在浩如烟海的书籍当中,都有施米特的眉批,这很了不起!人们不由会问,施米特哪里来的时间做如此深入的评判以及比较性阅读。

由笔者完成的概览里,包含了指向这些由施米特所做的注释(Anm.)①以及附件(El.)的提示,此外,还包含了对特定专业或题目的文献归类的提示;如果关于不同题目范围的归类能够确立,那么也包含了该提示的"各种不同的文献"(Div.)。

三、在登记由施米特所保存的信件、手稿、工作资料及工作笔记的同时,笔者只能尝试着去做,以使感兴趣的内行人可以并简便的找到对其而言重要的档案的详尽登记。如果相应的必须放弃一些东西的话,例如,将信件按照所涉及的人而进行单独登记,那么,我们可以将主要的注意力集中在粗略审阅时就显得尤为重要的那些信件上。概览还特别包含了施米特自己进行归类时,在单个卷帙或文件夹里所做指示的附注。

四、可以详细登记的是日记以及由施米特自1975年所记录的近似于日记的笔记。其中,截至1945年,这些收藏全部以加贝尔斯贝格速记法写成,并且部分笔迹相当难以辨认(如在用铅笔或用十分小的字体写成时就是如此)。例如,从1945年3月至9月的日记笔记当中,由施米特集结成册的标有"俄国人与朋友,有趣的"标识的那部分,即很遗憾的仅能辨认出部分内容。与之相反,由施米特在1947年底至1951年间完成的标识为"语汇"的日记,则是以普通德语文字写成,这其中也有一部分显然是施米特事

---

① [译注]括号内为注释的德语缩写,以下皆同。

后以速记法补充添加的评论注释。普通德语文字的可辨性,明显地取决于施米特的身体状况,在身体状况允许的情况下,他也并非每天都在记笔记。在这个"语汇"当中,偶尔还能发现施米特在这一时期内所写信件的内容摘要。目前,笔者正致力于研究发掘这部日记。

  关于杜塞尔多夫国家档案馆所有的以及其在此期间所购买的施米特学术遗产的馆藏状况,笔者希望能给您一个大致的概念。关于更多的补充信息,在本人能力所及范围内,愿随时效劳。根据签订的买卖合同第 2 条规定,对遗产的审阅以及对该遗产或其中部分的任何其它的使用,继 1985 年底成功签订的买卖合同后的 30 年之内,都需要遗产管理人或由其任命的代理人开具同意书,通常是书面形式。

就梅德姆报告的谈话

施瓦布(George Schwab)等
朱晓峰 译 张洁 校

施瓦布:这些速记记录的是哪一段时间?

梅德姆(Medem):目前,凯泽(Kaiser)教授与其夫人正在整理1931年至1933年的日记,凯泽夫人从事经口授而速记的日记文本的识读工作。这段时间颇为有趣,在此期间,施米特是巴本和施莱歇尔(von Schleicher)政府的顾问,同时他还试图阻止民族社会主义。1933年至1934年的日记很少,几乎没有,我们仅能依靠遗藏卷宗中可以找到的其它档案。目前,我们也致力于研究主要是以普通德语书写而成的类似于日记的记录,它包含1947年8月至1958年11月这一段时间。这些记录特别有趣,但其中却没有包含对日常生活及私人事务的现实描述。因此这些记录并不是每天连续记载的日记,而是经常涵盖多日自省的记录。

凯泽:我在这里发言仅仅是为了说明,对于梅德姆男爵先生以及国家档案馆馆长扬森(Janssen)教授所投入的大量时间以及恰当的工作,每个研究施米特的人都应当表示真挚的感谢。

吕贝:施米特与杜塞尔多夫国家档案馆之间的保管合同中,有使用其遗产的内容吗?

梅德姆:有,目前,国家档案馆已经购买了施米特的全部收藏。保管合同已经变成了买卖合同。作为遗产管理人的凯泽教授与国家档案馆签订的买卖合同的第2条中明确规定,对遗藏的审阅以及对遗藏或其中部分的其它任何使用,自1985年底成功订立买卖合同起的30年内——我认为,这是一个寻常的期限——都需要有遗产管理人或由其委任的代理人出具的同意书,它通常应是书面性的。

盖斯勒(Geisler):我有一个倡议。我们当中收到施米特的信件与笔记以及类似文件的人,难道不应该将复印件交给档案馆吗?正如众所周知的那样,施米特的遗藏中自然收藏着他所收到的信件,但因为施米特大多时候都是手写回信,虽然其中有可能存在速记记录的笔记,但这并不完整①。如果施米特的信件完整存在,那么毫无疑问,这对某些事情的补充与解释相当重要。

梅德姆:是的,我个人认为,这是极好的事情。但是对国家档案馆而言,这却意味着额外的负担。对此,必须听取扬森教授,当然还有您,凯泽教授的意见。我认为,如果这样做的话,您们将会欢迎这一做法。

凯泽:请允许我就信件的问题说几句。关于信件的使用,自然必须同时考虑收信人与寄信人。目前,恽格尔就不同意公开其与施米特往来的书信。以此为例,没有恽格尔的明确同意,我也不能公开使用施米特同恽格尔的往来书信。

夸里奇:凯泽先生,我的问题是,拥有施米特信件的人,是否可以将信件的复印件寄给国家档案馆?

凯泽:我认为,如果经国家档案馆的同意,如果这些信件以及其他可供使用的文件能被补充到遗藏中的话,那么,这将是非常值得感谢的事情。

扬森:是的,我只能重复强调这一倡议。我们已经同盖斯勒先生建立了联系。如果与施米特有往来信件的人,能够将原件或复

---

① [译注]指施米特的遗藏中没有或很少有施米特所写的回信内容。

印件寄给杜塞尔多夫国家档案馆,我会十分欢迎,并且在和施米特遗藏同等的条件下,寄件人可以保留对其使用的许可权。我强调这一个限制,是因为这会把档案馆从一个艰难的抉择当中解救出来,对档案馆而言,这种抉择实在是有些勉为其难。北莱茵威斯特法伦州国家档案馆将成为施米特研究的中心,毫无疑问,该举措可以从技术与实践的意义上减轻研究的负担。

如果您们能听从由盖斯勒先生提出的并由凯泽先生支持的倡议,那我将非常感谢。

学术传记的砖石材料

(时期:1888—1933)*

托米森(Piet Tommissen)著

张洁、杜晓明 译　朱晓峰 校

施瓦布和本德斯基(J. W. Bendersky)为施米特研究做出了贡献,他们的功绩受到肯定,是研究施米特的标志性人物。

1971年底,我受朋友所托,给维克托(René Victor)骑士(1897—1984)的纪念文集撰写一篇关于施米特个人成长历程的论文,这是计划中的事情,维克托曾是我在佛兰德工作时的前辈法律同行。因此,我撰写了一个大概20页的生平概要,并把它的副本寄给了施米特;在信中,我请求拜访他,并希望在拜访中,其能把对概要的客观校正告诉我。大约一周后,我前往普莱滕贝格并得知,施米特对我平庸的尝试并不满意。因此,我收回并销毁了这篇文章,最后果断地改为撰写施米特的游击理论。① 此外,我还决定,在施米特有生之年不会再去尝试为他撰写传记。我认为,在此之后我所发表的两篇论文——一篇是关于一战后他在天主教复兴

---

* 如果没有特别注明,笔者所掌握使用的文献与信件大多数是原件。
① Piet Tommissen,《施米特的游击理论》(De Guerillatheorie van Carl Schmitt),见 *Recht in beweging. Opstellen aangeboden aan Prof. Mr Ridder R. Victor*, Antwerpen,1973,页1021—1032。

中的地位的论文,①另一篇是对他和民族主义之间关系的分析②——并没有违背我的这一决定。这个决定同样也完全适用于我所公开发表的文件和信件,施米特在我每次发表时都表示同意,并且有一次,对于我所撰写一个对费伊(Jean-Pierre Faye,生于1925年)的详细答复,施米特自己甚至坚持要把它发表出来。③

尽管施瓦布(生于1931年)事实上在其著作中使用了施米特的生平资料,但他"主要关注的是施米特作品中固有的政治理念"。④ 在传记方面,虽然本德斯基(生于1946年)的著作论述得更好一些,但是该书强调通过对"施米特政治观点与活动"的追述,"来确定施米特在德国思想史上的正确地位"。⑤ 另一方面,马

---

① Piet Tommissen,《施米特与德国天主教的复兴》(Carl Schmitt en de evolutie van het Duitse katholicisme),见 *Kultuurleven*,1973,页759—774、898—910。从中总结出一篇简略的修改后的德语论文:Carl Schmitt,《施米特,超越法律的观察:他在德国20年代天主教复兴中的特殊地位》(Metajuristisch betrachtet. -Seine Sonderstellung im katholischen Renouveau des Deutschlands der Zwanziger Jahre),见 *Criticón*,1975,页177—178;它(没有脚注)被翻译为意大利语,*Storia e Politica*,1975,页481—500。

② Piet Tommissen,《关于施米特在1933年及之后态度的问题》(Problem rond de houding van Carl Schmitt in en na 1933),见 *Liber memorialis. -Tien jaar Economische Hogeschool Limburg*,Diepenbeek(Flandern)1979,页167—199(在页180—185,四封未公开的信)。从中总结出的一篇意大利语的摘要,见 Zeitschrift Diorama letterario,Nr. 68—69,1984,页7—9[《面对纳粹主义》(Di fronte al nazismo)]。修改后的法语文本,《施米特对纳粹主义》(Carl Schmitt face au nazisme)不久之后于巴黎发表于C. S. -Sonderband。

③ Piet Tommissen,《法国的反极权主义思想》(Anti-totalitair denken in Frankrijk,Bruessel,1984),页52—54[在第一章范围内,页13—61,关于让费伊所谓的叙述经济学的批评]。出于完整的原因提到,我此外还公开了以阿隆(Raymond Aron,1905—1983)为收件人的两封施米特信件,见:Paul Janssens/ Piet Tommissen,《当代史:阿隆专访》(Eigentijdse geschiedenis: Een vraaggesprek met Raymond Aron,Bruessel,1985),页50—52。

④ G. Schwab,《例外的挑战:施米特1921年至1936年间政治思想导论》(The Challenge of the Exception. -An Introduction to the Political Ideas of Carl Schmitt between 1921 and 1936,Berlin,1970),页7。

⑤ J. W. Bendersky,《施米特:帝国的理论家》(Carl Schmitt,Theorist For the Reich,Princeton,N. J. / U. P.,1983),页11。我要预先指出的是,这本书与本德斯基的博士论文(1975年)并不完全一致。

施克(Günter Maschke,生于 1943 年)强调,广受欢迎的不仅是对施米特与其同事之间的文化与人际关系方面的研究,还有对施米特的学生以及他与文坛的和理性天主教联系的研究。① 毫无疑问,对于施米特的研究是广受欢迎的,因为一旦人们不再继续传播并反复重复关于御用法学、意志薄弱与机会主义等的无稽之谈,而是着手做这种或类似的研究,那么关于施米特的某些地位与概念的探讨,无疑很早就会形同废纸。

在施米特去世后不久,我重新考虑了撰写一个临时性学术传记的可能性。我首次依照这一思路开始研究我所掌握的资料,此外,我还尝试从图书馆、档案馆以及博物馆搜集资料。在没有奖学金的情况下,甚至可以说,在这种研究只是作为我的副业的情况下,对于我来说,这样的一个任务绝对不是什么美差。但是,我有能力取得具体的成果,并且我也能从众多的专家那里获得帮助,这使我鼓起勇气继续努力搜寻。对我起到激励作用的还有,数量众多的讣告有力地反驳了那些认为这位学者个人与理论魅力已经终结的预言和定论。为施米特所写的大量讣告②以及马施克所著的评论性读物最后也都证明了我的论题,即由于缺少一个对施米特的生平的可信介绍,某些解释者可能任意且总是轻易地使用与处理传记背景相关的信息,或传播错误的信息。③

---

① Maschke,《施米特在欧洲》(Carl Schmitt in Europa),对意大利语的、西班牙语的以及法语的讣告的讨论评论,见 Der Staat,25(1986),页 575—599,其中第 582 页。在该文脚注 22 中,马施克仅详细的探讨了古里安(Waldemar Gurian,1902—1954)的情况,但以一种不太可信的方式。
② Maschke,《施米特,1888—1985》(Carl Schmitt, 1888—1985, Wien/ Karolinger, 1987)。前面所提到的文章是这本书的前身。
③ 两个典型范例:第一个由名记者邦迪(François Bondy,生于 1915 年)所供,《施米特之死:御用法学家》(Death of Carl Schmitt. -The Crown Jurist),见 Encounter, Nr. 3, 1985,页 38—40(法语译文:Carl Schmitt:juriste ou légiste?,见 Commentaire, Nr. 32, 1985/86,页 1110—1112)。第二个源于霍尔农(Peter Hornung),《一个希特勒国家的策划者? 关于备受争议的国家法学家施米特之死》(Ein Vordenker (转下页))

尽管我没有太多的中期统计,但我却很清楚,在研究中决不能忍受一直隐瞒所有,直至一切不可逆转。这种情况下,"在限制中方显大师"①这一建议应该经受考验。从已经提到过的马施克的那卷评论可以知道,1933年至1945年这一段时间始终处于德国公共利益的中心:施米特曾为纳粹的成功做出过贡献吗？事后,他曾试图低估其所谓的道德罪孽吗？他曾准备尽可能的成为内部流亡者的代表吗？等等。出于这些原因,我宁愿仅考虑1888年至1933年之间的事实,因为这段时间也是同样吸引人的和关键的。可是现在撰写一个系统性的概述还为时过早,因此,这里我仅讨论据我所知的迄今仅简略涉及或仍处于未知的六个主题。由于我对家庭历史并没有特别的感觉,我厌恶心理的-历史的说明,因此,我有意的排除了纯私人的领域。

一、大 学 生 涯

（一）1900年4月11日,施米特收到了普莱滕贝格天主教人民学校(爱灵豪森区)的毕业证书,之后,在1900年复活节,他被录取到阿滕多恩高级中学三年级。根据保存下来的成绩簿,他的成绩无一例外的都是"优秀"。颇有意思的是,他在那时还计划创作一本部分是诗歌体的小说——《午夜血战》。因此,毫不奇怪的是,在没有注明日期的结业考试申请的最后一句话中,他直截了当写了:"我打算学习哲学"。1907年3月2日,由皇家考试委员会

（接上页注） des Hitler-Staats? -Zum Tode des umstrittenen Staatsrechtlers Carl Schmitt）,见 *Deutsche Tagespost*,Nr. 49,23. April 1985,页10。

① ［译注］出自歌德《十四行诗:自然与艺术》,原文为:Wer Großes will, muss sich zusammenraffen;In der Beschränkung zeigt sich erst der Meister, Und das Gesetz nur kann uns Freiheit geben。大意为:要创造伟大,须聚精会神;在限制中方显大师,只有规律能给我们自由。

颁发的毕业证书以及重要的高级中学考试的圆满结束,都完全符合他的这一愿望:他将毕业离校,"以致力于学习哲学"。①

(二) 由于不断恶化的家庭经济状况,使得施米特接下来的学习计划有一些空想性质,但他还是被允许开始并完成了他的大学学业。父亲约翰·施米特(Johann Schmitt,1853—1945)的一个居于柏林的兄弟表示,其乐意给侄子施米特提供住宿。他的母亲[出生姓名是施泰因莱茵(Louise Steinlein,1863—1943)]也费力从娘家筹集到了上学所需的费用。在施米特一位亲戚的印象当中,施米特是在最后的关头才决定放弃日耳曼学而改学法律的。② 1907年4月25日,他的名字被登记在了柏林皇家弗里德里希-威廉大学的注册簿当中(注册号:4236)。也许不久之后,他就和后来的斯图加特矫形医生克罗伊茨(Lothar Kreuz,1888—1969)结识并成为了朋友,他对易卜生(Henrik Ibsen,1828—1906)的热忱也是在这一时期形成的。③ 在1946至1947年冬,施米特作了回顾其大学感想的报告。法学家科勒(Josef Kohler,1849—1931)与古典文学家维拉莫维茨-莫伦多夫(Ulrich von Wilamowitz-Moellendorf,1848—1931)的行为与作品引起了施米特的反感,这构成了由我发表的14页梗概的主线。④

(三) 在1907至1908年的冬季学期以及1908年的夏季学

---

① 对于提供保存于阿滕多恩当时里乌斯高级中学档案中的资料复印件我必须十分感谢主管的高级中学校长(1985年8月27日邮寄)。此外施米特与他的妹妹奥古斯特·施米特(Auguste Schmitt,生于1891年)曾告诉我,施米特曾因他的中学成绩而受到过皇帝的嘉奖。
② Piet Tommissen,《论施米特》(*Over en in zake Carl Schmitt*,Bruessel,1975),页94(在页89—109中刊登的同格罗(Dieter Groh)与菲格(Klaus Figge)的谈话中发表的见解)。
③ 由施米特于1951年9月发出的收集历史学家的虚拟条件句与诗人的独特韵诗的呼唤签名为"易卜生施泰因"(Bert Ibsenstein)并不奇怪。
④ Piet Tommissen 编,《施米特研究》(*Carl Schmitt Forschungen*,Band 1,Bruessel,1987,出版中)。

期,施米特在慕尼黑大学法律系注册(注册号:1339)。他选修了法律史学家阿米拉(Karl von Amira,1848—1930)、刑法学家比克迈尔(Karl von Birkmeyer,1847—1920)以及国民经济学家洛茨(Walther Lotz,1865—1941)①的课。除此之外,我对他在巴伐利亚州首府逗留期间的事情至今仍然一无所知。

(四)由于斯特拉斯堡大学的档案在 1944 年毁于一旦,因此,凡涉及施米特 1908 年至 1910 年学习期间的具体事宜,就无从考证。反而是他同艺术先锋派之间可能存在的关系问题,看上去却并不那么绝望。因为我们至少知道这些关系是存在的。弗罗因德(Julien Freund,生于 1921 年)在几年前确实从一位已去世的同代见证人那里偶然获悉,施米特曾属于表现派诗人施塔德勒(Ernst Stadler,1883—1914)的松散圈子。他们的聚会常在渔人码头(现今:quai des Pêcheurs)的黑头餐厅(现今:Tête Noire)进行;席克勒(René Schickele,1883—1940)可能偶尔也会参加他们的聚会。以下这封 1926 年 6 月 22 日的信②中的一段内容表明,在那一段时间,施米特就已经发挥着吸引人且富有教育性的作用了:

> 我不知道您是否还记得我。能允许我帮您回忆一下吗?回忆您在斯特拉斯堡的时光,回忆您准备博士学位以及您作为两个激进的文理中学六年级学生施泰因莱茵(Steinlein)和布斯曼(Busemann)指导人与榜样的时光。回忆在一个美好的日子里,在罗姆河-罗斯灵恩(Rombach-Rosslingen)的树林

---

① 这一答复我要感谢慕尼黑大学档案室主任伯姆教授(L. Boehm,1987 年 1 月 20 日与 3 月 9 日的信)。
② 这封信的作者是经济学与社会学博士布斯曼(Karl Busemann)校长,居于法兰克福(美因茨);细节至今尚不能找到。在信中提到的施泰因莱茵指的是施米特母系的外甥施泰因莱茵(André Marie Steinlein,1891—1964);他的斯特拉斯堡博士论文写的是:《宣战的形式》(Die Form der Kriegserklärung, München,1917);自 1938 年起在塞耶河畔维克(Vic-s/Seilles)做公证人。

中,您同我们这些小伙子在一起年轻而快乐的时光。我可以坦率的向您承认,在那段青春期内,我很少会从一个人那里,像从您以及从您的行为中得到一个如此强烈的内心印象。关于您的很多细节、与您的谈话与建议,我至今仍记忆犹新,而当我在波恩大学的一个教席中,在一个我们年轻人曾经向您事先说过并预先希望的位置上重新找到您时,我感到非常高兴。

这一段谈的是授予博士学位的事情。众所周知,施米特递交的博士论文《罪与罪的种类》是由刑法学者卡尔克(Fritz van Calker,1864—1957)教授指导的。1910年6月24日,他以"优秀"的成绩被授予了博士学位。时任校长是动物学家蒂勒(Johannes Thiele,1860—1935),法律系主任是雷姆(Hermann Rehm,1862—1917)。授予博士学位需要排印博士论文,因此,施米特不得不向父母求助。在他1911年10月10日的信中,绝望与希望同时存在:①

> 如果我预料到费用如此巨大,我根本就不会攻读博士学位。但是,因为费用仅需支付一次,而且这个学位也并非完全无用,因此,我们应当对此感到慰藉。幸运的是,有兰贝特(Arthur Lambert)先生在。我的努力换来的是糟糕的回报。若我的论文再短一半,那么,费用也会便宜一半,而且我同样会得到博士学位。但是,谁知道它对什么有益。无论如何它令人印象深刻……

---

① 在信中提到的司法顾问兰贝特从1887至1930年是明兴格拉德巴赫(Mönchengladbach)的律师且隶属于邵彭豪尔(Schopenhauer)公司。基于施米特的父亲认识他本人这一事实,他预借了这笔款项且施米特可以在他处(至1913年?)作为法律实习生开始实习并工作。

二、服 兵 役[①]

（一）1915 年初，施米特在柏林以"良"的成绩通过了第二次国家考试。1915 年 2 月 16 日，作为志愿兵，他加入了慕尼黑近卫团后备大队的第二新兵训练营。我对他作出这一选择的背景一无所知。无论如何，施米特于 1915 年 3 月 23 日被调派入慕尼黑第一军团副司令部服役，并且他在 1915 年 5 月 15 日被提升为二等兵。这一调动的后果是，施米特在骑马过程中坠马并导致脊背受伤，这暂时影响了他的身体活动自由，这件事后来在报纸上报道过，施米特也向笔者证实过。[②] 1916 年 3 月 1 日，他成功地升职为编制士官。我最好在这里补充一下，施米特曾在一战期间获得过两次表彰，分别是二等铁十字勋章和路德维希勋章。

（二）1917 年 3 月 1 日，施米特在第一军团副司令部获得了一个等级更高的公务员职位，他在此任职直到该任命被撤销。他在被称为马克斯堡（Maxburg）的巴伐利亚国防部掌管第六处，主管争取和平的运动、进口包括国外报纸在内的出版物、监督与阻止敌对宣传册与传单的传播以及批准除慕尼黑之外其它地方的演讲与集会，等等。1919 年 4 月 1 日，施米特被调到市警备部，并在 1919 年 7 月 1 日退役。

（三）1918 年，施米特开始着手起草一部立陶宛宪法，这点至少应略提一下。正如他在 1970 年 11 月 23 日给我的信中所写的

---

① 资料乃是由海尔（Heyl）博士先生，战争档案馆馆长，友好告知（1985 年 9 月 2 日的信）。
② 在战争档案馆未找到任何与这一事件相关的内容（1986 年 1 月 28 日的信）。参见《著名的国家法学者施米特教授博士受聘于科隆大学！》（Der grosse nationale Staatsrechtslehrer Professor Dr. Carl Schmitt an die Kölner Universität berufen！），见 *Westdeutscher Beobachter*，Nr. 107 vom 11. Mai 1933。

那样,这一工作"在第一阶段便被卡住了"。委托人是他的老朋友策恩霍夫(Hugo am Zehnhoff,1855—1930),他们的相识应归功于司法顾问兰贝特。①

(四)施米特的军事职务给他提供了有利的条件,他不仅可以阅读法语和英语书籍、杂志及报纸,而且可能的话,他还必须对它们作出鉴定。毫无疑问,他也有意识的利用了这种机会,以此来满足他的求知欲。同时,他也可以查阅国家图书馆的馆藏;同他成为朋友的图书馆管理员施特夫尔(Max Stefl,1888—1973),②这时也证明了自己是个合格的介绍者。如果没有这种不同寻常的条件,那么,施米特1916年2月16日在斯特拉斯堡取得大学执教资格并于1921年出版资料丰富的关于专政的书就几乎不可能。正如根据我所掌握的笔记所得出的结论那样,获知如下内容对一个知识性的传记而言很重要,即施米特曾经透彻的研读过浪漫主义研究者塞埃(Baron Ernest Seillière,1866—1955)的几本著作,并且通过这一途径发现了索雷尔(Georges Sorel,1847—1922)的。

(五)施米特在慕尼黑居住的多年间,曾与众多的诗人与知识分子交往。很难说这个或那个友谊是不是在战争结束前或结束后产生,因此,为了谨慎起见,我结合其它内容来举例说明。对于松巴特(Nicolaus Sombart,生于1923年)提出的问题,即"施米特在何种程度上确实属于施瓦宾亚文化圈(die Schwabinger Subkul-

---

① 策恩霍夫(H. am Zehnhoff),中央党议员以及普鲁士司法部长(1920—1927),是杜塞尔多夫的一名单身并富有的律师。同这位知名人士的第一次会面[参见,阿梅隆克森(Rudolf Amelunxen,1888—1969),《小陈列馆:八个男人和一个女人》(*Kleines Panoptikum. -Acht Männer und eine Frau*,Essen,1957),页121—131:"法律的仆人"]发生于1913年;我推测施米特在其处作为法律实习生工作,因为在阿姆策恩霍夫处他曾帮忙处理过一个在Rota Romana([译注]Rota Romana是罗马天主教会的第二高法院,代替教皇行使司法权)的案件卷宗。如果我没弄错,只有施瓦布懂得策恩霍夫在施米特成长过程中的意义:前揭,页13。

② 关于作品的出版人Adalbert Stifter(1805—1868),见 Adolf Roth, *Aufsätze/ Vorträge/ Kritiken*(《论文/报告/评论》),München,1974,页132—134。

tur)",①我无法回答。与之相反,我想强调一下他同另一位在马克斯堡工作的法学家之间的联系。我在这里所指的是施尼茨勒(Georg von Schnitzler,1884—1962),施米特同他以及他的夫人[出生姓名为马林克罗特(Lily von Mallinckrodt,1889—1981)]②保持了终生的友谊。后来,施尼茨勒曾在利益共同体染料工业股份公司(法兰克福美因茨)③的中心管理部门非常活跃,因此二战结束以后,他被美国人送上了纽伦堡法庭。在与其参加的为巴尔(Hugo Ball,1886—1927)④而战的倡议相联系时,有必要提到他。

三、学术生涯

(一)慕尼黑

1. 博恩(Moritz Julius Bonn,1873—1965)在其所谓的一生回顾中解释道:"我在慕尼黑的时候,曾帮施米特找到了工作——他在斯特拉斯堡是一名编外讲师,当阿尔萨斯-洛林(Elsaß-Lothrin-

---

① N. Sombart,*Jungend in Berlin*,1933—1943-*Ein Bericht*,München 1984(《青年时代在柏林:1933—1943 的一个报告》)页 278。出于使该问题同在某个旧论文中已被肯定的语句[N. Sombart,*Nachdenken über Deutschland. -Vom Historismus zur Psychoanalyse*(《思考德国:从历史主义到精神分析主义》)),页 48]相一致的目的,在平装版(1986 年)第 263 页中,"确实"被改为"不"。

② L. von Schnitzler 于 1925 年同罗昂王子(Karl Anton Prinz Rohan,1898—1975)创办了著名的享有盛誉的《欧洲杂志》(Europäische Revue)。

③ [译注]德语原名为 I. G. Farben Industrie Aktiengesellschaft。

④ Emmy Hennings(1885—1948),《呼唤与响应:我同巴尔的生活》(*Ruf und Echo. -Mein Leben mit Hugo Ball*,Einssiedeln1953),页 205—206:"胡戈有机会,使其部分已付刊印并已获稿酬的作品[即《改革的后果》(*Die Folgen der Reformation*,1924)]以一笔客观的数目被买下。这一购买意向来自哪里——因为是由中间人努力争取的机会——我至今还不知道。"事实上这谈及的是由施尼茨勒夫妇提供的一笔款项,施米特将其供给巴尔,以终止这本书的出版(施米特 1952 年 5 月 10 日的口头告知)。

gen)被割让后,他的这个工作就没了。"①无论怎样,1919年9月1日,施米特作为慕尼黑商学院的专职讲师而开启了他的学术生涯。显然,他很快就赢得了最好的名声;这封由慕尼黑工业大学第二主席、内廷参事及硕士工程师普林茨(C. Prinz)在1920年10月25日签名的信,对此可以提供证明:②

> 我们想告知您,正式登记《企业职工委员会法》(Betriebsrätegesetz)这一课程的人未能达到20人的最低人数限制。因为只有极少数职工对此感兴趣,管理委员会想取消这一课程。我们认为造成这种职工低度参加的原因在于,企业职工委员会的行动委员会建立了他们自己的计划,并且企业职工委员会特别鼓励工人参加他们自己开设的课程。而更让我们遗憾的是,您的课程还是应职工的要求才被纳入到我们的项目中来的。管理委员会认为,职工们对完成课程表现出了强烈的兴趣,因此,他们认为,如果讲师最少教授20名的参加者是有益的。
>
> 同时表达我们期待同您以后开展高效的合作的愿望……

2. 1919至1920年的冬季学期,韦伯(Max Weber,1864—1920)邀请施米特参加了他开设的讲师讨论课,国民经济学家帕尔伊(Melchior Palyi,1892—1970)、国家法学者罗腾比歇尔(Karl Rothenbücher,1880—1932)以及——根据松姆巴特介绍③——韦伯女士(出生姓名是施尼特格尔[Marianne Schnitger,1870—

---

① M. J. Bonn,《人们这样创造历史:一生的回顾》(*So macht man Geschichte. -Bilanz eines Lebens*, München, 1953),页330。
② 尽管努力寻找,但在慕尼黑工业大学未能找到证明材料(1985年9月2日的信)。
③ N. Sombart,《思考德国:从历史主义到精神分析》,页48(在1976年某个论文的再版中)。

1953])和亚费(Jaffé)女士(出生姓名是里希特霍芬[Else von Richthofen,1874—1970])也都参加了该讨论课。这里我想补充一下的是,在1920年1月24日,施米特曾和韦伯一起谈论过施彭勒(Oswald Spengler,1880—1936)。除此之外,我还想复述一下出现在施米特1976年8月21日的信中的一个有趣见解:①

> 目前,我被韦伯的"神授"与"神授正当性"的题目所吸引。韦伯是一个研究政治神学的历史学家。没有人能够背后议论我说,我曾经将希特勒描述为一个"神授正当性"的获得者,或仅仅[如同我的朋友**波皮茨**(Johannes Popitz)直至生命的最后还在做的及松巴特现在又开始做的]称其为"天才"。对韦伯而言,**艾斯纳**(Kurt Eisner)是唯一的同代人,韦伯把他②作为他(韦伯)神授概念的典型例子而直呼其名。根据**格林**(Martin Green)关于里希特霍芬姐妹的著作以及佐姆巴特的慕尼黑夜间广播室广播(1976年6月10日星期四22:17—23:00),如今某些事实已经水落石出。我曾亲自见过韦伯,甚至还是他1919年至1920年冬季学期讲师讨论课的一员:韦伯是一个复仇者,我所遇到的所有针对凡尔赛的复仇主义中的最极端者——至少是在激烈的言辞上,与之相比较,**谢德曼**(Scheidemann)的"干枯的手"听起来完全无害。

3. 在这期间,施米特原有的友谊还在持续,新的友谊也在建立。鉴于一些朋友已不在慕尼黑的事实,所以这些友谊必须通过经常性的通信来维持;这里我只提一下法学家**富克斯**(Walter Isra-

---

① 这封重要的信没有到达收信人弗里德里希(Heinz Friedrich,生于1922年)先生的手中(1986年12月1日的信);我可以之后提供复印件。
② [译注]至库特。

el Fuchs,1888—1966):1920年5月6日,在他去外交部任职前不久,①他强调了施米特终其一生都会吸引绝大多数访客的两个特性:

> 此外,您通过各种各样的形式展现出的个人形象令我记忆犹新;至少是您的眼睛或某个特定的微笑。

应该注意的是,布莱(Franz Blei,1871—1942)可能在很多时候都充当了中介的角色。布莱因嗜好杂志而声名卓著,他曾邀请施米特与之合作或试图推动与其合作。我偶然在他1924年10月8日的一封信中,发现了一个很好的例子:②

> 但是,现在有更重要的事情了。有一个周刊交到了我的手上,可以根据我的想法来写。一周38页双栏4开本,其中的8页应该连载小说,两页属于金融报告人。其余28页给您、居特斯洛(Gütersloh)、穆西尔(Musil)、米腾茨威(Mittenzwey)博士、艾斯勒(Eisler)博士以及巴尔(他住哪里?)。题材不限。形式上要宣传善意,精确清楚并且风趣。如果可以的话,这一期将仅由前面我所提到的人完成。这并不是临时性的"合作"。编辑都不会去阅读那些无聊的读者来信。前面所提到的人的文章,将不经审阅即付印刷。如果作者们也可以像那时在《自由之鸟》③那样,放弃署名就更好了……我有四、五周的准备时间。我想并愿意请您帮助我。

---

① 这位后来的总领事的传记资料由外交部寄送给我(1987年5月19日的信)。
② 事实上施米特将这封信转交给了巴尔,因为它现在在巴尔的继承人那里。
③ [译注]Der lose Vogel 曾由布莱主编的月刊。

以下是几个附带简短说明的名字:①

(1) 居特斯洛,原名基特赖伯[Albert Konrad Kiehtreiber, 1887—1973])。其遗产管理人胡特尔(Irmgard Hutter)博士在 1987 年 3 月 26 日的友好的回信中,告诉了我以下的内容:

> 根据我迄今为止所查到的,居特斯洛可能在 1920 年在慕尼黑与施米特相识,他经布莱介绍(居特斯洛最亲密的朋友,他们一起于 1918/19 年发行了《拯救》②杂志)……在位于拉勒大街(Larerstraße)的葡萄酒小酒店内,同施米特进行了交谈,在那里,他了解了施米特的"专政"概念,这对其 20 年后所写的小说《太阳与月亮》产生了巨大的影响。

(2) 黑克尔(Theodor Haecker,1879—1945)。他和施米特的友谊无疑是深厚的;1929 年,施米特还参加了对那些活跃的改信天主教的人所进行的表彰活动。黑克尔肯定将施米特介绍给了菲克尔(Ludwig von Ficker,1880—1967),尽管施米特和菲克尔两人在 1914 年已经因为一篇没有在《燃炉》③上发表的关于多伊布勒

---

① 不言而喻其中尚缺少很多名字。1. 伯恩哈特(Joseph Bernhart,1881—1969),参见 Lorenz Wachinger(生于 1936)编,《伯恩哈特:生平与作品自述》(*Joseph Bernhart. - Leben und Werk in Selbstzeugnissen*, Weissenhorn,1981),页 35;2. 克申施泰纳(Georg Kerschensteiner,1854—1932),曾经为慕尼黑商学院管理委员会主席,伯恩哈特的老师,著名的教育家;参见 *Lutz-Arwed*《本廷、波皮茨与施米特:论德国极权国家的经济理论》(*Bentin, Johannes Popitz und Carl Schmitt. -Zur wirtschaftlichen Theorie des totalen Staates in Deutschland*, München,1972),页 79;3. 巴尔(Hugo Ball),他于 1920 年第一次在施米特家中拜访了他;两人谈论了布鲁瓦(Léon Bloy,1846—1917)。
② [译注]Die Rettung 为杂志名称。
③ [译注]原文为 Die Brenner,1910 年由菲克尔成立的关于艺术与文化的半月刊。该期刊的名字一方面涉及勃伦纳山口(Brennerpass,简写为 Brenner),另一方面则以克劳斯发行的杂志《火炬》(Die Fackel)为样板。

(Theodor Däubler,1876—1934)的研究而通过信。① 也许施米特和彼得松(Erik Perterson,1890—1960)的重要相识也是因为黑克尔的缘故。

(3) 黑格纳(Jakob Hegner,1882—1962)。显而易见,对于施米特同这位天主教教规的翻译者与出版者的关系,必须像评价其和黑克尔的关系一样进行评价;至于是否有足够的资料,则是另外一回事。

(4) 魏斯(Konrad Weiß,1882—1962)。毫无疑问的是,他和施米特在1917年首次相遇。魏斯在1920年辞掉其在《高地》②的职位之后,通过施米特进入了《慕尼黑最新新闻》并担任艺术评论员。③

(二) 格赖夫斯瓦尔德(Greifswald)

1921年10月1日,施米特因为成为了格赖夫斯瓦尔德大学的正式教授,从而步入了公务员的行列。对于施米特的这个相当短暂的工作,我并没有找到详细的情况介绍。我仅找到了布莱在1921年11月12日写给施米特的一封有趣信件:④

"……格赖夫斯瓦尔德:您不会一直在这里的。您只是暂时地住在火车站大街。您就把他作为一个考验。"对此,布莱说的可能是真实的:"他受聘于格赖夫斯瓦尔德,处身于新教的氛围当中,这位天主教的威斯特法伦人感到十分难过。

---

① 这一材料由埃贝哈德博士从燃炉档案(因斯布鲁克)中转调给我(1985年7月18日寄送)。
② [译注]原文为Hochland,一个天主教杂志。
③ 《诗人魏斯:1880—1940》(*Der Dichter Konard Weiß*,1880—1940,2. Aufl,Marbach,1980),页12。
④ 这封信乃是我在杜塞尔多夫主档案馆的施米特的遗产中找到的(RW264K105)。

他经常到柏林找我,并向我抱怨他的痛苦。"①

(三)波恩

1. 该聘用可能是由考夫曼(Erich Kaufmann,1880—1972)促成的,但是,对此并没有确凿无疑的证据证明。在斯门德(Rudolf Smend,1882—1972)离职之后,1922年3月25日通过的第UI15854.1号部委公告,授予了施米特以波恩大学法律系空缺的教席教师职位,它从1922年4月1日起生效。此外,1923年2月20日的第UI15397号公告还任命施米特为政治学研究室的联席负责人。我认为,下面这个印刷的计划颇有意思,它是1924至1925年冬季学期施米特的国家法与政治研究室的练习课计划:

题目:现代(大众)民主
(1) 现代大众民主所流传的(传统)观念的历史性发展,特别是由道德性("美德")到算数性(孔多塞[Condorcet])的转变。
(2) 现代民主的技术:政党组织、选举体制以及选举宣传、公众意见的掌控与民众意志的形成(报刊、学校、教堂与结社)。
(3) 现代民主与现代国家:
　① 民主与立法(议会;特别是授权法案的现代实践),
　② 民主与政府(议会的统治,特别是国家总统的问题),
　③ 民主与行政管理(政党国家与官僚国家),
　④ 民主与司法。
(4) 民主的国际(政治的与国际法的)意义。
(5) 民主的定义(托马[R. Thoma],《韦伯备忘录》,1923

---

① M. J. Bonn,《人们这样创造历史:一生的回顾》,前揭,页330。

年 II,页 37 及以下;凯尔森[Hans Kelsen],《社会科学档案》,1920 年,页 84;施米特,《社会科学档案》,1924 年,页 822)。

(6)带形容词的民主(机构的、基督教的、等级的、经济的、无产者的、社会的、民族的、种族的民主)

2. 在波恩,施米特总共指导了 21 篇博士论文,其中,有胡贝尔(Ernst Rudolf Huber)的(生于 1903 年)《通过魏玛宪法对教会财产权的保障》(1927 年 5 月 20 日)、弗里森哈恩(Ernst Friesenhahn,1901—1984)的《政治的誓言》(1928 年 3 月 15 日)、基希海默尔(Otto Kirchheimer,1905—1965)的《社会主义与布尔什维克主义的国家理论》(1928 年 5 月 15 日)、韦伯(Werner Weber,1904—1977)的《议会矛盾》(1930 年 12 月 6 日)等。① 同时,他还积极与同事及助手进行思想上的交流;施特伦(Streng)葡萄酒酒馆是颇受他们偏爱的聚会地。在这个繁忙的阶段,偶尔也流传着对施米特的不恰当论断;我有意列举两个例子,它们并没有被施米特纠正过,而是被施米特的同代见证人纠正过:

(1) 1964 年,萨林(Edgar Salin,1892—1974)除了公然地将施米特斥为恶棍、那个年代大学里及政治上的恶魔、半个疯子、自负的偏执狂以及狂热的反犹分子外,还将彼得松宗教信仰的改变归咎于他。② 一封在 1964 年 10 月 31 日写就的长信中,奥博海特(Heinrich Oberheid,1894—1977)③给萨林提供了一个合适的答案;我引用了其中关键的句子:

---

① 感谢波恩大学法律与政治学系将该表交予我(1987 年 1 月 16 日邮寄)。
② 《经济学与社会学的体系与方法:贝克拉特 75 岁生日》(System und Methoden in den Wirtschafts-und Sozialwissenschaften.-Erwin von Beckerath zum 75. Geburtstag, Tübingen,1964),页 13—17:萨林的信,参见 Karl Löwith(1897—1973),《1933 年前后我在德国的生活:一个报告》(Mein Leben in Deutschland vor und nach 1933. Ein Bericht,Stuttgart,1986),页 21 中的萨林简短传记。
③ 关于他参见 G. Krauss,《施米特:1933》(Schmitt,1933,Criticón,1987,出版中)。

你断言,彼得松改变宗教信仰,是在施米特的影响下所作出的。

这是你的一个毫无根据的猜想。

在那个时候,每周施米特、彼得松与我都聚会很多次。当然,聚会时我们经常会讨论神学。彼得松暗示了他改变信仰的想法。施米特和我坚定地立于并信守我们出生与受洗时的信仰一边,我们总是劝阻他。我们二人不喜欢改变信仰的人。施米特比我更严厉地强调了这点。

彼得松有时会同我说起他改变宗教信仰的原因。我不想在这里详谈。那时,有一个可疑的人对此产生了影响,这个人是一个叫**古里安**(Gurian)的记者。

(2) 在《高地》1969 年 5—6 月这一期中,登普夫(Alois Dempf,1891—1982)描述了在波恩的这段引人瞩目的时光。① 二战后在莱比锡任职天主教神父的贝克尔(Werner Becker,1904—1981),对登普夫介绍的事实表示愤慨,他在 1969 年 6 月 10 日写给施米特信中说道:②

在涉及您名字的那部分内容中,一切都是错误的。奇怪或者荒诞的是我们两个名字的组合:古里安与贝克尔。1923 年在科隆,通过《科隆民报》晚间版的一个谈话,古里安确实使我注意到了您的关于罗马天主教的文章,迪克斯(W. Dirks)亦曾在《莱茵-美因民报》上评论过这篇文章。结果是我拜访了您,我们在散步中还谈论了霍布斯。古里

---

① A. Dempf,《一战后进步的智慧》(*Fortschrittliche Intelligenz nach dem ersten Weltkrieg*),见 *Hochland* 1969,页 234—242;那里页 238。
② Maschke,《施米特在欧洲》,页 575—599。迪克斯(生于 1903 年)曾经是名记者。舍勒(Max Scheler,1874—1928)是位有名的哲学家。

安师从舍勒,而我则师从瓜尔迪尼(Guriadini)。实际上,古里安并不是任何人的学生,而我如果有很多老师的话,我会很高兴。

3. 陶伯斯重印了巴尔在1924年撰写的关于施米特的论文,这件事情并不是偶然的。① 施米特知道了巴尔撰写的这篇论文之后极为高兴,并且这篇论文在其它各界也获得了好评,这可以通过一封已在前文引用过的布莱的信来证明:

> 通过巴尔的论文,您给我带来了极大的喜悦:您的劳动终见光明,并且它是通过一个如巴尔那样的智慧之手而实现的。在您将这一出色的论文寄给我之前,舍勒就已带着教授们恒有的嫉妒同我说过了。

在这不久之前,施米特曾收到来自东克尔 & 洪布洛特(Duncker & Humblot)出版社主编福伊西特万格(Ludwig Feuchtwanger,1885—1947)的一封颇具启发性的信;②我摘录了这封写于1923年6月18日的信的几个句子:③

> 昨天,我拜读了您的论文《当今议会制的思想史状况》,我想向您说明一下,这四章给了我哪些极好的印象。在星期五晚上,阿西姆森还以满是赞誉的口吻向我说起了您的书:

---

① J. Taubes 编,《此世的侯爵:施米特及其后果》(Der Fürst dieser Welt. -Carl Schmitt und die Folgen, München, 1983),页100—115(第一次发表:1924年)。
② 参见 Max Gruenewald,《德国犹太人评论家:福伊希特万格和他的地区报》(Critic of German Jewry. -Ludwig Feuchtwanger and his Gemeindezeitung),见 Yearbook of the Leo Baeck Institute 17(1972),页75—92。
③ 我没有找到任何关于约阿西姆森的资料。显然布洛赫即哲学家布洛赫(Ernst Bloch,1885—1977)。

"他唯一的缺点就是他懂得太多了。"同时,我还回忆起了布洛赫(Ernst Bloch)几年前对您的《政治的浪漫派》一书的评价:"该书的作者就好像是一个全副武装并由长戟保护着的穿过街道的人。"布洛赫指的是您的风格,为了使您的论述无可辩驳,您逐句逐字的斟酌,您准确地琢磨文章的语言和逻辑,您给每个判决、每个报告与每个思想史上的阐释都附上了详尽的出处与文献。因此,毫无疑问,您的头两本书《政治的浪漫派》与《论专政》,唤起了人们心中的一个仿佛因厚重的证据装甲而妨碍了敏捷与灵活的骑士形象。在《政治的神学》以及现今您对议会制的评论当中,您扔掉了沉重的铠甲,这使得您就像带着石弩的大卫一样。您抓住问题并将它扔了出来。

(四) 柏林

1. 根据豪斯(Theodor Heuss,1884—1963)所说的,博恩应该在1924年即已为施米特在德国政治学院(柏林)的委任而说项。① 没有理由怀疑,博恩又继续努力并最终促成了柏林商学院委任施米特为许金(Walther Schücking,1875—1935)的继任者。施米特在1928年4月1日开始授课。② 在庆祝帝国建立的这一主题之内,他还被允许在1930年1月18日发表节庆演说;该演说是关于普罗伊斯(Hugo Preuß,1860—1925)的,它得到公开发表。该演讲为施米特赢得了赞誉,至少有三个信件摘录可以作为这一积极评价的证据。第一封信是由豪斯于1月20日以一

---

① Th. Heuss,《1905—1933年回忆录》(*Erinnerungen* 1905—1933,Tübingen,1963),页302—303。
② 这一日期我摘自施米特于1927年11月3日寄给波恩大学校长的信。

个听众的身份写的:

> 在您前天报告的章节及一系列的表述中包含着强烈的启示,我必须为此感谢您。我非常希望这一报告能够出版。

第二封信注明的日期是 1930 年 5 月 31 日,它是报告出版后的读者罗森鲍姆(Eduard Rosenbaum,1887—1979)所写的,他在 1949 年为反对施米特而发起了猛烈的批判:①

> 我认为您的阐述极为出色。专业报刊现在似乎时常把它称为"社会学的",它们试图以此诋毁您的立场,但这并没有能迷惑我。(我的桌子上正放着凯尔森的《作为整体的国家》一书)。

第三封信同样是来自一名读者,这位读者是历史学家梅尼克(Friedrich Meinecke,1862—1954),这封信是写于 1930 年 3 月 2 日的一个明信片:②

---

① 1. 罗森鲍姆曾是汉堡科莫茨(Commerz)图书馆的馆长并同施米特非常亲近;他们的最后一次谈话乃是于 1933 年 4 月在柏林。在文章中涉及到:《施米特在大门外》(Carl Schmitt vor den Toren),见 *Rheinischer Merkur*,1950 年 11 月 25 日,第 48 号,页 13。2. H. Kelsen,《作为整体的国家:原则上的讨论》(*Der Staat als Integration. Eine prinzipielle Auseinandersetzung*,Wien,1930),页 41:"……因为这是罕见的:当他们——例如斯门德批评同样指向'社会学的'施米特(页 61)——阐述一个法律理论时,迷失在模糊的'社会学'中的国家法教师与法律系教授现今不能在背后说些恼火的什么。"参见:Otthein Rammstedt(生于 1938 年),《1933—1945 年的德国社会学:适应的常态》(*Deutsche Soziologie 1933—1945. -Die Normalität einer Anpassung*,Frankfurt a. M.,1986),页 59,脚注 12。此外见 Sven Papcke 编,《制度与理论:德国社会学历史文集》(*Ordnung und Theorie. -Beiträge zur Geschichte der Soziologie in Deutschland*,Darmstadt,1986),页 45,脚注 126。

② 此处的阿尔布雷希特指的是阿尔布雷希特(Wilhelm Eduard Albrecht,1800—1876),"哥廷根七杰"中的一员。兰克(Leopold von Ranke,1795—1886)乃是著名的历史学家。

我带着极大的兴趣拜读了您富有见地的演讲,并为它所带来的享受而向您表示万分的感谢。特别引起我注意的是,虽然很多东西在您的思想中也同样存在,但极为遗憾的是,国家法学者与我们历史学家之间的内部接触实在是太少了。在1837年阿尔布雷希特的国家人格之前,这种思想就已经被提出来了,例如,兰克在1836年的《政治会谈》中,就已经提出了这种意义深远的思想,他同时还接受了斯门德的一体化理论。对您出色并恰当的结语,我想补充一下,仅仅是消极中立的国家才会以某种方式发挥这种作用,我试图将其作为国家至上、国家需要而置于国家理论的中心,很不幸,我未在您、斯门德等人那里发现这一点。反之,我因此批判了您和斯门德的理论,因为它们缺少了这一国家生活的核心部分。对此,也许我们可以面谈。

2. 鲜为人知的是,维也纳大学的法律与政治学系曾认真考虑过,由施米特来填补空缺着的国家法与行政法教席,该空缺是因为凯尔森于1930年10月1日的离职而导致的。出于这种目的,由法学家莱尔(Max Layer, 1866—1941)作为主席的委员会提出了申请,该申请在1931年1月31日由教授委员会"在记名投票中除一票弃权外一致通过"。在特别表决中,斯潘(Othmar Spann, 1878—1950)表示,鉴于奥地利财政预算收入状况的急剧恶化,他确信该聘任将成为泡影,斯潘一语成谶:联邦财政部长雷德里希(Joseph Redlich, 1869—1936)提出了节约开支的理由,维也纳大学最终聘用了默克勒(Adolf Merkl, 1890—1970)和胡格尔曼(Karl Hugelmann, 1879—1959)。① 这里的问题是,施米特是否被特别探询过?答案可能是肯定的。因为在罗森施托克

---

① 由维也纳大学档案处所予答复(1987年5月11日寄送)。

(Eugen Rosenstock,1888—1973)的信(1931年2月24日)中,我们可以读到:①"在此期间,在报纸上有您要前往维也纳的消息。""最近他们谈论的是维也纳方面的拒绝信息。"(1931年5月22日的信)此外,我们还不能忘记,雷德里希部长曾于1931年5月与1932年5月两次于柏林拜访施米特。

(五)科隆

1. 迅速发展,是年轻的科隆大学的一个不容有失的目标,为了保证这个目标实现,以市长阿登纳(Konrad Adenauer,1876—1967)为首的主管委员会聘任了凯尔森。根据1932年6月14日的会议记录,法律系希望由一名公认的、有分量的人物,最好是施米特来作为施蒂尔-佐姆劳斯(Fritz Stier-Somlos,1873—1932)的继任者。即将晋升为系主任的尼佩代(Hans Carl Nipperdey,1895—1968),曾为了施米特而在管理委员会执行主席枢密院大臣埃克特(Christian Eckert,1874—1952)那里亲自介入其中,他是通过在1932年9月17日给埃克特写信介入进来的。1932年9月19日,阿登纳与施米特之间进行了决定性的谈话。1932年11月11日,施米特接受了聘任,同年12月6日的第 UI2274.32.1号公告实现了正式的任命。曾经的柏林商学院院长博恩除了通知施米特以下内容之外,再无其它动作:

> 大学评议会一致决定,感谢您的工作,特别感谢源于您广博而深入的、并仍将在您的听众中长期生效的推动作用。对您的离开,我们表示非常遗憾。
> 评议会委托我向您提出最后的请求。我们非常希望,作为向商学院最后的致意,您能在1933年1月18日帝国建立

---

① 施米特阅读了罗森施托克代表作《欧洲革命(1931)》的手稿并作出了评论。

的庆典上发表节庆演说。因为这个申请是我亲自提出的,所以,请允许我将我的私人请求与评议会的请求相结合而向您提出。

2. 这个前往科隆的任命在普鲁士州议会遭到了批判。德国社会民主党议员内尔廷(Nölting)表达了令人惊讶的疑虑,它被概括发表于在 1933 年 1 月 19 日第 31 号的《福斯报》上:

> 施米特曾试图证明,如何能借助《魏玛宪法》第 48 条而从共和政体中非常合法地制造出一个君主政体。他虽然在莱比锡国事法院中失败了,现在却又在科隆平步青云,并成为一名正教授。二者同时发生,显得尤为尴尬。

但是在科隆,施米特却成了光荣的倡议对象,这个倡议只有在国家社会主义胜利的范畴内才可以理解。1933 年 5 月 31 日,为了向这位新鲜出炉的教师致敬,科隆大学法律系全体师生在一家俱乐部举办了欢迎晚会。1933 年 6 月 16 日,施米特题为"帝国、国家与联邦"的就职演讲,几乎被扩大成为一个公开的盛事:西德意志广播电台甚至为此制作了录音。①

3. 此外,文学史专家迈尔(Hans Mayer,生于 1907 年)所强调的,施米特曾攻讦过凯尔森的看法,是真的吗?② 高尔克才乌斯基

---

① 关于在 III.5.a) 与 b) 中所告知的细节,我感谢科隆大学档案室主任莫伊藤斯(Meuthens)教授的慷慨(1987 年 1 月 7 日的信)。
② H. Mayer,《一个暂时的德国人:回忆录 I》(*Ein Deutscher auf Widerruf.-Erinnerungen* I, Frankfurt a. M.,1982),页 150(在"施米特与凯尔森"一章中,页 140—151)。在凯尔森曾经的助手海特男爵(Friedrich August Frhr. von der Heydte,生于 1907 年)的回忆卷中并没有这些看法,海特的回忆录见:《如果必须死亡,我希望战死……:一个时代见证者的回忆》(*Muss ich sterben-will ich fallen.... -Ein "Zeitzeuge" erinnert sich*, Berg am See,1987),页 40、42—43。

(Frank Golczewski,生于 1948 年)更为详尽地研究了这一事件。他对事实审查的可靠结果如下所示①：

> 那些认为施米特曾"设法使顶尖的犹太学者凯尔森于 1933 年春失去教席"的看法实在是太夸张了……对纳粹党人而言,凯尔森也是他们攻击的目标；对于其在科隆的同事至少曾企图做的②,施米特只需不予阻碍便已足够。无论是那封信,还是施米特拒绝在该信上署名,都不能得出这样的结论。

（六）柏林二

在 1933 年之前,施米特便已收到了邀请其前往莱比锡、海德堡、慕尼黑及柏林任职的聘请。遗憾的是,莱比锡大学法律系的档案因战争而灭失,因此发现不了其聘任施米特的具体细节。③ 由于安许茨(Gerhart Anschütz,1867—1948)去职,因此海德堡大学也曾于 1933 年 6 月向施米特发出邀请,但他们很快又放弃了,因为他们无论如何都无法期待施米特会接受该聘请。④ 与之相反,慕尼黑大学采取了真正的行动：对施米特的聘请于 1933 年 7 月 17 日发出,并由法律系主任基施(Wilhelm Kisch,1874—1952)负责迅速扫除施米特赴任的障碍。⑤ 行动的积极效果是可以预见的,这从一封巴伐利亚州司法部长弗兰克(Hans Frank,1900—1946)于

---

① 高尔克才乌斯基的书正在出版中。我被允许查阅打字稿的相关页,为此我欲致以应有的感谢。
② [译注]迫使犹太人凯尔森去职。
③ 根据莱比锡大学档案室主任施文德勒(G. Schwendler)教授所告知(1987 年 2 月 27 日的信)。
④ 据海德堡大学法律系主任德林(Karl Doehring)教授所告知(1987 年 3 月 11 日的信)。
⑤ 慕尼黑档案室的回复(1987 年 3 月 9 日的信)。

1933年8月29日写给普鲁士州长戈林(Hermann Göring,1893—1946)的信中可以看出：

> 也许存在如下可能,使被视为现今国家法顶尖权威之一的施米特教授,在其被委以慕尼黑国家法教席以后,能以任何一种形式使普鲁士议会受益。
> 如果我以这种方式向您,极受尊敬的亲爱的同志先生求助,那么,我首先也是当然要做的,就是让施米特暂时任职慕尼黑的德国法学术职位,我自己也特别欢迎施米特教授先生来这里。

这段历史的结局众所周知:施米特于1933年10月1日选择了其曾经的母校,1933年11月9日的第 UI9082.1 号公告使施米特因偏爱而作出的选择产生了法律效力,该公告由时任普鲁士代理文化部长的鲁斯特(Bernard Rust,1883—1945)签署。因为普鲁士议员这一职务的缘故,施米特乐意作出这个决定。我同意施米特学生克劳斯(Günther Krauss)(生于1911年)的下述观点:①

> 施米特仅在科隆工作了一个夏天。在接近年底时,他重新回到柏林,但这次他却是要前往弗里德里希-威廉-大学。于是,愿望同命运皆得以实现。

四、对爱尔兰独立战争的兴趣

(一)有一天,施米特向我解释说,在那个时候,他愿意作为

---

① G. Krauss,《施米特:1933年》,前揭,脚注38。

志愿者参加爱尔兰的独立战争。他的图书馆里收藏了被处死的皮尔斯(Henry Pearse,1879—1916)数量众多的诗歌卷册。① 1921年11月,他把其中的多首诗歌抄写在一个小笔记本上。我不敢断定他的兴趣来自哪里:也许是著有爱尔兰一书的博恩(他于1896至1898年在爱尔兰生活)激励了施米特,反之,同样也不能排除是施米特激励了博恩。无论如何,施米特时常在柏林、汉堡或其它地方同爱尔兰人聚会。1924年6月,他还从慕尼黑寄出了一首叶芝(William Butler Yeats,1865—1939)在《爱尔兰诗歌·都柏林卷》中发表的一首诗歌的抄件。

(二) 澳大利亚神父麦基尔南(Bernard McKiernan,1875—1927)是与施米特讨论爱尔兰问题的最重要的人。他来欧洲是为了治疗慢性心脏病,作为康复期的病人,他曾于1923年5月至1925年10月在爱尔兰生活过。② 我认为,下述观点也并非完全不能接受,即,他是因为向一个汉堡专科医生进行咨询而同施米特建立了联系。对此,他也许还受到了其同胞默里(Kathleen Murray,1886—?)的鼓励;默里1920年在马尔堡师从库齐乌斯(Ernst Robert Curtius,1886—1956)攻读博士学位,她将其出版的博士论文题词并献给了施米特。③ 就爱尔兰政府把主权让渡给外国的权限,麦基尔南曾同几个教会兄弟进行过争论;他们就征求专家鉴定达成了一致意见。这样,下面三个具体问题就在1924年3月26日

---

① 《皮尔斯全集》(*Collested Works of Padric H. Pearse*,Dublin,1922)。
② 这位神父的生平资料由梅特兰(Maitland)(澳大利亚)教区住地主教代理人威尔逊(P. Wilson)主教告知(1987年2月5日的信)。
③ K. Murray,《泰纳与英国浪漫主义》(*Taine und die englische Romantik*,München,1924),题词第III页:"这本小书献给莱茵河畔波恩的施米特教授博士。"该博士论文被施米特在《当今议会制的思想史状况》(*Die geistesgeschichtliche Lage des heutigen Parlamentarismus*,2. Aufl.,München,1926),页31,脚注1中赞许地提到。[译注]中译见施米特《当今议会制的思想史状况》,载施米特《政治的浪漫派》,刘小枫编,冯克利译,上海:上海人民出版社,2004。

摆在了施米特面前:

1. 一个国家有权放弃其独立吗?
2. 如果有权,那么,一个国家当选的代表有权放弃该国的独立吗,如果这一问题在这些代表被选举的大选期间被抛出呢? 可以推测的是,这一问题仅会在选举中被谈及,而选举中大多数赞成国家独立的代表会当选,但却没有举行全民公投,以查明人民在此事上的意愿。
3. 上一问题的答案是肯定的吗,一个国家的民选代表有权放弃国家的独立,即使放弃国家独立的问题并未早于选民在选举中选出代表的时刻?

假如施米特回答了这些问题,那他遗失了的意见就必须予以考量,我们为这种遗失感到遗憾。

五、1930 年:选举改革计划

(一) 1933 年 2 月 1 日,施米特和他的拉老朋友罗斯科普夫 (Veit Rosskopf, 1898—1976) 通过无线电台进行了一场谈话。笔者已经发表关于这个非常有趣的谈话的文章,①但这里再重复一遍魏玛民国选举功能变化的这一段:

> 我想知道并试图去理解,在现在的选举中,不是在单个选民或主体选民的灵魂里,而是在作为我们公共生活以及德意志人民政治意识而形成的国家法的全部过程中,发生了什么。

---

① Piet Tommissen,《一个于 1933 年 2 月 1 日的无线电台对话》(*Ein Rundfunkgespräch vom 1. Februar 1933*),页 118。

我清楚,它不再像是我们祖父辈里希特(Eugen Richter)及希温特霍斯特(Ludwig Windthorst)那个时代的传统字面意义上的选举了。更确切地说,它是全民投票或者公民表决。但这对我来说还不够。此刻我想说,现今德国的选举是一个在世界观与国体之间,在经济体制与社会体制之间的可怕选择。一个伟大的民族在一年内多次的、在五种完全不同的世界观之间进行选择。选举已不再是选举,而是一个选择。

(二)从现在开始,我想阐明,施米特在1930年开始积极地参加修改现行选举法的活动。选举曾经面临特别艰巨的困难,因为联邦参议院会议要面对不少于9个的修正案;① 这些修正案的作者在政治或者世界观方面完全不一样,他们有联邦内政部长维尔特(Joseph Wirth, 1879—1956)、耶利内克(Walter Jellinek, 1885—1955)与托马(1874—1957)教授以及青年德意志会②等。此外,还有许多未被联邦参议院所考虑的修正案,例如由凯尔森提出的。③《科隆民报》的柏林代理人克罗尔(Walter Croll)在修正案的基础上继续往前走了一步。1930年3月2日,他完成了一篇长达12页的《关于联邦宪法与选举法修改行动的备忘录》。由于篇幅过长,这里不可能将其完整的予以复述,但这里决不能缺少它的结语:

> 这一备忘录首先被发给我所认识的5个德国人,他们中

---

① 联邦参议院——大会1930年——第151号:《联邦选举法草案》(*Entwurf eines Reichswahlgesetzes*),页37。
② [译注]原文为Jungdeutsche Orden。
③ Kelsen,《一个自由的选举程序:德国面临新任务》(Ein freiheitliches Wahlverfahren. - Deutschland vor neuen Aufgaben),见 *Neue Frankfurter Zeitung*,1930年6月18日第527号,页1—2。见《日记》(*Das Tagebuch*),No. 36, 1930,应该还有其他一篇凯尔森关于这一题目的文章已经出版。

没有人曾"挑唆"我这样做,但我自己使他们注意到了我的意图,并且我相信,他们会理解我的这些基于政治洞察力与决心的行动。我也曾询问过这些人中的其中一员,即她是否已准备好召集上面所推荐的由杰出人物组成的小组委员会。

(三) 克罗尔找到了三个对话伙伴:普鲁士国务秘书米勒(August Müller,1873—1946)、波皮茨(1884—1945)和施米特。作出这一结论的依据是一个为联邦议会选举法修改而进行的全民公决的秘密谈话记录,它标注的日期是1930年9月9日。因为长度的关系,我这里必须再次放弃全文引述,但我至少要说明该记录的中心点:

1. 三个谈话分别在1930年8月4日、12日及13日进行;
2. 人们一致同意,对行动的成功而言,资金与良好的声誉是必需的;
3. 施米特表示,将起草一个用于全民公投的法律草案建议稿。

毫无疑问,施米特熟悉相关的文献。这里附带提一下:因吕斯托(Alexander Rüstow,1885—1963)的寄送,施米特得到了凯尔森的文章。对于该计划的后续发展,我缺少必要的事实证明。对此我仅有一封信的草稿,它是施米特想在1930年9月4日寄送给或者已经寄送给克罗尔的信;这里我仅引用其中最重要的部分:

> 因此,我并不清楚:您真的打算选择纯粹的等额选举吗?我认为,即便从魏玛宪法的意义上看,这也是具有连贯性的;但是对许多人而言,比例选举是他们绝不会放弃的准则,而我在改革的建议中所做的一切,都是在寻求一种组合。但是这种半解决的方案是徒劳的,而附带名单的比例选举根本就不是选举,对此,我本人越来越清楚。您能在您的法律草案中确

定,草案的第 1 条是:立法组织(或仅联邦议会?)的所有选举都是直接选举。在行使选举权时,有选举权的人仅能填写一个特定的被选举人。将名单、小组或完全作为一个个人而予以填写的选票无效。第 2 条:德意志联邦划分成……选区。选区划分应以单独选区的居民人数(或有选举权的人数)尽量相同并予以保持为出发点。选区划分由一个由……名成员组成的委员会每……年进行一次,成员由联邦总统每……年任命,其须具备公认的品格声誉与公共生活的经验。第 3 条:……

可惜这封信并不完整,也许它仅是一个半成品。①

六、强国的魅力

(一) 我最好由下述引文进入这一问题:②

在德国国家法教师施米特的《政治的概念》一书中,绝对的专政第一次被描述并被解释为"完备的国家"。不久之后,这一定义成为流行语。

这一引文所涉及到的并不仅仅是一个个例,它代表着许多人的想法。几十年来,这种荒唐的曲解在德国的出版物中大范围的蔓延。它们间接地证明了,施米特以他的题目与论点、名望与辩论

---

① 关于该题目,由赫门斯(Ferdinand A. Hermens,生于 1906 年)流传下来的同施米特的会面大有启发;参见 Hermens,《在第三帝国中相会》(Begegnungen im Dritten Reich),见 Hochland,1966/67,页 338—339。

② Günter Pössiger,《二十年代:喧嚣十年的年表》(Die 20er Jahre. -Chronologie eines turbulenten Jahrzehnts,München,74),页 162。

命中了要害。另一方面,这种荒唐的曲解无论是在过去还是在现在,都没有能迷惑住聪颖的真相寻求者,对此要感谢上帝;因此可以说,始终保持了忠诚的陶伯斯摆出了令人信服的证据。由于下文必须提及科耶夫(1902—1968),①因此这里必须补充一个线索,它出现在陶伯斯1985年8月14日的信中:

> 无论如何,我的结论是:我认为,科耶夫在1933年至1939对黑格尔作出的强有力的阐释,镌刻着源于施米特之政治定义的痕迹。这是我同科耶夫在柏林碰面后才悟出来的。

(二)从上一段可以推断出,施米特的观点并不是完全没有用,无论是在过去还是在现在,其都能够激励优秀的人物。但是,施米特自己又是受到了哪些作者与事情的激励呢?对这一重要问题的研究还不成熟,特别是探寻事情的可靠经历是个棘手的问题。马施克发现了几条线索的痕迹,例如,17世纪所谓的tacitistas,影

---

① 见陶伯斯所提到的科耶夫,《向施米特致敬:逆流而上》,页23—25及69。科耶夫1920年由苏联抵达海德堡,在那里听雅斯佩尔斯(Karl Jaspers,1883—1969)的课,熟悉了佛教,学习梵语与中文,最终找到了通往前苏格拉底哲学家([译注]原文为Vor-Sokratikern,指代生活在苏格拉底以前或尚未受其哲学影响的古典哲学家)的道路。1928他在巴黎安家落户,很快获得了法国国籍并将其名字由科耶尼科夫(Kojenikov)改为科耶夫。在其同胞柯以列(Alexandre Koyré,1892—1964)的影响与推动下,他从1933年至1939年在久负盛名的"巴黎高等学院"讲授黑格尔(1770—1831)的《精神现象学》(Phaenomenologie des Geistes)(1807)。该授课教案由格诺(Raymond Queneau,1903—1976)于1947年出版(《黑格尔导读》,第2版,巴黎,1968年);它对法国的黑格尔研究与黑格尔-占领产生了决定性的影响,并影响了优秀的知识分子,其中包括巴塔耶(Georges Bataille,1897—1962)。我不能排除巴塔耶也许通过科耶夫知道了施米特的存在的可能性;参见《施米特的奇怪特性》(Seine kuriose Charakteristik C. S. s, Acéphale, No. 1—2, 1937),页8。关于科耶夫后续命运要提到的是,他自1945年不再从事哲学转而进入法国外贸部。之后在同埃维昂(Evian)关于阿尔及利亚问题的谈判中,他甚至成为了幕后决策者([译注]原文为Éminence grise,直译为灰衣大主教,比喻位于幕后的富有影响力的人)。

响了施米特对相似政治概念的使用。对于施米特什么时候可能最终为强国的魅力所倾倒,我想通过一个文献进行推导。这个文献本身是一个鉴定,它是由波恩的教会历史学家诺伊斯(Wilhelm Neuss,1880—1965)主动提供给施米特夫人(出生姓名为托多罗维奇[Duschka Todorovic, 1903—1950])的;鉴定上标注的日期是1947 年 5 月 2 日,它是为施米特在纽伦堡的律师(可能的)所准备的:

> 早在前往波恩任职时,施米特就已经通过对柯特(Donoso Cortés)的研究以及凭借着一战后的经验,成为了强大的中央权威的拥护者。著名的西班牙政治哲学家柯特(1809—1853)自己,也经历了从政治自由主义与暂时持保守路线的社会主义到拥护专政的转变,其有趣的著作(《论专政》,1849年)也支持这一点。施米特将 1918 年之后的事件(斯巴达克起义)视为这样的一个警示信号,即在现代欧洲关系中,也只有一个具有强大中央权威的国家,才能保证人民的幸福与福利,这是可以理解的。他的思想形成过程同纳粹主义观念本身没有关系。墨索里尼的第一波积极行动,加强了施米特的信念。我记起在和他的一个谈话中,他告诉我,在他看来,墨索里尼是这样的一个人,他的生命对欧洲人而言是最宝贵的。因为欧洲的缘故,如果他听到了墨索里尼的死讯,那么,这一死讯较之其一个近亲的死亡,会更加的使他震动与不安。我自己也曾经为他的这种态度惊讶不已,且我不能苟同他的信念,因为曾在意大利旅行过,我近距离的认识到了法西斯夺取政权时卑鄙与残暴的手段。但对施米特而言,毫无疑问,这关系到了一个完全正当的信念,它是在认真的精神努力中所赢得的。

第一编 施米特研究状况　　　　　　　　　　　57

　　这个由纳粹的卓越仇敌①以及施米特的老朋友所出具的鉴定,却通向了彼岸:在1933年以前,施米特对意大利日常生活的认识,实际上是怎样的？人们可以把布尔什维克主义在俄国胜利的现象,从两次世界大战之间复杂的关系中清理出来吗？等等。此刻我觉得我被问倒了,因为只有通过广泛且困难重重的调查研究,才能得出相应的答案,对于相应的结果,还需要分别进行处理。

　　最后我还有几封信,但是因为可读性的问题,我不愿将其收入我这个报告。我将相应的把它们视为并作为补充要点进行处理。

七、在浪漫主义研究的边缘

　　（一）1914年9月13日,施米特将一封重要的信,连同其刚刚出版的《国家的价值与个人的意义》的样书,寄给了巴布(Jlius Bab,1880—1955)。巴布曾经相当具有影响力,同样,他也相当成功;他曾在一年前(1913)出版了一本浪漫主义的书。② 这也许对施米特研究浪漫主义产生了影响。信件全文如下:③

　　　　在这段时间里,没有人谈论自己。因此我请求您,首先能允许我说明,我在哪里看到了这封信里所写的客观的辩解。

---

① 众所周知,诺伊斯曾同帝国领导人罗森贝格(Alfred Rosenberg,1893—1946)的《二十世纪的神话》(*Mythus des 20. Jahrhunderts*)做斗争;他在宣传册《同二十世纪神话作斗争》(*Kampf gegen den Mythus des 20. Jahrhunderts*,Köln,1947)中对此作了报告。

② J. Bab,《福丁布拉斯或十九世纪浪漫主义精神的斗争:六个演讲》(*Fortinbras oder Der Kampf des 19. Jahrhunderts mit dem Geiste der Romantik.-Sechs Reden*,Berlin,1913,2. Aufl. 1921,为特别推荐的新版的引论页7—12)。

③ 这封信是施米特在贝克(Leo Baeck)研究所(现纽约)唯一的一个原件。我对格鲁贝尔(Fred Grubel)博士交给我一份复印件而表示感谢(1987年1月9日寄送)。

随信所附的书,是为了表明谈论自己毫无意义这一论点而著。在这期间,我做了详细的语言学与心理学的考查,考查所有我在您的出版物中所能看到的,这使我产生了所有个人主义本质上都是浪漫主义的这一认识。它源于在所有浪漫主义中对个体之意义的观察。我将这一点,即,将任何一个具体对象都作为现时的、无法挽回的事物(经常在混乱的激动情绪中),视为特殊的浪漫激情,而它尤其是浪漫派与历史学之间联系的根源所在。客体的绝对中性(它既有可能涉及到一个茶壶又可能涉及两只孩童的眼睛)引起最抽象的表象,然而事实上,它是对摆脱具体事物的无能,就像浪漫主义者的普遍主义没有能力进行区分那样。(我要顺便再次提到,罗马天主教会将这一似乎最抽象的关系复述为最具体的:首先最重要的是一个人相信,至于他相信什么并不重要,因为他不加分辨的完全信任教会;而每个教义又有其具体的细致入微的内容。)所有,同具体的个人相连的个人主义,全都错误地认识了这一点,即没有抽象与区别就没有价值,就如同没有什么东西是因其存在而有价值,而是因其符合某个规则才有价值一样。活跃的人无视千百万重要而又有趣的事物,这是不公正的,因为他没有正确的评价每个事物或者每一时刻的具体唯一性,对此,浪漫主义者基本上对每个时刻说:停留一下吧(你真有趣呀)①。所有的抽象对一切存在事物的具体的唯一性而言,都是不公正;所有有价值与无价值之间以及重要与非重要之间的区分(没有它,没有一个行事的人是完备的),都是非浪漫的。每一个个人主义或者是与具体的个人或者与虚构的(真实的,概念的等等)我相连;在第一种情况下,他是真正的个人主义且是荒谬的,在第

---

① [译注]模仿《浮士德》中浮士德的话:"请停留一下,你真美呀!"

二种情况下,我不知道它和个人主义有什么关系。如果每个生物类型的"人"的标本本身皆有一个不死的灵魂,那么,灵魂是生物学的问题。

但在这种情况下,我不会因为未能荣幸的亲自结识您以及没有找到一个名头便向您提出请求而道歉,劳驾您阅读一下所附书的引论或其第三章。还好时机并不是很差,因此,我毫不迟疑地便转向我臆测的、能找出相似点的地方。如果我没有能成功地通过说出一些值得一听的东西,来消除我看似无礼与纠缠的危险,我将非常抱歉。

(二) 施米特被视作是浪漫主义者,这不可避免。对此,可以作为证据的是1932年2月6日在《法兰克福报》上发表的一个报道。该报道的匿名记者撰文如下:①

政治的浪漫派。
赫勒教授于康德协会。

法兰克福,2月4日。赫勒教授所作的《浪漫主义国家理论的当代革新》的报告,是蒂利希教授主持的康德协会法兰克福分会政治哲学晚间讨论会的开幕。赫勒仅仅用了寥寥但基本中肯的数语,便勾画出了一个未能完全免于夸张的研究政治浪漫主义特征的轮廓,浪漫主义被理解为具体的历史现象,除此之外,它也被视为普遍哲学的基本态度,就如同它产生于"一个高度发达的文化对原始生活方式梦想般的渴望"那样。这一定义在一定程度上具有片面性——因感情行事而将倾向于差异化的态度也称为浪漫主义的——但是这种片面

---

① 在文中提到的教授乃是神学家蒂利希(Paul Tillich,1886—1965)以及法学家与社会学家赫勒(1891—1933)。

性没有阻止报告人以清楚地措辞,概括出政治浪漫主义的特征及其思想重点,即沉湎于历史过往、仇视法律、过分抬高国家意志、精英理念等等。作为现今的浪漫主义对历史的浪漫主义所显现出的典型不同——复兴不是重复,赫勒回忆了由"感情与理智"的反命题到"血与精神"的反命题的变化。他指出了这一变化同自然主义混入其中的联系,而自然主义的混入是新浪漫主义的本质(强调土壤与种族)。最后,在对新"浪漫主义"理论的批评性评论当中,再次清楚地显示了在报告开始时就可以觉察到的论战方向。浪漫主义者在雇主与雇员的利益代表当中,错误地看到了社团组织的萌芽,他们所犯的严重错误,混淆了"等级"与"阶级",但是极权国家与等级国家是不一样的①。现今的浪漫主义如果在某个结论中被评价为可以理解的现象反应,并由此而被承认拥有积极的内涵,那么,之前发生的争论便不会停止。除了范登布鲁克(Moeller van den Bruck)与思潘外,施米特也被视为"浪漫主义者",由此也证实了,"浪漫主义者"一词完全被作为反对者的标签使用了。

应该注意的是,施米特的名字在文中被遗漏了。

八、为莱茵区的努力

(一)施米特对莱茵区的战后形势很感兴趣,这一点无需证明。"莱茵中央党"这样评价与赞颂他的演讲:秘书长哈马赫尔(Wilhelm Hamacher,1883—1951)想让人把一篇此类的文章翻译成英文。经由施米特的推荐,英国语言文学研究者里克(Karl

---

① [译注]原文为 Stand 与 Klasse;totaler Staat 与 Ständestaat。

Rick)从中得以胜出。委托人在1925年9月1日给里克写了一封信:①

> 自持续数周的旅行回来之后,我想就您迅速完成翻译以及印张的审阅表示我衷心的感谢,但我也请求您同样的将所附的纲要翻译出来,以便能将其附在英文版上。我一拿回这个纲要,便可进行最终的排版。
> 慎重起见,我再寄给您一份校样,以确保这版没有任何的排版错误。

(二)施米特把那份英文小册子②的样本,寄给了他的澳大利亚朋友麦基尔南。接着他收到了这封写于1925年12月23日的回信:

> 您问我如何看待您的论文以及里克博士对它的翻译。我已拜读完毕并由衷的感到高兴。译本非常清晰,虽然其中零星的地方可能稍稍有些太过直译,但在法律小册子的翻译中,为了准确的表达作者的意愿而牺牲习惯用语的优美通常更好。毫无疑问,里克博士注意到了这种任何一个外行人(在法律意义上)都会注意到的东西并这样做了。正如我相信他会做到的那样,他极为出色地完成了他的工作。继清楚的措辞之后,是在任何作品尤其是翻译中所要达到的即便不是最

---

① 里克从1926年夏季学期至1943—44年在亚琛授课;之前他应该在波恩工作。他与施米特有着友好的交往。具体的答复那里的大学档案处无法给出(1986年8月18日的信)。

② Schmitt,《作为国际政治客体的莱茵兰》(*The Rhinelands as an Object of International Politics*, Köln, 1925)。[译注]中译见施米特《作为国际政治客体的莱茵兰》,载施米特《论断与概念:在与魏玛、日内瓦、凡尔赛的斗争中(1923—1939)》,刘小枫编,朱雁冰译,上海:上海人民出版社,2006。

重要的亦是主要的目标,在翻译中必须解释令人惊讶的想法,并用一种完全不同于原文的语言表达这些思想。里克博士做到了这点,我对其表示衷心的祝贺。当我打算尽快寄给您一篇长评时,我对刚才向您所做的保证感到满意,作为一个这样的外行而能对像您这样博大精深的论文发表意见,我在各方面完全赞同它。这类事务非常需要一位能够以兼具学术性与可信性的方式对这种状况进行阐述的人。您的地位及公认的能力并结合你在世人面前作为一名卓越的国际律师的威望,就能引起感兴趣人士的注意。因此,没有人能够比您更适合"作为国际政治学对象的莱茵兰"这一题目。我祝贺您选择这一主题以及您对其成功的论述。

九、波恩腔

施米特在波恩声名鹊起,这一时期有很多可以叙说的东西。这里仅隐晦地略微提及几个观点。

(一) 报告与……聘请?

"我惊讶地听说,哈勒大学和哥廷根大学聘请您前往任教。"这只是写在一张未标注日期的于1926年寄出的卡片上的一句话,我还没有验证寄件人艾佩特(Eppert)先生的身份。然而确定无疑的是,施米特在波恩期间及以后做了许多报告。对此,我引用里克1926年6月12日信中的内容予以说明:

上一个月,赫奇(Otto Hoetzsch,1876—1946)教授在这里发表了他的演讲,这个演讲属于国际联盟系列报告之一,您也应该参加这一系列的报告。下周一,虔诚的韦贝格(Wehberg)先生会来,但是我不会去听。赫奇教授是一名引人注目并富有感染力的演说家;他的语言及布局的天赋,甚至暂时的掩盖了其论证上的薄弱点。他详细并赞赏性地引用了您关于国际联盟的作品,理智得体地处理了引用的内容,为使引用内容与他自己的论述相贯通,他进行了合理的编排。我已经阅读了韦贝格的"批评",糟糕而不值一提。在一个本应是学术性的讨论中,却总是怪异的重复出现"信仰"以及与之相反的对您无信仰的指责。我也会拜读您不久之后在科布伦茨对联合参议教师要做的关于主权的发言;很遗憾,我不能现场聆听,因为28号那天我无法成行。但我认为,一个相同或类似表述的题目也适合于亚琛。我希望,科布伦茨的听众不会让您失望。

上文所提到的赫奇教授指的是东欧史专家、联邦议会议员以及日内瓦国际联盟代表赫奇。① 瑞士的国际法教师、后来在弗里德(Alfred H. Fried,1864—1921)于1899年创办的杂志《和平瞭望台》任职编辑的韦贝格(1885—1962),在涉及他的问题时必须注意:施米特在那时就已和他保持着通信往来,在《政治的概念》战后版(1963年)的前言中,施米特强调了韦贝格的两个观点,"虽然其批评并拒绝性地分析了我的观点,但还是客观地研究了这一主题"。②

(二)《国际联盟宣传册》引发了有趣的反应。对此,我想介绍两个对立的观点作为证明。第一个源于著名的驻外记者舍费尔

---

① 关于他参见《俄罗斯研究:赫奇纪念文集》(*Russland-Studien. Gedenkschrift für Otto Hoetzsch*, Stuttgart, 1957),页3—6[《纪念赫奇》(Otto Hoetzsch zum Gedächtnis)以及页9—28[爱泼斯坦(Fritz T. Epstein),《赫奇作为一战期间外的交政策评论员》(*Otto Hoetzsch als aussenpolitischer Kommentator während des ersten Weltkriegs*)]。
② Schmitt,《政治的概念》(*Der Begriff des Politischen*, Berlin, 1963),页14。[译注]中译见施米特《政治的概念》,刘小枫编,刘宗坤等译,上海:上海人民出版社,2004。

(Paul Scheffer,1883—1959),①施米特在1923年与其相识,这段内容摘自1925年6月21日的信:

> 我认为《核心问题》是最好的也是最原则性的问题,对国际联盟而言,其看起来是最重要的问题,它也是我们所拥有的男性法学产物发展的进一步证据。我没有做好完全的准备,来指出您的《论专政》与《核心问题》二者的假设之间的更高一致性,但这种一致性是存在的,并且可以确定的是,我认为,我们很快会听到更多这一方向的内容,它不再用过分的舒适与"公正的"自我恭维来掩盖法律的一切暴力特征。在所有法治的最深处,它们二者之间都存在着不一致,甚至是否存在争论的规则,也存有疑问;国际联盟与其制定的规定,也使这些规则的存在产生了最大的疑问。

第二种观点出现在罗昂王子(Prinz Rohan)写于1926年5月10日的一封信中,它表述地更为仔细:②

> 您的《国际联盟核心问题》是个奇特的东西。我在阅读

---

① 舍费尔作为美国与俄罗斯专家享有盛誉;参见其著作:《在列宁国度的见证人:一名记者自莫斯科的报道》(*Augenzeuge im Staate Lenins. -Ein Korrespondent berichtet aus Moskau*, München, 1972)。关于他及其"在贫乏年代"的记者生涯参见:博韦里(Margret A. Boveri, 1900—1975),《我们都说谎:希特勒控制下的首都报》(*Wir lügen alle. -Eine Hauptstadtzeitung unter Hitler*, Olten, 1965);其中第253页摘录了施米特的一封信:"舍费尔拥有非凡的才能,能够在正确的时刻抓住事物准确的特征。他曾使我避免了两个德国学者文风的传统错误,轻松地,绝不嘲讽的。"此外,在一封标注日期为1927年4月22日的由舍费尔寄给施米特的信中写道:"您不去一次苏维埃俄国吗?依据'独裁'与思想形式以及您的议会的著作,它对您而言是个宝库。"
② 罗昂王子,见前注。所计划的文章是否在由罗尔巴赫(Paul Rohrbach, 1869—1956)主编的杂志《德国思想》(*Der deutsche Gedanke*)(1924—1928)中发表,很遗憾我未能证实。

它时,您表述当中的冷漠简直起到了挑衅的作用,但您结尾时所思考出的结论却明显极为有力,以至于阅读完它们之后,还能使读者继续进行思考,因此,我因您的魅力而向您鞠躬。从法律的立场出发,这件事情除了像您所做的那样,就别无他法了。但是,在一个现存的而非概念内的机构中,法律的立场还可能是一个出发点吗?对此,您会说,是的,且您会以国际联盟创造并执行的法律为根据,对此,似乎无可辩驳。近来,我试图在一篇可能在罗尔巴赫的杂志《德国思想》中发表的文章当中,分析国际联盟的政治思想形态,并且我从政治的-理论上的立场出发,也得到了同您一样的结果。这推翻了我的第一个判断。

（三）学术讨论。有很多这样的讨论。重要的是,例如,对施米特关于议会制的论文（1923年）的接受,对此,我想借助两个信件的节选内容予以说明。博恩于1925年同样曾试图确定议会制和民主的本质。他的著作至今仍值得一读。① 1926年6月11日的这封信对此进行了清楚的区分:②

> 虽然您指责我把议会制定义为协商的方法,但我却不会改变初衷。当然,也不仅仅是在议会中才有辩论。我明确地强调,专政的拥护者也乐意辩论,因为饶舌是人类的天性。但

---

① M. J. Bonn,《欧洲民主的危机》(*Die Krisis der europaeischen Demokratie*), München, 1925,参见:该书页51("1912年阿尔斯特所谓的志愿者运动成为整个欧洲法西斯主义的典范";类似地,见脚注24,页96)以及页56,脚注1("这肯定不缺少某种奇怪的吸引力,民族运动的以及赞同它的思想家的整个思想来自于表达无比尖锐的战前时期的法国人";这在以色列学者施特恩赫尔[Zeev Sternhell],生于1935年,颇具争议的命题的光辉下非常有趣)。

② K. Murray,《泰纳与英国浪漫主义》,前揭,页10;此外,货币理论以及税法问题总是反复吸引着施米特:给自己的题目!

是，议会里所进行的辩论，不仅仅是为了试图使反对者相信其观点是错误的，它更是以发表与同意为目的的辩论，它是协商。您的对立物是片面性的规定。在我著作的英文版中，我的主标题是"依靠会议的统治"，它的对立物是"依靠暴力的统治"。于是，最终形成了议会制。我们一致同意，它同民主并不是一个东西。在兰尼米德，同国王约翰磋商的大男爵们，曾依据"无代表无税收"的原则行事，也就是说，在我们还没有谈论资金的目的、应用与规模之前，你不能把手伸到我的口袋里。

我肯定议会制与其它机制当中存在的意识形态方面的内容，在这点上，你我之间的分歧并不大，但我清楚议会制当中思想与利益之间总是存在的紧密联系，尤其是在税收问题上。您提到的，两个商人之间的行事特征，完全就像旧议会制辉煌时代中的议会那样。

就涉及到的多元论而言，我认为，您误会我了。在同质性问题上，我们是一致的。相反，在个别问题上，我试图系统地详细说明，民主的问题是哪种类型的以及解决它们的方法有哪些。顺便说明一下，没有一个英国人认为英帝国是民主的。它是由一部分的民主与地理上分散的独裁共同组成的。现今在印度所发生的，清楚地表明了这一点。我所说的多元论不是众多的团体，而是依据英语文献所指的被分开的主权，多元论这个词也并非来源于我，它是由拉斯基(Laski)在讨论中最先提出的。

就最后所涉及的民主危机的三种类型而言，哪些是必须深入探讨的议会民主的困难，以及其中需要哪些方法，是我最终要介绍的。我完全清楚，和包括您在内的我的大多数同行相比，我给我的研究设立了一个低得多的思想目标。但是，我认为，我在一点上胜过您：我多年以来便在不同的国家观察我所要涉及到的对象。在知识上,我不如大多数认真的同行,肯定更不如您。然而我认识机器以及使机器活动起来的人。我的书有一个缺点,即它将复杂的事实描述得太过简单。但是,只有通过一定程度的强迫,人们才能把事物进行这样的压缩。我完全清楚,我写得不够深刻。然而我有这样的印象,即大多数写作的人,比我还要稍逊一筹,并且他们对事情一无所知。相反,在您那里,我总是能充满敬意的享受您极其尖锐的措辞与贯彻始终的抓住问题核心的能力。很遗憾,您不住在柏林。我认为,如果我们能经常交谈,我们自己不仅可以时常交流,还能通过教育来影响别人。

显而易见,在施米特为自己议会制著作的第二版所写的详细前言的影响下,博恩开始了自己的创作,施米特的前述前言逐段地讨论了博恩的观点。① 对此,少不了一个更早的意见,它摘自昔日慕尼黑律师勒文施泰因(Karl Loewenstein,1891—1973)1923 年 11 月 19 日的一封信:②

> 与您的《政治的神学》赖以为基础的世界观不同,我基本持另一种观点,毫无疑问,您肯定会认为它是"自由主义的"。对我而言,现今的议会制理念所处的危机,与其说是动摇了议

---

① 我特意选登了信件的最后一段,以使读者可以将其同博恩著作(M. J. Bonn,《人们这样创造历史:一生的回顾》,页 330)中的句子相比较:"我知道他的反复无常,但我信任他极高的才华等等。"
② 勒文施泰因的书是关于:《依据 1789 年法国国民议会的国家理论的人民与议会》(*Volk und Parlament nach der Staatstheorie der französischen Nationalversammlung von 1789*, München, 1922),被施米特作为一本"极有价值并有益的著作"在:《当今议会制的思想史状况》,前揭,页 45,脚注 1 中被提到。二战以后,勒文施泰因处于感情上的愤怒(或者我应该说:处于道义上的愤怒?)提出了对从韦伯到施米特的连续性命题的异议。韦伯被视作公民表决的元首国的"祖先":*Kölner Zeitschrift für Soziologie und Sozialpsychologie*,1961,页 275—289。

会制的思想史基础,还不如说是取消了现今的议会技巧。对此,我曾在我的《英联邦制》一书中,针对英国阐述了一些观点,这本书我那时就已经寄给了您。在我看来,日益尖锐化的人民主权与议会主权之间的敌对关系,是现今的基本问题,依据我的观点,直接行动理论的冲击,恰恰意味着通过一种混乱的方式,尝试以群众主权代替代表主权。我有一种感觉,对于反议会的浪潮,目前似乎并没有从恰当的距离进行评判,因为它们的宣传确实和取消议会机构在同时进行。索雷尔不仅是清教徒中的开路先锋,在宪章运动中,他也是先锋。在人民国家当中,只有在一个新的代表人民意志的全面组织出现时,一种长期的异于代表制的统治形式才有可能,而直接的人民立法仅是其中的一部分,所有不满都不能改变这一点。瑞士与盎格鲁萨克逊的国家对此提供了某些理论,而拥有非常好学的、平均教育水平高的选民的德国,在进入有序的经济状态之后,恰有可能再造该类型。议会制思想将可能拥有人民主权意义上的强大联盟,它完全具有盎格鲁萨克逊地区的宗教显著性。对此,我可以依据其它国家的经验提供改革的建议。

最后,我还有个异议,它针对的是议会制思想与神话理论之间的对立,后者仅是内容上的,它不能缺乏民主的"同质性"。去年秋天,我在意大利获得了这样的印象,因为理念无法胜任组织上的管理任务,不能通过它维持长期的统治,所以法西斯主义现在已穿过了空话范畴而流入了宪法的河流。在该意义上,客观来讲,法西斯主义仅仅是一个具备这种全部优缺点的新政党。它显示出了与美国80年代党代会机制惊人地相似之处。我认为,它同宪法上的第二个政党即天主教人民党,共同顺应议会两党制的时刻到来了,但前提是,它能成功将墨索里尼的神授能力合理化。人民党也是这一巨大的选举改革骗局的受益者,因为无论如何,法西斯主义都会更快的耗尽其缓刑,在其退出后,国家的统治权就会交给人民党。

您的论文富含斐然的思想,意义深刻,因此,我决定将它视作是对这一主题所做的最大的贡献。

无论在博恩的回复中,还是在勒文施泰因的陈述中,读者都能感觉到他们在对与魏玛宪法同期完成的英国及法国(以及大陆的?)宪法的优点与缺点上的分歧。①

在打字稿排印之后,我又发现了报告中一些问题的补充性细节,并从其它方面获悉了另外的补充性细节。因为我不能再把这些信息补充到报告中,所以在方便的时候,我将在其它地方公开这些细节。

---

① 首先,因为其作者寄给了施米特一个单行本(带题词),其次,因为它含有对英国议会制的评论,所以我推荐其后的流亡者胡拉(Erich Hula,生于 1900 年)的文章,《德国与英国议会制》(Deutscher und englischer Parlamentarismus),载 *Zeitschrift für Öffentliches Recht*,1931,页 368—377。

就托米森报告的谈话

施瓦布(George Schwab)等

朱晓峰 译　张洁 校

施瓦布:托米森先生,您在报告里提到了博恩的名字。不久前,您写给我的信中提到,您有关于考夫曼同施米特关系的资料。对此,您能说点什么吗?

托米森:我将区分客观的内容(即我能说的那些)与私人的内容(即我不能说的那些)。私人层面上的,我最好就不去谈论它了。

施瓦布:在这里,我不想谈论私人层面的东西。如莫勒(Mohler)先生所约略提到的那样,我所感兴趣的是,博恩在施米特谋求职位时为其提供帮助的进一步细节。我也偶尔听说,在20年代的时候,考夫曼经常为施米特说话。

托米森:对此,我发表以下看法。我个人确信,莫勒先生部分是正确的,但仅仅是部分的。我认为,人们不能忘记策恩霍夫,他早在一战前就已成为了真正的导师。这位律师、中央党人士与部长、单身人士,一直支持着施米特。当施米特在柏林逗留时,这位政治家的官邸中总给其预留一个房间。我希望,有一天我能证明这一层关系的意义。另一方面,无论如何我也不否认,博恩教授在施米特的人生中扮演着某种角色。据我看来,考夫曼的角色并不特别重要。

马施克:很遗憾,我不明白,这封涉及柯特与墨索里尼的信,是谁写的?

托米森:是诺伊斯写的,他是波恩的教会历史学家,也是罗森贝格的天主教敌人。他写了反对《二十世纪的神话》的文章(1934年),并在战后做了相关的报告(1947年)。

马施克:这很有趣,因为他在信中实际上恰恰接受了施米特也支持的柯特的完全错误的阐述。关于多诺索(Donoso):有专政问题,但是,它是一种临时的专政,在多诺索那里,它在同强大的专制中央权力的斗争中扮演着重要的角色,并且这经常与对霍布斯的抨击紧密相连。

肯尼迪(Kennedy):这纯粹是个信息问题。当您说到,施米特曾同斯特拉斯堡的表现派圈子有联系时,我完全被吸引住了。同样吸引我的还有,您所提到的施米特同慕尼黑的贝歇尔(Johannes R. Becher)的联系。由此,我认为,他也遇见过其他革命的无政府主义人士。也许您能告诉我,您是从哪儿获得的这些信息?我从档案馆或施米特本人的文章中,很少能找到这一时期的相关信息。

托米森:显而易见,部分信息是我从施米特本人那里得知的,部分是这些年(1950—1985 年)我从他那里获得的书信与文档中获得的。除此之外,还有一部分是从特别熟悉施米特的人士的陈述中获得的。最后,直至施米特去世以后,我才在档案馆里发现了一些事实与细节。明天轮到您作报告,而您的题目肯定很有趣。也许,对此我可以读一封布莱的信,因为这封信可能同您的题目有关。

夸里奇:您要撰写施米特的传记吗?

托米森:对此,我想表达以下内容:

1. 我是否撰写施米特的传记,与本次会议的结果相关联。

2. 对撰写一篇完整的传记而言,我因太过老迈而无法胜任,我仅会考虑撰写一个临时的传记,以使研究者们最终能有准确的事实与资料可供使用。

关于传记的事情,我还想补充一下,我将把早已准备好的可供使用的三个分传记改写为一个总传记。

科达勒(Kodalle):您对细节的认识令人钦佩,鼓励我去探寻另一关系的背景。我们所有的人在 70 年代都共同经历过那个近乎可笑的关于本雅明与施米特之间的关系的讨论。在这期间,变得众所周知的是,本雅明将其重要的认识归功于施米特的著作,他在将悲剧著作寄给施米特时,也在信中表达了这种态度。我这里仅援引了您论述的开头部分。您解释说,施米特曾在 1920 年至 1921 年致力于研究索雷尔。而恰恰在这一时期,即 1921 年,本雅明在《社会学与社会福利档案》中发表了杂文《权力的批判》。在该文中,索雷尔扮演了十分重要的角色:特别是他的总罢工理论为本雅明所掌握,后者在"制定法律"的权力这一理论的阐述中,使用了总罢工理论。也就是说,本雅明同一时间也在研究索雷尔。本雅明的尝试必定引起了施米特的强烈兴趣,这点完全不成问题。我十分感兴趣的是,您是否已经发现了其它的线索,可以表明施米特早于这个时间点就已经注意到了作家本雅明。某些论据方面的相互关联包含着某个传记上的依据。

托米森:对此,我一无所知。然而最近我能够确认,施米特是在塞埃的一些已出版的著作的影响下,认识了索雷尔。无论如何,其对索雷尔的阅读在一战期间既已开始。

夸里奇:请允许我在这个联系下做个补充说明,这也涉及到胡贝尔先生报告中的谈话。如果能够及时的询问行动家们,那么,历史学的研究无疑将是幸运的。但曾经同现今一样,对私人方面的好奇,不被认为是正常生活中有价值的特质。因此,助教也不能询问他的教授,即使这种关系建立在双方相互信任的基础之上,而胡贝尔先生与施米特之间显然也是这种情况。不管施米特实际上多么了不起,但是,他看起来仅仅是一个普通的教授,有着 19 世纪末

20世纪初的教授特质。如果他并不是自愿地谈起,也不愿被询问,那么,这理应受到尊重。

胡贝尔:对此,我可以补充说明一下吗?我很惊讶,对于施米特的早期岁月,我并没有很深的印象。这里我指的主要是战前施米特在慕尼黑的岁月,在那时候,施米特同爱好文学与艺术的施瓦宾圈(Schwabinger Kreis)关系密切。此外,他同彼得松的友谊也同样源于这段时光。因为彼得松曾是新教神学家,他和施米特一样,都属于施瓦宾格圈。在画家泽瓦尔德(Seewald)的回忆当中,有一些关于施米特与彼得松在慕尼黑时期的亲密关系的描述。1932年秋,在施米特家中,我见到了一系列的人,他们是施米特从这一早期岁月便已开始与之保持紧密联系的人。他忠诚于很多旧日的友谊,就像他对文学艺术的传统爱好那样,这些爱好源于其在慕尼黑早期的成长时光。

马施克:我只有一个问题:布洛赫有一次对我提到,大约在1964年左右,东克尔&洪布洛特出版社采用了施米特《乌托邦的幽灵》第一稿。您能确认这一点吗?

托米森:是的,对此我知道一些。施米特和布洛赫互相认识,他们甚至成了朋友,这符合实际情况。布洛赫是否为《乌托邦的幽灵》的出版一事而在东克尔&洪布洛特出版社说项,超出了我的认知范围,但这完全是可能的。施米特认识出版社的编辑福伊希特万格,他们之间通过信;此外,他还经常关心朋友与年轻同僚的重要著作的排印。例如,我现在想起来了,他曾关照过居特斯洛。实际上,居特斯洛的例子还需要仔细的复核。

夸里奇:施米特同东克尔&洪布洛特出版社的社长,即魏玛时期在犹太界声名卓著的律师福伊希特万格博士有着极好的关系。我感谢东克尔&洪布洛特出版社社长西蒙(Nobert Simon)律师先生所做的以下说明:福伊希特万格,于1885年11月28日生于慕尼黑,是著名作家利翁·福伊希特万格(Lion Feuchtwanger)

的弟弟。福伊希特万格于1913年进入东克尔&洪布洛特出版社工作,同年,在慕尼黑被准许进入律师行业。福伊希特万格自己也积极从事大众传媒的工作。他在1923年发表了作品《国民经济的伦理基础》,1928年出版了德尼尔森(Detlef Nielsen)的《历史上的耶稣》,1929年出版了《旧约研究通则》等。自从1930年起,他负责由"巴伐利亚以色列社区联合会"出版发行的《巴伐利亚以色列区报》。① 他是一名有责任心的德国犹太文化界代表,在公众中引人瞩目。他发自内心的极其尊敬施米特,尚被保存的出版社的书信往来可以对此提供证明。

托米森:所以,我最近联系了索恩(Sohn),他是一位英国历史学家。然而遗憾的是,他几乎没有什么相关资料。

吕贝:为什么对施米特与本雅明之间关系的讨论是"可笑的",我想就这一论题,请求科达勒先生给我们做一个小小的评论。毕竟它涉及到联邦共和国历史上在政治思想方面有重大影响的立场关系,因此,对他们之间关系的关注这一问题很重要。

科达勒:施米特与本雅明发展出的决断理论,只有在与魏玛民主深重的危机相连接时,其极具争议的说服力才能表现出来。如果这种意见占据上风,那么,有理由相信,这个论证的威力会使人们就像坐在沸腾的火山上一样,因为所有可资参考的日常生活的常态标准,必然面临消失的危险并被斥为不可靠。如何说明一个批判的理由,换句话说,以世界局势为导向的一定程度上制度化了的理性的延续性,不再可信了吗?由于两位思想家在这些问题中所表现出的对形势的理解相同,并且他们试图实现激进的思想,所以,在他们的这种理论努力上,同样地确立了众多的共同点。无法忽视的事实是,两位思想家为反对派的政治处境作出了贡献,它的

---

① E. G. Lowenthal,《一名未被忘却的博学家》(Ein unvergessener Polyhistor),见 *Allgemeine Wochenzeitung*, Düsseldorf, v. 2. 11. 1955。

众所周知的可怕后果是,一位成为了政治的蒙难者,而另一位则最终适应了它,这对于理解魏玛时期的政治思想形势至少同样富有教益……。

吕贝先生,我想通过这个评论而清楚地表明,"可笑的"这一特性描述所涉及的是那个联邦共和国的讨论,在那些讨论中,本雅明的文学遗产管理人尽一切的努力,无视本雅明与施米特在业务上的与私人间的联系,并将之列为禁忌。因为这在政治方面不合他们的意。本雅明书信往来的出版者认为,忽视一切表明同施米特关系的线索,是恰当的。此外从施米特那里获得本雅明书信的复印件,是没有问题的……

梅德姆:在施米特的遗物中,1958年6月5日的日记里记着的一个格言,对此我不想隐瞒在座的各位。这个格言记载在"70年代对他一生所经历的政权的分期回顾"这一题目之下。对于托米森先生所谈到的1888年—1933年这一期间,施米特以其典型的风格刻画了以下四个时间段的特征:

1. 童年时期:1888—1900

藻厄兰地区(Sauerländisch)变形的艾弗尔山-摩泽尔地区(eifer-moselanisch)的天主教教义

2. 少年时期:1900—1907

带有人文主义教育的去整体化的宿舍教权主义

3. 青年时期:1907—1918

带有威廉二世时代烙印的去黑格尔化的大普鲁士文化以及新康德主义

4. 成年时期:1919—1932

具有魏玛自由民主类型的去普鲁士的德意志文化与强烈的民族反应(反凡尔赛)

相关的

1. 具有文化斗争回忆的好心肠的老牧师

2. 宿舍长与具有爱国主义的工厂主
3. 公务人员与军官(其实很随和)
4. 真正地多元论与许多的自由

吕贝：我也许有什么没听到。您已经指出了或您可以指出，在诺伊斯的信中所引用的施米特关于墨索里尼的认识，源于何时？

托米森：没有，在这封信里没有。但依我看来已经很久了，因为施米特与诺伊斯在波恩便已相识，即1924年左右。

胡贝尔：对此，我可以说明以下内容：1926年，当对墨索里尼的刺杀失败时，我有一次在他家拜访他的时候，告诉了他相关的消息，施米特说，对他而言，暗杀的成功将成为政治领域可以想象得到的最大的不幸。

英语学界施米特研究之进展

施瓦布(George Schwab)著
朱晓峰、张洁 译　张佳静 校

一、20世纪80年代之前

可以把1980年看作是英语学界施米特研究的一个分水岭。1980年,在华盛顿特区召开美国政治学会年会时,一个专门小组致力于施米特的研究,在此之前,涉及施米特的文献资料与讨论,则几乎完全是政治宣传。众所周知,跃入第三帝国的施米特学说招致了他以前的朋友、同事以及学生们的愤恨,这包括博恩、古里安、瑙曼、基希海默尔、布雷希特、弗里德里希(Carl Joachim Friedrich)等,这些人在反对他们共同的敌人即纳粹暴政时,借助学术的名义来反对施米特。因此,尽管施米特对法律与政治思想有丰富且颇具启发性的重要贡献,并且这些贡献原本应该使他在任何时代都能立于杰出人士之列,然而由于他的作品与他的品格融为一体,使其作品看起来并无价值。考虑到这种评价在英语学界的普遍性,因此,其一直持续到战后就不奇怪了。本德斯基曾写道:

战后,涉及施米特的多数英语文献,要么以德国的专题著述为基础(这些著述让施米特看起来最好也就是一个机会主义者,最坏也就是一个蓄意削弱议会制统治的人,并且认为他的思想在纳粹"攫取政权"中得以实现),要么反复重申类似于施米特是一个法西斯主义的先驱之类的东西。瑙曼把施米特描述为极权主义的理论家;埃本施泰因(William Ebenstein)和科恩(Hans Kohn)则把他理解为促成希特勒全面战争观念的政治虚无主义者;对贝克(Earl Beck)而言,施米特就是"独裁统治的先驱"。最广为人知的历史学家之一,莫斯(George Mosse)则宣称施米特是一个雅利安种族政治理论的鼓吹者。①

尽管施米特作出了巨大的学术贡献,在欧洲及其它地方也公开出版了关于他的数十本书籍和数百篇文章,其中包括对其

---

① Bendersky,《与英语世界对峙的施米特》(Carl Schmitt Confronts the Englisch-Speaking),见 *Canadian Journal of Political and Social Theory*, vol. 2, no. 2, 页 149—154。尽管证据相反,但是杰伊(Martin Jay)在一篇计划在 1987 年 TELOS 春季刊上发表的题为"对肯尼迪关于施米特和法兰克福学派的回答"的论文中,使下面这种曾经普遍流行的观念再次复苏,即施米特是纳粹主义的前身,而没有注意到施米特在阻止纳粹夺权过程中的努力等。这是特别悲哀的,因为杰伊讲到瑙曼在 1933 年之前与施米特的联系,但是,却没有注意到瑙曼对施米特 1932 年推动的机会平等论点的支持(见《合法性与正当性》(*Legalität und Legitimität*, Berlin, 1932, Berlin, 1968,1980),页 30—40。1970 年施瓦布发表了瑙曼 1932 年 9 月 7 日给施米特的一份信当中的很长的一段节录,在该信中,瑙曼支持施米特的论点。参见 G. Schwab,《例外的挑战:施米特 1921 年至 1936 年间政治思想导论》(*The Challenge of the Exception:An Introduction to the Political Ideas of Carl Schmitt between 1921 and 1936*, Berlin, 1936),页 96—97。另见 G. Schwab,《施米特学术研究》(Schmitt Scholarship),见 *Canadian Journal of Political and Social Theory*, vol. 4, no. 2, 页 151—152。施瓦布还把该信给了艾德(Rainer Erd),他将之再次收录在其著作《改革与断念:关于瑙曼的谈话》(*Reform und Resignation:Gespräche über Franz L. Neumann*, Frank am Main, 1985,页 79—80)一书当中。依据机会平等这一论点,未接受既存宪政秩序信念的政治运动,则不被允许竞争权力,这种理论现在已被广泛接受了。施米特把共产党和纳粹描述为负面的政治力量这一点是值得被记住的,在他看来,这两种政治力量竞争政治权力的权利能够且务必被拒绝,参见《合法性与正当性》,前揭,页 50—52。

著作的翻译①,但在一个变质了的学术氛围当中,客观的去展现他的思想几乎是不可能的。笔者20世纪50年代后期和60年代在哥伦比亚大学的经历表明,这种恶劣的学术环境确实存在,这在学术圈也广为人知。因此,为呈现出施米特不怒不苦之学术成果的丰满内容,就必须打破那些对他作品几乎占据垄断地位的诋毁。

如果1980年被视为一个分水岭,那么,1980年之前的许多公开出版物则为之铺平了道路。除了如阿伦特(Hannah Arendt)、罗西特(Clinton Rossiter)、沃特金斯(Frederick Watkins)等偶尔客观地参阅施米特著作之外,还有一个学者没有加入到反对施米特的队伍,他就是施特劳斯(Leo Strauss)。尽管施米特是在1933年到1936年间作出了代表性的妥协,但是,施特劳斯还是对施米特《政治的概念》一书给予了敏锐的分析(题目是《〈政治的概念〉评注》,②译为英文出版与再版的时间分别为1965年和1976年),③由此也向学术界表明了,可以和霍布斯相提并论的人,是值得被严肃对待的。但是打破前述那种垄断性评价的关键性转折点,却是随着笔者题为《例外的挑战:施米特1921年至1936年间政治思想简介》一书的公开发表而出现在1970年。初始被当作笔者在哥伦

---

① 参见托米森汇编的图书目录,《施米特的书目》(*Carl-Schmitt-Bibliographie*),《施米特七十岁生日祝寿文集》(*Festschrift für Carl Schmitt zum 70. Geburtstag*,Hans Barion 等编,Berlin,1959),页273—330;《1959年施米特书目的补充清单》(*Ergänzungsliste zur Carl-Schmitt-Bibliographie vom Jahre 1959*),见*Epirrhosis*:*Festgabe für Carl Schmitt*,ed. Hans Barion et al.,2. vols.,Berlin,1968),页739—778;《1959年施米特书目的第二次续编清单》(*Zweite Fortsetzungsliste der C. S.-Bibliographie vom Jahre 1959*),见 *Cahiers Vilfredo Pareto*,vol.16(1978),no.44,页187—238。
② 《社会学与社会政治文档》(*Archiv für Sozialwissenschaft und Sozialpolitik*,vol. 67 (1932),no.6),页732—749。
③ Leo Strauss,《斯宾诺莎的宗教批判》(*Spinoza's Critique of Religion*,New York),页331—351。该译本在做了很小的问题上的改变之后,重印在了施瓦布翻译的施米特的《政治的概念》(*The Concept of the Political*,New Brunswisck,1976,页81—105)一书中。

比亚大学博士毕业论文而于 1962 年被提交的这一研究,深受政治正义理论的戕害。因为笔者当时还必须创作另外一篇博士论文,直到成功完成第二个博士论文的答辩后,笔者才敢公开发表他关于施米特的前述研究成果。

随着笔者关于施米特的研究于 1970 年出版,以及施米特《政治的概念》英译本于 1976 年公开面世,有关施米特的研究才开始出现了显著的变化。正如笔者在其它地方,包括在 1986 年出版的《例外的挑战》一书意大利语译本的序言中所指出的那样(同上),本德斯基开始了对施米特的严肃且高水准的研究,这给笔者组织的在华盛顿特区聚集的专家小组提供了帮助。从这种自 1980 年发展起来的势头看,人们能够确信地说,学术界在 1980 年之前的努力,为对施米特的进一步研究提供了跳板。换言之,在 20 世纪 70 年代前作为施米特研究之主要累赘的政治宣传,现在已经变得无关紧要了。现在言及施米特是一个"故意信奉邪恶的理论家,研究他的著作时不能脱离道德上的强烈反感和精神上的担忧",[1]甚至听起来有些好笑。

有必要在这里提及一下能够说明这两个时期之间的差异的一

---

[1] Stephen Holmes,《评本德斯基《施米特:帝国的理论家》(review of Joseph Bendersky's "Carl Schmitt:Theorist for the Reich"),见 *American Political Science Review*, vol. 77 (1983) no.4,页 1067。笔者假设偶然性的政治宣传的故态复萌是能够被预测的。在攻击肯尼迪关于施米特对于哈贝马斯产生了影响的讨论中("致《目的》编辑部全体成员关于肯尼迪《施米特与法兰克福学派》(Carl Schmitt and the Frankfurt School)一文的公开信",该信在大洋两岸被广为发行),沃林(Richard Wolin)认为笔者和《目的》杂志的编辑显露出对施米特的漠视。例如,沃林认为施米特关于主权和军事独裁的差别是邪恶的,并且断言施米特的军事独裁"在民主政府本身(例如议会)被废除之后,据说它可以以尊重宪法的方式而运作"。沃林关于施米特的决断主义的概念也是错误的,他认为施米特的决断主义是不理性且缺乏"规范支撑"的。另外一个关于沃林的原始主义的例子是,他致力于使施米特的大空间概念和"纳粹的生存空间教义"相等。最后,不同意沃林的人们被沃林称之为"标准的'一丘之貉'……施米特的辩护者","施米特的忠实支持者",以及"施米特的谄媚者"。

段经历。当笔者完成对施米特《政治的概念》一书翻译的时候,路兹(Ludz)力劝笔者把译本交由麻省理工学院出版社出版,因为该出版社参与了包括对卢卡奇(Georg Lukács)在内的一些重要思想家的其它译著的出版。但在时为编辑负责人的康诺利(Michael Connolly)1972年11月2日给笔者的来信中,笔者收到的回复却是:

> 在和我们的顾问讨论之后,我们得出的一致意见是,施米特并不是一个在政治理论史上有足够影响力的人物,因此,本社不能出版他著作的译本。

而13年之后,在一年的时间内(1985年至1986年),麻省理工学院出版社却出版了施米特著作的三本译著,[①]并且它还承诺将出版更多。[②]

历史上出现的对施米特的歪曲,让聚集在华盛顿的学者们更多的是感到好笑,而不是愤慨。论及施米特与魏玛宪法的关系,本德斯基在题为"改变关于对施米特的学术观点:魏玛至现在"的报告中,反驳了施米特对魏玛宪法的衰微起了决定性作用的这种广为流传的观点。与之相反,根据本德斯基的观点,施米特并不支持抛弃共和制统治或者共和制的宪法。另外,本德斯基通过研究还得出了与流行观点相反的结论,即施米特并不在右翼政治圈子之列。根据本德斯基的研究,政治上的右翼仅在1930年才开始留意

---

① Schmitt,《当今议会制的思想史状况》(The Crisis of Parliamentary Democracy), Ellen Kennedy 译(1985); Schmitt,《政治的神学:主权学说四论》(Political Theology: Four Chapter on the Concept of Sovereignty), G. Schwab 译(1985); Schmitt,《政治的浪漫派》(Political Romanticism), Guy Oakes 译(1986)。
② 麻省理工学院出版社表现出了出版施米特的《利维坦:一个政治象征的意义与失败》(The Leviathan: Meaning and Failure of a Political Symbol)一书的兴趣。

施米特。本德斯基写道,

> (例如)在《行为》(*Die Tat*)杂志编辑策雷尔(Hans Zehrer)和格林贝格(Horst Grueneberg)手中,施米特的思想成为了粘土,它被隐藏了起来或直接被无视,由此来适应他们自己的论调;施米特的学术成果则成为引证以支持特定观点的可靠渊源。施米特的思想极少被充分的阐述。在那些作者严厉抨击共和制的时候,他们通过对施米特作品的简单解释来证明议会制统治在"在死亡的节点上"。结果,施米特那些之前一直因其学术价值而被称赞的著作,变成了政治宣称;他仔细表达出来的概念,则成了朗朗上口的口号。

尽管魏玛民国的知识分子在1932年开始改变他们对施米特的看法,部分是因为"施米特支持巴本在普鲁士的军事管制",但是根据本德斯基的研究,在魏玛共和时期的尾声阶段,"知识界关于施米特的观点,依然反映为批评与尊敬之间的一种平衡"。本德斯基适当地补充说,当施米特在1933年加入纳粹党并且与希特勒政权全面妥协时,这种"平衡就完全消失了"。用本德斯基的话说,这决定性地促成了下面这种观点的形成,

> 这显示出了施米特"要么是一个不讲道德原则的机会主义者,要么……是一个在整个魏玛共和时期就促成了嗣后由希特勒建立的极权主义独裁统治类型的思想家"。

最近,一个研究施米特的学者,肯尼迪将施米特从德国背景下脱离出来,并将之与其他的伟大思想家联系了起来。在肯尼迪的报告中,笔者所发现的具有启发性的东西是,她是如何将施米特区

分朋友与敌人标准的政治准则与希腊古典时期的思想联系起来的。古希腊人常常注意到朋友-敌人的这种二分法（也可以增加敌人-对手这种二分法）和战争因此经常存在的可能性之间的关系，因为一方面他们把人群分成希腊人和野蛮人，另一方面他们也接受这样一个事实，那就是，独立城邦的多样性使得每个城邦都去追求它特别关注的事情。众所周知，政治现实也反映在这一时期的那些伟大思想家的著述当中，例如柏拉图，肯尼迪指出，对柏拉图来说是，什么是对的以及该问题的答案是"把人分为朋友和敌人"：

> 那么，究竟什么东西使我们意见不合，对什么样的决定我们无法达成一致意见，而只会让我们彼此充满敌意、怒目相向？或许你一时想不出来，你看，我所说的算不算这类东西：正义与不义，高贵与卑贱，好与坏。不正是因为我们对这类事物意见不合，无法对此得出一个满意的仲裁，我们才变得彼此敌对，一旦我们变得如此，不仅你我，而且其他所有人都是如此？①

另一个研究施米特并参加上述专门小组的学者是乌尔门（G. L. Ulmen）。他也把施米特从德国背景下脱离出来，并着眼于施米特区分朋友-敌人的理论以及它和霍布斯之间的联系。在他题为《施米特：霍布斯在现代的同道中人》（该专门小组的名称即源于此）的文章中，乌尔门经研究指出，由于他们都对人性持悲观性的观点，因此，施米特和霍布斯别无选择，他们不得不恐惧于一直存在的自然状态下的所有人反对所有人的战争可

---

① ［译注］中译见柏拉图：《游叙弗伦》，顾丽玲编译，上海：华东师范大学出版社，2010，页49。

能性,因此,他们除了不得不托庇于一个能够区分国内外敌友的强权国家之外,就别无选择。"因为巨兽已经出笼",在乌尔门看来,施米特除了得出"主权者是决定例外状态的存在"这种结论外,他别无选择。

即使在华盛顿的这些报告并没有展现出任何实质性的新东西,但毫无疑问的是,报告人对于施米特具有开放性的思维,他们在探索研究施米特这个现代霍布斯的方向。

二、20 世纪 80 年代以后

众所周知,从 1980 年华盛顿集会开始,对施米特研究的势头就开始迅猛起来了。1983 年,本德斯基修订之后的博士论文《施米特:帝国的理论家》在普林斯顿大学出版社出版。在该书中,本德斯基展现了施米特(个人本身)、他的思想以及他参加的社团之间的基本统一性,他得出结论认是,尽管施米特对自由主义、议会制度以及魏玛宪法说三道四,但这并不能表明他就致力于摧毁魏玛民国。

紧随本德斯基著作出版的是施米特的另外三本著作的英译本。其中,《政治的神学:主权学说四论》、《当今议会制的思想史状况》与早期的《政治的概念》英译本①一起,揭示了施米特政治思想的核心。第三本是由纽约新社会研究院的奥克斯(Guy Oakes)翻译的《政治的浪漫派》,它既是施米特研究的关键,②也是浪漫主义研究的关键。此外,由乌尔门翻译的《罗马天主教与政治形式》以及希尔夫施泰因博士(Dr. Erna Hilfstein)和施瓦布博

---

① 施瓦布翻译、作序并注释。施特劳斯关于施米特论文的评注,参见 Leo Strauss,《斯宾诺莎的宗教批判》,前揭,页 331—351。
② 参见 Bendersky,《施米特:帝国的理论家》,前揭,页 25—27;Schwab:《例外的挑战》,前揭,页 23—25、138。

士合译的《霍布斯国家学说中的利维坦:一个政治符号的意义及其失败》的英译本也将付印出版。肯尼迪教授前不久告诉笔者,她已经完成了题为《自由主义对民主制度:施米特的政治与国家理论》的研究。

从1980年开始,就能够辨别出研究施米特的三种互有交叉的趋势。第一种是深入施米特著作内部,以展现这些著作与施米特创作时的历史背景是如何联系起来的。第二种涉及研究他的思想,以展现他的思想是如何与其他思想以及如何与其他思想家的思想联系起来的。第三种则涉及施米特创作的目的而非施米特研究。其中,美国的本德斯基和施瓦布的大部分研究成果以及英国肯尼迪的研究属于第一种,本德斯基和乌尔门的一些成果属于第二种,加拿大的克里斯蒂(F. R. Cristi)的研究也属于这一行列。施瓦布研究成果的一部分,还属于第三种,此外,英国的赫斯特(Paul Hirst)的一些成果也属于这一范畴。

1. 从到目前为止的讨论看,可以得出这样一个结论:英语学界中出现的关于施米特的两项重要研究,即施瓦布在1970年的研究成果和本德斯基在1983年的研究成果,为施米特研究提供了学术基础。在《例外的挑战》和《施米特:帝国的理论家》出现的中间,还涌现出了大量研究施米特某些特定方面的文章。在本德斯基《1932年夏天的施米特:重新审视》一文中,其在1983年的研究结论之前,就得出了这样的结论,即证据显示,施米特是魏玛民国的掘墓人和国家社会主义的首创者这种论点,并无证据支持。他还驳斥了下述这种荒诞不经的观点,即施米特支持1932年的宪法修正。因为施米特的直接兴趣集中在安全与稳定上,所以他认为,建立一个"在德国可行的政治体制"所必须的先法的修止,必须再等一等。本德斯基恰如其分地说到:

尽管施米特认识到,最终的宪法修正是不可避免的,但他的著作(《合法性与正当性》,1932年)并未提供改革的建议,并且他(施米特)强烈反对在稳定恢复之前发起宪法修正。(同上,页47)

这对施米特来讲,当然就意味着魏玛宪法第48条规定的总统规则。该条"授予总统法律上的权利和政治上的权力"(同上,页43)来终结魏玛民国。

考虑到施米特在魏玛民国时期对希特勒主义的态度,他对国家社会主义的态度的大转变,就显得非常奇怪。对于在《例外的挑战》一书第二部分的这个使笔者长期萦绕于心的问题,笔者1975年在《施米特:政治机会主义分子》中再次提及。① 这也是本德斯基1979年《可以抛弃的桂冠法学家:施米特与国家社会主义,1933年—1936年》②一文的主题。

新引入的证据,基本上重申了之前在《例外的挑战》一书中的论点,即影响深远的1933年3月的《授权法》,是施米特决定加入纳粹冒险事业的关键。尽管他之前反对国家社会主义,然而施米特投入第三帝国的怀抱,也基本上能被他遵守法律上宪法权威的必要性这种基本信仰所解释,他在魏玛民国时期就有这种信仰。本德斯基和施瓦布都认为,施米特自负地相信,他能够沿着独裁的方向而给第三帝国提供一个宪政的框架,这也是推动他与纳粹冒险事业更紧密地联系起来的原因。然而在施米特向国家社会主义的后来者即纳粹转变时,他以前反纳粹的经历、他和天主教的联系以及他与犹太人及其他"被排斥者"的友好关系,却成了这种转变道路上的障碍。

由于施米特并不被那些重要的老资格的纳粹分子所信任,他

---

① Intellect, vol. 103 (February 1975)。
② Jouanal of Contemporary, vol. 14 (April 1979), no. 2。

惧于他的生命在飞速发展的极权德国中可能处于危险之中,因此,他转向传统的反犹太主义,以作为他向纳粹政权表忠心的方法。依据本德斯基的观点:

> "1934 年以后,施米特著作中强烈的反犹太主义……表明了他愿意玷污他的名声以安抚国家社会主义者的程度。"(同上,页 319)用施瓦布的话来说就是:"因为预料到了最坏的结果(来自于那些极度不信任他的纳粹分子),所以,施米特以牺牲犹太人为代价向纳粹申请安全保障政策,但是此举并无效果。"1936 年 12 月 10 日,党卫军周报《黑衣军团》以辛辣攻击的形式,回击了他的策略。①

通过指控施米特支持"前政权的反纳粹措施"、与犹太人的深厚友谊以及其它罪名,党卫军公开揭露了他的机会主义,并警告他不仅"要控制不要以纳粹理论家的名义装腔作势,而且(建议)他理应相信下述格言:'上帝保佑我免受我行为之果'"。② 在这一攻击之后,施米特就停止了关于国内事务问题的写作,转而集中研究国际政治问题。

虽然证据并不支持施米特为纳粹夺权铺平了道路这种论调,但它却能支持对其机会主义的指控。即使他作出支持纳粹冒险事业的决定不能被认为是机会主义,然而他所作出的特别是在犹太人问题上的妥协,却无疑是懦弱的表现。

最近研究施米特的并且也许是最富有争议的学者肯尼迪,在施派尔提交了题为《政治表现主义:施米特〈政治的概念〉的文化

---

① Schwab,《施米特:政治机会主义分子?》(Carl Schmitt: Political Opportunist?),见 Intellect,vol. 103(February 1975),页 337。
② 同上。要讨论由埃米格瑞出版社提供给纳粹的材料,参见 Bendersky,《施米特:帝国的理论家》,前揭,页 223—229。

与形而上的起源》①的论文。肯尼迪在该文中认为,因为施米特是反自由这种时代的形而上学所孕育的子嗣和推动者,所以,他不仅表现了魏玛民国时期普遍流行的反自由意识形态的形而上学倾向,而且他因未能"在自由主义美学倾向之外提供一种主张",因此,他未能提出一套政治理论。依据肯尼迪的观点,"施米特主权概念的目的,是通过决断来克服政治自由建构"。② 肯尼迪认为,施米特通过聚焦于"极端",并将"它构想成各种关系的集合",就能在思考中避开现实。肯尼迪认为,忽略施米特对政治上正面和负面党派之间的区分,也就是他的"机会平等"理论形成的基础,施米特实际上是沉默的,或者他表达了一种"在国家权威和政治党派框架内对调和现代社会多元结构的中心制度的一贯消极观点"。

与肯尼迪的观点相反,施米特的决断主义并不是一个自由浮动式的抽象概念,它是在国家权威框架内的一种内在的且适应于任何宪政秩序的概念。在魏玛民国的背景下,决断主义必须在施米特阐释魏玛宪法第 48 条授权属性的背景下来理解。由于肯尼迪热衷于抽象概念,因此,她忽略了施米特对决断主义的保留,也忽略了他对具体秩序的看法。尽管施米特的著作显示出,他并不像霍布斯一样是一个体系化的思想家,但是,从这些著作中可以推导出一套具体的政治理论,这个理论的核心特征是具体的秩序。③

在笔者看来,肯尼迪似乎在指责施米特确立的反对现实的原则。为此,她忽略了施米特对具体政治事件与问题的敏感度和兴趣,她是从思想史或者学术史的角度来看待施米特的,这使人想起

---

① 作者以肯尼迪在施派尔提交的论文摘要为研究起点。
② 由于坚持施米特的《当今议会制的思想史状况》是通向其决断主义的跳板,所以,肯尼迪在其英译本的序言中未能看到施米特之前出版的《政治意识形态》构成他的决断主义的经典论述,页 16。
③ 参见 Schwab,《例外的挑战》,前揭,页 88、115—125、145。

了其他人的一些研究,如菲亚尔科夫斯基(Jürgen Fijalkowski)的《向元首国家转变:施米特政治哲学中的意识形态成分》(1958年)。

肯尼迪通过采取另外一种观点,而致力于解释施米特对法兰克福学派的影响,这引起了其他人如哈贝马斯(Jürgen Habermas)①的愤怒。他的基本观点是,到达一定程度的时候,批判理论就是一种政治理论,这很大程度上归功于施米特对自由主义的批判。如果考虑到马克思主义没能提供一种国家理论(它仅提供了一种对国家的批判)以及施米特在马克思(Karl Max)之后对自由主义的深刻批判,包括他对"自由主义与民主制度之间的矛盾"(该分析也成为了法兰克福学派的基础)的分析,那就不能轻易否定肯尼迪的论点。依据肯尼迪的观点,

> 施米特给自由民主制度的极端批判提供了重要的原则和概念,可以用它们来分析资产阶级的法治国,并且他还给分析政治权力问题提供了基础……届时可以用它来勾画左翼国家理论的纲要。(同上,页386)

2. 除了关于施米特的思想是如何与他写作的历史背景联系起来的研究之外,本德斯基还对施米特的《政治的浪漫派》②以及该书对浪漫主义的影响产生了兴趣。在描述了施米特的研究在魏玛民国和法国引起的喧嚣之后,本德斯基调查了英语学界的情况。在20世纪70年代早期开始研究施米特时,本德斯基就提醒读者

---

① Kennedy:《施米特与"法兰克福学派"》(*Carl Schmitt und die "Frankfurt Schule"*),见 *Deutsche Liberalismuskritik im 20. Jahrhundert*; Geschichte und Gesellschaft, vol. 12 (1986), no 3。
② 笔者以本德斯基教授提供给他的论文概要为基础进行研究。笔者还被告知,1987年的《目的》上将有一篇本德斯基关于施米特与保守革命的文章。

注意施米特研究的状况,他讲述了哈佛大学一位历史学家告诉他的事情,即"毫无疑问,除了一些西班牙的法西斯主义者之外,没有人看懂施米特",之后,本德斯基继续分析了其他杰出的浪漫主义学者的研究成果,如弗斯特(Lilian Furst)题为《客观对待浪漫主义:英国、法国和德国浪漫主义运动的比较研究》的著作,他认为弗斯特的"书可以被当作是对施米特观点的详尽阐述,或者是对它的单独证明"。

细看弗斯特的著作,它有 360 多页,里面有大量记载,确实全面展现了德国的浪漫主义,但是,它既没有显露施米特的姓名,也没有出现任何参阅施米特著作的内容。然而本德斯基竟多次表明弗斯特的语言和结论与施米特非常相近。谈到他的论点,本德斯基说道,

> (弗斯特的)主要论点是,浪漫主义中"某些极其重要的特性""形成了一个普通的、统一的要素",这构成了弗斯特所称的"显著的"浪漫态度,该术语与施米特的"浪漫立场"完全相同。此外,弗斯特的"关键的特性"——"支配地位的个人主义,第一位的想象力及关于情感的强调"——与施米特对接近浪漫之我的这种现实的主观感情美学的描述,是非常相似的(人们甚至可以断言,它们是完全相同的)。

当人们深入到弗斯特比较分析的细节时就会发现,这种相似性甚至会变得更为引人瞩目。像施米特一样,她把伴随着资产阶级社会历史兴起而产生的个人主义当作"特定浪漫主义者观点发展的基础";这在决定浪漫主义者的"类型以及他对世界的态度"的时候是"决定性的"。施米特的观点,即现实的所有要素,包括自然在内,为主观之我的生产能力提供的只不过是一个机会,它寻求的仅仅是一种美学的或者情感的体验,这也被弗斯特所附和:"……当所有对自然的美好感

觉沉浸在单纯的对自我的感觉中时……,诗人自我本身是如此吸引诗人的注意,使得自然也不再被视为是一个独立的物体,它降格成了镜子的角色,其服务于反映诗人的情感。"并且施米特和弗斯特都把浪漫主义最为重要的结果视为美学的重要变革和主观想象之艺术创造力的宣泄。

随着施米特研究在英语学界的升温,可以预计的是,这种"疏忽"将成为过去。

另一方面,乌尔门的兴趣是社会学。作为一个研究威特福格尔(Karl August Wittfogel)生平与著作的学者,乌尔门与韦伯非常熟悉,他对韦伯与施米特的关系很感兴趣。"尽管施米特对韦伯的引用是片段和分散的",但依据乌尔门的观点,

> 施米特的著作与言论构成了对韦伯"政治社会学"以及他非常典型的自由、资产阶级——资本主义者时代最为热切的理解和回应之一。①

乌尔门认为,通过在国内选择他所精通的法学,施米特开始与国家密不可分地联系起来了,虽然韦伯也是以法学为基础,但他发现这过于狭窄,因此他选择了意味着市民社会的政治经济学(同上,页6—7)。由于施米特与韦伯"在德国国家与社会的重要交汇点上相遇"(同上,页3),所以,依据乌尔门的观点,他们的关系应该被视为"是一个时代的结束与另一个时代开启这种历史性的延续与变革,而不是简单的影响关系"(同上,页5)。在乌尔门共分

---

① G. L. Ulmen,《社会学与国家:施米特与韦伯》(The Sociology of the State: Carl Schmitt and Max Weber),见 State, Culture and Society, vol. 1(winter 1985),页5。乌尔门告诉笔者,1987年《目的》夏季刊将发表他的"美国的帝国主义与国际法:施米特论国际事务中的美国"。

三部分的研究中,他发现施米特与韦伯之间的相似和他们之间的差异一样重要(同上,页28),而他也是这样总结第一部分的:

> 施米特是真正的政治人①,他着手于对自由主义、经济领域以及韦伯自身所属的那个资产阶级资本主义者时代的整个知识与科学背景的批判。作为一个资产阶级人,韦伯仅能是一个经济人。决定韦伯对待政治经济学的不是政治概念,而是经济概念。他在弗赖堡大学的就职演说时说"经济政治科学是一门政治科学"。但韦伯的科学仍然是在资产阶级政治经济学的界限内。对韦伯而言,经济学是命定的;然而对施米特而言,政治学则是命定的。韦伯掀开了经济浪漫主义的面纱,而施米特则掀开了"政治浪漫主义"的面纱。韦伯本质上关心的什么可以被称之为经济意识形态;而施米特本身所关心的则是"政治意识形态"。施米特承认存在"经济政治学";但是对他而言,这实质上意味着政治经济学。资产阶级的政治经济学始于希腊的城邦,它缩小到了家庭和家政管理。要想使政治再现,就需要对政治经济学进行"政治的"批判。要想使政治经济学之政治的批判再现,则需要通过法学——即使是韦伯(超过其他任何人)为社会法学奠定了基础,但施米特也(超过其他任何人)设想出了它的结构并把它建成[性质上]是"全能国家"的新"机构"。(同上,页44—45)

施米特与哈耶克(Friedrich Hayek)之间的关系引起了克里斯蒂的兴趣,他认为,施米特在魏玛民国时期创作的作品,构成了对古典专制自由国家的保护。他认为,即使哈耶克的法律与政治理

---

① [译注]政治人是有道德责任感的、遵从责任伦理的、后果导向的政治家。

论在很大程度上逐渐发展成为"从施米特的攻击那里保护法治的一个尝试",①然而他还是误解了施米特。依据克里斯蒂的观点,由于"自由主义将市民社会构想成个体权利的保护域",因此,

> "法治的功能……就是消除任何对该领域不必要的干预。同时……对于国家而言,从市民社会分离也保证了国家的保护域,从而给予它以政治上的垄断地位。"②它反对施米特所赞成的市民社会的全面政治化。在克里斯蒂看来,"它反对这种极权国家,反对位于它之前的中立的自由民主国家,施米特倡导在极权国家对市民社会的全部的去政治化和政治权力的完全集中化。施米特认为,这种新国家仅在将作为一种假设的流行的主权概念抛弃时,才可以生存下来。这正是赋予帝国总统的使命"。(同上,页527)

3. 与那些作品是以施米特为中心的学者相反,赫斯特承认,他在努力给工业化的发达西方民主社会主义国家构建一个可行的宪法时,深受施米特的影响。赫斯特发现,马克思主义过度地批判了这种国家,并因此而没有给这样的一个宪法提供充分的现实答案,他认为,国家必须作为正确的基本事实而被承认,③并且极权主义在国家权力中是与生俱来的(同上,页187)。

赫斯特在这种假设的基础上,表达了对施米特使他更实际地

---

① F. R. Cristi,《哈耶克与施米特论法治国》(Hayek and Schmitt on the Rule of Law),见 *Canadian Journal of Political Science*, vol. 15,页523。另见 Gottfried Dietze,《权利、暴乱、犯罪:与当今自由民主制度相关的施米特的一面》(Rights, Riot, Crimes: On an Aspect of Carl Schmitt's Relevance for Today's Liberal Democracies),见 *Cahiers Vilfredo Pareto*,页119—122。
② F. R. Cristi,《哈耶克与施米特》,前揭,页526。
③ Paul Hirst,《社会主义、多元主义与法》(Socialism, Pluralism, and Law),见 *International Journal the Sociology of Law*, vol. 13(1985),页181、182。

对待"例外的挑战"的感激之情。当然,该书的核心特征是,这种可能是存在的,即国家将会面对紧急情况,特别是需要判断国内外的敌人是谁并有根据地作出反应(同上,页183)。然而他关心的是,多元主义在发达工业化民主制度下,在国家不断侵蚀下的生存,所以,赫斯特致力于构建一种能够确保多元主义生存并同时确保国家完整的规则。依据赫斯特的观点,

> 这样一种政治构造需要使国内的极少数机构能合法地发出对其最具权威的"命令"的可能性,减至最低程度。它将使"主权"——能决定内部与外部朋友和敌人的能力——分散成很多不同的管理机构。例如,宣布一项"紧急状态"命令将不仅仅需要代议机关的批准,而且还需要宪法法院。就适当条件、中止的权利以及国家机构因此增强了的管辖范围而言,这样的一种"状态"需要被准确地具体化。在政治实体中,真正的权力中心越多,发出这种命令的能力越是分散,则国家权力之内与生俱来的这种独裁倾向的变化就越大。(同上,页187)

赫斯特主要是对国内领域感兴趣,与之相反,施瓦布关注的核心是国际政治。在这种背景下,他通过比较敌人与对手之间在概念上的差别,发展了施米特的敌人概念。根据这种差别,敌人属于欧洲国际法的传统规则,然而对手则是被激进的意识形态所主导的政治表现。① 这种差别帮助施瓦布反驳了20世纪60年代和70年代部分对外政策专家中普遍流行的下述观点,即苏联是一个维

---

① Schwab,《敌人或者对手:现代政治的一个冲突》(Enemy oder Foe: Ein Konflikt der Modernen Politik),见《施米特祝寿文集》,前揭,页665—682。该文1980年被译为日文并将在1987年《目的》上以英文本的形式出现。

持现状的强权以及所有此类的暗示,例如,继续实施与苏联真正缓和政策的能力。① 这种差别还帮助他详细表述了美国政治体的观点,这种观点的基础是那些既非激进意识形态亦非空虚意识形态的政治概念。尽管美国冒称一些如人道主义、正义等普世的概念,但它在对外事务上的行为,总而言之,却反映了与欧洲国际法一致的传统世俗或非意识形态的政治概念。②

施瓦布的开放社会势力集团③这一概念和施米特的大空间概念一样,受到了空间概念的影响。但是,在回应苏联挑战而确切表达他的开放社会势力集团概念时,与施米特和其他人不同的是,笔者假定,一个扎根于共同价值基础之上的军事联盟,要比建基于不同价值基础之上的同盟更加坚固。据此,笔者将空间概念建立在了对人之神圣、法治原则以及因此对政治、文化多元主义和宗教宽容的共同承诺基础之上。由于开放社会势力集团的政治同源性,所以它将在平等原则的基础上运行。另外,因为开放社会势力集团的存在理由是保护积极的人类价值,所以笔者相信,这样的一种势力集团,将会成为一种吸引许多国家去追随的模型。

---

① Schwab,《绥靖与缓和:一些观点》(Appeasement and Detente:Some Reflections),见 Detente in Historical Perspctive, ed. G. Schwab, H. Friedlander, New York, 1975、1981,页 138—150。
② Schwab,《意识形态:现实或浮夸之词?》(Ideology:Reality or Rhetoric?),见 G. Schwab ed. ,Ideology and Foreign, New York, 1978,页 143—146。在回应越南和水门危机时,笔者本身所关注的是美国主权之权力的问题。参见他的论文:《决断:美国的主权被遏制了?》(The Decision:Is the American Sovereign at Bay?),见 Cahiers Vilfredo Pareto,页 67—76。
③ Schwab,《迈向开放社会势力集团(1980 年)》(Toward an Open-Society Bloc 1980),见 Schwab ed. United States Foreign Policy at the Crossroads, Westport, Conn./London, England,页 58—60。

就施瓦布报告的谈话

本德斯基(Bendersky)等
朱晓峰 译　张洁 校

　　本德斯基:也许需要指出一点。我承认您在对美国施米特研究的背景与历史编纂的一般综述中是正确的。我想,在一定程度上,您已经把它处理地非常好了。但由于您或许在论文进行一半的时候,就倾向于把一些东西政治化,所以,我还是觉得应该指出一点。您没能区分其他美国学者都是如何研究施米特的,以及施米特对您的影响和您所理解的施米特和美国外交政策的关联性。需要阐述清楚美国对施米特的研究存在多样性的特点。

　　施瓦布:的确是这样。我在第二部分试图说明,施米特对其学生的影响以及这些人都是如何利用其作品的。我挑选的那些人当然都是对他的作品很熟悉的人。在阅读他们的作品时,我注意到大概两种趋势:一方面,英国的肯尼迪、美国的本德斯基和乌尔门以及加拿大的克里斯蒂,都把重点放在施米特以及这些思想的内在一致性上,或者说,是放在这些思想是怎样和其他伟大思想家的思想联系起来上。也许除了克里斯蒂之外,在其他人那里,施米特一直都是舞台的中心。另一方面,英国的赫斯特主要关心的是例外的情况、施米特在魏玛时期是如何应对它的,以及施米特的回答和其自己作品的相关性,这些作品涉及:在一个民主社会主义宪政下如何安排来满足这些例外,同时不将西方发达社会的民主社会主义置于危险之中。由于我关注对施米特的研究,所以我认为自己属于第一类。同时,由于受施米特一些概念的影响,这些概念在我关于国际政治的著作中发挥着一定作用,所以,我也认为自己属于第二类。

马施克:是的,这非常有趣,因为摩根索(Hans Morgenthau)也在您的报告中出现了。1933年,摩根索在巴黎撰写了《国际法与国际关系》这本小册子,其中涉及到施米特。之后,他前往了美国,而如果没有施米特,那么,在其主要著作即《国家间的政治》中的唯权力论,根本就不会产生。但问题是:摩根索曾经对施米特发表过意见吗? 他参加了一个施米特与被危及的流亡者组成的协会即流亡者-游戏组织吗?

施瓦布:有,又没有。没有,是因为在纽约时他经常对我说,《大地的法》是这一主题中最出色的作品,也是施米特最出色的作品。在摩根索战后的著作中,我没有发现他对《大地的法》或施米特的其它作品所发表的任何意见。有,是因为在1977年献给他的纪念文集(《真相与悲剧:向摩根索致敬》)中,有一篇简短的以"一个知识分子自传的片段:1904年至1932年"为题的文章。在这篇文章中,摩根索表达了对《政治的概念》以及他在拜访施米特后对他的否定性意见。当摩根索离开施米特家时,"(摩根索)停在施米特与下一层的楼梯过道中,自言自语地说:'现在我遇到了在世的最邪恶的人'"。

马施克:这是一种天赋,而不是品性。

施瓦布:是的。

瑞曼:施瓦布先生,您在一篇文章中已经描述过基希海默尔是如何在您博士论文答辩时,使您的论文未能通过这一幕了。由此,我认为可以问您,他是以什么理由否定了您的博士论文?

施瓦布:我"没有"像写施米特那样"写他"。我的博士论文是

"一篇辩护词"。我对第48条①的解释"既不符合事实也不符合施米特所想的",而且我"对'机会均等'原则的解释"也是"一派胡言"。我既不理解"魏玛民国,也不理解施米特"。他是"一名纳粹主义的开路先锋"等等。然而最使他生气的似乎是我在论文中,在讨论魏玛宪法所遭受抨击的那几个不同的方向时,提到了他的文章《魏玛……后来呢?》与《第48条以及宪法体系的变迁》。因为基希海默尔在美国冒充魏玛宪法的捍卫者,所以在攻击我的最后,他甚至面红耳赤地以非常激动地声调,充满怒火地批评我,为什么偏偏从他所有的论文中选出了这两篇。针对一个多重的谎言,一个包含许多错误的指控,我无法仅用寥寥数语为自己辩护。像基希海默尔这样的反应,我还未曾经历过。

马施克:但是,这是这一代人通常的反应。您未曾经历过的,我在德国已经历了20余次。

托米森:我所说的仅是对弗里德里希的一个小小的补充。我曾和施米特谈论过他。我手头有一个1931年2月18日的文件,即他写给政府补助委员会、社会科学研究理事会(纽约市)秘书夏普(Walter R. Sharp)先生回信的复印件。它涉及阿尔特胡修斯(Althusius)的《政治方法论》的再版。施米特写道:"关于弗里德里希,我知道他的各种关于政治理论的学术论文。此外,1929年夏,他在柏林停留期间,我同他多次就我的专门学术分支中的学术问题进行了漫长而详细的谈话。我认为,他是我所知的在政治思想史方面最名副其实的权威之一,并且我确信,他完全适合你所提到的任务。"我想补充的是,弗里德里希于1939年初将他的文章《国家的神化》(《政治评论》,1939年1月)的单行本(带题词)寄给了施米特。

施瓦布:弗里德里希也是一个悲剧。在我的论文《施米特:

---

① [译注]指魏玛宪法第48条。

透过黑暗的玻璃》中,我描述了他是如何被施米特的《论专政》所震撼的;该论文以日文与意大利文出版,并有英文缩减版《施密特的学术研究》发行。例如:他在1930年10月《外交事务》出版时就写道:施米特是"最敏锐的宪法理论家之一",该书的第二版是"一个划时代的著作","作者([译注]弗里德里希)很感激施米特给予他的重要建议"。显然,弗里德里希这里接受了"委托专政"与"主权专政"这一分类方式;他在第48条的基础上将兴登堡(Hindenburg)的专政描述为代理的专政,并认为其中丝毫没有"破坏宪法"。1937年,在其广为流传的作品《宪政与民主》第一次出版时,弗里德里希写道:施米特"尝试一种全面的综合,然而令人遗憾的是,他当时在'政治'考虑上的偏见玷污了他的理论分析"。在该书1941年再版时,他认为《论专政》是"党派的领地"。尽管施米特继续使用了"委托专政"与"主权专政"这两个概念,但在该作品之后的版本中,这些概念再没有被提及。在布雷希特的大部头著作《政治理论》中,则完全没有出现施米特的名字。

夸里奇:在1932年6月10日写给东克尔&洪布洛特出版社社长福伊希特万格博士的信中,施米特提到了施特劳斯:"在这期间,他发表了大约100篇关于《政治的概念》的评论,但是,我从中只学到了很少的东西。使我感兴趣的仅仅是,施特劳斯博士先生,这位关于斯宾诺莎(Spinoza)那本作品作者,撰写了一篇很好的文章,评论的很朴实,我希望能将它录入莱德雷尔(Lederer)的社会科学档案中。"这篇评论性文章发表于1932年的《社会科学与社会福利政策档案》第67卷,第732—749页。如果我回忆的正确的话,施特劳斯回应了这份敬意。

施瓦布:当然。我在纽约有一份施特劳斯于1933年7月10日由巴黎写给施米特的信件的复印件。他非常感谢施米特写给洛克菲勒基金会的鉴定,他将自己获得奖学金的事情告诉了施米特。他也恳请施米特写信给哈佛大学的弗里德里希，以请求他聘请施特劳斯作为由其负责完成的霍布斯作品校勘版的工作人员。

第二编　政治处境中的施米特

《政治的浪漫派》：学术批判与持久的学术影响

本德斯基（Joseph W. Bendersky）著

朱晓峰、张洁 译 张佳静 校

"施米特的这部著作是过去十年间就政治的浪漫派这个主题而写出的最具有价值的作品"①——著名的历史学家梅尼克在1920年的称赞确实有先见之明，因为尽管学术圈的一些人对施米特的这部作品怀有敌意，另外一些人忽视它，但是《政治的浪漫派》在本世纪仍然持续影响了对浪漫主义的理解。梅尼克还认为，

> （施米特的著作）展现了详尽和深入的哲学知识，非凡的广博历史知识，并且在施米特不受他所反感的东西影响的地方，他对历史对象的分析也展现出了非同寻常的精致和犀利。（同上）

当我们意识到，梅尼克在确立其声誉与事业的《世界主义与民族国家》这一经典著作中毫不留情地挑战诸多基本的观点时，前面的这种溢美之辞尤其具有重要的意蕴。不过那时的梅尼克既不是文学评论家，也不是史学家，他只是一个默默无闻的年轻法律

---

① Friedrich Meinecke,《评〈政治的浪漫派〉》（review of Politische Romantik），见 *Historische Zeitschrift*, Band 121(1920), 页292—296。

学者,甚至还未获得一个长期的大学教职。1925年,在《政治的浪漫派》重印第二版时,施米特正逐渐成为魏玛民国在政治和法律方面最著名、最有影响力的政治理论家。

施米特的写作风格清晰爽朗,《政治的浪漫派》基于重要的浪漫主义者的原著以及英语、法语、德语、意大利语和西班牙语的二手研究素材,给读者的印象是,作者在文学和历史方面极为博学。该书初版于1919年,那时,德国学术圈正好重新燃起对浪漫主义的学术兴趣,而这种兴趣很大程度上受第一次世界大战之前梅尼克的著作和新理想主义思潮的激励,并在接下来的十年间硕果累累。该书是20世纪早期浪漫主义学术复兴的为数不多的正视整个浪漫主义现象的著作,而不是仅仅集中于浪漫主义运动的某个重要人物或重要方面。

施米特对浪漫主义的主要理解提出了质疑,并对浪漫主义哲学、历史学和社会学的起源提出了新的观点。他在深入探究浪漫主义心理学本身时,基于他所认为的浪漫主义的独特性,给浪漫主义下了定义。他把浪漫主义描述为"主观化的机缘论(subjectivized occasionalism)",这可能会赢得广泛的赞誉,同时也招致了那些对浪漫主义思想展现出极大仰慕之情的德国学者的强烈批评。他尤其激怒了一些人,这些人将浪漫主义誉为德意志民族主义的先驱和有机国家理想的完满典范。因为施米特反对这种浪漫主义式政治理论的思想。正像梅尼克评论的那样,施米特不仅证明了"浪漫主义思想极端虚弱",而且他有时也以一名检察官的口吻和行为方式而对政治浪漫派,尤其是施勒格尔(Friedrich Schlegel)和缪勒(Adam Müller)(同上)。

一、"探询实在"

著名的美国学者洛夫乔伊(Lovejoy)曾因为提出下述观点而

广受关注:与浪漫主义相关的释义性和解释性难题是由浪漫主义运动与生俱来的多样性和矛盾性所引起的,然而事实上在此的四年前,施米特在《政治的浪漫派》中就已论述过在讨论浪漫主义本性时所产生的"混乱"。① 施米特指出,浪漫主义的历史—政治概念与学术概念,以及浪漫主义与各种不同的、经常自相矛盾的潮流的联系表明,在定义浪漫主义本性时产生的"混乱"明显是一个难题。三月革命②之前一段时期的德国资产阶级革命者认为浪漫主义就是他们的敌人,即反动的专制主义,但是梅特涅(Metternich)这个旧秩序的真正的和标志性的捍卫者,却将浪漫主义与自由主义倾向联系起来。相对于恢复贵族政治,宽容、人权以及个体自由意指卢梭的极端主体性(the unencumbered subjectivity)和导致革命的浪漫主义。这种据说由浪漫主义释放出的过度个人自由,甚至被一些天主教的反革命者视为是新教主义的副产品。因此,它使人想起了"三头怪兽:宗教改革、法国大革命、浪漫主义"。十九世纪的某些德国革命者尽管受到了卢梭和法国大革命的启发,但他们否认革命与浪漫主义之间的任何联系,而同时期法国的革命作家却强调这种联系。另一方面,法国著名的革命反对者塞埃,曾公开谴责革命是浪漫主义者非理性主义和个性的表现。而在一些德国学者当中,浪漫主义者被当作客观历史思想的奠基人和将人民当作有着首要价值的超个人实体的发现者。③

　　施米特写道,这种混乱不能通过试图将浪漫主义概括为"人性本善"的心理或智识的观念而消除。因为人性本善这种观点并

---

① Schmitt,施米特《政治的浪漫派》第三版,Berlin 1968,页 3;Lovejoy,《论诸种浪漫主义的区别》(On the Discrimination of Romanticisms),见 Essays in the History of Ideas, Baltimore,1948,页 228—253。[译注]中译见洛夫乔伊《观念史论文集》,吴相译,南京:江苏教育出版社,2005,页 222—246。
② [译注]三月革命指 1848 年 3 月 13 日奥地利首都维也纳所爆发的工人、学生、平民的示威,之后演变为革命。
③ Schmitt,《政治的浪漫派》,前揭,页 11、31—44。

未能提供一个全面的定义,从德国人的视角看,这一观点过分关注了人而忽略了历史和宇宙。同样,试图从浪漫主义者通常所选择的一系列对象那里认识浪漫主义运动的本质也是徒劳的,因为这必然会导致一种非常奇怪的和矛盾百出的关于浪漫主义特征和对象的归类:高贵的野蛮人的旁边就是封建骑士,中世纪则紧挨着古代废墟,等等,它无法确定哪一种是特别的或唯一的浪漫主义(同上,页3—5)。

从相反的立场(浪漫主义对古典主义,浪漫主义对理性主义,等等)看待这一问题也是行不通的,因为如果这样的话,任何不属于古典主义或理性主义的事物都会被认为是浪漫主义的。同样地,道德洁癖式的评价通常也存在争议并且自相矛盾。对一些人而言,浪漫主义是年轻的、生机勃勃的,而对其他人来讲,古典主义是生机勃勃的而浪漫主义是病态的。存在充满活力的浪漫主义和颓废的浪漫主义,后者对抗生命,且要"遁入过去"(同上,页7—9、13)。

每一种这样的尝试都无法解释浪漫主义运动所展现出来的这种前后矛盾的特征,特别是在政治领域方面。尽管很多革命的反对者把浪漫主义归入革命和无政府主义,但在德国,政治浪漫派却和复辟与反革命的封建理想联系了起来。在英国的浪漫主义者之间,政治保守派华兹华斯(Wordsworth)和斯科特(Scott)与革命派拜伦和雪莱立场一致。其中,一方将中世纪描绘成天堂,而另一方则将之视为暗无天日的地狱——人们焦灼地等待着法国大革命带来的自由黎明(同上,页12—14)。

鉴于这样的混乱和矛盾,那么,要想阐明浪漫主义本质,就既不能依据我们视之为是浪漫主义的主题和对象的东西来进行,也不能以其它运动的对立面或者同类为依据。我们必须寻找浪漫主义者的"独特路径"(eigentümliches Verhalten),因为,施米特认为每项运动都基于对世界清晰、独特的"态度",都基于对一个最高权威、一个绝对中心——最终的决定者的特定观念——即使它们常常意识不到这一点。施米特声称,"机缘"(occasio)这个概念可以完美解释浪漫主义的这种独特"态度"。这是一个分裂性的观念,因为它不仅反对原因(causa)的正当性,而且认为万事都不过是偶然。可以推算的因果关系、有约束力的规则、绝对性等等,这些都屈服于一种接近世界的主观方式——在这个世界里,个体变为最高现实、万事万物围绕其运转的中心。相应地,可以极为准确地将浪漫主义描绘为"主观化的机缘论",因为在浪漫主义运动中,浪漫的主体仅仅将世界视作他的浪漫创造的机缘或时机(同上,页5、22—25)。

　　施米特将主观机缘论的哲学根源追溯到笛卡尔(Descartes)对传统本体论思想的摧毁上;在此之后,现代哲学遭受了思维与存在(Denken und Sein)、观念与现实、主观与客观分裂。哲学变得以主体为中心、强调思想的主观内在过程而非外部世界。在试图克服这种分裂的各种哲学尝试中,沙夫茨伯里(Shaftesbury)和马勒伯朗士(Malebranche)的尝试为浪漫主义铺平了道路。沙夫茨伯里没有试着去调和这种成问题的二元论,他的"情感—美学"哲学使这些对立面融入了美学或者情感中,沙夫茨伯里的这一做法与那种不成功的试图调和这种二元分裂的尝试形成了鲜明的对比。情感哲学家不是通过理性或者经验法则找寻真实,而是通过内在和谐和内在美好的感受,据说这种感受能理解宇宙。另外,浪漫主义者对这种二元分裂的回应主要地是美学式的回应。浪漫主义作为一种独特的艺术或有争议的艺术运动显现出了巨大的热情,它在占据所有其他领域之前,就把重点从知识的创造转移到了美学、艺术和艺术批评领域。"它宣告了艺术的绝对化";获胜的美学成了新的中心。但是,这种新的艺术既不是"典型的",也不受严格形式或标准的限制。它的领域依然是"不负责任的私人感情,它最美好的成就在于亲密与情感"(同上,页20—21、78—83)。

相反,马勒伯朗士解决笛卡尔二元论的难题的方式是,将整全、实在本身视作上帝的意志与行动的一个诱因。上帝是唯一真正的实在,同时也是一切精神的和身体的事情的原因。人与自然的因果律仅仅是偶然的机缘、是上帝意志的持续展现,要是没有上帝的意志,就既不会有行为,也不会有思想。施米特认为,浪漫主义者后来否定因果关系就是在追随马勒伯朗士的脚步,不过他们用主体取代了上帝作为终极原因,从而偏离了马勒伯朗士的理论,他们为了自身的创造性而开始使用种种变化无常的机缘。本质上,浪漫主义的"现实研究"在超越自我(ego)的创造性中终结了(同上,页123—127、131)。

浪漫主义的自我之所以能采取这种立场,是因为从17世纪到19世纪的哲学进展抛弃了"旧形而上学最高和最可靠的实在、超验的上帝"。人民主权和历史变成了新的实在。不管人民主权自身是以普世的形式还是以民族国家的形式显现出来,它一直都具有革命的功能。卢梭在《社会契约论》中宣布它是全能的;后来,它呈现出一种新宗教的外观。"人民"成为了新的绝对、新的创造者和正当性的终极来源;并且对一些人而言,这位革命的上帝欲求一种包含所有人民的无限社会(同上,页86—91)。

对于其他人而言,矫正不断革命的是第二具有创造性的力量——历史,它将普遍人民主权整合进具体的历史性的民族国家,通过这种限制将之转变为历史现实和社会现实。民族国家不是像卢梭所宣称的是它自身的主人,民族国家是历史的产物。"历史所做的就是对的",或者如博纳德(Bonald)所说的,"实在就在历史中"(同上,页91—94)。因此,民族国家成为了客观实在,历史进展本身上升为像上帝一样的创造者。

尽管浪漫主义者是这两种新实在的先驱,但是,他们不是在一种具体的意义上利用它们,而仅是将之作为"一种提高自我的自信的精神方法"(同上,页96)。受费希特极端个人主义的影响,浪漫主义者变得自信起来,他们相信自己足以扮演造物主(Weltschöpfer)的角色,并为他们自己创造实在。他们并未在人们通常所认识的现实领域这么做,而是想在永远变化的且永不可能变成具体现实的潜能领域这么做。他们将人民浪漫化为无限的无意识领域内充满生机的非理性因素的储备库,就如他们将儿童般单纯的原始人珍视为无限的可能性的源泉:

> 与理性化的、机械的状态相对立的,是儿童般的人民;与已经受其职业和成就限制的人相对立的,是跟所有的可能性一起玩耍的儿童;与古典的清晰路线相对立的,是意义无限的原始状态。通过否定现在,历史具有一种类似的目的,它是逃避"具体的当下现实牢狱"的手段。①

事实上,浪漫主义者并未在历史或人民那里找到实在。事实上,他们的实在是不间断的点,它的每一点仅表示无穷序列的开始。施米特写道,人们无法在几何直线中辨别浪漫主义的本质,而是在阿拉伯风格的花饰中才能辨别。或者用诺瓦利斯著名的话说就是:

> "我们生活中的一切事件,都是我们能够用来随意创造的素材。"一切都是"一个无穷序列中的第一环,是一部无结局的小说的起点"。②

当然,决定这种创造性的方向与本性的是主观个体,对这些人而言,"所有的现实都只是一个诱因"。浪漫主义者对国家和历史

---

① 同上,页102、104。[译注]中译见施米特《政治的浪漫派》,刘小枫编,刘锋译,上海:上海人民出版社,2004,页73、74。
② 同上,页107—109。[译注]中译见《政治的浪漫派》,前揭,页78。

发展本身都不感兴趣;它们仅仅服务于主体的创作。通过对浪漫主义者的日记、信件、谈话以及他们长期关注的历史的研究,施米特认为,他们实际上仅仅关注他们自身(同上,页123)。

既定事实从未放在现实政治、历史、法律或道德关系下去考虑,而是被当作情感——美学兴趣的对象,它们点燃了浪漫主义者的热情。就像施勒格尔在写给他兄弟的信中所说的,

> 所有我们在爱人身上发现的更高层次的东西,都是我们自己的杰作,爱人对此没有任何功劳,"她仅是一个诱因",……仅仅是"你的想象力开出的紫茉莉花"。

对象本身——历史与宇宙、社会与人民、上帝与精神实质、爱人与英雄——是非物质的具体的点,而围绕这些点的浪漫主义的幻想游戏中止了。①

甚至众所周知的浪漫主义者与自然的亲密关系(卢梭的"我即整个宇宙")也不过是他们与自身的交谈而已。他们通过自己的想象追求真实存在的现实性和宇宙的整体性,但是,他们的想象将这些与他们的幻想混淆在了一起。浪漫主义者关注的是微小的艺术形象,就像"真实意志在虚假意志中结束了",而不是真实世界和宇宙。浪漫主义者关于宇宙的著述使施米特想起了那些令人

---

① 同上,页122—123。由于没有使用 per se 这个术语,法国艺术历史学家凯泽(Eugénie de Keyser)把浪漫主义艺术家、诗人及作家基本上都理解为主观机缘论者。注意:"据说浪漫主义者能够描绘出灵魂,如果这里的灵魂指的是艺术家的灵魂而不是模特的,那的确如此";此外,"行动本身远没有改变世界或影响其他人,它只对中介产生影响,因为他视自己为行动者,却并不尝试做任何事。暴力,按当时文艺的描述,是残暴的、断断续续且具有破坏性的,因为它仅被局限于实现一种自由,该自由最重要的特征是对自我激情澎湃却无用处的表达。这却几乎是艺术家想要入侵和控制外部世界的唯一方式。参见其著作:《浪漫主义的西方:1789—1850》(*The Romantic West*,1789—1850,Peter Price 译,Geneva 1965),页148、165 页及它处。

讨厌的聪明过头的人：

> 他们坐在窄窄的桶上，感到自己是那些把自己视为世界的非凡人物，并且相信他们能够掌控世界(同上，页110—114)。

只有在个体已经取得自由且唯独仰赖自身的时代，这种主体性才能获得普遍性，并在智识上广为接受。因此施米特认为，即使市民社会本身不是浪漫的，但浪漫主义"在精神和历史上是市民社会追求自我保存的产物"，因为随着自由市民社会的兴起，孤独与被解放的个体被提升至"最终的决定者"、拥有了绝对性的地位(同上，页141)。尽管施米特并未通过全面的论证和文献证据来全面发展这种观点，但是他认为市民社会是浪漫主义时代的社会学基础的观点，构成了他理解浪漫主义非常重要的方面。

　　接近世界的主观—审美的路径的特征是，在承诺与约定的伪装背后隐藏着一种消极性。浪漫主义者寻求的不是活动而是体验；其后，他们仅仅想激动兮兮地将这些体验记录下来。例如，年轻的德意志浪漫派从美学上回应法国大革命，吸引他们的主要是这场革命不朽的意义。同时，这一真正的大事件仍与德国存在着相当大的距离，以至于参与现实革命的可能性或危险从未在这些浪漫派的脑海中存在过。不管他们接受革命还是反对革命，事实上他们都没有对一个政治立场或干预政治事务的热情形成一个果断的决断。他们只是以虚假的论据来支持他们的"描述"，按照需要将事物分为积极的或者消极的一类，以迎合他们主观和情感上的反应。那些视革命如新生活喷薄而出的浪漫主义者能够把革命描绘成一个反对异教徒的开明专制主义的基督徒运动。对于那些承认历史是正当的和历史是一个有机体，并且认为历史的正当性是一目了然的人来说，他们把革命贬低成无生命的、机械的和享乐性的东西。一方面，梅特涅的警察国家是正当的、基督徒的、高贵的、有机的;另一方面,与法国大革命中更高级的正当性形式的表现进行对比,它就是一种专制主义(同上,页141—145)。

这些种类与特性几乎是可以任意交换的,因为确定与否定并不依赖于论证或者结论的现实内容。浪漫主义者艺术性地表达了他们的体验,他们将事实贬低到了审美趣味的地位。基于这种理由,施米特进一步宣称,浪漫主义者唯一真正的创造力可能是审美方面的创造性,并且创造艺术作品的温柔主体,在比较与模仿的意义上,等同于创造了世界的上帝。因为艺术家的创造力量就像他的想象力,是无限的,一般所认可的因果关系的现实性在艺术中被克服了。因此,浪漫主义者能够在美学领域里胜过他人,特别是在音乐和抒情诗领域,因为在这些领域,声音与形象的结合与对比能够巧妙地转化成美妙的作品(同上,页146—149)。并且,施米特可能会赞赏浪漫主义者审美创造性和艺术创造性。

二、政治的浪漫主义

然而在政治与社会领域,浪漫主义者无法在诗或音乐的意义上发挥作用。因此,要是离开规则或一个已经确立的现实,所谓的政治浪漫派就成了各种政制形式"奴性十足的工作者"。为了证实他们现在的地位,一个微不足道的偶然,他们发展出了由哲学的、文学的、历史的和法律的论证混合而成的成果(Mischprodukt),并以此作为创作"一个半是美学、半是科学的织造物"的材料(同上,页150—151)。在这样一个网络中,情感的表达、联系、色彩与声音交织在一起,并共同作为别的富有意义的思想与建议的新起点。这就是为什么人们能够,在浪漫主义的碎片和暗示那里,就如在一个预言者或占星士那里,听到令人惊讶的智慧之声的缘故:

就如孩子们从铃声中听出的一切一样,是铃铛可以讲的,然而铃铛并没有讲而只是发出铃声(同上,页152)。

这样虚假的论证可以证明任何立场或情形。政治的浪漫主义甚至没有能力以浪漫主义理论的形式通过连贯的政治关系,来使它自身的智识客观化。相反,它的特征是变幻莫测(Wandelbarkeit)、消极被动以及在丝毫不考虑活动是否有意义的情形下对创造的渴望(同上,页160、223)。尽管政治浪漫主义在本质上既不是革命的,也不是保守的、反动的,但是它却在没有建立稳固的政治哲学或政治观点的情况下,一一为这些思潮服务,因为它反对任何规则——任何严肃决断都以某种规则为基础,并只有基于某些规则才会有坚定且一致的行动。规则从定义上来讲一点也不浪漫,"因为每项规则都破坏了浪漫主义偶然的自由自在"(同上,页226—227)。因此,就如不可能有抒情的或音乐的道德规范一样,也不可能有浪漫的法律、伦理规范或道德。施米特写道,历史记录所揭示的关于政治浪漫主义的特征是:

> 在革命期间,政治浪漫主义者就是革命的,随着革命的结束,他就变成保守的,在一个特别反动的复辟时期,他也记得在这样的局势下发现浪漫主义的一面。从1830年开始之后浪漫主义者再一次变成革命性的。①

---

① 同上,页160。一个对施米特的批判是,他从德国人物的有限样本来阐述关于欧洲现象的一般性。然而布里顿却表明所谓的所有始于雅各宾斯而终于托雷斯的英国政治浪漫主义者(沃兹沃思、科尔里奇及索锡的主观性和不一致性。时代的变化状况决定了"永恒的保守派"即斯科特爵士寻求保护的东西。而后辈拜伦和雪莱可能对"无限的领域都非常满意。……改变是他们能够接受的唯一法则。……他们反叛的结局是虚无主义和绝望。"将他们的美学从他们的政治学中分割开来的一切方法都存在困难,虽然"他们并没有创建他们的政治标准,而是从其所处的情境中、从政治家与思想家那里、从时代精神处"获得。并且在"当代政治家的眼中",他们并不是"最微不足道"的人物。见《英国浪漫主义者的政治思想》(*The Political Ideas of the English Romantics*),Oxford,1926,页5—6、48、92—105、117、194—197。

施米特认为,德国的政治浪漫派明显地表现出了这种易变性和消极性。尽管欧洲的非浪漫主义代表人物,如伯克(Burke)、根茨(Gentz)、博纳德、迈斯特(de Maistre),已经在1796年确立了反对法国大革命的保守思想的本质,但是,在理性主义、自然权利以及个人主义占据主导地位的德国,法国大革命依然被钦慕不已。康德称卢梭为道德领域的牛顿,青年黑格尔则将卢梭与苏格拉底和耶稣基督相提并论;费希特和施勒格尔也依然坚持信奉理性主义和自然权利理论。只是随着大革命在1799年的失败,加之现实中法国对德国构成的威胁,德国的思想家才转向保守主义。传统主义者与保守言论从那时开始普遍复兴起来;相反,自然哲学被作为"无神论"和"欺诈论"而被横加指责(同上,页155—159)。

然而即使在此关头,在反法国大革命的理论家如伯克、迈斯特以及博纳德和德国的政治浪漫派之间仍然存在至关重要的差异。前者中的每一位都是政治活动家,他们担负责任并原则上经年累月地站在政府的对立面并情愿遭受他所信仰的政治事业所带来的危险。后者如施勒格尔、诺瓦利斯,尤其是缪勒仅仅从事于学术层面的探讨与解释,描述需要改变的状况,他们回避本质性的变革必然会有的政治承诺和牵连。根据施米特的观点,他们的消极性源自于他们机缘论在面对现实时缺乏坚定的信念(同上,页161—169)。

政治问题是变成了对象诱因(Anlässe),而不是理性地或依据事实分析的问题,也不是只有通过行动才能解决的问题。甚至"国家"也被当作是艺术创造的一个机缘、一个"情感的审美性"目标。例如,诺瓦利斯和缪勒都忽略了普鲁士国家的真实本性,他们把受启蒙思想影响的年轻弗里德里希二世(Friedrich Ⅱ)统治下的普鲁士描绘成一个沉闷的机械工厂,但是却把迷人的路易丝王后(Queen Louise)统治的普鲁士描绘成最美丽、最富有诗意的自然状态形式。在诺瓦利斯关于中世纪的田园般的描述中，可以发现政治的浪漫派在接近政治历史情境时同样的情感审美方法，施米特认为，它在语调和内容上都是童话般的，"一个美丽的富有诗意的幻想"，而不是一项历史著作或政治思想的理智成就（同上，页170—174）。

政治的浪漫派的典范是作家缪勒，他的思想在施米特看来只能从美学上来评估，因为它不总是机会主义的（同上）。作为德国第一个尝试将浪漫主义应用于政治的人，缪勒这个底层管家的雄心勃勃的儿子，矢志不渝地通过想变成贵族去探究社会的流动性。为了这个目的，他服务过很多贵族。缪勒在背叛年轻的浪漫主义之后，作为哥廷根大学学生的他显示了其汉诺威背景下的亲英和反革命的热情，一些人将这种背景描述成"英国成分多于德国成分"。在缪勒人生的这一时期，英国意味着优雅社会和哲学的故乡（同上，页58—60）。

在他的第一本书《矛盾原理》（1804）中，缪勒尝试着将英式政制的倡导者伯克与据说是德国浪漫主义情结代表人物的歌德熔合成一个知识性的综合体。该书与和缪勒后来的作品有诸多差异，缪勒在该书中将两人都当作浪漫主义人物而不是按照他们真实之所是来处理。同时，缪勒也展现了他大胆的才能和对各类混合物的无限兴趣，从国民经济和医药到占星术的各色主题他都有所涉猎，但是，他在这些领域没有清晰地确立任何观点（同上）。这种浪漫主义式混乱的无效性在缪勒的朋友——政治家根茨那里得到了证实，根茨写道：

> 对你而言，把伯克、柏拉图、谢林、诺瓦利斯、观景殿的阿波罗、行星、上帝以及对立物瞬间融合起来易如反掌，以至于像我这样的一个人头脑很可能废掉。我亲爱的朋友，你是名诗人……我一直都倾慕你的想象力，但是为了追随想象力的

飞翔,我应该将这一任务留给那些具有类似想象力的人们。①

后来,对社会和经济状况的恶化感到愁郁不已缪勒接受了根茨的邀请赴维也纳,在维也纳的正统宗教背景下,他在1805年改宗信仰了天主教。此后,他在德累斯顿任家庭教师的同时,也为世袭贵族的权利而辩白,根茨建议他应将这些思想以著作的形式出版,这样一定会为他赢得卓越的声誉和令人满意的社会地位,因为德国贵族毋庸置疑会感激这样的一本著作。因为在1806年普鲁士战败后的自由改革运动给世袭贵族的利益构成了严重的挑战。这种思想随后具体体现在缪勒著名的《治国艺术原理》(1808年—1809年)一书中。②

缪勒随后去了柏林并试图在普鲁士政府找到一个职位,他指望向任普鲁士首相的改革家哈登贝格(Hardenberg)陈述他的政治观点,从而获取一个显赫的社会职位。然而缪勒同时也毫无困难赢得了保守的土地贵族的喜欢,从而反对哈登贝格的改革,后者正是采用了缪勒《治国艺术原理》作为一项政治纲领。缪勒在演讲中反对自由改革,他甚至为反对改革的人士写政治声明,他把早期对英国的崇拜抛诸脑后,并且攻击"亲英分子和斯密分子"的现代改革。他仍然继续寻求哈登贝格对他的任命,不过缪勒随后返回维也纳绝不是受反自由的天性或者原则所推动。这不是从普鲁士的新教徒、改革派判逃到了奥地利的天主教传统主义者那里,因为当缪勒在柏林时,他把他的天主教主义隐藏在不被人注意的地方,他情愿为了提高社会地位而牺牲信仰,并紧随改革家哈登贝格直

---

① 转引自:Paul R. Sweet,《根茨:旧秩序的捍卫者》(*Friedrich von Gentz: Defender of the Old Order*, Madison,1941),页77。尽管他认为缪勒对根茨的影响多于其他人,但斯威特也强调指出,根茨肯定没有理解或追随缪勒的浪漫主义思想。并且,总体上来看,斯威特的历史研究与施米特对缪勒的理解一致。
② Schmitt,《政治的浪漫派》,前揭,页61—63。

到最尽头(同上,页65—69)。

作为哈登贝格的追随者(1813年—1815年),缪勒在那时以牺牲蒂罗尔州封建主的传统权利为代价,为中央集权化的奥地利国家改革家的权力扩张提供知识指导与正当说明,以此否定了他在《治国艺术原理》中的论点。这种服务受到的嘉奖的表现就是他被任命到帝国总部工作,以及后来他被封为贵族这个他长久以来梦寐以求的头衔。当一股宗教狂热潮流在拿破仑战争后席卷整个德国时,缪勒转变到了对正统天主教的虔诚信仰。他还在发展和强制推行梅特涅警察国家的这件事情上帮助了根茨,并且直接促成了对民族主义(它被指称是政治浪漫主义的一个特征)和大学自由的镇压。为根除学生将他们喜欢的一切"诗化"的趋势,诗化的老师现在鼓吹将"实证科学"置于哲学之上。①

施米特后来称之为机会主义的东西并没有逃脱缪勒同时代更有名的人物的关注。对雷贝格(Rehberg)而言,缪勒就是一个诡辩家;佐尔格(Solger)援引了"背信弃义的混合体"这一说法来表达对缪勒的看法;格林(Grimm)在给他兄弟的信中写到:"难道你没有感受到,某些谎言蔓延于缪勒所有的著述?"②

施米特还发现了在缪勒仅使用最负盛名之作者的作品并引用他们姓名的实践中的机缘投机主义,这在一定程度上丰富并体现了他自身思想的重要性,就像他和贵族的联系确保了他经济和社会上的成功一样。然而更重要的是缪勒"这个伟大的名字就像一个蓄满思想与心灵影响的水库",他对浪漫主义创造性而言是一笔物质财富。施米特同样地阐释了天主教的浪漫主义倾向。在超过千年的时间里,教会和它的神学家们从事着无数与人的问题相关的理智活动,他们创造了有用的概念和有意义的表达形式的巨

---

① Sweet,《根茨:旧秩序的捍卫者》,前揭,页70。
② Schmitt,《政治的浪漫派》,前揭,页70。

大仓库：

>   浪漫派不必冒险进入艰苦而无情的教义研究,他们现在能够利用——正像他们过去利用自然哲学一样——"恩典"、"原罪"和"得救"这些字眼,让其充当浪漫体验泛滥的可贵载体。①

施米特把作为作家的缪勒的成功,归功于他广纳百家的能力以及在修辞风格方面的特殊才能,这使他的作品因为互相关联的语词的丰富性而引人入胜。缪勒归纳道,写作就好像是演讲,常常傲慢地不考虑细节或声音、始终如一的论据。它仅是"有理智的演讲"(同上,页182—186)。

缪勒的两个"演讲特征"是喜欢用形容词的最高级和被施米特称为"缪勒式的三位一体"三分用语。形容词的最高级经常以许多组的形式出现("欧洲最内在和最根本的利益"、"最坚硬且最不能化解的症结"),同时,确确实实地也存在着数量巨大的三位一体(Ternar)的例子(被机智的火焰耗尽、消除、牺牲)。就像在"最崇高的、最真挚的、最热忱的奉献"中,这两者经常被结合起来。但是这些形容词的最高级形式并没有扩展内容,这些仅集聚语言与声音的三位一体也没有汇聚思想。甚至它的对立面也不是真实的区分,而仅是抒情的手法。丈夫与妻子、城市与乡村、贵族与市侩、过去与现在、浪漫主义与古典主义、德意志与罗马、东方与西方是可以互换的。它们首先是作为平行的对照物而被使用,而后作为对立物被使用,再到后面作为完全相同的东西被使用,它们被结合起来是为了对立还是和谐,最终取决于每个场合中令人满意的演讲效果所需要的东西(同上,页188—192)。

---

① 同上,页182。[译注]中译见施米特《政治的浪漫派》,前揭,页123。

这就是为什么施米特认为除了美学写作风格之外,任何别的立场评价缪勒都是不可能的。缪勒的论证是演讲的成功,对哲学或政治理论没有丝毫贡献。施米特援引了国家与个人的对立作为例证。在《治国术原理》一书中,缪勒反对 18 世纪的个人自由主义,并恶毒地嘲笑普鲁士自由的官僚体制,同时他还兴高采烈并天真地谈到国家要求的一切。然而在另一场合,他却谴责国家权力的急剧增长以及它对雅各宾主义革命者私人权利的蔑视(同上,页 195—196)。

政治的浪漫派常常援引格言警句以作为清晰分析的替代物。他们从各种源泉包括从自然中获取格言的内容,并将这些东西合成为诗歌的、有韵律的组合:"战士身着五颜六色的服装,因为他们是国家的花粉。……国王是行星系的太阳。"然而这些自然的比拟并没有提供概念上的归类——政治仅是被简单地赋予了诗意。或者再考虑一下诺瓦利斯的观点,即等级制度是"国家的基础对称图形,作为政治之我知识体验国家共同体的原则"。对于施米特来讲,这些除了由"自然哲学、费希特、美学以及政治的结合"不加区分的混合物组成之外别无它物,它导致了"一种韵律紧凑、毫不实用的格言"(同上,页 202—203)。

由于缪勒浪漫化和诗化政治事物的特殊才能,在他那里,施米特发现了一个要比在施勒格尔或其他浪漫主义者那里"更为纯洁的类型"。

> 今天,集权制的警察国家是没有生命的人造机器,不应当为它而牺牲等级制特权的活力。明天,这些特权成了一个巨大活体必须加以保留的强健肌肉。①

---

① [译注]中译见施米特《政治的浪漫派》,前揭,页 139。

缪勒在一处将权力分立描述为对整个有机体的一种人为撕裂,而在他处则将它描述成为一种精神活动,在这种精神活动中,充满生命的有机体通过自然的对立面和相互的反应制造出一个更高级的统一。他援引伯克以把法国大革命解释成为一种非自然的崇拜、一此毫无意义的犯罪,而当把法国大革命看作是一个解放被压迫者和受奴役者的生命的自然力量时,伯克就被遗忘了(同上,页182、204—205)。

施米特总结说,真正的政治与缪勒截然相悖,就如同政治学与道德或逻辑毫不相干。作为一名在政治上不负责任的修辞大师,缪勒惟一的责任是他言辞的艺术魅力。他缺乏一种关键的能力,施米特认为这种能力对每一种政治运动,不管是基于自然权利或者人权之上的革命运动还是基于历史性权利的保守运动而言,都是最基本的能力,那就是做出道德选择的能力以及基于这些准则行动的意愿。和其他政治浪漫派一样,缪勒逃避政治且非常消极。虽然他经历过当时一些大的政治潮流,但是他却从来没有冒任何社会或政治的风险从而通过行动改变世界。因此,用施米特的话来说就是"只要一出现政治能动性,政治浪漫主义就消失了"。①

对施米特而言,浪漫主义者的这种政治倾向显而易见成问题,经常被讨论,充满矛盾,这可以由抒情主义的道德缺陷来解释,这种抒情主义会将任何对象转换成自我创造的一个动机。但与此同时,他们要么在现实世界中宣布放弃斗争和改变,要么成为其所在的时代与环境中种种积极趋势的消极同伴。

施米特写道:

---

① 同上,页161、177、223—224。[译注]中译见施米特《政治的浪漫派》,前揭,页153。

卢梭的历史意义在于他使 18 世纪的概念与论证加以浪漫化,他的抒情主义有利于大革命,有利于在他那个时代一场获胜的运动。德国的浪漫主义者先是把大革命浪漫化,然后又把得势的复辟势力浪漫化。1830 年后,它再次成为革命派。①

三、魏玛时期:承认与争议

《政治的浪漫派》就像施米特诸多其它著作一样,成为了魏玛时期学术圈内一个充满争议的主题。梅尼克的回应将对施米特的赞扬和愤慨结合了起来,部分赞扬施米特对浪漫主义的尖锐洞察力,部分愤慨他将缪勒的思想诋毁为仅仅是修辞学家和机会主义者的思想。梅尼克依然认为,诺瓦利斯、施勒格尔和缪勒创造了兰克将其变为现实的关于民族与国家的政治思想。施米特否认浪漫主义对现代历史意识与民族觉醒的贡献这一观点也没有说服梅尼克。但是,梅尼克承认缪勒品格的缺陷,尤其是他对私人社交与唯物论思考的敏感性;缪勒也缺乏一个伟大思想家所应具有的原创性,最终他的"浪漫化的神秘主义"阻碍了他向"历史—政治现实主义"转变。② 施米特的《政治理论与浪漫主义者》一文出现在由

---

① 同上,页 227—228。[译注]中译见施米特《政治的浪漫派》,前揭,页 155 页。
② Friedrich Meinecke,《世界主义与民族国家》(*Cosmopolitanism and the National State*, trans. Robert B. Kimber, Princeton, 1970),页 49—50、62—63、96—99、115—117 及其它各处;《评〈政治的浪漫派〉》,前揭,页 294—295。同样公平的学术评价,见 G. Masur,《评〈政治的浪漫派〉第二版》(review of second edition of Politische Romantik),见 *Historische Zeitschrift*, Band 134 (1926),页 373—377;F. Rachfal,《评〈政治的浪漫派〉第一版》(review of first edition of Politische Romantik),见 *Schmollers Jahrbuch für Gesetzgebung, Verwaltung und Volkswirtschaft im Deutschen Reich*, Jg. 45 (1921),页 883—887。

梅尼克主编的《历史杂志》上,进一步证实了后者对施米特学术研究的高度关注。①

在魏玛时期的文人当中,库尔提乌斯的反应同样重要。在寄给施米特的一篇很长的信中,这位杰出的浪漫主义者写道,

> 使我们这些文献史学家感到羞愧的是,浪漫主义研究所确立的任务的唯一合理规定(有意识的限于某个特定的历史性整体中)来自于一个法学家。②

尽管如此,库尔提乌斯通过很有分量的批判以及敏锐的质问,抵消了他对这本"几乎泛滥的著作"所带来的理智的刺激真诚的敬重。他并不否认施米特正确地识别出了浪漫主义的若干重要特征,但是他对于施米特毫不留情地攻击这些特征表示异议,并且反对施米特从其他人得出的结论。

库尔提乌斯承认浪漫主义者的优柔寡断和消极,不过,他认为施米特对决断与行动的偏好阻碍了他承认特定情形下消极性可能是非常正确的。道教与基督教神秘主义的几种形式认为消极无为是更高的宗教美德和力量的体现。同时,库尔提乌斯还认为,相较于桑德(Karl Ludwig Sand)等政治活动家的具体行为,一些浪漫主义的著作很可能更有价值。更重要的是,虽然库尔提乌斯承认"对于浪漫主义者而言一切就意味着一切",但是他并不确信,这种机缘主义源于对因果关系的浪漫拒绝。事实上,构成施米特"充分因果关系"概念的这种不能检验的形而上学的假设,极大地困扰着库尔乌提斯;他质疑机缘主义概念本身是否足以维持施米

---

① 参见 Historische Zeitschrift, Band 123(1921),页377—397。
② 《库尔提乌斯向施米特致敬书信集(1921/22年)》(Briefe von Ernst Robert Curtius an Carl Schmitt 1921/22),Rolf Nagel 编,见 Archiv für das Studium der neueren Sprachen und Literaturen, Band 218, Jg. 133(1981),页10。

特的全部理论。从库尔乌提斯的观点看,施米特调动了法律的、政治的以及道德的东西来反对诗意的东西。但是诗意的东西不仅是不容置疑的尊严的一个源能力(Urpotenz),在库尔乌提斯看来,它作为一种创造性行动,建立在原初现实(Urwirklichkeit)本身的基础之上(同上,页10—12)。

如果施米特过于严厉地批判了他的主题,那么,库尔乌提斯也许在另一方向走上了歧途。库尔乌提斯从未试图隐藏他对浪漫主义者的深切同情,他对缪勒做了热情洋溢的描述。在承认他可能回避不了缪勒的品格缺陷时,库尔乌提斯不仅对缪勒的风格,而且对他的才学保持了最大程度的尊敬。并且在整个几十年内他的这种态度都没有发生变化。在他丰碑式的著作《欧洲文学与拉丁中世纪》中,他认为缪勒的著作是"恢弘壮丽的",是那些"……在德国将文学批评带入最高峰"的著作之一。[①] 关于缪勒的政治活动以及关于所谓的对政治理论的贡献,库尔乌提斯在他的著作与信件中完全保持了沉默。

尽管存在前述批判,但是施米特关于浪漫主义的各种著述确实给库尔乌提斯留下了深刻的印象。库尔乌提斯写道,这包括:

> 这么多的事实材料和思想素材,对此人们觉得不是突然就能准备好的。您通过这些成果将我带到了只有一个非常重要的时刻才能产生的兴奋状态当中。

考虑到自己以追求严谨的哲学研究而闻名,库尔乌提斯通过称施米特令人惊叹的博学(Belesenheit)和他令人羡慕的智识能

---

① 同上,页11;以及Ernst Robert Curtius,《欧洲文学与拉丁中世纪》(*European Literature and the Latin Middle Ages*, trans. Willard R. Trask, Princeton, 1973),页63、302。

力,给予了施米特以特别的赞美(同上,页9、13)。

最严厉的批判来自于那些德国学者,这些学者自己明确地显露出对新浪漫主义的同情,并且对他们而言,施米特的主题远比有关文学史或文学分析的争论重要。其中一些学者将浪漫主义思想的复兴视作对抗实证主义和科学唯物主义的手段,后两种思想对文化和社会有潜在的危害。① 这些学者中的大多数人也是狂热的民族主义者,其中某几个具有一种明显的种族主义倾向,他们全都相信浪漫主义政治哲学是有机国家概念的起源。在这个群体当中,例如博里斯(Kurt Borries)、克卢克霍恩(Paul Kluckhohn)以及萨穆埃尔(Richard Samuel)这样的作家很快就成长为浪漫主义学术圈中的佼佼者。

这些作家反对主观机缘论,他们断言浪漫主义者具有坚定的世界观。浪漫主义反对个人主义和启蒙运动的抽象理性主义,但它承认人依赖于未知的、无法解释的和历史性的更高一层的力量。浪漫主义运动既不以极端个人主义为特征,也不以主观主义为特征,因为它已经通过作为超个人之文化实体的人民(Volk)概念和作为有机体的国家概念将个体与共同体(Gemeinschaft)综合起来了。个体和共同体不是微不足道的机会,它们是在民族国家达到

---

① 完全揭露这一点的是阿里斯(Reinhold Aris)研究的前沿部分:"如此,该工作仅是一种首次尝试,它的必然性得出,在当前的国家学说中,作为反对凯尔森意义上的理性主义之形式主义学派的反应,浪漫主义的国家观点获得了胜利。"见《缪勒与德意志浪漫主义者关系中的国家学说》(*Die Staatslehre Adam Müllers in ihrem Verhältnis zur deutschen Romantik*, Tübingen, 1929),页3。关于该时期总体上的新理想主义者和新浪漫主义思潮,参 Fritz K. Ringer,《德国官话的衰落:德国学术界,1890—1933年》(*The Decline of the German Mandarins: The German Academic Community*, 1890—1933, Cambridge/Mass., 1969),页99—102、118—119; Albert Soergel and Curt Hohoff,《时代的诗歌与诗人:从自然主义到现代》(*Dichtung und Dichter der Zeit: Vom Naturalismus bis zur Gegenwart*), Erster Band, Düsseldorf, 1964,页683—735; H. Stuart Hughes,《意识与社会:欧洲社会思想的重新定位,1890—1930年》(*Consciousness and Society: The Reorientation of European Social Thought*, 1890—1930, New York, 1985),页34—39、185—200。

顶峰时的具有历史意义的创造和现实。①

这些学者固执地肯定政治浪漫主义的存在和缪勒是政治浪漫主义的创始人。与施米特控诉缪勒反复无常和机会主义相反,他们认为缪勒的思想统一且连贯。他们认为,施米特不仅拒绝承认缪勒的理论始终如一,而且忽略了缪勒的国家理论对法学家、哲学家、历史学家以及 19 和 20 世纪的民族主义运动的深刻影响。②阿里斯和布泽(Gisela von Busse)在这一时期写成的两篇关于缪勒的论文强化了这种新浪漫主义的解释。③

尽管如此,这些批评者通过对施米特论点的各个部分的细致分析绝没有驳倒他的著作。他们的著作仅包括概括性的批判,随之而来就是新浪漫主义的民族主义者对浪漫主义理解的全面呈现。由于这些批评者从事思想史研究,他们倾向于将自己的分析严格地限制在思想领域,从而忽略了那些在施米特看来非常重要的历史的、传记的以及社会学的因素。

在这些文学研究者中有一个人是明显的例外,那就是瓦尔策尔

---

① Georg von Below,《关于浪漫主义解释的争论》(Zum Streit um die Deutung der Romantik),见 *Zeitschrift für die gesamte Staatswissenschaft*, Band 81, Heft 1 (1926),页 154—162;Kurt Borries,《浪漫主义与历史:浪漫主义生活方式研究》(*Die Romantik und die Geschichte: Studien zur romantischen Lebensform*, Berlin, 1925),页 84—85、197—199、229;Paul Kluckhohn,《个性与共同体:德意志浪漫主义国家观念研究》(*Persönlichkeit und Gemeinschaft: Studien zur Staatsauffassung der deutschen Romantik*), Tübingen,1925,页 1—2、96—97、110—111;Richard Samuel,《哈登贝格(诺瓦利斯)的诗意国家与历史观念》(*Die poetische Staats- und Geschichtauffassung Friedrich von Hardenbergs Novalis*, Frankfurt a. M. ,1925),页 3—4、299—300。
② Below,《关于浪漫主义解释的争论》,前揭,页 157—158、162;Kluckhohn,《个性与共同体:德意志浪漫主义国家观念研究》,前揭,页 97,以及《德意志浪漫主义的思想财富》(*Das Ideengut der deutschen Romantik*, Halle/Saale, 1941),页 4、124、178—180。
③ Aris,《缪勒的国家学说》(*Staatslehre Müllers*),尤其是页 1、5、10—16、33、51、62—64;Gisela von Busse,《作为有机体国家的学说:对缪勒国家哲学的批判研究》(*Die Lehre von Staat als Organismus: Kritische Untersuchungen zur Staatsphilosophie Adam Müllers*, Berlin, 1928),页 5—8、10—11、150—157、181 及其他。

(Oskar Walzel),他试图将德意志的浪漫主义者与欧洲19世纪早期的政治与社会背景融为一体,认为他们超越了单纯的美学立场而采取了坚定的政治立场,且他们对民族主义作家产生了较大的影响。① 然而,瓦尔策尔关于政治浪漫主义的著述本质上是由笼统的论断和事例组成;它缺乏一种成熟的历史的或理论的讨论。另外,他对浪漫主义政治理论(包含民族主义、反斯密的农本主义以及保守主义理论)存在的简短论证具有严重的自相矛盾。因为他认为,德意志浪漫主义者在法国大革命时期是对共和国的同情者,在解放战争期间则变成了民族主义者,②而在复辟时期只有反对民族主义才能讨好基督教的世界主义和普遍主义。瓦尔策尔对这些摇摆不定的联系——政治浪漫主义与"时代精神"保持一致——蹩脚的解释,很难驳斥施米特关于浪漫主义的机缘主义本质的判断。③

就像卢卡奇所观察到的那样,那些还没有在学术、政治或是情感上受魏玛民国早期浪漫主义思潮影响的严肃学者们,基本上普遍赞同施米特观点。④ 这一时期最有影响力的西方马克思主义者能够对保守的施米特的作品如此开放,这点本身就很重要。卢卡奇写道,施米特将浪漫主义解释为来源于机缘主义,使得《政治的浪漫派》不仅仅很出名;该书变得差不多人尽皆知和"正确的"。⑤ 因为施米特认

---

① Oskar Walzel,《德意志浪漫主义》(*German Romanticism*, trans. Alma Lussky, New York,1932),页134—135。
② [译注]发生在拿破仑从俄国战场败退之后,是拿破仑战争的一部分,在德国称为解放战争。
③ Oskar Walzel,《德意志浪漫主义》,前揭,页139—144。
④ 关于反对新浪漫主义信念的讨论,参布林克曼(Carl Brinkmann)对施米特的攻击,《施米特的政治浪漫主义》(Carl Schmitts Politische Romantik),见 *Archiv für Sozialwissenschaft und Sozialpolitik*, Band 54, Heft 2(August 1925),页530—536。
⑤ Georg Lukács,《评〈政治的浪漫派〉》(review of Politische Romantik),见 *Archiv für die Geschichte des Sozialismus und der Arbeiterbewegung*, III (1928),页307—308;亦参见Karl Mannheim,《意识形态与乌托邦:认识社会学导论》(*Ideology and Utopia: An Introduction to the Sociology of Knowledge*, New York, 1936),页64。

为,浪漫主义用动机(Anlaß)取代了原因(causa),并将动机作为浪漫主义本质的一部分,这是一个彻底主观性的世界概念。施米特展示了美学原则的统治是如何阻止任何坚定的政治立场或科学思想的。与那些把缪勒视为偶像的人不同,施米特以冷静的历史视角审视缪勒,揭示了除他个性缺陷外更多的内容;施米特揭露了缪勒思想中的不一致以及他政治思想和所谓的影响力的微不足道。

在卢卡奇看来,施米特的致命缺陷是对浪漫主义的社会学根基方面的论述不完整,这一点对马克思主义者来说至关重要。卢卡奇强调,尽管施米特正确地分辨出浪漫主义运动的资产阶级特征,但他却从未尝试为这种现象提供一个详细的历史解释。施米特的社会-历史分析仅限于单纯的普遍性问题,因此他没能充分审视德意志资产阶级的内部阶层、德意志浪漫主义代表哪个阶层以及浪漫主义思想结构与哪些社会存在相一致等基本要点。卢卡奇在结尾部分以尖锐、傲慢的口吻断言,《政治的浪漫派》的真正价值不可能被证明,除非这样的问题能被"正确地"讨论和回答。① 实质上,卢卡奇谴责施米特是因为他没有用马克思主义的分析框架来分析浪漫主义。

然而在天主教智识人士之间,施米特也许能够发现乐于接受他的听众。《政治的浪漫派》提高了他作为一个天主教公法学家的声誉,因为该书强有力地挑战了一种广泛流传的假设,这种假设认为天主教本质上是浪漫的;施米特仅勉强承认,天主教被用来当作一种动机,以激起浪漫主义的热情和幻想。毫不奇怪的是,影响广泛的天主教杂志《高地》刊载了一篇施米特关于浪漫主义的文章,但是,该杂志的主编穆特(Carl Muth)在巴黎却发现施米特的思想在法国知识分子之间颇为流行。② 在神学家马里坦(Jacques

---

① Lukács,《评〈政治的浪漫派〉》,前揭。
② Carl Schmitt,《浪漫主义》(*Romantik*, Hochland, Band 22, Heft 1, November 1924),页 157—171。

Maritain)家中讨论期间,穆特结识了后来把《政治的浪漫派》一书翻译为法语的林奈(Pierre Linn)。① 魏玛时期成果斐然的天主教作家古里安也认为施米特的解释非常迷人和令人信服。后来成为美国圣母大学教授和《政治学评论》创立者的古里安在评论法兰克福学派的霍尼希斯海姆(Paul Honigsheim)的社会学著作时,使用了"主观机缘论"的理论原则。② 最夸张的赞誉来自于巴尔。甚至在他们结识之前,施米特的著作就大大激发了巴尔,以至于他在写给妻子的一封信中惊呼:

> ……我提到一个德国的法学家和哲学家,他是一位天主教徒,具有新康德主义的风格……他的著作《政治的浪漫派》非常了不起,它彻底掀开了浪漫主义的面纱。③

巴尔的热情在他发表于《高地》的一篇长文中达到了顶峰,在该文中他进一步颂扬了施米特对浪漫主义的洞察力。④

不过《政治的浪漫派》的重要性远远超出了天主教支持者的圈子。该书极大地影响了对一位非常重要的人物的认识——洪堡(Wilhelm von Humboldt)。洪堡在德意志文化与学术传统中拥有重要地位。在1926年,当克勒(Siegfried A. Kaehler)已经准备发

---

① 穆特1926年6月26日给施米特的信:施米特的遗产(Schmitt-Nachlaß),Hauptstaatsarchiv,Düsseldorf(杜塞尔多夫德国国家档案馆)。亦参见 Carl Schmitt,《政治的浪漫派》(*Romantisme politique*, trans. Pierre Linn, Paris, 1928)。

② Waldemar Gurian,《第三帝国的一个梦想》(Ein Traum von Dritten Reich),见 *Hochland*, Band 22, Heft 1(1924/1925),页237—242。关于古里安和施米特的个人与学术关系,参 Joseph W. Bendersky,《施米特:帝国的理论家》(*Carl Schmitt: Theorist for the Reich*), Princeton, 1983,页51—52、94、179、224—229。

③ 巴尔1923年12月写给埃米·巴尔-亨宁斯(Emmy Ball-Hennings)的信,参看 Hugo Ball,《书信集:1911—1927年》(*Briefe*, 1911—1927, Einsiedeln, 1957),页171。

④ Hugo Ball,《施米特的政治思想体系》(Carl Schmitts Politische Theologie),见 *Hochland*, Band 2(April/September 1924),页263—286。

表他著名的研究成果《洪堡与国家》的时候,他阅读到《政治的浪漫派》时给他留下了"强烈的印象",以至于他以施米特的论点为基础扩展了他对洪堡的解释。① 即使施米特不认为洪堡是一个浪漫主义者,但克勒把一整章专用于详尽地说明"主观机缘论"和它如何启发了洪堡的个性与思想。克勒写道,

> 洪堡即使不是在所有的地方,也是在一些关键点符合施米特的"浪漫主义行为"的特征,这些特征是施米特在其出色且让人激动的著作《政治的浪漫派》中清楚地表达出来的,这些来源几乎不会使对这一点的怀疑成为可能。(同上,页108—123、472—480)

克勒虽然没有将洪堡归入缪勒这种机会主义者的政治浪漫主义者当中,但是他坚决反对把洪堡作为正统主义代表的传统解释,他强调洪堡对现实的主观的、美学-情感方法,甚至注意到了洪堡性格中的某些消极性。克勒的著作虽然遭到梅尼克等洪堡的仰慕者愤怒的反对,并且最近斯威特撰写的极为出色的洪堡传记抵消了其影响力,但它数十年来依然对学生和学者们产生了重大影响。②

四、神话与持久的影响

施米特在第三帝国早期投靠纳粹,《政治的浪漫派》也遭受了

---

① Siegfried A. Kaehler,《洪堡与国家:对十九世纪德意志生活形式塑造史的贡献》(*Wilhelm von Humboldt und der Staat: Beitrag zur Geschichte deutscher Lebensgestaltung um 1800*, Munich, 1927),页473—474。
② 参见克勒和梅尼克在1927年互写的信件,它们公开发表于克勒著作的第二版当中(哥廷根1963年)。亦参见 Paul R. Sweet,《洪堡传》(*Wilhelm von Humboldt: A Biography*, 2 vols., Columbus, 1978),1980。

他的全部作品所遭受的命运。随着他的名誉被他的经历所玷污，很多人不再将他的作品视为学术性的贡献；之前受到国际性认可的作品现在就算被引用，也是为了批判。施米特著作大量有教养的读者的丧失，以及少数学者在解释施米特时仅仅将其思想与纳粹联系起来的倾向，为粗野的歪曲和谎言大开方便之门。这些境遇导致将《政治的浪漫派》这部理论著作视为阐述施米特自己所谓的浪漫主义政治世界观的神话。据说，施米特极大地鼓舞了那些在魏玛时期和纳粹时代拥护一种非理性的政治哲学的新浪漫主义的支持者。

尽管对《政治的浪漫派》的客观解读将很快驱除这些看法，就像魏玛时期新浪漫主义者对施米特观点充满敌意的拒绝，这种广泛传播的神话还是在这个世纪展现了惊人的持久性。在30年代它呈现在像勒维特（Karl Löwith）这样杰出的学者的著作当中，在第二次世界大战之后则呈现在克罗科（Christian Graf von Krockow）、莫斯以及克雷（Gordon A. Craig）的著作当中。① 在最近的一部作品中，赫夫（Jeffrey Herf）再次使用施米特自身的政治浪漫主义这一错误概念，将其作为他所试图创建的"反动现代主义者"典型结构的主要理论基础。② 显然，1933年是《政治的浪漫派》的历史编纂中的一个分水岭。与它之前促进了广泛的学术讨论相反，该著作在1933年之后通过

---

① Karl Löwith,《施米特的机缘决断主义》(Der okkasionelle Dezisionismus von C. Schmitt)，见 *Gesammelte Abhandlungen zur Kritik der geschichtlichen Existenz*, Stuttgart, 1960, 页93—126; Christian Graf von Krockow,《决断：关于恽格尔、施米特、海德格尔的研究》(*Die Entscheidung: Eine Untersuchung über Ernst Jünger, Carl Schmitt, Martin Heidegger*, Stuttgart, 1958)，页58—59、85、91—106; Gordon A. Craig,《德国人》(*The Germans*, New York, 1982)，页208—209;《决断，拒绝讨论》(Decision, not discussion, Times Literary Supplement, August 12, 1983)，页851。

② Jeffrey Herf,《反动的现代主义：魏玛与第三帝国的科技、文化与政治》(*Reactionary Modernism: Technology, Culture, and Politics in Weimar and the Third Reich*, Cambridge, 1984)，页78、116—121。

上述方式要么被忽视了,要么被曲解了,鲜有例外。

具有讽刺意味的是,在数十年的谴责和曲解后,施米特的思想继续发挥着重要的影响。一个能说明这种讽刺情形的例子就是德国流亡评论家阿里斯的著作,他的书自从1936年开始就在英语学界成为介绍1789年至1815年之间德国政治思想的一种基础性读物。在博学的读者看来,声称明确地驳斥施米特浪漫机缘论与机会主义论点的这本著作,实际上却证实并表述了施米特的解释的重要方面。① 在一本充满矛盾的书中,阿里斯不仅未能提供一种可供选择的浪漫主义的定义或一般理论,而且他对浪漫主义特征的描述极为施米特化(Schmittian)。"浪漫主义态度",阿里斯写道,起源于狂热的个人主义和"对现实和真实的极度蔑视",因为对浪漫主义者而言,"生活是幻想的波动起伏的产物"(同上,页208、216—218)。虽然阿里斯宣称,浪漫主义政治理论是存在的,尤其是在缪勒和格雷斯(Joseph von Görres)的思想中,但是他从未充分解释具体这种理论是由什么构成的。他在试图阐明有机国家浪漫主义政治理论方面的努力,包含了他归于缪勒思想的所有"含糊不清和闪烁其词"。一方面,一般认为浪漫主义者协调了个体性与民族性,由此极大促进了一个民族意识的觉醒,并使浪漫主义者成为德意志民族主义的"学术奠基人"。但在另一方面,缪勒与格雷斯不仅极力主张重新实施封建主义和中世纪的普遍主义,他们还支持反民族主义者的复辟(同上,页209—219、288、317—318)。

阿里斯在别的地方承认,诺瓦利斯、施勒格尔以及谢林的任何政治思想的"主要是美学上的推断","几乎毫无理论价值"。在阿里斯看来,甚至格雷斯本质上诗化了政治;"他没能力创造政治哲

---

① Reinhold Aris,《1789至1815年德国政治思想史》(*History of Political Thought in Germany from 1789 to 1815*, London, 1936),页213—218、281、321及其它。

学甚或勾画出政治蓝图的轮廓",因为他论述的是"晦涩的哲学建构"(同上,页277、288—290、328—340)。他对格雷斯由革命时期的雅各宾主义最终向反动年代的天主教神秘主义转变阶段的描述,让人严重怀疑他否认了浪漫主义的机会主义和机缘论。同样地,在阿里斯批判施米特拒绝承认浪漫主义学术在政治领域的任何影响时,他几乎同时得出了一些有关浪漫主义的结论,这些结论反映了几个关于《政治的浪漫派》更重要和准确的论点,包括消极性。阿里斯写道,浪漫主义者,

> 从政治现实后退到了梦想与田园生活的世界……而不是试图改变现存秩序。他们中没有一个在政治活动中扮演积极的角色,或者对政治事件发展有任何直接影响。(同上,页218、290、317—319)

施米特对浪漫主义的解释的持久性的更多直接的证据,包含在艺术史学家豪泽(Arnold Hauser)和知识史学家托曼(J. L. Talmon)的著作中。像施米特一样,他们都把浪漫主义的社会学论证完全作为一个资产阶级运动而推进,尽管贵族派的卓越人物和浪漫主义者蔑视中产阶级社会。这两位学者认为,浪漫主义文学与艺术是为中产阶级的公众所创作,并且尤为重要的是,浪漫主义本身就是资产阶级歌颂个体的产物。但是随着旧秩序的崩溃,个体"失去了所有的外部支持"、"恒久性与明确性";托曼称之为"自我"变得完全依赖于自身。[①] 这种抛弃与隔离导致了浪漫机缘论

[①] J. L. Talmon,《浪漫主义与反叛:欧洲,1815年—1848年》(*Romanticism and Revolt: Europe*,1815—1848,New York,1967),页22、34、46—47;Arnold Hauser,《艺术社会史》(*The Social History of Art*,Vol. III,New York,1951),页177—178。

的兴起,它是一种"将现实溶解成一系列非物质的、内在的、不确定的机缘,溶解成一种促进知识创造的刺激因素方法",①并且"世界对于浪漫主义者来说意味着经历的各种机缘"。② 在浪漫主义者主观的、以自我为中心的态度中,他们反对所有"有约束力的形式",只寻求没有限制的、自由自在的自我表达(同上,页138、146—148)。他们认为所有的东西都只是一种机缘,是他们自身经历的材料和基础,并以此为借口开始大谈自己本身。③

艺术开始成为新的标准;因为通过美学,浪漫主义者可以创造一种"他们可以无拘无束统治"的领域。因此,豪泽宣称,"美学仍然是浪漫主义观点的基本特征"(同上,页179)。和施米特对抒情诗歌与音乐的观点相似,托曼认为音乐是浪漫主义理想的艺术形式,准确地来讲是因为通过声音以及和弦的组合,它可以不受理性或者主观现实的"束缚",而去"表达一种无限的印象、感觉与思想"。④ 但是,由于这种无限性与"神化个体"的结合,浪漫主义者面临一种选择的危机并被证明"没有能力作出选择"。除自身之外他们并无标准,因此,浪漫主义者要么从当下的现实逃离到历史与美学当中去,要么当面临"一个势不可挡的强大现实时……就盲然地且毫不抵抗地缴械投降"。⑤

施米特认为,正是这种消极性和道德缺陷使得浪漫主义成了政治领域中形形色色的大师及各种非浪漫主义潮流的仆人。豪泽也同意这种观点,他认为政治浪漫主义在不同国家与起伏的政治气候平行。它经常展现出一种与法国大革命模棱两可的关系,在对待法国大革命方面,德国浪漫主义者尤其是以一种"抽象和扭

---

① Hauser,《艺术社会史》,前揭,页183。
② Talmon,《浪漫主义与反叛:欧洲,1815年—1848年》,前揭,页148。
③ Hauser,《艺术社会史》,前揭,页166、183。
④ Talmon,《浪漫主义与反叛:欧洲,1815年—1848年》,前揭,页146—147。
⑤ 同上,页148;Hauser,《艺术社会史》,前揭,页175。

曲事实的"方式对待它。在面临革命有可能扩展到对德国的威胁之前,他们一直积极热情地将革命作为一种伟大的哲学讨论来看待。之后,和大多数的德国人一样,缪勒和施勒格尔在解放战争期间转向了民族主义和反革命。再往后,他们又对非浪漫主义者梅特涅和神圣联盟表现出了同样的热情。① 同样地,英国政治浪漫主义者只是在拿破仑战争时期转向了反革命,在复辟时期又回到了他们的革命理想。但浪漫主义者出于对政治利益与政治力量的"现实"理解而没有将他们自身与这些潮流联系起来,或者甚至没有与对历史的坚实理解联系起来;他们被时代的强大现实控制了思想和情感。豪泽推断说,不管浪漫主义把自己宣称为进步的或是反动的、革命的或是反革命的,它常常通过"想象的、非理性的与非辩证的"思想模式确立这样的联系(同上,页164)。

豪泽与托曼就像他们之前的阿里斯一样值得特别看重,这不仅是因为他们随着时间的流逝保持了《政治的浪漫派》的影响,而且是因为他们跨越语言学的障碍扩展了这种影响。托曼的《浪漫主义与反叛》一书主要是写给美国历史专业的学生,而豪泽经典的多卷本《艺术社会史》仍然是英美国家的学生与学者的标准参考书。从这点来看,也许有一点值得注意,那就是豪泽明确引用了施米特,而托曼在提及这些观点匿名的渊源简单地称为一个对浪漫主义"充满敌意的批评者"。② 不过,通过他们的著作,英语学界接触到了"主观机缘论"概念以及对政治浪漫主义盛衰浮沉的批判,同时,英语学界对浪漫主义的态度也很可能受到了这些批评的影响。在一个极端地、经常是非理性地敌对施米特的学术氛围中,他的思想是在不知不觉中被吸收的。虽然他被指名道姓地谴责或被忽视,但是他不具名的论点却被作为合乎逻辑的、有启发作用的

---

① Hauser,《艺术社会史》,前揭,页183—186。
② Talmon,《浪漫主义与反叛:欧洲,1815年—1848年》,前揭,页148。

甚至是令人信服的东西而被接受。

五、当代浪漫主义学术研究

尽管其他人的著作使施米特的思想得以持续发挥影响,然而对《政治的浪漫派》本身的研究,在浪漫主义学术研究中现在被忽视或者被故意地回避了。但是其他关于魏玛时期对浪漫主义的研究(例如瓦尔策尔或者克卢克霍恩)仍然作为可信的和有用的资源而被引用。《政治的浪漫派》显然没有在大多数参考文献中出现。① 这是一种完全无根据的忽视。早期对这本书的接受证明,它是一本文学修养精深、极富内在价值的杰作;甚至最基本的方法论研究也要求,在任何关于浪漫主义的历史文献中必须包含这本过去具有如此广泛的学术承认与争论的著作。

《政治的浪漫派》应受到严肃的关注一个更为突出的论据是,施米特在1919年提出的基本问题仍然居于当代关于浪漫主义争论的核心位置。尽管自20世纪20年代开始国际上出版了大量关于浪漫主义的著作,但是能否抓住浪漫主义本质仍然非常成问题。② 此外,杰出的比较文学学者弗斯特最近关于浪漫主义本质

---

① 迈尔(Martin Meyer)的学位论文:《理想主义与政治浪漫派:近代历史哲学思想研究》(*Idealismus und politische Romantik*: *Studien zum geschichtsphilosophischen Denken der Neuzeit*, Bonn,1978),基本上是按照施米特自身来阐释施米特,迈尔的学位论文代表着一个例外,就像由奥克斯翻译的《政治的浪漫派》(剑桥/马萨诸塞1986年)的第一个英译本一样。近来的文献中忽视施米特这本著作的例子,参 Alan Menhennet,《浪漫主义运动》(*The Romantic Movement*, London,1981);Marshall Brown,《德意志浪漫主义的外形》(*The Shape of German Romanticism*, Ithaca,1979);Glyn Tegai Hughes,《德意志浪漫主义文学》(*Roamantic German Literature*, London,1979);Rudolf Franz Künzli,《缪勒:美学与批判:浪漫派转折点问题的尝试》(*Adam Müller*: *Ästhetic und Kritik*:*Ein Versuch zum Problem der Romantik*, Winterthur,1972)。
② 参尼莫埃诺(Virgil Nemoianu)为了解决这个问题而将浪漫主义和比德迈耶时期联系起来的失败尝试,《驯服浪漫主义:欧洲文学与比德迈耶时代》(*The Taming of Romanticism*:*European Literature and the Age of Biedermeier*, Cambridge/Mass.,1984)。

的阐释在本质上与施米特的观点并非截然相反。

在《政治的浪漫派》半个世纪之后创作的《正确看待浪漫主义》一书中,弗斯特再次试图克服如何定义这样一个变化多端、复杂且矛盾的运动的问题。弗斯特告诫,要力求避免试图以简单的措辞捕捉浪漫主义"难以捉摸的统一",并表达了对它的"多样性"的理解,她从未涉及"主观机缘论",并且她是否熟悉施米特的著作仍然未知。① 尽管如此,她的主要论点仍然是,浪漫主义中的"某些极其重要的特性形成了一个普遍的、统一的要素",从而它构成了她所称的与施米特的"浪漫立场"这一术语完全相同的"'显著的'浪漫态度"。② 此外,她的三个"关键特征"——"个人主义为主导、想象居于首位以及强调感情"(同上,页26)——与施米特通过主观、情感—美学之方法实现浪漫之我(Ich)显著地相似(人们也可以说它们肯定完全一致)。

当深入探究弗斯特的比较分析的细节时,就会发现这种相似性甚至更为突出地显现出来。她也认为伴随资产阶级社会历史性兴起的个人主义是"浪漫主义者之观点形成发展的基础";这在"决定浪漫主义者的艺术以及他对世界的态度时候是决定性的"(同上,页55、78)。施米特的观点,即现实的所有方面,包括自然在内,给仅仅寻求一种美学或情感经历的主观之我的创造提供一种纯粹的"机缘",也被弗斯特所效仿:

"诗人的自我意识是如此地吸引他的注意,以至于自然

---

① Lilian R. Furst,《正确看待浪漫主义:英国、法国以及德国浪漫主义运动形势的比较研究》(*Romanticism in Perspective: A Comparative Study of Aspects of the Romantic Movements in England, France and Germany*, 2nd ed., London, 1979),页12、18—22;以及《欧洲浪漫主义概要》(*The Contours of European Romanticism*, London, 1979),特别是前言以及页1—15。
② Furst,《正确看待浪漫主义》,页23—27、51。

不再被视为是一个独立的对象,而是降格为反射诗人感情的镜子的角色……因为对自然的所有美好的情感都被淹没在对诗人自我的单纯情感中去了。"类似地,"在实际上以个体自我为核心的宇宙中……必然只有自我这个问题是重要的,……他努力掌控外部的宇宙,并通过他的想象来改变它"。(同上,页 99、119—120)

并且两位作者都推断出,浪漫主义最重要的结果就是美学的革命以及想象-主观艺术创造性的释放。①

将自我(Ich)平行地演绎为造物主(Weltschöpfer)和最终的决定者(letzte Instanz)强烈地显示了,弗斯特的著作要么可以当作对施米特对浪漫主义理解的详细阐释,要么当作对它的独立证明。在任何一种情况下,如果继续忽视《政治的浪漫派》都将是研究浪漫主义运动的学者的失职。为了确定以及欣赏《政治的浪漫派》的学术贡献,它应被以独立的学术方式研究。如同施米特所写的,他的目的不是"为浪漫派的'永恒的交谈'提供一个新的、大概是'对立的'刺激和食量"。相反,想为"一个严肃的问题提供一个实质性的回答"。②

---

① 同上,页 223—224、286—290;Schmitt,《政治的浪漫派》,页 19—22。
② Schmitt,《政治的浪漫派》,页 28。[译注]中译见施米特《政治的浪漫派》,前揭,页 18。

魏玛末期联邦危机中的施米特

胡贝尔(Ernst Rudolf Huber)著

张洁、杜晓明 译 朱晓峰 校

我的报告不涉及施米特的国家理论著作。施米特在其人生的一小段时光致力于影响国家政治,在这段时间,他自由自愿并自我负责地投身于对时代的思考,并积极参与到国家政治生活中。这一阶段的尾声即1932年下半年,我就在施米特身边,这是我所具备的有利条件。我认为,就这一迄今为止仅零星为人所知的事情经过,应当作一个报告,而这就是我在这次会议中要做的。

一

一个重要人物的影响与其作品密不可分,对此无需赘述。对于决断在思想中占有主要地位的学者而言,他的作品与他本身的影响之间的联系具有特殊意义。处于施米特国家理论核心地位的"决断",并不是对这一主义或那一主义的决断,而是对必要性的决断,对此更好地表述是:对必要的行为的决断。"决断思想"在施米特理论中具有的重要意义已被谈论过多次。我的报告是要讨论,施米特影响负有决策之责的国家机关为克服国家政治危机进行的努力,不是通过理论而是直接通过建议与行为进行的,其中,他首先影响的是国家机关努力为此做出的决定。我要谈论的很多东西都没有档案依据。我只能凭借自己老迈的记忆，并依靠我在这一混乱年代收到的记录与信件中的只言片语。我相信诸位已经做好准备，怀着一定的信任来听我诉说。

请允许我先简短介绍一下，在魏玛时期，我和施米特之间的私人关系是如何发展起来的。1924年初，当我从慕尼黑来到波恩继续我的法律学习时，年长我15岁的施米特，与我所属的那一代人，都生活在欧洲自1908年以来所面临的持续不断的危机带来的压力之下，与之同在的还有德国国内危机产生的压力。对我们这一年龄段的人而言，和平、外部安全及可靠地内部秩序，仅仅是美好的回忆或者仅是模糊的希望。当时，20岁至40岁这一代人熟悉的中心内容是一系列的内部斗争：罢工、信任危机、皇家政府威望的动摇以及与之并存的外部纷争：波斯尼亚危机、巴尔干危机、摩洛哥危机与黎波里危机。随之而来的是带着胜利的希望与部分的成功，以失败为开端，以导致外部崩溃与内部颠覆为结果的世界大战。在德国的战后初期，充满了外部的压迫、内部的紧急与暴力状态以及为克服这些困难而生的特定紧急措施。当我在开始稳定的年代里，在1924年初第一次见到并听到施米特时，他在公法练习课上提出的问题是，在当初为重建内部秩序而采取的紧急措施中，处于核心地位的马克"升值"，是不是对代代相传的财产的"贬值"，而因此成为"与征收一样的措施"。我这里之所以提到施米特这个极好的问题，是因为它恰如其分的反映了施米特思考以及提问的特征，以及他通过出人意料的几乎是突然袭击式的问题迫使他人共同思考这种非常独特的艺术。当时，施米特35岁，正是年富力强的时候，已经声名鹊起的他，在大学课堂上，从一开始就凭借他的行为，透彻而精准的讲演风格，惊才绝艳的逻辑思维，以及让人惊讶的思维上的偏题与之后又意想不到地返回所述问题的思维，深深的吸引了听众。

我在施米特作品中遇到的第一句话是《政治的神学》的开篇

名言:"谁决定紧急状态,谁就是主权者。"对于当时已历经了十年紧急变换状态的我们,以及——在被占领的莱茵地区——在外国政权统治下的年轻人而言,这句话是我们所经历的宪法事实的真实写照。它为我们揭示了长期以来的紧急措施之间的内在联系,这种紧急措施规定了所有的个人生存状态与国家的存在,它们部分成功,部分失败了。这句话有意识的高呼,最高负责人与拥有完全的绝对权力的联邦总统埃伯特(Ebert),在我们生活了四年半的民国中,在何种程度上已经成功地通过由普罗伊斯在新的《民国宪法》中添加的专政条款这一果断行为,保证了我们认同的联邦的存在,并重建了联邦的秩序。在战争与危机并存的1914年至1924年这十年间的后期,诸如罗腾比歇尔、考夫曼与施米特这些大学教授,并没有把宪法作为单纯规则的结构体而是作为"事实"来理解与描述,这使我们明白了,"主权",即根据达尔曼(Dahlmann)的名言所说的"拯救行为的权利",在其存在的核心意味着什么。由于这种接近事实的宪法学说,因此即使存在这样的事实,即行政权在这一时期成功的通过果断的紧急措施克服了魏玛民国早期的巨大危机,它也没有让我们年轻人沉浸在正常状态将来也会随着这些成功而得到保障的幻觉中。与之相反,在表面上得到保障的魏玛民国中期,我们始终关注着宪法状态的事实境况,尽管民国具备所有机构的保障,但我们仍对持续存在的国家存亡、民族统一与公共安全的危机,抱有清醒的认识。

二

为了表明在1930年开始的民国新危机状况中我支持施米特的立场,我必须讲一些魏玛民国中期的情况。在此期间,我参加了施米特在波恩开设的重要讨论课,并与他在其它很多场合都有交流。这里我必须说一下,在波恩施米特的弟子圈当中,我与亚当（Adams）兄弟、古里安、贝克尔、弗里森巴恩（Ernst Friesenbahn）、福斯特霍夫（Ernst Forsthoff）、洛曼（Karl Lohmann），以及后来的基希海默尔（Otto Kirchheimer）与韦伯等,交往并形成了友谊以及其它诸如此类的亲密关系。我必须提到的是,我在第二次国家考试之后,在1926年初离开了波恩,并于同年年底在施米特那里获得了博士学位,毕业论文的题目是关于国家教会法的。我从没有做过施米特的助手（为了排除这一误解）。但是在1928年初,在施米特离开波恩时,他把我推荐给波恩企业法专业的创立者与领导者格佩特（Heinrich Göppert）做助手。为此,我又返回了波恩,并在格佩特那里完成了我的教授资格论文。即便在这几年表面上的分离中,我同施米特也保持了紧密的联系。1931年,他委托我共同审阅《宪法的守护者》的修改稿。我提到这一点,只是为了证明我同施米特在柏林时期也保持着紧密的联系。

对于曾被多次讨论、新近又由克劳斯重新提出的施米特为什么去了柏林这个问题,即他在1928年接受了柏林高等商业学院的一个教席,虽然这个教席在他之前也是由声名显赫的法学家主持（1906年至1925年为普罗伊斯,接替者为许金）,但是这个教席既不能为施米特提供合适的学生听众群体,又不能保证一个与其无与伦比的教学能力相适应的亲密弟子圈,对此,他当时究竟是怎样想的呢？我只想用一句话来回答。对于"为什么施米特去了柏林"这个问题,答案只能是:他在柏林寻找并找到了与国家政治决策权力中心建立直接联系以发挥其影响力的位置。他需要这个准入口,因为对国家政治紧急状态问题及其必要性的熟悉,只能在同民事与军事行政领导层的直接来往中才能获得。此外,如果施米特在高等商学院必须放弃一个由博士研究生与教授资格获得者构成的庞大的弟子圈,那么,他却建立了同新的社交圈之间的交际往来,这个圈子的成员是由柏林知识阶层和文化阶层所属的成员中挑选出来的。他们参加施米特的讨论课,并且在私人交往中,这些人也给施米特提供了一个无与伦比的信息与讨论平台。当施米特于1928年——在稳定的魏玛中期——前往柏林时,他肯定没有预见到,两年后将形成新的联邦危机状况。在这场危机中,施米特的学识、才能与推理能力,很快就会将其推入直接的冲突决断中心。但是,他特有的对即将到来的混乱的直觉,使其在新的危机状况出现之前,就已经在柏林同相关人士建立了联系,这些人在紧急状态中,在必要时能够动用可支配的防卫与保障措施。

三

1929年3月,施米特发表了其在柏林的第一篇论文《宪法的守护者》。紧接着,1931年3月,他对该论文予以扩展并出版。这本名著备受攻击。该书的前言指出了在此期间已露端倪的新的危机形势。该书的结尾是一句箴言,其大意为:紧急形势与新权力之间的关系不稳定,迫使采取必要措施。该书的出版,似乎是施米特给保障措施提供的一种策略,而这里的保障措施针对的是重新出现的、迫在眉睫的联邦紧急状态。

"宪法的守护者"一词为施米特在斯特拉斯堡的老师拉班德(Paul Laband)所创。他的国家法名著将皇帝称为"帝国宪法的看守人与守护者"。埃伯特在1922年夏写给巴伐利亚州州长莱兴费尔德(Grafen Lerchenfeld)的一封信中使用了相同的词语:他,联邦总统,是"联邦宪法与联邦意识的守护者"。这个同样适用于君主制与共和制下的联邦首脑的固定措辞,也被施米特在1929年至1931年有意识地使用。就这一措辞所表达出的对格言与简练代号起源的理解而言,施米特对其中存在的争议但因此更有效的标题的双重来源,无疑有着清醒的认识。"宪法的守护者"这一词语,直接起源于在紧急状态中果断的并多次违反自己党派意志的第一位联邦总统。正是这一最直接的起源，赋予了这一有效的固定措辞所具备的特殊意义，即便对民国末期重新出现的危机而言，亦是如此。对施米特而言，在魏玛民国末期，他不需要为了提醒新危机状态的严峻性而回溯其备受争议的名言，即"谁决定紧急状态，谁就是统治者！""宪法的守护者"一词已充分表达了这种提示，即在危机状况中，在执政的前六年从未行使过紧急状态权的第二位联邦总统，因宪法而享有并承担的保护联邦的权力与义务，在紧急状况下也可针对那些违反其所承担的联邦义务的州。

四

1932 年 7 月中旬，在"普鲁士事件"（Preußenschlag）前夕，我和施米特在图林根洛贝达堡（Burg Lobeda）的一个人民与青年保守派与基督社会派的圈内聚会中相会，这种聚会不受政党政治限制。（顺便说明一下）会上讨论了这样的问题：对政府而言，在即将到来的联邦议会选举之后，如果因策略上的原因无法通过其他方式形成多数派，那么，寻求同极右势力的联系是否值得推荐。与会者的答案清楚一致的表明："不值得推荐！"在例行的聚会之余，我同施米特单独进行了几次谈话。他认为即将到来的联邦危机将在选举后急剧恶化，以及解决预期中的冲突将需要特别措施。对于我试图谈论的曾为公众急切关注的普鲁士政府组建的问题，施米特出人意料的未予置评。就在这次会面的短短几天后，当联邦介入普鲁士时，我确定，施米特在我们的谈话中，已经透露了在普鲁士即将发生的事情。不言而喻，出于保密的原因，之后我也从未费力打听，施米特是否以及怎样参与了早已计划好的"普鲁士事件"。特别是，对他积极参与行为而言，"7 月 20 日"的普鲁士事件，是而且一直是他对国家政治曾经具有影响力的标志性事件。

联邦政府嗣后委托他在莱比锡诉讼中作为首席代理也非偶然。对施米特此后半年的所有政治活动而言,"7月20日"是一个关键。1933年1月底,当为联邦安全进行的所有努力付诸东流时,施米特发出了吼声:"7月20日过去了!"由于该代表性事件的重大意义,这里我要谈一下施米特如何看待联邦在普鲁士的行动。

早在1932年4月24日普鲁士选举时,联邦总理布吕宁(Brüning)就已决定,如果不能同普鲁士布劳恩-泽韦林内阁就配合达成一致,其将促使联邦总统介入普鲁士,这一决定体现了"宪法守护者"这一公式所确定的路线。其中,布吕宁谋求三重目标的实现:首先,由一个独立于普鲁士州议会的,有能力并愿意针对日益增长的极左与极右势力的暴力行为,采取保护宪法与公共安全的必要措施的行政机构,代替已丧失行动能力的布劳恩-泽韦林内阁。第二,防止普鲁士的极右势力攫取权力,尤其是要阻止戈林当选为普鲁士州长。当然,他的当选需要州议会中的绝对多数同意,为此,也需要市民阶层选票的支持。第三,终极目标是重新建立联邦政府与普鲁士政府之间就像在俾斯麦宪法中那样的关系,这种关系在1918年至1919年被取消了,因为它有违德意志宪法体系。巴本的"普鲁士事件"也以此为目标。前两重目标受制于局势,第三重目标则是出于确定结构性的考量,并且着眼于未来。因为只有前两重目标具有实际的意义,所以此处仅讨论它们。

开始,联邦介入普鲁士只有第一重目标,即罢免尚在执政的中左派的布劳恩-泽韦林政府,这一目标广为人知。与之相反,通过"普鲁士事件"同时防止极右势力攫取普鲁士权力的目标,则在此之后。联邦总理巴本在1932年6月3日就职时发表的《对全民的政府宣言》中果断声明,"内部与外部的自由之路……通过联合所有热心建设与维护国家的……民族力量"来寻求,这似乎与"普鲁士事件"单独针对左派的转变相适应。联邦新内阁的这个纲领性发言,明显是一个同时也包含了对极右势力的倡议,在准备参与国家的重建与维护的前提下，各种力量都应参与到对国家的责任之中。但是，在1932年的6月与7月的上半月中，纳粹党对公开暴力活动的积极参与以及在联邦议会选举斗争期间的反政府行为，便已表明并同时证明，极右势力的领导机构与武装力量是多么不愿意投入"国家的重建与维护"中。在巴本联邦内阁的初始阶段，已经很明显的表现出，通过"普鲁士事件"上台的联邦特派临时政府，对于抗击（由受市民阶层选票支持的）迫在眉睫的纳粹党攫取普鲁士统治权的防护堤，恰好起到了什么作用。对于开始时赞成导致厌恶他们的布劳恩-泽韦林政府倒台的"普鲁士事件"的极右势力却在1932年8月初要求废除7月20日由联邦总统发布的紧急命令，也可以从中获得解释。纳粹领导层的立场迅速转变，他们的目标是，为建立纳粹党与中央党普鲁士联合政府扫清道路。关于组建该联合政府的磋商从8月初就已开始，一直持续到9月中。就像通过支持波登巴的杀人犯（在8月23日的呼吁中）而背弃莱比锡的合法性保证那样，当希特勒在8月13日被联邦总统接见时，他所提出的挑衅性的权力诉求清楚的表明他与他的政党对维护国家、权利和公共秩序是多么缺乏准备时，与之相对的巴本联邦政府在普鲁士问题上也没有做好准备对极右势力进行任何让步。作为反对极右势力领导下建成的伪合法联合内阁攫取普鲁士国家政权的保障措施，"普鲁士事件"所具有的重要意义也同样在增长，虽然这种意义没有直接表达出来，但是显而易见。在极右势力看来，接收普鲁士权力只是攫取联邦权力的预备阶段。通过反对迫在眉睫的极右势力而保全普鲁士政府权力，联邦保护了自己。

五

对巴本联邦内阁而言的灾难性的联邦议会选举，在7月31日举行,三周多以后,在联邦总统于 8 月 13 日中断同希特勒无果的会谈后近两周内,我于 8 月 25 日在波恩收到了施米特的电报,他邀请我第二天前往普莱滕贝格同他会面,并陪他在柏林待一段时间。在普莱滕贝格,施米特在没有给我任何关于分配给我任务的信息的情况下,委托我第二天先单独前往柏林,并在动物园火车站同联邦国防军军部的几个军官会面,并同他们在这附近寻找施米特的家(在弗洛托大街),我已拿到了房子的钥匙,然后在对交谈对象一无所知的会谈中回答他们向我提出的问题。这个言简意赅的委托,让对这类事情毫无经验的我不知所措;但是,我还是毫不迟延地照办了。我在柏林同三个身着总参谋部红色条纹服饰的极易辨认的军官(中校奥特[Ott]、上尉伯梅[Böhme]和卡洛维茨[Carlowitz])依约碰面后,在施米特家中会晤,主持人是奥特(之后的驻东京大使,曾经的国防军部门即联邦国防部政治处主管)。奥特在 1932 年夏末,受联邦国防部部长办公室主管布雷多(von Bredow)少将的委托,起草了关于"继续使用第 48 条"的建议。根据已知的情况,这里所指的"继续"(erweiterte)并不是时间上的意思,而是指"扩大"联邦总统专政权的使用。因为如果"将来"的使用仅是在现有范围内,那就无需一个对联邦国防部政治处主管如此正式的委托。1932 年 8 月 27/28 日夜间的谈话,讨论的同样是专政条款的扩大使用问题。

准确地说,这一谈话实际上并非关于第 48 条的"扩大使用"之类。事实上一如我所知悉的,专政条款应用范围扩大中的实质问题,已由奥特与施米特在之前的协商中依计划确定下来。对于这个我未做准备的谈话来说,它更多的涉及编辑的任务,即必要的总统紧急措施在法律技术方面的用语(其内容我还将谈及)以及起草总统为该措施所进行的辩护,该辩护要向全国发出。我曾长期小心的保存着自己对 9 月紧急状态计划草案的笔记,但在战争末期(1944 年 11 月),在从斯特拉斯堡的逃亡中,我却把它弄丢了。我曾经撰写其他的公告的记录，似乎也没有保存下来。但是，人们从这一期间发表的以准备工作为基础而制定的官方文献中，可以充分了解事情的后续发展。这些资料不能表明的以及也许只有我才能证明的是施米特在肯定逾越了程序法界限的紧急状态计划中起到关键作用的那一部分。

就我所知，我还能补充以下内容。在接下来的星期一早上，即8月29日，我被联邦国防部邀请参加在同样小范围的圈子内举行的后续会谈。这时候，奥特告诉我，施米特已经同意了（也许通过信使）给他寄送到普莱滕贝格的8月27/28日的草案，他只做了微小的改动。在第三次会谈中（仍旧在联邦国防部内），奥特在8月30日早上公布，联邦总理已经与盖勒（von Gayl）以及施莱歇尔部长在当天去了诺伊德克，他们争取使联邦总统同意，通过部分合宪、部分违宪的紧急状态措施进行干涉。

六

关于诺伊德克的会议，国务秘书迈斯纳（Meißner）做了记录，它表明，联邦总统毫无保留地同意了三位内阁成员的建议。

（一）根据迈斯纳的记录，兴登堡总统的许可首先包括，在议会进入实质磋商时即立即将其解散。而实质磋商阶段预计将在同样于8月30日举行的新议会正式开幕式的两周之后进行。在诺伊德克时，解散令即已由总统签署完成。总理与两位联邦部长也在诺伊德克预先进行了必要的副署。只有解散的日期与理由尚未完成。它们将在适当的时间被补充填写上去。

（二）违反宪法规定的两个月期限而将联邦议会的新选举予以无限期推迟的建议，也在总统8月30日的许可中。对违宪行为的辩护理由是，根据新的选举形势，暂时无法消除违反宪法的政党（纳粹党和德国共产党）在议会中的多数；而这种多数在议会中的延续意味着持久的违宪状况。在逾越宪法规定的两个月期限而延迟选举的日期中,原本就存在着已决定的紧急状态措施对现行法的背离这种情形。但是,这种选举的推迟是有先例的。1914年战争爆发后,当时联邦议会的法定任期被合法的延长了。在魏玛的宪法实践中,行政权首次规定了以紧急状态为条件的一系列州的(1923年在汉堡、安哈尔特以及莱茵左岸部分的奥尔登堡的比肯费尔德)新议会选举的延迟。如果在德国单独某个州中,某个具体的紧急状况可以证成到期选举的推迟,那么它也意味着,在联邦内在紧急状态法的个案中,推迟联邦议会的选举也应该被认可,尤其当已经出现的危机形势源于已存在但暂时明显无法消除的违反宪法的政党在总选举中具备多数时。

(三)最后,总统的许可还涉及将分配给州的警察力量全部置于联邦的最高指挥权之下。将联邦与州的武装力量集中于统一的指挥权之下,可以使联邦在违反宪法的极右与极左势力同时且一致的令人担忧的反抗中掌控局面。根据迈斯纳的记录,8月30日,总统同样已经在诺伊德克事先签发了集中全部警察力量的紧急条令。它应与其它两个措施同时公布。

(四)这个准备好的紧急条令还规定了在两个极端政党反抗的情况下禁止及取缔其领导机构的法律前提。正如所指出的那样,该结果在对紧急状况的预先计划中已有所考虑。

人们知道,该紧急状况计划在1932年9月12日失败了。虽然总理差强人意地向联邦议会主席团递交了解散命令,但是解散的方法却在某种程度上伤害了巴本的威望,即联邦领导已不敢考虑将紧急状态计划中的关键部分,尤其是无期限的推迟选举付诸实施。

在施米特于9月初由普莱腾贝格回到柏林后,他会同比尔芬格(Karl Bilfinger)与雅各比(Erwin Jacobi)在9月13日同奥特就现在的局势进行了会谈。其制作的会议记录表明,四位与会者在当天尚未意识到联邦总理前天失败的极其严重的后果。他们于9月13日还认为,计划好的全部紧急状况措施即便是现在依然能够实施。是的,他们认为联邦总统将找到可用的计划外措施,因为普鲁士州议会在8月30日通过决议要求普鲁士的公职人员拒绝执行联邦为普鲁士任命的特派员的命令,因此总统可以通过行使他的紧急状态权而以联邦的名义解散普鲁士州议会。就此,州议会的多数决定严重违反了宪法规定的州对联邦所负有的服从与忠诚义务。通过这一由施米特及其联合顾问推荐的进一步解散行动,联邦总统将第二届柏林议会长期性地取消。就此,他消除了始终具有威胁的戈林在州议会中当选为州长的危险,这种危险肯定是因为中央党和纳粹党追求的联盟而出现。在联邦总理的威望于9月12遭受损失后,无论从哪方面看,所有紧急状况方面的考虑都不可能实现了。

七

自施米特重返柏林后,他便请我开始就莱比锡诉讼中某些单独问题进行准备。如前文所提到的由施米特会同雅各比与比尔芬格、奥特进行的会谈,同样以国事法院进行的诉讼准备为中心议题。诉讼程序在10月10日至10月17日之间的六个审理日进行。判决于10月25日公布。

就像前文所述的一样,构成诉讼对象的7月20日的联邦干涉具有其首要的目标,罢免因普鲁士选举失去议会多数而下台、却仍进行日常事务、在联邦中早已失败的"魏玛联盟"政府,并不是唯一目标。根据前议会多数派的《议事规程技巧》,除非联邦总统有足够的宪法上的理由,在7月20日宣布解除内阁成员职务并由联邦特派员代占职位,否则,通过需要绝对多数的州长现在进行的新选举,可以合法解散普鲁士内阁。莱比锡的宪法诉讼同样涉及这种法律问题。"普鲁士事件"两个深层次的对国家政治而言重要的目标——在普鲁士痛击自从选举以来所面临的由受少数市民选票支持的极右势力内阁攫取权力这种现象,准备消除普鲁士-帝国二元性的改革措施,该改革改措施应当恢复从前的联邦领导与普鲁士国家领导之间的制度性关系——并不是当前在国家法上对普鲁士宪法体系的侵犯,而是针对未来的国家政治计划的组成部分。它们——作为纯粹的行政权——在联邦与被罢免的普鲁士内阁之间的诉讼中被当作真正的诉讼对象来处理,绝对是不合适的。对联邦的诉讼代理人而言,也是出于诉讼技术上的原因,联邦干涉这些在1932年10月已无现实意义的目标成为法庭争论甚至最高法官判决的核心问题,并非不合时宜。但对方,首先是被罢免的普鲁士政府,则致力于使莱比锡诉讼集中关注先于联邦干涉而发生的主参与者即州长的行为,即关注他是否可被指责为错误地违反了州对联邦所负的义务,对此,普鲁士一方坚决否认。

在联邦代理人看来,诉讼的核心问题是,能否从联邦总统的联邦惩罚权限[1]中推导出将普鲁士统治权移转给联邦特派员的依据。因为较之总统专政权中随时准备干涉的权力,它所包含的绝对权力具有更广阔的范围。我不想探讨这一早在联邦法律代理人考察诉讼形势时便已阐释过的棘手的法律问题。我只想强调,任何一个重大的国家诉讼包含的不可预测性自从巴本在9月的失败后便显著地增加了。在任何法庭诉讼中,尤其是在任何国家诉讼中,诉讼一方未被破坏或已经脆弱不堪的声望,属于不可预料的因素,如同总是可以设法获取的客观的法律状态一样,这些因素对事情的结果也可能起决定性作用。根据上文提到的会议记录,帝国的三位法律代理人于9月13日在同奥特的讨论中,仍表达了他们对莱比锡未决诉讼有利于联邦的观点。很快,他们便不能如此肯

---

[1] [译注]原文为 Reichsexekution,它规定于《魏玛宪法》的第48条第1款中。

定自己的观点了。鉴于1932年夏天到秋天的舆论形势的改变,即使是法官也绝不能不受这一变化的影响,而对于帝国的代理人而言,这终归是一个巨大的也是个人的成就:国事法院于10月25日明智地判决,联邦总统在普鲁士的行为虽不能在其广泛的联邦惩罚权的范围内找到法律依据,但却在其范围严格受限的专政权内找到了法律依据。这一判决没有给争议的任何一方带来完全的胜利。只有满足联邦惩办的要件时,宪法才允许某个州政府被完全解散,从这一前提出发,国事法院运用了专政条款,决定在通过判决重新复职的普鲁士旧内阁与通过判决被确认获得其它政府职能的临时政府之间,分配普鲁士的国家政权。对联邦至上的捍卫者而言,他们对这个结果大失所望,就此,我曾在一个也许过于生涩的研究论文(《帝国权力与国事法院》,1932年12月发表)中表达过。但是,该判决在当时已经表明,尽管联邦特派员仅被限制在部分普鲁士政府的统治权中,但根据实际的结果来看,判决为临时政府保留了真正的行政职权,而复职的普鲁士内阁则仅限于所谓的"主权职权",实际上,它除了没有实际权力内容的单纯的"荣誉作用"外,什么都没有。

首先,国事法院将备受双方指责的分配行为和影响深远的保留相联系:如果复职的"主权政府"将来错误地违背了它对联邦所负的义务,尤其是通过这一判决为其划定的权限界限,那么,联邦总统将有权超越专政权而行使联邦惩罚权,并就此解除普鲁士内阁的全部职权,由联邦接收普鲁士所有的统治职权。这一莱比锡判决的保留条款是施米特在莱比锡获得的决定性的诉讼胜利,因为它从一开始便将"主权政府"置于枷锁之中。因为这个判决,州政府将在所有有可能招致违背联邦义务指责的计划中瘫痪。它的成员自我感觉被降格为"影子内阁"。除此之外,判决阻止了纳粹党同普鲁士民主党首先是同中央党建立多数联盟的所有企图。因为只要联邦坚持"普鲁士事件",一个同种类型的普鲁士联合政府便同样成为一个受制于莱比锡判决的影子内阁,只要联邦总统不准备放弃 7 月 20 日的命令,它就缺少实际上的所有职权。在 1932 年秋的境况下,这个并没有明言的判决结果,是施米特同其战友在莱比锡所取成果的强权政治核心。

八

与之相反,1932 年 9 月出台的国家紧急状态计划,在接下来的两轮冲锋中,却以新的失败告终。极右势力损失惨重而极左势力扩大战果的 11 月 6 日的选举,进一步降低了联邦议会的工作能力,在这次选举之后,联邦总理试图将紧急状态计划重新付诸实施。但巴本遭到了施莱歇尔的反对。在此期间发生的由极右势力与极左势力在初冬时刻联合实施的柏林交通罢工所验证的有效的共同示威性抗议,对帝国国防部长而言是个不可克服的障碍。

根据施米特的请求,我在 11 月初重新回到了柏林。在选举的那个星期日,我同施米特与基希海默尔一起穿过因罢工而瘫痪了的阴森荒凉的联邦首都。施米特与基希海默尔虽然在其他方面意见相左,但他们却一致同意,从共同罢工运动中产生的通过对政府、对市民党派(Bürgerlichen Parteien)以及对市民社会的彻底的否定而联系在一起的两个极端势力的共同反抗运动,将成为联邦终结的开端。在基希海默尔在场的情况下,国家紧急状态尚未被提及。但是,根据施米特在就他看来危险的局势所发表的意见,他仍将 1932 年 11 月 9 日的计划视为一种没有希望的行动。

施米特出于这种疑虑所得出的判断同联邦国防部部长及其参谋部的意见完全一致。这个批判性的判断,同样从上尉米勒(Vinzenz Müller)(后来成为著名的将军)的图上军事推演研究中获得了支持,米勒这些天在奥特的参谋部完成了这项研究。根据米勒的研究结果,在两个极端政党相互配合而进行暴动的情况下,如果它像预期的那样蔓延至极其重要的海港与工业中心,那么,军队和警察就没有能力消灭其间的抵抗。20多年之后,在一个由贝格施特雷瑟(Arnold Bergsträßer)发起的集会上,我问在此期间归来的驻远东大使奥特,当他1932年在联邦内阁报告中附上军事演习研究结果时,他自己是否完全彻底地相信这个结果。奥特回答说,米勒的研究结果一开始让他感到惊讶,但是,以其为基础的军事结论,却是令人信服的。然而与这种理性的权衡相比——对施米特亦同——对它的怀疑也许会更为强烈,即应该对之前大有希望的9月计划的失败负责的巴本,是否是这个极高的冒险行动的负责人的适当人选,在更加困难的境况下宣布国家的紧急状态,究竟会成什么样。依据奥特附有军事演习结果的报告,12月2日,施莱歇尔使巴本的第二个紧急状态计划在内阁中就破产了。同一天,联邦总统接受了联邦总理的辞职申请。

同样,在这一天晚上,我在柏林参加了由曾经声誉卓著的《行动》出版人策雷尔举行的聚会。此外到场的还有恽格尔和奥特。本来答应前来的施米特却未能到场。但是,当巴本的辞职与即将发生的施莱歇尔作为继任者的提名通过广播电台公布后,与会者一致同意,将联邦国防部长委任为内阁首脑,将是把联邦从任何可能发生的迫在眉睫的灾难中拯救出来的"最后尝试"。其后,经由保守党人克莱斯特-舒曼森(Ewald von Kleist-Schmenzin)而成为政治暗语的"最后的机会"一词,首次同施莱歇尔登上联邦领导的最高职位相联系而出现在圈内。当我第二天向施米特报告在策雷尔那晚的情况时,他极其认真的赞同"最后的尝试"一词。

九

在施莱歇尔就任总理后,他首先通过"交叉阵线计划"(Querfront-Plan）寻找并走上了一条不同于超越法律的紧急状态的道路。在1932年12月的头几天里，我同施米特私下也讨论了民国最后一位总理的"交叉阵线计划"。受与施莱歇尔亲近的普鲁士新闻处处长马尔克斯（Erich Marcks）的授权——我之前曾因特定的原因被邀请去过他那里——我自己在小范围内通过同赖希魏（Adolf Reichwein）以及其他左派青年的运动成员会面，参加了超越僵硬的派别而搭设桥梁的尝试。与之相反，施米特在我们的谈话中表达了他对施莱歇尔计划的保留态度，此外，该计划的前提是，同反对派施特拉赛尔（Gregor Strasser）、市民阶层右派与中间派联盟、基督教公会与自由工会以及"钢盔团"与"帝国国旗"之间的最艰难的谅解。在施莱歇尔的计划失败后，在11月联邦议会不断增强的压力之下，于1933年1月初，民国最后一位总理除了动用9月计划外别无选择：重新解散没有工作能力的而只在取消其存在问题上方能达成一致的联邦议会；无限期推迟新的选举；通过脱离议会控制的紧急命令体系进行统治；将州的警察力量转至联邦领导权之下。

1933年1月，我不在柏林。同施米特关于紧急状态事宜进展的通信往来，由于对象的特殊而不能进行。因此，对施米特是否以及在何种范围内参与了第三次尝试，即1月份的紧急状态计划这一问题，我无法通过自己的直接体验而告知诸位任何信息。但我也许可以告知一些涉及施米特的关于事情结果的东西。

第三次紧急状态的尝试的基础是一个报告摘记，它是由去年8月27/28日进行的谈话中陪同奥特的两个军官之一的伯梅上尉，于1933年1月呈递给其上司的。在这个"针对联邦议会的行动"的摘记中，注明的日期是1933年1月20日，它似乎是唯一一个保存下来的关于1月紧急状态计划的内勤记录。其特别之处在于，除早先打算付诸实施的极端措施，即"在推迟选举的前提下解散联邦议会"外,它还提出了另外两个消灭由两个极端政党多数控制的联邦议会的选择。"途径一"是对旧的9月计划的重复:在无限期推迟新选举的前提下,同时在联邦议会下次会议针对联邦总理的不信任案(意料之中)投票前,通过联邦总统解散联邦议会。"途径二"计划以联邦议会无工作能力为由而由联邦总统通过紧急命令决定联邦议会的强制推迟,来代替上一措施。"途径三"将计划的行动仅限于通过联邦总统的声明而不承认预料中的联邦议会的不信任案。该声明应涉及所参与政党相互矛盾的并因此破坏宪法的动机,并包含目前为止在任的联邦内阁首脑的确认函。通过在伯梅的报告摘要上的手写评语可知,奥特赞成"途径一",即赞成9月及11月计划的极端行动。联邦总理施莱歇尔接受了奥特的这一建议。

我提到这一选择性的计划,并不是为了进一步阐述它们之间的差异。即使没有类似的分析,这一推断也会产生,即"三种途径"之间细微的差别,尤其是通过两个未知的路径对现行宪法的补充,透露了其中存在一位法律专家的事实。但是,我却没有找到证据证明,很容易想到这些细微差别的施米特,参与了伯梅关于"三种途径"的摘记的准备工作,或者奥特在决定选择"途径一"之前向施米特征求过关于"对联邦议会采取行动"的可能选择的意见。与之相反,从可靠的书面材料中可以发现,奥特在其对伯梅的选择性建议作出决定的两日后,即在1月22日且于1月26日再次前往施米特处,告知其关于计划中的第三次紧急状态行动的状况。在这两天中,奥特表达了他的信心,尽管在这一期间,在联邦总统与联邦总理的关系中出现了一些问题,但紧急状态计划将在不久后予以执行。但是,1月27日国务秘书马尔克斯——他同奥特一样是来自施莱歇尔最紧密圈子的军官——来到施米特处,告知他联邦总统职位在此期间的变动,以及因此出现的第三次紧急状态计划的不可执行性。马尔克斯与施米特对兴登堡总统从反对迫在眉睫的一党专政的阵线中撤退都非常不满,同时,他们都因放弃拯救民国的"最后的尝试"而非常沮丧。

十

如果人们询问施米特对这三个紧急状态计划的成功前景作何判断,那么,他无疑会认为9月计划是个好机会。这个结论不仅是基于他对自己的对话伙伴之专业军事知识的信任,更是基于他对1932年夏末整个政治形势的权衡。希特勒在公众中的威望在波登巴之后一度陷入低谷。同军事专业人士的判断一样,但也是再次基于其自身对这期间改变的形势的判断,施米特认为巴本的11月计划是个没有希望的行动。施米特对于施莱歇尔的1月计划的成功前景仍犹豫不决。他一度认为其可行,但有时又有所怀疑。他严厉批判兴登堡总统宣布的方针的改变表明,他认为在1933年1月底这一极度紧急关头的非常状况下,施莱歇尔冒着失败的危险敢于做出必要措施的决定是恰当的。

施莱歇尔的第三个紧急状态计划于1月28日遭到了总统的"拒绝"并使其不得不辞职这一状况,如同1月30日权力移交于独裁者这一情况,广为人知。中央党主席卡斯(Kaas)于1月26日给联邦总理施莱歇尔写了一封信,对其紧急状态计划提出警告,同时也对支持该计划的"施米特削弱整个国家法的基本趋势及其追随者"提出警告。① 这封信属于放弃拯救民国之"最后机会"的伴生物。卡斯于1月29日在《日耳曼尼亚》(Germania)及《科隆民

---

① 卡斯给施莱歇尔的信于1933年1月26日发表于:马蒂亚斯/莫西(E. Matthias/R. Morsey),《政党的终结》(*Das Ende der Parteien*),2. Aufl.,1979,页428及以下。施米特在1933年1月30日给卡斯的信中做出答复,它在托米森的《论施米特》(*Over en in zake Carl Schmitt*,Bruessel,1975),页111及以下中被复述。见页53及以下。

报》(Kölnische Volkszeitung)上公开发表的信,清楚的向每个了解情况并看穿模糊状况的人表明,施米特曾经通过可用的极端手段阻止国家权力流入宪法之敌手中的真实意图。

就胡贝尔报告的谈话

胡贝尔(Ernst Rudolf Huber)等

朱晓峰 译 张洁 校

莫西:一个问题及一个补充。我的问题是,胡贝尔先生,您谈及"联邦介入"普鲁士,谈及"普鲁士事件"以及"联邦干涉":这是否是个政变?我的补充是:您提到了卡斯 1933 年 1 月 26 日写给施莱歇尔并于 29 日发表的信,但没有引用施米特于 30 日的回信。

胡贝尔:我之所以没有引用施米特的答复,是因为我没有找到它。

莫西:我这里有一份该答复的复印件。我想补充指出的是,显然,根据您的论述,施米特在此处扮演了一个幕后的角色,而在 1 月 30 日的这封信当中,他也试图掩盖该角色;直到这个时候,他也还没有进入这场政治纷争的中心,且他明显有意识地去避开这一角色。最后一点,您最后未能解释他为何移居柏林——人们也许可以在之后的信件中,找出相关的原因——他移居柏林可能与下述内容相关,即他并不愿意自己仅仅局限于行政层面上的顾问作用,或者受此吸引,他还可能谋求一个议席,就像他在 1924 年试图赢得一个中央党的联邦议员席位那样。

胡贝尔:无论什么时候,我都不认为施米特曾经可能谋求这样一个议会席位。

联邦介入普鲁士是否是一个"政变",这一问题的答案取决于对这一多义词的定义。如果您承认存在"合法的政变",即在极端紧急状态下,存在一个被迫以此为辩护理由的违反宪法的并为达尔曼所引用过的"拯救行动的权利",我会毫不犹豫地给予您肯定的答案。施米特认为,在当时的情况下,1932 年 7 月 20 日的行动是一个合法的紧急措施。我也一直都持有在非常状况下可以合法背离宪法的观点。任何一个熟知 1932 年形势的人都不会对那时存在此类非常状况有争议。

莫勒:我有两个问题。第一个问题,您在施米特柏林的家中同德国国防部的代表进行会谈的期间,施米特滞留在普勒腾贝格。如果他想去,那么他可以前往柏林。如何看待施米特的这一缺席?根据您的意见,他这样表现,是因为他认为谈判双方并不平等吗?还是说这是有鉴于未来发展而表现出的一种谨慎?当然,当您讲到他也没有出席之后在策雷尔家中的聚会时,我亦已注意聆听。第二个问题是,您在第三帝国期间因这一事件而被讯问过吗?它对您产生了哪些后果?

胡贝尔:我可以立即给予您第二个问题以"否定"的答案。关于这个事情的档案,在国防部中可能已不存在。据我所知,人们在联邦总理的文件中,至少在公开的部分中,并没有发现我所提到的秘密预备会谈。也许这一预备性会谈从没有被收入到档案之中。

莫勒:补充问题:您在 1945 年之后没有和奥特谈论过此事吗?

胡贝尔:1945 年之后,在 1952 年 12 月中旬,在贝格施特雷瑟(Arnold Bergsträßer)(奥特在一战中的同一个团的战友)于弗莱堡举办的一个多日聚会中,我碰到奥特并的确与他谈论过这件事情。此外,已经退役的弗奇(Foertsch)将军也参加了这个聚会。当时奥特同我单独交换了我们对 1932 年秋的回忆。

对您的第一个问题,施米特是否故意避开参加 8 月 27 日的会谈,我只能清楚给予"否定"的答案。施米特直至 8 月 26 日还在柏林,并且在那里同奥特进行并完成了决定性的磋商。随后,他在普勒腾贝格进行了短期的休假。这是他在1932年夏季与秋季中唯一的假期。我在柏林自8月27日开始参加的会谈,实质上涉及文本在法律技术性措辞方面的编辑,以使在其他方面已确定的紧急计划得以执行。施米特信任我,将这一近似"编辑"的任务分给了我。不言而喻,我所参加的会谈因其对象的缘故而为"绝密";这是非常显而易见的,在我的记忆里,我依据特别指示而必须遵守保密义务。今天是我第一次谈论这一事情的经过,尽管事实上它在整个事件中仅是一个边缘性的事件。

克劳斯:是的,一位与会发言人刚刚提到了一封施米特1933年1月30日的信。我们可以获悉该信的全文吗?

莫西:当然,在联邦档案馆内可以查到该信。

克劳斯:我们可以在这里听到吗?

托米森:我已在1975年我的《施米特》(布鲁塞尔)一书中,在第111页至第112页中公布了该信,信文如下:

尊敬的同僚:在您写给联邦总理先生的于1月29日发表于当日报纸上的信中,与针对非法性的警告相联系,您谈到了"施米特与其追随者的削弱整个国家法的基本趋势"。因为我并不知道联邦政府的答复,这里我仅表明自己对您信件的态度。

在我的出版作品以及真实的口头表态中,人们找不到任何可以为这样贬低我的国家法理论辩护的句子。我的宪法学的阐释是,致力于在不考虑变换的政党利益的情况下,使德意志宪法的意义及一贯性得以实现,并反对将宪法贬低为一种战术上的仪器和工具。我并未削弱国家法,而是同会破坏国家和宪法的滥用作斗争,同合法性定义的工具化以及同价值中立与真理中立的功能主义做斗争。关于国家紧急状态法的问题,不同于其他同僚,我至今只是十分保守地表达了意见。我明白与解释宪法规定相联的责任。此外,我的出版作品不难查阅;所有乐意了解这一情况的人都知道,我怀有坚持学术信仰的勇气,我既不惧怕客观性的辩论,也不胆怯于对我的思想进行公开的阐释。对新闻界某种特定的观点以及某个无知党员在州议会最新散布的关于我的谎言,我无需回应。我之所以对您,尊敬的同僚做出解释,是因为您因教会法教授的身份而属于德国法学家的行列,因相同的身份,您了解紧急状态问题中的古老的困难。因为相左的意图与观点,便将学术工作、法律的价值观念,甚至将某个德国法学家的名字,是的,将持有相同或者类似学术成果的人们在"追随者"这一称号下,与警告为非法相联,并公开进行政治上的怀疑,我认为这是错误的。

这封信的复本,我也寄送给了您的信件收件人即联邦总统先生与联邦总理先生,除此之外,还有《日耳曼尼亚》及《克隆民报》以及前联邦总理巴本先生,现联邦内政部长布拉赫特(Bracht)博士先生,德意志国事法院院长布姆克(Bumke)博士先生以及德意志国家法教师协会主席图林根的萨托利乌斯(Sartorius)博士教授。

致以崇高的敬意

(签名:施米特)

亨尼斯(Hennis):通过胡贝尔先生所报告的事实,我还是没有真正明白,人们究竟如何理解这些事实,如果能允许我这样说的话,应该如何"解释"这些事实。

一方面,人们乐意了解施米特的分析能力以及政治判断力在程度上的细节。根据胡贝尔先生的报告,施米特显然不愿同施莱歇尔的交叉阵线方案扯上关系。他似乎更多地——如果允许我这样表述——仅从"最高机关"出发给计划予以支持。我从前面已报告的内容中并未听出人们努力以所有方式来确保,能够取得重要的社会群体对可能发生的政变的支持。如果施米特参与了这种形式的计划,那这其实并不能说明我本来就一直相信的他所具备的分析能力。

对我而言,在这种联系中,更为重要的问题是,对施米特作为重要的"阻挡者"的解释。如同胡贝尔先生所述的历史,它应被置于更广泛的联系当中。据此,施米特为阻止灾祸的发生做出了贡献。

但是,他在几个月后所写的关于 1932 年 7 月 20 日的"普鲁士事件"的东西,却明显与之相矛盾。我完全不愿利用他在 1 月 30 日后所写的东西,他之所以在几个月之后仍然认为普鲁士事件还有可能,是因为已变得如火如荼的民族主义运动,而这并未特别表明,施米特在 1932 年夏的阻止意图。存在着一部施米特在魏玛时期所作的可以用来解释他作为"阻挡者"的作品吗?他的所有的这些著作都在敦促一个决定,而非为了赢得片刻的用以阻挡的时间——我仅能记起在《合法性与正当性》一书中以著名的警告所做的结尾,它并没有尝试以第一部分中与"功能主义的多数化体制"的价值中立相对立的"实质性制度",去成功地拯救《魏玛宪法》的第二部分。事实做出了这样的反击。魏玛时期有几个国家理论家,已经被现代社会的极端民主化已经实现这一观念所影响。一个充满智慧的人怎么会接受,通过胡贝尔先生所说的尝试的背后力量,还能阻挡什么!

我不由得心生疑问,人们应如何解释胡贝尔先生所做的报告?

胡贝尔:我先用一个相反的问题进行回答。一方面人们指责曾承担责任的人没有足够积极地并勇敢地"阻止"所面临的灾乱。而现在您在这里说:"没有任何东西可以被阻挡。"随之任何避免灾乱的尝试都变得无望!

即使在今天,我也仍然持这样的观点,即希特勒自 1932 年 8 月中旬——首先在同兴登堡(8 月 13 日)的谈话中,随后通过对波登巴谋杀者的公开支持(8 月 23 日)——所遭受的挫折,可以将事态发展从本已到达的方向导向另外的方向。当 9 月 12 日巴本失去对所准备的行动的掌控时,第一个拯救行动的时机便错过了。我本人曾经因缺少经验而将大部分的希望,都寄托在 11 月计划(施莱歇尔的交叉阵线方案)上,即——可以说——尝试建立左右派"友好"关系上。我也曾提到,施米特对这个 11 月计划持批判态度。如同事情所显示的那样,施米特根本不可能没有运用他的"分析能力"便同意当时的军事计划——并且交叉阵线方案是施莱歇尔的独特产物。我没有能直接获悉施米特是如何看待 1 月计划的,因为在这个月,我身在波恩而未能与他交流。我认为,他基于可靠的理由而将施莱歇尔的 1 月计划断定为"最后的机会"。对于 1933 年 1 月正在发展的形势,面对所有的绝望,施米特除了不再行动之外,就再也无能为力了,鉴于现存的困难,他只能说:已经没有什么可做的了;车要驶向它所驶向的方向……

亨尼斯:胡贝尔先生已经清楚地指明,施米特不愿同交叉阵线计划扯上关系。但却无人知道,如果在 1 月 30 日前的最后那个星期,如果还有任何什么能给出一个"阻挡"甚至可能最终逆转形势的机会,那便是由联邦总统的最高权威、德国国防军所掌握的实际权力以及被组织起来的工人阶级中绝大多数人的支持与宽容组成的联合体。这一联合体可能有机会阻止事情的发生。但一个施米特显然也参与了的,而民众对此一无所知的,当时的政党政治联合也丝毫未被考虑的,仅按照最高当局及德国国防军制定的计划,对具有判断力及了解魏玛民国末期德国社会发展水平的人而言,必然从一开始即可料定这会失败。因此,如果施米特真的参与了这项计划,我对施米特的政治判断力表示怀疑。

胡贝尔:亨尼斯先生,对您的批评我必须强调,我已经谨慎地阐述了施米特对"交叉阵线方案"的看法。我将施米特的态度表述为"怀疑的"。"怀疑的"这一描述不需要再指明某人拒绝某个计划。施米特认为"交叉阵线计划"靠不住,认为其不可实现。该计划自身也表明其是不可实现的——一方面是因为斯特拉赛尔(Gregor Strasser)的退却,他为了自己看清问题,在同希特勒关系破裂后的一段时间内退至国外。另一方面,该计划败给了德国社会民主党旧首领的反对,而鉴于我们所有人都认同的国内的绝望形势,一批德国社会民主党的年轻党员也准备走上这条道路。

维尔姆斯(Willms):亨尼斯先生,您也同样说过,您对这一时期的不可阻挡性确信无疑。我认为——在此我借用莫勒先生所指出的——就当时来说,施米特也会同意您的意见;毕竟该结论源于他自己的行为。如果最大程度的阻挡作用还处于讨论之列,如果我"可以拯救联邦",我不会去休假。归根结底,事情已经毫无希望,因此,施米特是否不为人们所喜爱,或者他是否仅参与了一次而给出了其建议,已不再重要。这一看法可能是基于不同于亨尼斯先生所指出的其他理由,但无论如何同事实相符。

博肯费尔德:我想提一个问题并做一个评论。我的问题涉及以下内容,即据您所知,结合波登巴谋杀与希特勒对此的表态,在1932年的夏季或秋季的某个时候,是否考虑过直接禁止纳粹党。当联邦集权与接收所有州的武装力量遭遇抵抗,并因暴力行为而给予了针对这两个极端政党的行动借口时,正如您刚刚所描述的计划,其间接地考虑过这个在一定程度上作为连锁反应的禁令。

我的评论:我非常感兴趣,您所描述的施米特对紧急状态计划——如果人们可以这样称呼它——的参与,特别是结合莫西先生所提到的施米特于1月30日所写的信。在这封信当中,他明确采用了其作品中的意见,他始终坚持该意见,即根据《魏玛宪法》第48条第2款,联邦议会的新选举不允许延迟举行——在1924

年的报告中,他将其视为联邦宪法稳固独裁的核心。通过与他的谈话我也知道,他重复强调,关键在于不能牺牲宪法的基石。如果人们意欲在危机中保卫魏玛民国,那么,人们必须看到,这可能需要作为正当要素(Legitimationsfaktor)的合法性(Legalität)。因此,他没有参加该讨论。这完全不意味着矛盾:他没有参与讨论,但他也许私下里认为这是一条可行的道路。他也提到,在援引超出法律的紧急状态而放弃合法性基础时,人们必须再次立即考虑在联邦国事法院中可能发生的诉讼。此外,根据施米特的意见,联邦总统就提名希特勒为联邦总理的意见的变化,是由高级教士卡斯的信所造成的——他将该信视为辅助因素——因为从该信中,联邦总统再次看到了诉讼的威胁——其它在国事法院的诉讼。这些对这位老先生有些陌生与遥远,因此,对他而言,同这些至少就合法性而言有疑问的并可以用合理的理由对其合法性进行驳斥的大胆冒险,保持距离是合适的。

胡贝尔:我现在尽量回答博肯费尔德先生的问题。就其第一个关于有意禁止纳粹党的问题,我必须重复一点,我所叙述的8/9月计划即是关于同时禁止作为国家敌对组织的纳粹党与共产党。作为联邦总统计划之行动的必然结果(解散联邦议会,延迟选举),在政府阵营中,人们期待着这两个极端政党通过公开的反抗进行自卫。我记得在那个同三个军官度过的晚上(8月27日),我就讨论中的某个点提出了问题:"您无需禁止极端政党吗?"奥特大约是这样回答的:"年轻的朋友,请让我们来关心这事儿吧!"[大笑]这种回避其实包含着答案。在之后的谈话中,显然也会讨论针对两个极端政党期待中的反抗而采取禁止及其它措施的必要性。尤其是对希特勒的逮捕属于首要措施。在我的报告中,我将所有这些计划中的措施称为"消灭所涉及政党的领导机构"。

对于其他的关于1932年8/9月国家紧急状态计划"合法性"的问题,我还有一句话:就像人们总是喜欢思考这一时期紧急状态措施特别是"普鲁士事件"的合法性一样,在 8/9 月计划中拟定的对解散的联邦议会新选举的延迟,肯定没能在宪法原文中寻到依据。但之前"超越宪法的紧急状态行动"符合法律,并在此意义上而被认定为合法。因此,在魏玛民国早期,即在 1923 年鲁尔战争期间,在少数州便已出现了因内部的紧急形势而推迟到期的新选举的情况。在莱比锡诉讼当中,施米特必定努力地阐明了普鲁士事件的"合法性"问题,除此之外,没有其它的可能。对施米特而言,在其考虑的核心当中,在极度危急的状况中出现的合法与正义的冲突中,正义优先于法律。在这种意义上,在 1932 年夏末与秋初的几个星期当中,即在我几乎每天都同他谈话的那段时期内,他分担了参谋部奥特的紧急状态计划,这其中包括实行过程中不容拒绝的结果。

吕贝:我的问题是,胡贝尔先生,在宣布超越法律的紧急状态的框架内,同肃清极左与极右势力计划相结合的是否是暴力修改《魏玛宪法》的计划?

胡贝尔:同时期,在由盖勒领导下的联邦内政部中讨论的修宪的计划——也许沿用魏玛民国中期失败的联邦改革计划或采用新的模式——并未直接同 1932 年夏末的紧急状态计划相结合。在魏玛民国后期,关于在恰当的时期召开新的国民议会,并由该议会通过改革联邦宪法这一意图,也属于这些不同的宪法改革计划。我同施米特于 8 月 26/27 日在普勒滕贝格进行的谈话表明,他认为这些改革计划目前是无法实现的,在现有的情况下对这些计划的讨论,也是不合时宜的。

夸里奇:请允许我至少向您提出一个问题,这也是为了向我们的外国同僚解释清楚。对于 1932 年的施米特、军官们以及您来说,这关系到拯救作为一个法律作品的魏玛宪法还是关系到拯救实质上的联邦宪法,即关系到政治的与文化的"根本决定"?换句话说,它关系到合法性还是正当性?

胡贝尔：对于夸里奇先生的问题，同时作为我向吕贝先生所做的简短解释的补充，我想说的是，1932年夏末的紧急计划与修改联邦宪法（可能沿袭先前的但最终失败的联邦改革计划）的问题之间虽然没有直接的联系，但是却存在一个事情本身所包含的联系。对于施米特而言，在魏玛末期的危机时刻，虽然主要目的是为了在1932年极度危急的情形当中拯救联邦，但为了保证联邦的继续存在，需要重新建立一个长期发挥作用的制度规范。这也就是说，因为宪法自1919年以来事实上已经失效，所以联邦需要修宪。施米特长期权衡的改革计划涉及到对联邦宪法的修改，而并不是制定一部全新的宪法；虽然它意在对宪法进行彻底的改革。在之前提到的同我在普勒滕贝格进行的谈话当中，施米特将宪法改革问题描述为非现实的，他认为：在现有的危急情势下，时机并未成熟。但是，如果不受这一直接的危机形势的影响，在魏玛民国末期，施米特也积极地致力于宪法改革。众所周知，他关注的首先是扩大基本权利的部分，此外，尤其是使制度保障（Institutsgarantien）与制度性保障（die Institutionellen Garantien）成为宪政体系的一个基础。他自己也很清楚，重建有序宪法正常体制之主要机构的必要性，这必然以选举制度的某些修改而不是取消选举议会为前提。根据他的观点，也许在短暂的紧急时刻，没有议会的统治是必须的，这种情形可以一直持续到以消灭宪法敌对因素为前提，有望在有序的选举中形成治理国家的多数派的情形出现。当初讨论颇多的由固定的职业议会体制代替民选议会的构想，在前文提到的普勒滕贝格谈话中也为施米特所摒弃。

本德斯基：施米特与您讨论过宪法的修改或其他关于宪法修改的内容吗？

胡贝尔：1932年8月26/27日，在普勒滕贝格同施米特的会面中，我试图谈论必要的宪法修改问题，例如，曾经被多次讨论的建立固定职业议会的问题。对此，施米特未详细谈论。我们有其它更为紧迫的担忧。之后在柏林,我们更多地讨论了近在眼前的莱比锡诉讼以及其他很多亟待解决的现实问题。让人忧虑的不仅是未来,而且首先是当下。

本德斯基:他有谈到过希特勒吗?

胡贝尔:在我们的经常性会面当中,我们当然谈论过希特勒。在1932年的整个下半年当中,我从施米特那里只听到了否定的评价。

瑙曼:胡贝尔先生,我很难将您对普鲁士事件的评价同巴本政府针对普鲁士州的行动所给出的理由相联系。该行动理由中的一条重要思路是,普鲁士政府将聚集于纳粹党中的处于增强中的德国人民的力量,同仇视国家的共产党的反动力量同等对待。您可以在《普鲁士诉联邦的审判记录》中,亦或在施米特的辩护词中找到这一理由。既然如此,主要的进攻方向又怎么会针对纳粹党?

胡贝尔:即使在《普鲁士诉帝国的审判记录》中,关于在纳粹党中聚集的"处于增强中的德国人民的力量"的语句,被记录为施米特的表述,这也不意味着,它是对施米特个人信念的描述。此外,施米特向来对这册记录的可靠性持否定意见。在诉讼准备过程中,我同施米特谈了很多,我从未从施米特那里听闻与您,瑙曼先生,所引用的表述有丝毫类似的意见。根据这些谈话,在施米特看来,"普鲁士事件"的短期目的在于,在防止两个极端方向的暴力行动中,确保有效的动用普鲁士政府的力量。随后——即使这并没有明确的诉诸于口——避免使普鲁士政府权力被纳粹党攫取,纳粹党攫取权力的危险自州议会选举时存在,为了攫取权力,为了获得足够的多数,必然需要来自议会中的支持。远期目标是,准备重建联邦政府权力与普鲁士政府权力之间的关系。我再强调一次,我从未从施米特那里听说过,普鲁士事件的意义在于追究普鲁士政府的责任,只是因为该政府在其采取的措施中将聚集于纳粹党中的"处于增强中的德国人民的力量"同"仇视国家的共产党的反动力量"同等对待,即便类似的表述我也没有听过。

克里嫩:这关系到一个客观问题和相关的背景,关系到一个解释。总体而言,这涉及应如何定性施米特同德国国防军与国防部以及同施莱歇尔关系的问题。

关于开始:第一个被提到的日期是 8 月 27 日,这也意味着,在此之前必然已经存在联系,因为根据您的报告,所有的内容已经由施米特准备完毕。这是一点,而另外一点是:在这之后,这种联系是定期的吗?这表明,施米特在 1 月份时还被定期告知事情的发展状况。那么问题出现了,例如,应该如何看待施米特发表的意见,再结合奥特的图上演习,那么应如何看待他在奥特图上演习期间前后可能提供的协助?他以何种形式站在巴本或施莱歇尔这一边或以其它方式对此表示了他的态度吗?这即意味着,大体而言,这是相对定期的联系还是联邦国防部方面仅在需要时偶尔请教一下施米特?就这点而言,时间的定位也很重要,因为,例如 8 月 13 日也是一个重要的日子,在这一天,希特勒成为联邦总理的愿望在兴登堡那里并因兴登堡的原因而失败,而之前也存在政府方面的尤其是施莱歇尔的使希特勒与纳粹党参与到政府中来的计划。施米特是在此之后亦或在此之前即已被牵涉其中,对这点而言有重要意义。

胡贝尔:因为我依靠的是我的记忆,因此,我只能陈述自己经历的或者从直接参与人那里获悉的情况。我并不知道,例如,施米特是否以出谋划策的形式参与了 7 月 20 日的准备工作。但这是可能的,是的,这近乎于事实。一个同类的计划至少在布吕宁时期便已经在准备当中。但也有可能,施米特在布吕宁时期还没有直接参与计划的准备工作。在我的报告中我已提到,当我为普鲁士事件而同施米特在洛伯达会面之后不久,我便有了施米特在我们的会面之前便已获悉即将在普鲁士发生的事情这一推断。对我而言,这一结论源于一系列的单独时刻,而并非确凿无疑的必然结论。之后,我自己也避免向施米特探听普鲁士事件爆发前的状况,即探听曾经作为国家秘密的事情。施米特不愿告诉我的事情,我没有试图去探究它。因此,就普鲁士事件爆发前的状况,尤其是施米特是否已参与了准备工作,我无法证明。依据我的印象,我只能重复,施米特在1932年8月前即已同奥特中校处于紧密的充满信任的友好关系当中。在我住在施米特家并参加各种各样愉快的交际活动的时候,我得到了这样的印象,即施米特同奥特相互之间并非粗浅的而是十分的了解,是的,在他们中间存在着紧密的信任关系。对我而言,这虽然仅是一个推断,但如同我所想的,这是一个有充分理由的推断。

对于施米特于1932年11月被请来并在何种程度上为新的紧急状态计划出谋划策,我很难回答。自11月初我虽然又回到柏林,重新住到施米特家并每天与他交谈,但却不能谈论绝对需要保密的事情。但有些事情正在酝酿;在柏林交通罢工期间,无需太多的想象力便能预见紧急状态措施的采用。我在报告中提到,施米特对于1932年11月重复9月计划曾持怀疑态度。就施莱歇尔的"交叉阵线计划",他也表达过怀疑态度(我不知是否仅在私人谈话中亦或对新的联邦总理),对此,我已经强调过。但这并不意味着,施米特在施莱歇尔总理任职期间不再被请来参与意见。依据我的印象,施米特与奥特之间在这一时期的关系无论如何也未改变。因此,我相信,在施莱歇尔执政时期,施米特同奥特间也存在长期的顾问关系。不管怎样,非常确定的是,(如同在我的报告结尾所提到的)施米特同奥特私底下的会面持续到了1933年1月底。正是他们在1933年1月底会面的这种亲密性,可以得出这样的结论,即施米特在施莱歇尔整个总理任职期间如同之前那样,同奥特处于同样紧密的关系中,并且他自开始即被详细告知了(1933年1月的)第三个紧急状态计划。否则奥特没有理由,于

1933年1月下旬两次中间间隔甚短地前往施米特处，以告知其事情的紧急状态并在最后时刻表达意见，即便兴登堡面临的职位变更保证了1月紧急状态计划的执行。

阿尔特曼(Altmann)：我发现，胡贝尔先生所诉说的十分吸引人；但归根结底，其中仅含有一幅受限的画面。施米特是否及何种程度上被重用，同真正发生的事实没有关系。人们必须看到，施米特虽然是个杰出的分析家，但却不是政治行动家。

涉及到事情本身，这里有两个关键语句不能忽略，对此我想以后列举：施莱歇尔计划的是一个政变，他所打算的是进行军事独裁。即其目的在于解散联邦议会，延迟新的选举以及以内战威胁极端政党。这些施米特也清楚。正当性问题而非合法性问题处于讨论当中，更确切地说是"必要理由"(rationenecessitatis)的正当性：它不是第48条意义上的符合宪法的紧急状态，更确切地说，是为了讽刺性的引用源自施米特"政治理论"的著名用语，与"神学的奇迹"相类似。这种"奇迹"对联邦而言会成为成功的军事独裁。它只有当某人敢于以国家的名义区分朋友与敌人时才会发生，他取决于行动者的性格。而决定性的人物是施莱歇尔将军。因此，我认为，施米特虽然批评地或肯定地对决定的形式给出了其学术意见，但如同胡贝尔先生向我们所报告的，它对国家统治权的必要使用仅有微弱的影响。如同已被证明的那样，不同于西班牙的里维拉(Primo de Rivera)将军——"因为想到便采取行动？"——施莱歇尔将军归根结底是一个哈姆雷特，他不敢行动。"权威还是什么？"，策雷尔曾经在《行动》中为他的社论冠以此标题。我认为，施米特同样看到了这一点，因此，他不愿参与到政变的危险当中去。无疑，他也忙于如何为行动——在《魏玛宪法》第48条的范围内——进行合法的辩护。但它实际上是一个政变。施米特很清楚这一点。如同胡贝尔先生所报告的，施米特打算远离任何政治的连带责任。不管怎样，我便是这样理解他的。他也成功地做到了这一点。

胡贝尔:我必须要说,我对这些事情有与阿尔特曼先生完全相左的看法。施莱歇尔同他的老师格勒纳(Groener)一样,作为国防部长与联邦总理,无需在国家政治行动中谋求军事上的优势。施莱歇尔的目标从来都不是建立一个"军事独裁",它可能仅仅在有限的时间内存在。众所周知,他以"人们不能坐在刺刀上!"这句话开始了其总理任期。简而言之,这除了作为对军事独裁的严厉拒绝之外,绝无其它可能,无论作为临时的还是最终的国体。至于在魏玛时期,是否有某个将军考虑过在这种或那种制度上的军事独裁,这里暂且不论。无论如何,施莱歇尔,魏玛末期非常关键的人物,绝不是一个由军队主导的(而不仅仅是执行的)特定解决方案的捍卫者。其交叉阵线计划,即由工会的中间派与左派以及一系列的其它同样完全不处于军事范畴的团体、运动与联盟,在紧急状态中相互合作领导国家的尝试,也说明了这一点。在国防部长询问意见时,施米特肯定没有考虑过,在为一个作为军事政权进行政治统治的"军事独裁"效劳。在魏玛末期,施莱歇尔在其被委任的总理任期中,并没有想到将军事权力延伸到政治领域。在国家内部,即使是在为克服存在的紧急状态而动用军队的情况下,军队也是处于最高政治力量(联邦总统与联邦总理)之下的力量,它没有擅自行动的权力。即便人们想把1932年8/9月份的以及接下来两次所计划的紧急状态行动称为"政变",在其中投入的武装力量,也仅是一种服务于政治领导的工具。

我不能理解,为什么我在我的报告中,报道了施米特打算同任何一个政治连带责任保持距离。我没有说过此类的话,也没有做过这种暗示。只要一个"顾问"要承担政治责任,那么施米特便分担了1932/33年紧急状态计划的政治责任。在我看来,1932/33年紧急计划失败的决定性责任,不在于它们在哪里产生或咨询,而在于在哪里失败。

阿尔特曼：尊敬的胡贝尔先生，也许我的表达易引起误解：我指的并不是绝对的军事独裁，而是一个临时的有期限的军事独裁。如果总理-将军委托他的军事办公室主任奥特先生而非主管的内政部长，秘密进行关于合法性与正当性的谈话、制定计划等行为，那么，这同联邦总理正常的公务无关。当然，参与者很清楚，禁止两个极端政党及其类军事机构会激起内战。这就是它的风险。因为议会应被暂时中止而仅有执行权还存在。这同样意味着军事独裁，这完全没有疑问。

《魏玛宪法》第48条使针对极左或极右势力的暴动而动用执行力量合法化。但它绝对不包含对政府政变的辩护。

另一个问题是，在曾经的紧急形势中，人们是否同我所做的这样，对这样的行动给予了政治上的肯定。

胡贝尔：如果情况确实如此，那么1932/33年的紧急时期——如阿尔特曼先生所述——仅能涉及"临时的"而非"完全的"军事独裁（为了使用施米特的区分）。但即便是"临时的军事独裁"，也以军队在紧急状态期间能够任意支配国家最高权力为前提。然而在1932/33年间的三个紧急计划中，没有任何东西表明，军队（即使在暂时的紧急时期）被视为国家最高权力的所有者。在紧急状况中，因为被使用而出现的军事力量并非作为独断专行的最高权力，而是作为受最高政治权力所委托的并服从其指挥权的执行机构而作为，如同在埃伯特时期（1920年以及1923年）的紧急状况中的情形一样。施莱歇尔曾经是将军，是国防部长，这在其总理任职期间也存在，但却不能改变局势。因为国防部长，无论其是"平民"，还是处于将军阶层，都非联邦军事力量（即军事的指挥权）的所有者。最高指挥权的所有者是联邦总统；国防部长，格勒纳将军与施莱歇尔也一样，都没有任何的军事指挥权。在紧急状况中的指挥等级上，军队是一个仅服从联邦总统而非国防部长的纯粹的执行机构。最后，一个国家紧急状态计划正是因总统的反对而失败。

此外，不言而喻的是，联邦内政部长作为公共安全的负责人，也关键性地参与了1932/33年的国家紧急状态计划。关于第一个紧急状态计划（1932年8/9月），从国务秘书迈斯纳的记录中我们已经了解到，在诺伊德克于总统处进行的顾问会议中，到场的并不是国防部长施莱歇尔，而是联邦内政部长盖勒，他成为内阁对兴登堡的关键发言人，对此我已在我的报告中报道过。就联邦范围的武装干涉而言，相较于联邦国防部长，联邦内政部长享有职务上的优先权。当然紧急状况中（如在普鲁士事件中），军队的技术性准备还需由主管的军队机关进行。但使用军队的命令，由联邦总统（如在埃伯特时期，也在兴登堡时期），即最高的政治而非军事机关决定。也许我仅从联邦国防部的国防军部及其顾问施米特的角度，了解事情的经过并因此在我的源于记忆的报告中，也仅从这一视角报道事情的这一状况，导致产生了1932/33年的紧急状态计划是被作为军事事务对待的这一错误印象。与之相反，应考虑的是，对维持联邦内部安全曾经负主要责任的联邦内政部长盖勒男爵，是紧急状态事务中——除联邦总统外——的主要负责人。并且盖勒并不是一个容许自己最重要的权利被人从手中拿走的人。这也适用于施莱歇尔任职联邦总理的时候。联邦内政部长同样主管安全事务；但他依赖同军队的合作，在紧急状况中，他需要军队的支持。在施莱歇尔执政期间（1932年12月/1933年1月），与动用军队相关的紧急状态措施的准备事宜，也绝非掌握在军队或联邦国防部长手中。在最后的阶段，在动用军队的前提下，实施紧急状态也不意味着向"军事独裁"的过渡，即使在临时意义上也不是。

阿尔特曼：解散联邦议会，阻止新选举，将警察置于联邦政府的命令之下，动员军队，这些意味着什么？

胡贝尔：它取决于人们采取这些措施的目的何在！其目的并

非建立军事独裁,而是重建正常状态,在该状态下,人们才可以使必要的公民宪法重新生效。这才是其目的。

夸里奇:我认为,这里更多的涉及词源学上的纠纷。

胡贝尔:我不这样认为,这关系到事情的核心问题。

阿尔特曼:依据我的意见,如果引用施米特的"必要理由"的话,那么其目的是为了实现临时独裁。

胡贝尔:那好吧,但这不是军事独裁。

马施克:胡贝尔先生,您提到,对施米特而言,在 1932 年首要的问题是"正当性"。这也是其完成于 1932 年 7 月 10 日的名著的基本内容。但其中没有涉及一个新制度吗?那隐晦的话语:"德国人民的实质性制度"、"实质性的价值"或诸如此类——这表明,这里不仅仅涉及到第 48 条,也并非仅关乎进行统治的总统内阁。现今,"正当性"总是被称为"意识形态",它在施米特的评论中被提及。除此之外,他还在谋求什么?肯定并不仅仅是将重点转移至魏玛宪法的第二部分。在 1932 年夏秋期间,施米特的观念发生了改变。11 月 4 日,在化学工业协会,11 月 23 日,在"长名协会",①他做了一个名为《结构性宪法问题》的报告。令人诧异的是,这仅是一个关于"合法性"的演讲。施米特说道:"无需新的宪法,一个新的宪法甚至是危险的。只要宪法第 48 条。"也许在这期间,施米特看出,意识形态方面的图上演习,围绕在巴本周围的人,如朔特(Walther Schotte)进行的"新国家"的思考,宛如海市蜃楼?我确信,在夏天,对于正当性的需求,远远超过单纯的重点变动以及对宪法实质内容的拯救——五个月后,却只有合法性在第 48 条的惩罚中存在。这如何解释?

胡贝尔:就像我已经指出的那样,在 1932 年下半年的危机关

---

① [译注]Langnamverein 全称为"Verein zur Wahrung der gemeinsamen wirtschaftlichen Interessen in Rheinland und Westfalen"。

头,施米特没有看到详细讨论这个未来将会使用的宪法计划的理由。最初,其目的在于克服联邦所存在的极端紧急的困境,也许年轻的参与者们曾经考虑过,一个如此极端危急的内部与外部政治经济以及社会形势,会引发哪些问题。今天与明天的安全与秩序必须首先建立起来。而如何使已经破坏了的整体重新恢复长期的秩序,开始还只是一个没有答案的问题。施米特多次对我表示,现在发表的所有关于宪法计划的意见,对未来真实的形势而言都是白费唇舌。我们首先必须克服当前的危急形势。因此,施米特在马施克先生所提到的报告中,对宪法问题表达了保守的意见。我清楚地记得1932年11月这段时期,在此期间,施米特正在准备这些报告,他向我说明了其对重新建立宪法关系这个根本问题所持审慎态度的原因。我自己当时因年轻而缺乏耐性,我依然像以往,最希望看到施米特不费吹灰之力立刻拿出一个新宪法的模板。但在1932年末,形势越发严峻,我越发能看清楚,在现有还不能判断未来具体问题与可能性的时候,面对严峻形势的压力,起草新的宪法是不可能的。

博肯费尔德:这是对克里嫩先生问题的一个简短的回答。您询问施米特同奥特中校的交往,它持续了多久以及它有多频繁。我记得,施米特曾经对我讲过,他于1933年1月18日在商学院做了帝国建立的演说①。因为人们知道,他是施莱歇尔的宪法顾问,所以当时也有很多外交团体到场。那时,利珀的选举结果——选举在此前一天即1月17日——并没有给他也没有给联邦国防部的先生们留下深刻的印象。他们确信,兴登堡总统不会提名那位"波西米亚二等兵"[译注:这里指希特勒]为联邦总理。但在接下来的招待会上,法国大使蓬塞(Francois Poncet)说:"施米特先生,

---

① [译注]Reichsgründungsrede,1月18日为"第二帝国"建立日,此处指庆祝帝国建立演说。

我很乐意分享您的乐观,但我想巴本先生是个天生的政治家。"这对施米特而言是一个诱因,他立即于晚上将该事告知奥特中校,因为他自然认为蓬塞知道了些什么,知道了他们所确信的不提名希特勒为总理这件事情出现了问题。但这仅是为了强调施米特与奥特之间关系的类型。

弗罗因德:胡贝尔先生,您提到,施米特在1932年末是持怀疑态度的,并且仅保守的表达了意见。为什么施米特会怀疑? 有可能是因为他没有真正地信任军队吗? 原因在于:或者军队策划的政变失败,或者它导致一个军事独裁。施米特对此发表过他是因此而怀疑的看法吗?

胡贝尔:与施米特对施莱歇尔的交叉阵线计划的疑虑相结合,我使用了"怀疑"这一表述;此外,我还提到施米特对保守派和自由右派提前进行的宪法规划的怀疑;最后我还提及施米特因兴登堡在1933年1月所持的态度而无比沮丧。但所有这一切并不意味着,施米特对"军队"抱有怀疑态度,即怀疑作为深受威胁的国家内不可缺少的内部安全机构的军队。我在关于"军事独裁"问题的讨论中已经强调过,施米特认为军队作为这样的机构,并不适合承担既存危机形势下的以及重新恢复秩序的国家政治领导任务。但是,正如同他的老师格勒纳一样,施莱歇尔是一个富有政治思想与行动力的士兵。在这种意义上,他不仅仅是一名士兵,而且是一个政治家——一个熟悉政治问题并富有政治行动力的人。施米特从未将作为这种机构的"军队"视作一个富有政治行动能力的因素。

莫勒:归根结底,我们现在讨论的是,从什么时候起施米特放弃了魏玛民国。所有认识他的人都知道,他是一个谨慎的甚至过分谨小慎微的人。我想起了他在其普莱滕贝格家门前的布罗克豪斯路上所说的话,当他看见孩子们在那里的人行道上骑自行车时,他指着那些孩子们说:"我总有一天会被这些孩子压死……"确定施米特放弃魏玛民国的准确时间十分困难,虽然现在有很多关于施米特的文献,但是,却没有一本致力于编制一个关于施米特的准确的编年史。而恰恰就政治关联方面而言,如果我们能准确地了解,他什么时候拥有了教席,他什么时候接受(或拒绝)了聘任以及他什么时候第一次上课,那么,这将对我们很有帮助。胡贝尔先生表达了其对施米特接受了柏林商学院委任的惊讶。在这种联系下,将每个同施米特相关的事情都与他私人方面的关系相结合,是很好的。确实,除了人际关系方面外,他没什么可以想的;为此他需要一个伙伴。而其最重要的谈话伙伴之一是博恩(至今研究施米特的文献都将他忽略了)。我向在座的诸位教授指出,博恩与施米特之间的关系会是一个富有意义的博士论文的题目。当施米特在一战结束而从职业部队退役时,博恩是第一个向其提供教职的人:他聘任施米特在慕尼黑的商学院执教,施米特才得以养家糊口。三个理由使博恩对施米特而言变得很重要:首先,他是一名金融专家。其次,他是一名熟知盎格鲁萨克逊世界的专家,他不仅熟知美国和英国,甚至对爱尔兰也很熟悉:他撰写了迄今为止的关于英国在爱尔兰殖民的基础著作。最后,他隶属于一个具有广泛国际联系的富有影响力的大资产阶级(犹太)家族。这三个领域是施米特所不太熟悉的。如同我们所了解的施米特,他连续数日数周从博恩的谈话中汲取他自己在那个领域所缺乏的知识和经验。博恩自1920年起便在柏林的商学院任教席教授,这可能对施米特接受那里的聘请起了决定性作用。对施米特离开商学院而言,他们二人之间的关系似乎也起到了关键性的作用。关于此,我们只知道博恩的自传;他说,施米特是以他们在政治道路上必将分道扬镳作为他离职的原因。施米特接受科隆的教席是在,我认为是——

(插话:1933年夏是他在科隆的第一个学期)

是的——但据我所知,他于1932年便已接受了那里的聘请。

博恩强调说,施米特在希特勒任职总理之前便已收到了科隆的聘请。他曾对他说过,他们的政治观点不再一致并不是分道扬镳的理由:"我是一个旧式的自由主义者,我不会烧死持异论者,而是听凭他们忍受良心的谴责……"商学院曾是强大的犹太人的保留区;而施米特接替了曾是普罗伊斯的教席。这是施米特迁居科隆的理由吗?我们也不知道,因为这里也缺少那些可以做出结论的丰富的事实依据。大学档案的很大部分还保存着,它可以提供信息。关于施米特的文献为什么在三十年间,却几乎没有一个人去关注这些历史事实?追本溯源是必要的,因为施米特在一生中都在回溯的重新解释其人生的各站。

胡贝尔:首先是关于施米特的聘任:1921年他是格赖夫斯瓦尔德的公法教席教授,1922年他离开那里并前往波恩。1928年4月1日,他接受了柏林商学院的聘请。依据我的记忆,1932年10月,他收到了科隆的聘请;他在1932年年末之前至1933年4月1日接受了该聘请。在1933年夏收到柏林大学的聘请后,他于10月1日转入那里。

至于涉及柏林商学院的,通论是这样的:施米特接手的原来是普罗伊斯的教席。但他于1925年去世。其直接继任者是公法学者许京,而他于1926年已前往基尔。所以施米特并非普罗伊斯的直接继任者。在施米特已知的关于普罗伊斯的文章中,也没有提到这一(间接地)继任关系。

夸里奇:很遗憾,因为时间原因,我不得不结束这次座谈会。我们有幸聆听亲历德国历史上激动人心的决定性阶段的现世时代证人胡贝尔先生的报告,并对其进行了提问。尊敬的胡贝尔先生,通过您的这个报告(Speyerer Vortrag)我们获悉了那些至今不为人知的事情经过,对此,我们所有的人都应感谢您。(持续的掌声)

对1940年之后战争与和平的反思：
悃格尔与施米特

霍恩达尔(Peter Uwe Hohendahl)著

夏昊晗 译 朱晓峰 校

近些年来，作为20世纪重要政治理论家的施米特出现在了美国，他对激进政治的定义，尤其日益引人瞩目，这掩盖了他的著作所产生的历史背景。① 试图将施米特的理念嵌入当代国际政治的人们，倾向于孤立地看待施米特的作品并将其去历史化，这是因为施米特的理念起源于魏玛时期和纳粹德国时期，其似乎可以折中应用于当代。作为这种策略的一部分，他们将施米特从19世纪20、30年代早期德国保守革命的背景中剥离出来，并切断其与施彭勒(Spengler)、布鲁克和悃格尔等此类作者的联系。② 在德国极右翼作为一个知识流派而被强调的特殊历史背景下，施米特与悃格尔之间的联系有着尤为重要的意义，这不仅是因为他们是亲密的朋友，而且更为重要的是因为他们对于德国在现代历史中的地

---

① Dyzenhaus,《作为政治的法律》(*Law as Politics*, Duke University Press, 1998); Mouffe,《施米特的挑战》(*Challenge of Carl Schmitt*, New York/ London, 1999); Caldwell,《关于施米特的争议》(Controversies over Carl Schmitt), 见 *Journal of Modern History* 77(2005)。

② Krockow,《决断》(*Die Entscheidung*, Stuttgart, 1958); Schwarz,《保守的无政府主义者》(*Der konservative Anarchist*, Rombach, 1962); Mohler,《保守革命》(*Die konservative Revolution*, Freiburg, 1962)。

位和作用、政治秩序的本质、最后但并非不重要的是对现代战争的实质,有着共同的基本假设。① 正如我们即将看到的,尤其是当他们在第二次世界大战接近尾声以及结束后所被迫重新思考并修正他们的理念时,他们的解决方案指向了不同的方向。对于他们两个人来说,第三帝国的毁灭和盟军的胜利是一个重大的挑战,因为这些事件从根本上否定了他们之前关于德国和欧洲未来的假设。通过阅读恽格尔和施米特的著作可以清楚地看到,这种重新思考和修正的过程,始于德国战败之前的数年,并且延伸到了联邦德国的早期。对于他们两个人来说,德意志民族国家在1945年的终结是一个灾难,尽管它并不出人意料。② 他们越是目睹并剖析第二次世界大战,越是能得出结论并认为,它摧毁了民族国家这一理念及其在欧洲的历史作用。这意味着,除了其它事情之外,必须创设崭新的、不同的基础来确保战后政治秩序的稳定。换言之,恽格尔和施米特将1939年至1945年之间的战争实质,理解为一个新时代的标志,在这个新时代当中,不仅是德国,其他欧洲国家也无法恢复其传统地位。盟军的胜利只是强化了20世纪40年代早期就已经开始出现的这一场景。

作为对德国1918年战败的回应,恽格尔和施米特强烈呼吁重建一个从本质上来说具有侵略性的民族国家,③但是,他们在20世纪40年代和50年代的政治图谱却有着与之极为不同的轮廓。施米特的大空间思想和恽格尔的世界国家理念表明,作为终极基准点的民族国家已经被摒弃了。我认为,他们对战争进行方式的

---

① Jünger and Schmitt,《恽格尔与施米特书简》(*Briefe*, Stuttgart, 1999)。
② Bendersky,《施米特》(*Carl Schmitt*, Princeton University Press, 1983),页243—273; Nevin,《恽格尔》(*Ernst Jünger*, Duke Universtiy Press, 1996);页139—160; Martus,《恽格尔》(*Ernst Jünger*, Stuttgart, 2001),页145—166。
③ Scheuermann,《施米特》(*Carl Schmitt*, Rowman & Littlefield, 1999); Dyzenhaus,《遗产与正当性》(*Legacy and Legitimacy*, Oxford University Press, 1997); Martus,《恽格尔》,前揭,页39—67。

变化的评估,决定了这种转变。换言之,军事与政治冲突之间的关系是悔格尔和施米特评估战后格局的关键轴线。正如我要表明的,这种评估依赖并利用了他们早前提出的观念,但是它"重新赋予其作用",以使它们和谐地适应于战后情形,从而确保对这个新时代全方位的保守解读。①

正是与战后时期的历史距离,使得我们能够重新剖析悔格尔和施米特的思想。在冷战自身的政治和军事冲突全面显现出来以后,一开始被作为和平与国际谅解的新时代而欢庆的冷战的结束,预示着以全面的核战争作为建立并维系政治霸权方式的终结。在共产主义集团瓦解之后,悔格尔和施米特的理念表现出了不同的意义。它们以始料未及的、混乱的方式与当代的战争观念互相影响。这似乎也是施米特的政治理论近来获得了它在30年以前所没有的对于左右两派的紧要性的原因之一。虽然悔格尔和施米特在20世纪40年代和50年代的著作,最初是有助于详细表述战后时代的,但它们在当代的讨论中所显现出来的,表明其有时采取的方式似乎在很大程度上与其历史起源相脱离。

有鉴于此,我从历史角度展开的分析,是从现在而非过去开始。我将重点探讨明克勒(Herfried Münkler)所说的"新式战争",或者说小规模战争或低强度战争。② 我对这些战争的技术和军事方面没有多大的兴趣;我想强调的是它们的战略和政治作用。它们是如何影响国家地位、民族地位、和平和安全的? 因为这些战争中的大部分发生在西方民主国家的外围,它们很大程度上依然并不引人注目,直到波黑内战和新近的"9·11"恐怖袭击使其作为重要的不安定因素,而引起了全球范围的关注。

---

① Seferens,《后天与前天的人们》(*Leute von übermorgen und vorgestern*, Bodenheim, 1998);Laak,《沉默保障中的对话》(*Gespräche in der Sicherheit des Schweigens*, 2nd ed., Berlin,2002)。

② Münkler,《新型战争》(*Die neuen Kriege*, Reinbek,2002)。

在这两个例子当中,以传统战争观念为基础所作出的军事反应是不恰当的,因而其在政治上的效果也是负面的。在构建和应用国家之间的战争观念时,所要解决的问题增加而非减少了。正如达泽(Christopher Daase)已经指出的那样,[1]小规模战争削弱了国家及其代理人的合法性,与此同时却增强了交战反对派的合法性。此外,它们还导致了军事和民用范围相互分离的消融。最后,我们可以看到民族国家社会凝聚力在下降,而交战团体内部的社会凝聚力在增强。简言之,新式战争对于战争发生区域有着深远而持久的影响,其有时使这些区域数十年不稳定或遭致毁灭性的破坏(黎巴嫩),尤其是当战争与和平的界限无法再加以准确划定时。

尽管恽格尔和施米特都没有预料到1945年的低强度战争此后会在全球蔓延,但他们对于第二次世界大战的评估,给他们提供了传统的现代战争的局限性以及超越它所可能导致之后果的线索。他们两个都认为,某一类型的国家之间的战争正在瓦解,这改变了军事冲突的本质,尽管它依然支配着20世纪40年代的战略。作为德国国防军的军官,恽格尔显然处于一个比施米特更有利的位置去观察新的实践,但后者通过分析地缘政治得出了类似的结论。施米特强调,作为现代欧洲特殊战争形式的国际法控制范围内的战争(gehegter Krieg)概念,它给军事行动的手段和目标设定了严格的限制。在这种限制之外的战争,最终将破坏由民族国家组成的欧洲社会。正是第二次世界大战的暴行,预示了此后的战争形式。按照这一逻辑,战争大体上依然为既定的公约和协定所控制,但是接近摧毁旧形式的边缘,这也意味着,国防力量还没有被视为犯罪行为的作恶者。被视为威胁的是——尤其是在施米特看来——回归古老的、前现代的战争形式,这种战争的组织者是政

---

[1] Daase,《小规模战争》(*Kleine Kriege*,Baden-Baden,1999)。

治或宗教小集团、私人野心家（private entrepreneurs）或试图恢复被解职的领导人的流亡集团等。这些战争的共同之处在于缺乏国家权力。简而言之，国家继续垄断暴力不是必然的。内战的可能性是最根本的威胁。一旦内战限定的不仅是民族国家之内的政治环境，而且还是国际关系，那么国际法控制范围内的国家间战争的观念便丧失了其限定的力量。这种丧失影响到终结战争和实现持久和平的可能性。由于显而易见的原因，恽格尔和施米特在20世纪40年代早期关于战争的反思，包括了和平问题及其在全球军事冲突终结时的合法性基础。如何才能实现和平，德国在其准备工作中将发挥何种作用，这是恽格尔特别关注的问题。

正如我们看到的，恽格尔和施米特关于战后政治秩序的思想源于他们对第二次世界大战的起源和可能的结局——比如第三帝国在1945年溃败——的评估。有鉴于此，我们的分析必须从他们对这场战争的理解和评价开始。令人惊讶的是，探究恽格尔的立场要比探究施米特的更为困难。虽然恽格尔因其对于第一次世界大战的描述而闻名，但是对于第二次世界大战，他却相当不情愿去描述它。他主要作为文职军官供职于巴黎，远离战场这一情况并不能完全解释他的不情愿。另一方面，施米特尽管不是德国军队的成员，却实在地对战争进行了反思，他通过构思并部分写于20世纪40年代早期的《陆地与海洋》和《大地的法》，去尝试构建全球政治理论。

在1937年，施米特确信民族国家的时代已经走到了尽头，它将会被大空间政治所取代，这也就是掌控世界上较大区域的超国家形态的政治。① 世界将被分割成少数几个霸主国家，其中任何一个都可能试图获取霸权。这种新的体制显然将对国际关系和战

---

① Schmitt,《国家、大空间与法则》(Staat, Großraum, Nomos, Berlin, 1995)，页225—480；Gottfried,《施米特》，前揭，页83—122。

争行为产生影响。在作为历史故事而写给其女儿的《陆地与海洋》(1942年)一书中,施米特强调了德国和俄罗斯这样的陆地国家与英国、近来则是美国这样的海洋国家之间的区别。

施米特在《陆地与海洋》一书中规定的关于陆地国家与海洋国家的基本区分,不仅决定着生活在特定区域的民族的前景,而且也决定着发生于这些区域的战争的本质。然而似乎只是到了现代早期,当加农炮的使用使得在轮船停留于远处进行战斗成为可能时,施米特才意识到海战的特殊性。技术上的变化,也就是新型舰船的发明,与15世纪和16世纪的关键空间革命同时发生。按照施米特的说法,世界空间的新观念是欧洲扩张、殖民时代,通常称为殖民主义的基础。对于理解现代欧洲战争至为关键的是,对发生在欧洲的欧洲国家之间的战争以及这些国家在欧洲之外进行的战争进行区分。正如施米特指出的那样,适用于在欧洲发生的国家之间的战争行为规则和惯例,并不适用于殖民战争。殖民时代的特点是,欧洲国家在瓜分世界其他部分的过程中所进行的痛苦而残酷的战争。欧洲之外的这些战争以极端残暴的方式进行,它没有顾及非战斗人员。施米特意欲指出的是,海战在这个时代起着决定性作用,它遵循给予平民少许保护的惯例,因为不存在对非战斗人员的中立基础。正如施米特所强调的,在法律意义上,我们是在和不同的秩序打交道,它们与两种不同的政治现实相适应。陆地国家谋求控制自己的领土并抵抗入侵者,而海洋国家则声称海洋是应该被用于贸易和扩张的开放而自由的空间。他们的利益造成他们对国际法的特定理解和不同的战争规则。施米特认为,将他们规则的有效性与他们物质利益的强烈程度进行分离,根本是不可能的。

《陆地与海洋》以叙述的方式提出了陆地国家和海洋国家之间的区分,它没有进行理论论证,而《大地的法》(1950)则是因国际法问题而作,其坚持材料的历史组织。我们发现,研究的核心在于,分析作为欧洲民族国家的合法性及其与其他欧洲民族国家关系基础的欧洲公法。施米特的阐述集中于 19 世纪晚期这种秩序的缓慢蜕变及其在第一次世界大战之后的瓦解。正是在这个背景之下,战争的变化进入了人的视野,但是这种变化更多的不是作为一个技术或文化的问题,而是作为一个法律问题。在施米特看来,随着大战的爆发,国际公法经历了意义重大的转变。《凡尔赛和约》事后确认了德国对于战争的责任,这改变了战争的地位。开始作为平等民族国家之间的战争,后来却转变成犯有罪行的领袖领导的反对一个国家的战争。施米特将正义战争这一概念的恢复视为严重而不祥的倒退,也就是前现代战争形式的重新出现。平等民族国家之间的战争转变为歧视战争,战败国被作为犯罪者对待。为了论证其观点,施米特特别提到了《凡尔赛和约》第 227 条,该条将德国皇帝定义为战犯。对敌人的刻意定罪(最高统治者被视为象征的领导人),削弱了传统的国家间战争的观念。在施米特看来,在传统的国家间战争观念当中,道德问题被排除在了战争概念之外。施米特承认,关于德国战争责任的最初讨论是不一致的,依然是没有结论的,但他将国际联盟之内的后续发展,解释为始于 1919 年之趋势的延伸:采用将侵略战争定义为犯罪行为的规则。与此同时,他指出,1924 年的《日内瓦公约》依然抵制对侵略战争进行极端解释,尽量减少使用战争犯罪这样的措辞。欧洲国际法依然过于根深蒂固地遵从了舆论导向(尤其是美国舆论),以至于无法宣告战争非法。对施米特来说,仔细区分侵略性的军事行动、侵略战争和战争犯罪依然重要,尽管他清楚,这些区分在 20 世纪 30 年代的公开讨论中并没有起到重要作用。通过在军事而非政治战略的意义上定义进攻,他可以使侵犯这个词中性化,从而使它不会自动地被视为应受惩罚的犯罪。[1]

---

[1] Schmitt,《大地的法》(*Nomos of the Earth*, New York, 2003),页 249。

在国际联盟的背景下，废除作为政治手段的战争，引起了更多的关注。战争将被和平转变所代替，并辅之以裁军和防卫协定。在这种背景下，正义战争的观念得到了强调，其从逻辑上暗含着对不正义战争的谴责。尽管施米特并不赞成讨论这种倾向，但他还是遵循其结论去揭露他所感受到的，即这个讨论在实质上成问题的。它导致了对战争发起国的歧视。从法律的角度看，施米特因此竭力主张区分进攻的问题和正义战争的问题。与此同时，他意识到，与真正而有效地禁止战争相比，舆论（欧洲）对于法律上的区分没有多大兴趣。一个根本的政治问题不可能通过法律的形式主义而获得解决，正如它们在1924年《日内瓦公约》中被定义的那样。在施米特看来，作为反对战争之防御线的《日内瓦公约》的失败，是欧洲没有成功决定其自己对战争与和平的一个解释。在国际上，它被明确表达于1928年《巴黎非战公约》的美国方法所取代。他指出：

> 《巴黎非战公约》改变了国际法的全球面貌……西半球现在取而代之，并决定战争意义转变的进一步发展。（同上，页280）

他所指的意义的转变是对战争的谴责，这种谴责导致了对战争定罪。"定罪现在发生了"（同上）。

施米特的声明引发了两个问题。首先，为什么美国人在1928年的介入对施米特如此重要？其次，谴责战争的利害关系何在？当美国人对正义战争的理解，更广义地说，美国人对国际法的观念补充并修正欧洲的观念时，美国人于1928年的介入在1945年被证明是至关重要的。施米特认为，与欧洲的理解相比，美国人的方法中包含着对战争的更为强烈的谴责，因此也包含着对战败的第三帝国严厉地多的处置。在施米特看来，美国人的态度不单纯是

道德立场的强力表达,它同时也是特定国家利益的表达。他特别强调:

> 自此,门罗主义与西半球联系在一起。它们规定着美国特殊利益的范围。它们涵括远远超过国家边界线的空间——国际法意义上的大空间。美国人对这个主义的传统理解是,它在法律上构成一个自我防御区。(同上,页281)

通过这种方式,施米特将霸权国家确定规则的大空间的政治构建,与国际法的特殊构建联系在一起。这种联系被认为是彼此依赖的。法律理论使政治构建合法化,而大空间的政治秩序则赋予法律理论以实在的意义,如在政治和军事意义上干预的权利或者义务。施米特的理解有着深远的影响。一方面,它将大空间观念作为法律讨论的一个要素而加以引入,这意味着美国人关于战争的态度被视为是美国特殊利益的表达。换言之,对于战争的谴责在广义上反映了美国人在其自己的半球之内的利益。另一方面,对霸主在其中确定规则的大空间的定义,相对化了法律理论。譬如,美国人对战争的谴责建基于为门罗主义所合法化的美国大空间的具体发展之中。这个主义允许防御性的或者攻击性的解读,这种灵活性可以服务于美国在不同情形下和不同历史阶段中的政策。

施米特试图表明,对战争的强烈谴责——第一次表达在《巴黎非战公约》中——与门罗主义及其理论背景密切关联。主张从欧洲分离并拒绝承认欧洲的干预,植根于美国的例外主义。他指出:

> 在新的界线划定之后,从国际法之欧洲秩序的观点看,西半球具有什么样的地位呢?它是完全特别的,甚至是命中注

定的。毋庸多言,至少相当一致的意见认为,美国是正义和效率的庇护者。选择这个时间的关键意义可能更多的在于这个事实,即:只有在美国的土地上,才具备条件使有意义的态度和习惯、法律和自由可能成为常态。(同上,页289)

施米特认为,美国例外主义的逻辑为最终评估战争与和平提供了合法性的背景,由于它具备合适的条件,因此在美国对善与恶、法律与犯罪进行准确区分最终是可能的。新的西方,即美洲半球,声称是更好的欧洲,因而它也有权利去设定新的标准和规则。

值得指出的是,当涉及19世纪时,施米特很乐意赞同这种主张,因为当时欧洲的政治是被保守主义的考虑所支配的,特别是在1848年之后,若其不是完全反动的。然而他强调了美国在1900年左右的转变,当时,美国在1898年的西班牙战争中进入了帝国主义阶段。不过,施米特想要批判的并不是美帝国的形成;相反,他要强调的是地缘政治的变化,也就是太平洋和作为新西方的东亚的发现,要求对门罗主义进行重新解读。在施米特看来,重新解读必须重点关注美国孤立主义与干预主义强化了的矛盾,也就是保持纯正的需要和使他国纯正的需要。从民族国家到大空间的历史变迁意味着,必须承认一些大空间并与之建立联系(在现实政治的意义上),但也意味着需要继续坚持道德批评的地位。未解决的对抗导致了美国的政治内部的矛盾立场。它在对外国的国家间战争保持中立和受道德驱动而决定在正义战争的名义下进行干预之间,游移不定。施米特认为,正义战争的概念使得美国在两次世界大战中的干预合法化,使之从欧洲战争转变为世界内战。

世界内战的概念对于施米特理解20世纪具有重大意义。这个概念是理解1914年和冷战之间国际关系的框架,在这个框架之内,美国的积极作用被加以强调,而德国的积极作用则受到了贬抑。《大地的法》一书的读者会产生这种印象,即正是美国通过加入反对德国的战争,改变了外国政策和国际法的基本原则。他引述了当时美国司法部长杰克逊(Jackson)于1941年3月31日的宣言,杰克逊明确认可了从昔日对战争的理解到侵略将受到惩罚的新秩序的变化(同上,页297—298)。在强调美国立场的例外性时,施米特也将希特勒在欧洲发动的战争正常化为典型的欧洲战争。但是现在,它是在大空间之间(纳粹德国为其中一方)进行战斗,而不是民族国家之间。希特勒战争及其目标和方法的特殊性质没有被承认。在大规模杀害平民和大屠杀中,没有国防力量参与的余地。施米特的看法依然决定于国家间战争的欧洲观念。如果美国在1941年参战时声称,它作为一个大空间必须捍卫自己的利益,施米特可能会承认这个决定是其中一个霸权国家的行为。施米特觉得能够说明问题并令其感到不安的是,建立在美国例外主义基础之上的道德诉求。尤其令施米特沮丧的是美国立场的暧昧。他无法判断美国究竟是为了道德规范还是为了其国家利益而战。在施米特看来,国际秩序的稳定有赖于主权国家或者大空间的互相承认。在这种背景之下,美国的例外主义被视为是动摇了国际政治秩序,因为它能够以谴责不道德的政治行为为理由随时撤回这种实际上的承认。美国所恢复的正义战争观念背后潜藏着的是内战的威胁,在施米特的思想当中,这是欧洲在三十年战争结束时所克服的最终的威胁。他指出"干预不能与国际法中任何形式的共存相分离";它表明"当战争变成正义战争,它就变成了内战"(同上,页289)。内战被定义为最终摧毁国家概念的不受国际法控制的一种战争形式。

在《大地的法》一书中,对内战的简要描述服务于特定的而非有限的意图。它引起对中立的第三国承认交战双方这个问题的注意。在国际法的语境之下,正如施米特所观察到的那样,这个问题从来都不仅仅是一个法律问题。中立国家承认叛乱者的决定首先是一个政治决定,该决定影响着合法政府的地位以及国际势力的格局。简言之，承认叛乱者的决定可能对冲突的结果有着严重的影响。但是，在20世纪40年代，施米特较少关心内战问题，他更多的是关注现代战争的问题。他尤其关注陆战规则与海战规则之间的区别以及伴随着空战的到来所发生的变化。这个讨论的关键点是毁灭战争这个概念，此时战争的目标不是仅仅击败敌人，而是彻底消灭另外一方。这是全面动员和全面战争的观念，这一观念首先由恽格尔于1932年提出，现在则缠绕着施米特。此外，值得指出的是，施米特的毁灭战争的观念源于在英国发展并被美国所采用的海战规则。第三帝国和苏联之间的战争被认定是"消灭和毁灭战争"（同上，页318），从而是对三十年战争的方法的恢复，但是施米特似乎并没有注意到这一事实。另一方面，在系统的空袭变成普遍被接受的战略的一部分，从而使平民完全暴露于破坏之下时，施米特完全承认了发生在第二次世界大战期间的深重危害。

与美国法学家斯科特（James Brown Scott）的观点相左，施米特得出结论认为，极端的现代战争不能被视为正义战争的合法版本；而应该被视为是"伴随现代毁灭手段之工业技术发展的意识形态现象"（同上，页321）。因此，施米特在绝对战争和正义战争的概念之间建立起了因果联系。正义战争的概念不过是扩大科技战争的意识形态反映。这个分析无法抓住该关系的矛盾本质。毁灭的思想意识，譬如纳粹政府所表达的，将正义战争的观念作为反对全面战争暴力的一个观念框架加以恢复。虽然施米特敏锐地捕捉到了20世纪战争的变化，但是，他对德国在这个过程中决定性的参与视而不见。在反思德国的行为时，他似乎顽固地坚持受国际法限制的国家间战争的观念。

正如我们已经看到的，尽管恽格尔和施米特对第二次世界大战的反应不同，但是他们都认为这是一场失去控制的战争，是没有被限制在普遍承认的规则和规范之内的战争。有鉴于此，在他们的思想当中，和平的问题具有特别的重要性。在史无前例的杀戮和苦难之后,可以实现何种和平?德国可以从其敌人那里期待什么?它应该被战胜吗?最后,战后秩序看起来将如何?任何一个观察者都不会期待恢复战前状态。甚至在战争结束前,恽格尔就首先回应了这些问题。他后来声称,其早在1941年也就是在纳粹德国的力量处于巅峰时期、完全的军事胜利看起来有可能的时候,就开始写作《和平》。这篇文章完成于1943年末,此时,德国的胜利已经变成不可能的事情了。恽格尔不仅以手抄本的形式传播了这篇文章;而且在纳粹战败之后,他也马上准备将之出版。然而,由于盟军对德国出版业施加的限制,这篇文章的首印本直到1946年才出现,此时,对恽格尔思想的公开讨论已经开始了。①

只有在恽格尔对和平进程前的战争观念的背景下,才能理解他关于和平问题的解决方法。鉴于他断言和平既非谅解和平也非暴力和平,并且这些用语依然没有被定义,那么就有必要回想到,他所预料到的内战的挑战,内战有可能继续或者在短暂的和平之后重新爆发。他提到了虚假和平并认为:

> 斗争将继续——开始是无形地作为内战和外国的压迫,然后(因为世界已经分裂)被新的国家集团所公开。②

令人讶异的是,恽格尔在强调民族国家时并未打算反对内战。实际上,作为耗时耗力而又无效的解决方案,回归民族国家的观念从一开始就被否定了。取而代之的是,恽格尔看到了较大国家集团的出现,这种集团强大和稳定到足以保证较大区域和较长时期的秩序和和平。恽格尔似乎将这些帝国理解为结盟的结果,而非霸权国家征服或暴力的结果。因此,他声称:"新帝国的形成……

---

① Martus,《恽格尔》,前揭,页163—164。
② Jünger,《和平》(*Peace*,Hinsdale,1948),页38。

倾向于合成,也就是联合"(同上,页38)。除了其他方面外,他将欧洲的联合想象为查理帝国的恢复,这种联合显然和他曾经设想的差不多。读者如果想找到关于欧洲帝国应该如何组织或者这些帝国的任何一个应该如何从政治上构建的具体建议,那么,他将大失所望。这样的讨论完全付诸阙如。不仅是因为高度的抽象性影响了应用其理念的任何尝试,而且也因为它们所具有的特性。它们主要是提示性的,并且停留于诗意的思想范围之中,从而抵制实际的应用。恽格尔描绘了一副新世界秩序的图景,它是从暴力秩序到和平秩序的转变。"只有当它带上世界和平的桂冠从而赋予牺牲以意义时,世界战争才会终结"(同上)。恽格尔将世界和平设想为,建立在较大的生活空间基础之上的世界政治秩序的结果(同上,页41)。

当然,生活空间这一用语并不是中性的;历史地看,它是恽格尔曾经支持的扩张主义国家计划的一部分。基于这一原因,对其展望进行详细的研究必不可少。恽格尔尽力与以前的国家计划保持距离,其强调为历史进程本身的精神所支撑的超国家合成的重要性。在这种大的历史背景下,欧洲被视为众多政治权力中的一个。这些大的政治单元彼此如何相处、冲突如何解决(通过战争?)、全球经济如何影响单个的国家,这些作为内部政治和社会结构的问题,依然没有得到回答。恽格尔有将它们视为民主国家或者被独裁政府统治的国家吗?这本书没有给出明确的答案。在恽格尔所触及到的新秩序的本质之处,他提到了作为关键问题的三个方面:空间问题,正义问题,最后是社会组织问题。作为对第一个问题的回应,他简单地指出,地缘政治的问题必须通过协商和条约的方式进行解决。更为重要的是对第二个问题的回应。恽格尔强调"人的权利、自由和尊严必须在所有国家毫无例外地得到尊重"这一主张(同上,页56)。显然,这个声明是对基本人权的认可,可能也是对民主的强烈要求。不过,我们必须小心第三个回应,因为在这里,恽格尔回到了他在20世纪30年代早期所宣扬的观念。通过呼吁劳动力全面动员计划和提议工人类型规定其所处之时代的社会结构,恽格尔倡导不同人之间具有的高度类似性,这种类似性将促进团结而非冲突。值得注意的是,在1932年,作为工人同质性的人民,却具有非常不同的作用。那时,它被用来支持侵略形式的国家主义。

在1943年,国家主义的花言巧语在很大程度上消失了。《和平》一文尤为令人讶异的因素之一是其多元文化的偏好、对种族和文化差异的体认和对少数群体的承认(在欧洲的坏境之内)。因而,恽格尔倾向于把独裁政治秩序的技术化组织的社会和"多样性"确定的自由社会相比较:

> 另一方面,自由存在于多样性之中——无论在哪里,国家和人都不相同。这适用于他们的历史,他们的语言和种族,他们的习惯和风俗,他们的艺术和他们的宗教。(同上,页61)

前已述及,当恽格尔试图描述和评价第二次世界大战的时候,他依然囿于过去的观念和模式。[1] 尽管有人正确地指出了其著作中连贯性的因素,但这种评价并没有认识到在恽格尔关于战争的讨论中,尤其是在1943年的《和平》一文中的重大变化。他不仅强调所有的曾遭受的巨大苦难,而且更为重要的是,他也强调战争的新奇之处;这场战争空前背离了公认的和双方商定的战争规则。他解释道,这场战争侵犯了最为基本的人权;进行着的战争完全没有考虑战败的敌人,甚至完全没有考虑自己一方的成员。鉴于该文一般的和抽象的参考框架,当他谈及集权主义体制(没有使用这个词语)时,恽格尔所指的很可能只能被解释为第三帝国。集

---

[1] Meyer,《恽格尔》,前揭;Seferens,《后天与前天的人们》,前揭。

中营和灭绝营都被明确提及到了,比如在下面一段中:

> 从这种痛苦的遗迹中可以发现谋杀者所在地的名称,在这些地方,谋杀者们孤注一掷,试图消灭整个人类、所有的种族、所有的阶级,同样在这些地方,沉闷的暴政和科技效率一起庆祝过无休止的血腥场合。

这段话也反映了恽格尔的进退两难。他的语言力量来源于一种消极崇尚的形式,一种试图捕捉诗歌之外含义的诗的一般引用。典型的是,当他谈及集权主义体制时,恽格尔使用了以前的表达——"僭主"。类似地,灭绝营成为"巨大的谋杀所在地"。① 这种措辞显然延续了《站在大理石悬崖上》(1939)一文的风格。这对于不得不掩盖其政治意义的小说来说可能是适当的,但作为历史事件的表述则很成问题。虽然如此,也不能指责恽格尔掩盖事实进而使战争正常化。根据他的判断,第二次世界大战是独特的战争,是全面的战争,与他在《全面动员》(1932)中所设想的有着截然不同的意义。

恽格尔关于战争的反思的核心概念是"Opfer"这个概念,它可以被翻译为受害者或者牺牲品。通过强调牺牲品的普遍性,包括平民、士兵以及各式各样的人,纳粹德国与盟军之间特殊的军事和政治冲突消失不见了。换言之,这篇文章让人产生了这样的感觉,即这场战争是不可避免的历史进程,无人可以阻止,直到它自己结束。文章的核心隐喻是"种子"和"收获",这也就是说,战争被理解为自然现象而非政治事件。这种自然化就使得恽格尔可以提出,战争的种子将紧跟着随后的收获——也就是和平的果实。这种表达策略助长了隐喻的副产品,其任务在于描述和平进程的适

---

① Jünger,《和平》(*Der Friede*),见 *Sämtliche Werke*. Vol. 7.,Stuggart,1980,页202。

当条件,以实现"更重大和更好的和平规则"。① 例如,普遍的苦难变成:"掉落在地上的优良种子,它不会浪费;它会长时间提供我们所需要的面包"(同上,页22)。显然,这个隐喻没有引发对战争原因的有力分析,而这个分析可能在"通过理智"实现和平之前是必要的。② 相反,恽格尔的隐喻有利于平衡的战后重建过程,以前的敌人也加入到共同的计划中去。

然而,并不是文章的所有因素都完美地与总体设计融为一体。当恽格尔讨论第二次世界大战的政治和法律特性时,与施米特关于战争的分析相比,他依然相当暧昧。由于他强调牺牲品,并将之作为决定性的因素,所以恽格尔只是偶尔提及决定战争的政治冲突。然而,他反复提及战争是世界内战,这是值得注意的。虽然他没有解释为什么第二次世界大战应当被理解为内战,但是,也必须严肃对待这种提法,因为它赋予了这场战争以新的性质,其使第二次世界大战与第一次世界大战区分开来。他指出:

> 这解释了在这个重大的多年历程当中,交战为什么会发生的原因,而这样的交战远比物资竞争和第一次世界大战的战火可怕。③

战争的变化,尤其是加剧的残忍,被归因于战争的意识形态本质,世界观在战争中彼此对抗。这种评价——施米特持有同样看法——显然忽视了这样一个事实,法西斯和共产主义之间的冲突是以德国和苏联之间的国家间战争的形式进行的。那为什么恽格尔要强调世界内战这个方面?这种奇怪观点的利害关系何在?

---

① Jünger,《和平》,前揭,页22。
② 同上,页197。
③ 同上,页24。

我认为,恽格尔出于两个原因强调内战的观念。首先,他强调战争从国家层面到世界层面的变化,从而增加了不受控制的毁灭因素。其次,更为重要的是,他指明了超越第二次世界大战的军事冲突的普遍的、可能是致命的威胁。如果意识形态被视为冲突背后的驱动力,如果它被构筑为共产主义、法西斯和自由主义的冲突,那么,和平的战后秩序基础必须在这些意识形态之外去寻找。从理论上来说,世界内战的终极威胁要么通过一方的胜利解决,要么通过寻找新的基础解决。正如我们将要看到的,恽格尔选择寻找一个新的基础,因为他认为,卷入第二次世界大战的意识形态或多或少是折中的。紧要的任务是找到一个新的自由观念。

在恽格尔战后的著作中,自由的话题重新出现,但是背景已经发生了显著的变化。自由的观念,在个体和集体两个层次,是在冷战的背景之下讨论的,它被置于欧洲分裂成东方和西方的历史之中。在《戈耳狄俄斯之结》(1953)一书当中,关于西方和东方(亚洲)文化之间重大反差的地缘政治观念,决定了恽格尔解决问题的方向。读者可以想象一下专制统治者领导下的亚洲军队的巨大威力。绝对权力的景象与自由在其中占有合法位置的西方政治秩序的观念,形成反差:"自由精神征服世界的必然性已经通过付出最高的代价而予以了证实。"[1]不过,恽格尔也将他自己当成了一个超然的观察者,对于这个超然的观察者来说,东方和西方、命运和理性之间的政治和军事斗争从来都不会终结,因为它涉及超越人类力量范围的根本原则。尤其是,东方依然是一个与前理性的虚构范围紧密联系着的区域,这个区域可以被控制(至少部分地),但是不能够被消灭。在这种背景之下,亚历山大大帝挥剑砍断戈耳狄俄斯之结的决定,便获得了高度的象征意义。对于恽格

---

[1] Jünger,《戈耳狄俄斯之结》(*Gordische Knoten*),见 *Sämtliche Werke*. Vol. 7., Stuggart,1980,页 378。

尔来说,亚历山大大帝表明了自由决定的可能性:"出于这种目的,拔剑是高尚的,它是自由决定分割的方式,但也是主宰的方式"(同上,页380)。应该注意到,恽格尔将自由、理性和权力作为西方秩序的基本要素。

> 拔剑[砍断戈耳狄俄斯之结——著者注]阐明了一种新的时空观念……它也包含了科学、甚至早期的启蒙以及战胜旧世界并将其击碎的严谨的怀疑。自由精神贯穿理性。(同上,页381)

亚历山大大帝的军事征服通过与启蒙和科学相连而变得意义非凡。在西方和东方的分裂当中,迈向启蒙的进程被视为以后的和较新的发展,它是对旧的神秘秩序的挑战,但是也遭到了这个世界的挑战。恽格尔这个对比的想法是静态的同时也是动态的。西方的启蒙作为历史进程改变了世界,东方的神秘力量则被认为是恒久未变和恒久不变的。在时间出现之前,东方就已经在那儿了(同上)。

当他讨论希罗多德(Herodot)时,恽格尔极有意识地用"世界-历史的"的字眼来表述他的文字(同上,页383)。这显然是受冷战的世界情势所诱发的关键一步。在《戈耳狄俄斯之结》一文当中,民族国家和民族文化被作为共同的文化和政治空间而纳入了西方国家的概念之下。与东方和西方的矛盾相比较,欧洲内部的冲突已经失去了它们原来的重要性。然而,与此同时,战争和构建政治秩序的问题依然是核心关注点。对恽格尔来说,通过发动战争和建立政治秩序的方式,使东西方的差异也变得明显和具体。东方民主的缺乏和统治者的绝对支配导致西方无法想象的权力集中,但是也导致其脆弱的状态,因为政治秩序的合法性完全取决于统治者个人——在政治和军事两种意义上。统治者的死亡决定战争,因为他的军队围绕其个人而组织。对于恽格尔来说,东方政权的特征在于其独断性和缺乏连续性与延续性。与西方政权相较,对于恽格尔来说,它们似乎显然是次一级的。即使西化进程——正如俄罗斯彼得大帝的例子所展示的那样——也没有自动改变东方政权的深层次结构。因而恽格尔得出结论:政治制度可以通过上层的命令而贯彻,但这并不适用于活跃于其中的法律的实质(同上,页410)。从这个角度出发,对于恽格尔来说,当代的俄罗斯依然是没有自由的一个亚洲政权。显然,恽格尔对苏联的这种处理,忽视了其作为一个现代世俗的集权主义政权的特征。

另一方面,恽格尔非常清楚希特勒领导之下所发生的战争规则和惯例的变化。他特别指出了东方和西方前线之间的区别(同上,页412),但是他表达这种区别的方式阻隔了特定的原因,也就是希特勒决定不遵守《日内瓦公约》。在援引中世纪骑士的典范时,恽格尔对使用施米特称之为受国际法限制的战争的术语去定义军事冲突,进行了有力的尝试。显然,他想回到19世纪的欧洲公约中去,但是,他没有指出应该如何去实现它。与施米特不同的是,恽格尔不愿意得出现代欧洲的战争观念已经丧失其规范性力量的结论。当其在《戈耳狄俄斯之结》中提及内战的幽灵时(同上,页414),他不情愿地开辟了一个全新的领域,"黑暗深渊是人类的一个自然构成部分"(同上,页418),回归到文明开化前的神秘时代、提坦(Titan)的时代。换言之,世界内战从根本上重新定义了战争的精神;对于恽格尔来说,它位于文明进程之外。在这里,观察者的着眼点是损失和毁灭,而非革命完成之后可能的收益。因此,普鲁士王国和哈布斯堡王朝的毁灭成为具有象征意义的事件;它标志着欧洲对抗亚洲威胁的防御体系的崩坏。在这种格局之下,布尔什维克主义毁灭性的革命力量和位于亚洲的旧势力相融合。现代和古老变得一样。恽格尔指出,于此我们发现了内战和东西方冲突的重合之处,这不是偶然的,而是建立在类似性之上(同上,页422)。为了强化其主张,恽格尔援引了现代革命之前的旧法律。

恽格尔对东西方分裂的强烈兴趣可以被理解为通过提供战后明显变化的总体观念,来了解和说明战后时代冲突着的不同线路的尝试。附有古代、中世纪和现代历史例子的经过精心选择的历史叙述,被用于烘托关于一系列当代政治发展的描述。其中包括冷战和去殖民化的进程,尽管后者从来没有被明确提及过。然而,恽格尔反复强调的世界内战的威胁恰恰是指这些场所。第二次世界大战结束后爆发的小规模和大规模的地区战争,要么是革命活动的一部分,要么与自由运动有关。对于恽格尔来说,遏制它们是世界治理的紧迫任务。然而这个任务似乎超出了欧洲国家的力量范围。因为恽格尔评论道:"最终,是欧洲输掉了过去的两场战争"(同上,页459)。因此,欧洲已不再有能力控制世界了。但谁是受益于欧洲衰退的赢家呢?答案显然将是:美国和苏联。然而,恽格尔的回答却沿着不同的路径。他强调,作为欧洲知识的一种形式的技术作用,现在转移到了世界其他部分,比如日本。恽格尔认为,这个国家采用了西方的技术和西方的进步观念,以逃避被殖民的命运。

恽格尔的视角依然具有强烈的欧洲性,尽管他寻求理解战后的全球化进程。他的英雄人物是打算征服东方的亚历山大大帝,这并非偶然。作为结果,恽格尔的结论依然是高度含糊的。一方面,他似乎醉心于保存欧洲核心文化,主张限制和可能的孤立(Stammsitz的观念);另一方面,他预测到需要进行世界治理(世界统治),不过,他警惕将来多种族和多文化的帝国,这样的帝国有可能回复到暴力的野蛮状态。因为恽格尔解释道,它们似乎与自由的观念不相容。在东西方分裂的背景下进行审视,自由和控制的矛盾依然是一个开放的过程。"它是维持世界秩序可怕而又必不可少的斗争"(同上,页470)。换言之,世界秩序最终不能够被固定，并且也不能被平息；它是冲突的原则之间必要且不断进行的斗争的结果。然而，这意味着无法实现永久和平；与恽格尔在其 1943 年关于和平的文章中提出的希望不同，现在他认为理念和地缘政治的现实之间的鸿沟无法弥合。只有在美学的王国当中，才能找到解决这种两难问题的方法。

小说《太阳城》(1949) 就是这样的例子。在恽格尔的小说中，Landvogt 与 Prokonsul 之间的政治冲突无法解决，男主人公在执行任务时看似违反了军纪，然后被挑选出来离开星球，去为 Regent 服务，Regent 在经过深思熟虑之后，决定不介入太阳城的政治冲突。这个服务是历史上已知形式之外的。尽管《太阳城》被视为是乌托邦小说，并采用了许多种传统风格，但是文章拒绝描绘一个理想的政治秩序，而这是经典的乌托邦所设定的乌托邦计划的目标。事实上，恽格尔否认政治或军事解决的可能性。无论是代表高度官僚主义形式的大众民主的 Landvogt 的力量，还是由贵族因素的军队组成的 Prokonsul 的力量（包括男主人公在内），都没有强大到足以赢得斗争；更为重要的是，没有任何一派具有精神力量来打破这种僵局。尤其是，他对大众民主的描述是从相当否定的角度进行的，因为自由的观念在 Landvogt 的计划中没有任何作用。与此类似，对少数人的消极对待（这里指 Parsens）和发生于 Landvogt 监狱中的罪犯实验，意味着法西斯主义的延续，而非明确反对集权主义体制。显然，这篇小说并没有将自由民主视为第二次世界大战和冷战的必然结果。从这个角度来看，《太阳城》更接近于描绘完全的集权主义体制的奥威尔 (George Orwell) 的反乌托邦小说《1984》。这也意味着，恽格尔在根本上依然与自由民主的观念格格不入，尽管关于和平的文章包括了人类自由的观念。对恽格尔来说，即便是在 1945 年之后，大众民主依然是与个体自由的观念不相兼容的。只有在历史之外才能找到解决政治困境的方法。

当恽格尔于 1960 年在其后期的文章《世界国家》(Der Weltstaat)中重新讨论时,人类自由与国家之间的上述矛盾又重新浮出水面。恽格尔再次提出了这样的问题:强大的帝国是加速还是阻碍人类的发展。丝毫不令人惊讶的是,恽格尔抵制具体化于国家演变中的文化进步的逻辑,尽管他没有接受激进的无政府主义的倾向。恽格尔意欲勾勒的路径既避免了作为现代奴役形式的乌托邦式的国家建构,也避免了单纯拒绝政治秩序的无政府主义。正如恽格尔指出的,即使保守者也无法处理这种新的情况,因为他/她倾向于向后看。考虑到恽格尔对大国的悲观评估,恽格尔最终信奉世界治理出人意料。他强调需要世界政治秩序,这样的秩序将超越现存的国家集团(大空间)。但是,很有必要指出,恽格尔把世界国家看作诗意的计划:"诗歌与诗人必须始终一马当先。"①

他强调,需要通过消除现代国家的内核,也就是军事防御力量,来从根本上重新思考国家的观念。换言之,被视为和平的世界治理以排除施米特意义上的政治为先决条件。我猜测,恽格尔清楚与其朋友的这种分歧。只有重新将国家定义为非侵略性的,恽格尔才能将人类自由和世界治理融而为一。与此同时,他声称,世界国家是实际的历史演变的可能结果,不过,依然不清楚的是,历史和诗意的逻辑将如何以及在何处最终交汇。施米特无疑会认为恽格尔的解决方法是空想。施米特1963年的《游击队理论》可以被视为对恽格尔的和平国际政治秩序观念的回应,这个回应含蓄地否定了这样一种秩序的可能性。

在施米特的后期著作中,政治与军事依然紧密地联合在一起。施米特当然反对安全和防御于其中失去其作用的世界和平秩序这样的期望。在他的全部作品中,《游击队理论》是一个例外,因为

---

① Jünger,《世界国家》(*Der Weltstaat*),见 *Sämtliche Werke.* Vol. 7., Stuttgart, 1980, 页 525。

它在审视现代小规模或者非常规战争的历史时，重点关注的军事而非法律或者政治的方面。乍一看，这个分析似乎与《大地的法》或者《陆地与海洋》之间没有关联，因为它强调非常规战争相较于国家间战争的特性。但是，施米特对军事理论的兴趣是受政治关注指引的，政治关注提供了隐含于游击战中的战略和战术问题的背景。对于施米特来说，其出发点是克劳塞维茨（Clausewitz）的著名主张，即：战争是以不同方式进行的政治斗争的延续。虽然这篇文章花了相当大的篇幅来描述游击战的历史发展及其在19世纪的理论表述，但是施米特的广泛兴趣在第三部分得以阐明，在该部分，其对世界政治的背景进行了详细的研究。在施米特看来，非常规战争在1945年之后日益增加的重要性是世界内战的标志，世界内战开始于列宁领导的俄罗斯十月革命，并且其对战后的时代依然有着限定。那么核心问题必然是：如何定义内战？原因是什么？如何终结内战？

施米特解决这些问题的方法是奇特的。虽然他承认冷战的政治分裂，正如我们看到的一样，这激发了恽格尔对东西方的分裂进行描述，但是对于施米特来说，冷战是大的和历史的深层次结构的一部分。内战因社会革命而起，尤其是位于欧洲之外的那些，比如在印度支那这样的殖民化帝国。值得指出的是，施米特在分析非常规战争的实质时并没有意识到严格意义上的社会革命，比如毛泽东领导之下的中国革命，和阿尔及利亚战争这样的自由运动之间的重大差别。但仔细阅读其对法国军队在阿尔及利亚的作用，尤其是萨朗（Salan）将军的作用的讨论，就会发现施米特对阿尔及利亚的自由运动并不感兴趣。相反，他强调萨朗将军的命运，萨朗将军决定违抗戴高乐，激烈反对在阿尔及利亚的领土向自由运动投降。施米特同情同时抵抗殖民地帝国和法国民族国家的萨朗将军。不过，这种同情并不必然支持法国民族主义甚或是欧洲的殖民主义本身。倒是萨朗将军象征着值得支持的一种社会和政治秩序,正如施米特含蓄地提出的那样。施米特试图强调非常规战争、低强度战争最终的毁灭实质,其严重偏离它们所设计的军事和政治目标。基于这个理由,政治理论中传统的左右派划分从不同的角度得到了审视。游击队理论起先是民族自由运动的一个要素,可以在左派和右派之间漂移不定。列宁可以借鉴克劳塞维茨,萨朗将军也可以向毛泽东学习。游击战的形式结构保持一致,尽管当事人的特定目标可能发生重大变化。作为一种结构来看,游击战被定义成一种战争,"其意义和目标是摧毁现存的社会秩序"。①虽然施米特可能出于同情去承认一个民族反抗外国侵略者背景之下的这种毁灭性因素,但是他指出,游击战的全球化已经改变了其作用。他声称,"为了成为被谋求彻底变革世界的进攻精神所控制的工具,游击队不再是一个本质上防御的形象"(同上,页63)。换言之,游击队的形象已经丧失了其内在的价值,开始在较大的政治背景下起着微不足道的作用,这与他或者她直接的关注相去甚远。

有人可能因此认为,在这些情形之下,与冷战时代的大范围的议题相比较,游击队的颠覆战将丧失其重要性。然而,施米特反对这种推论,因为在他看来,恰恰是这种变化的作用,使得游击队成为世界历史的关键角色(同上,页480)。配备高科技、高度机动且超然于任何祖国观念的游击队,正是理想的革命战士。对于1963年时的施米特来说,这种战斗包括原子武器的使用和战争爆发区域的毁坏。因此,作为世界历史的一个重要角色,游击队是战争不可避免的延续和黑格尔所设想的和平世界国家不可能实现的标志。相反,施米特预见到被霸权国家操纵的非常规、低强度战争的

---

① Schmitt,《游击队理论》(*The Theory of the Partisan*),见 *Telos* 127,2004,页62。[译注]施米特《游击队理论》,见施米特《政治的概念》,刘小枫编,朱雁冰译,上海:上海人民出版社,2004。

持久威胁,他并没有期待和平。即使是在恽格尔的小说中具有和平秩序的外星空间,对其探索也服从于军事战斗的规则。太空人变成为太空游击队。

正如我们可以看到的那样,对于施米特来说,不存在政治之外的秩序,也就是说权力和权力关系之外的秩序。因此,核心问题始终是:谁是真正的敌人?尤其是在内战的情况下,此时交战双方曾经是同一集团或者民族的成员。正如施米特所认为的那样,只有当战争的定义不是以抽象而是以具体的历史的语言来表达时,才有可能给出答案。在《游击队理论》一文当中,施米特试图指出两种类型战争之间的区别:一方面,根据双方约定的规则进行的常规军队之间的战争;另一方面,真正的战争,也就是没有约定规则的终极的战争。因而,真正的战争目标在于毁灭另一方的敌人。在列宁关于革命战争的观念中,真正战争这个观念被强化,从而转化为不承认任何规则或约定的绝对战争的理念。完全摧毁敌人是唯一被接受的结果。对于施米特来说,这意味着,作为极端内战的世界革命战争不可能有交战双方商定持久协议的和平解决途径。他丝毫没有怀疑,这种发展有着严重的消极结果,也就是失去可能存在和平的政治秩序,准确地说,是因为敌人没有被视为真正的或者绝对的敌人。

在这篇文章的结尾,施米特提到了新秩序的概念:"游击队理论汇入政治的概念之中,汇入谁是真正的敌人这个问题和新的大地的法之中"(同上,页78)。但是,可能存在新的大地的法吗?有办法克服绝对战争的毁坏吗?尽管施米特恋恋不舍地回顾了18世纪和19世纪的欧洲秩序,但是他从来没有认为恢复这种秩序是可能的。就我所看到的而言,施米特并没有从毁灭性内战的逻辑中提供一个出口。我们要问为什么会这样?为什么他停留于绝对战争的逻辑之中?我认为,他没有超越这种逻辑,是他在讨论战后世界历史时的形式主义的结果。换言之,施米特拒绝承认欧洲之外的社会革命和自由运动的正当性。尽管他确实理解1945年之后历史变化的全球性质,但是他的角度依然是欧洲的。这种局限性在他讨论萨朗将军和阿尔及利亚战争时体现得最为明显。对于他来说,阿尔及利亚的自由运动只不过是萨朗将军悲惨处境的背景,萨朗将军是在抵抗阿尔及利亚叛军和法国戴高乐政府时被捕的。在20世纪后半叶发生的决定世界历史的波澜壮阔的去殖民化进程,没有得到严肃的关注。与此类似,社会革命只是在正式的性质上被承认为破坏性的内战,而没有对其社会原因进行任何具体分析。此外,施米特将游击队的绝对战争和冷战时期原子武器的僵局联系起来,也就是说,与超级国家最终相互使用原子武器可能导致的人类的彻底毁灭相联系。当他在1962年写这篇文章的时候,这种联系貌似是合理的,因为双方都鼓励和支持第三世界国家的革命或反革命运动。但是这种看法被证明是存在误导的,因为去殖民化的进程有其自己的和独立的动力。与此类似,第三世界社会革命的作用也不能沦为冷战中的对抗。

显然,冷战的结束并非地区内战的终结。① 有人可能会说,他们衍生并发展出自己的逻辑。尽管这些小的低强度战争持续很久并对地区来说具有毁灭性,但是他们在空间上往往被限制了。政治和理论观察者一致认为这些战争特别难以控制和根除,尽管不是因为出现必将导致敌人毁灭的重大道德冲突,正如施米特所认为的那样。相反,这些战争呈现出脱离它们原先的政治原因的强劲趋势,并延续为无谓的彼此毁灭。② 换言之,无法再在政治的意

---

① van Creveld,《战争的变迁》(*Transformation of War*, New York, 1991);Enzensberger,《展望内战》(*Aussichten auf den Bürgerkrieg*, Frankfurt am Main, 1993);Münkler,《新型战争》(*Die neuen Kriege*, Reinbek, 2002)。
② Geyer,《战争与恐怖主义》(*War and Terror*, American Institute for Contemporary German Studies, 2003)。

义上对这些战争进行定义,这是施米特在《游击队理论》中不承认的一种情况。

以今天的眼光来看,恽格尔和施米特解决战争与和平问题的方法的局限性,就昭然若揭了。尽管他们非常清楚民族国家的脆弱和建立于民族国家基础之上的旧欧洲政治秩序的消亡,尽管他们也承认政治冲突的全球化及其内战形式的军事表达,但是,他们的立场依然受到建立在欧洲历史基础之上的战争与和平之间关联这一假定的影响。不过,正如我们已经看到的那样,他们在1945年的估计,尤其是德国的战败,使他们作出了相当不同的反应。对恽格尔来说,战争的残暴、东部战线道德退化到前现代野蛮战争的水平导致得出这样的结论,首先,政治冲突无法通过军事手段解决,再者,最终必须建立一个世界国家来保证和平。另一方面,施米特依然是一个政治现实主义者,因为他坚持政治冲突和战争之间的联系。更为确切地说,他坚持战争作为解决政治冲突手段的合法性和禁止战争的消极后果,因为对于他来说,自由理论激进地追求持久和平只会导致更多的战争。因此,对于施米特来说,关键任务不是实现永久和平,而是限制战争。这种限制的失败是《游击队理论》这篇文章的核心议题,在这里,游击队的逻辑导致彻底摧毁的逻辑,而没有和平的希望。施米特的看法依旧是极其悲观的。在游击战的逻辑及其绝对敌人的理念之内,没有承认另一方和彼此签订和平协议的余地。

基于显而易见的理由,恽格尔富有诗意的解决方案,也就是参与世界治理,无法在实际的意义上进行衡量;它表达了一种向往,而非政治的计算。另一方面,施米特将自己视为现实主义者,讨厌自由的乌托邦主义。不过,他强烈的现实主义同样是成问题的,尽管原因不同。他的游击队理论依靠绝对敌人,也就是革命者所引起的不可避免的世界毁灭的抽象逻辑。这种恐怖景象不能被视为是对20世纪90年代和21世纪第一个十年审慎的描述。施米特的分析过于关注革命战争的意识形态,将交战双方的自我描述当作实际的存在,而没有充分注意到革命主张和非常规战争实践之间的差距。施米特的重要功绩在于对小规模战争及其在冷战格局中的意义进行了政治性阐释,不过,他过于强调极端摧毁的逻辑,原因在于他过于直接地将这些战争置于超级国家冲突直线发展的背景之下。这被证实是一个错误,因为冷战的终结并没有影响低强度战争这一现象。事实上,这些战争在于抵抗第三方镇压某地区的企图,并不必然是因为它们要与彼此对立的绝对敌人相抗衡(尽管这种情况确实发生了)。相反,交战双方是为了不同且变化着的利益和权力分享而战。正如特罗塔(Trutz von Trotha)所指出的,

> 除了对权力的渴望之外,这也是所有军事"兴趣"的一部分,尤其是对权力的那一部分:目的在于攫取战利品和女人以及增强对暴力的享受,这发展为对残暴的崇拜。[1]

战争作为私人交易的观念,虽然在16世纪和17世纪非常著名,但其并非施米特游击队理论的组成部分,因为他的理论依然需要诸如民族主义或者革命计划这样的意识形态框架。当施米特将20世纪描绘为世界内战的时代时,他所指的依然是军事史学家在今天可能会描述为"旧战争"的战争,也就是具有特定使命的战争。

宗教信仰驱动的国际恐怖主义可能是个例外,比如穆斯林的恐怖行为,其中包括"9·11"恐怖袭击。在这里,你会看到绝对敌

---

[1] von Trotha,《未来战争》(Future of War),见 *War and Terror in Historical and Contemporary Perspective*. Michael Geyer ed., American Institute for Contemporary German Studies,2003,页78。

人的形象以及毁灭的目标,这是布什政府采用的一个定义。在对恐怖主义宣战时,布什政府不仅改变了战争的定义,而且改变了美国国内社会的特性。我们和特罗塔一样,称之为防御性的安保制度(同上,页87),在这种制度当中,民众不仅被视为潜在的暴力受害者,而且也被视为潜在的通敌者,因而必须得到监控。从施米特游击队理论的角度来看,"9·11"事件也表明了这种理论本质上的含糊性。它可以被用来证实美国政府的反应:紧急情况需要政府作出果断反应,尤其是界定必须优先被消灭的绝对敌人。① 然而,它也可以被用来批评反对恐怖主义的极端战争,因为这种反应离开了受到限制和控制的国家间战争的范围,只会增加问题。这样看的话,决定对恐怖活动发起绝对战争必然会对双方造成毁灭性的后果。

不同于恽格尔关于战争与和平的战后反思,它已经成为历史了,施米特的观察和思想依然出现在当代的讨论中,②尽管两者产生并表述于同一时代。这种转移[应用]往往需要彻底的和强烈的重新解读,而在这种解读当中,不仅历史背景而且施米特思想的历史性质也被限制或者扭曲了。与此相反,恽格尔的后期著作相对来说已经没有争议了,因为它的意义在很大程度上被他和施米特共处的战后时代湮没了。由于他的全部著作参与了对早期联邦德国的文化界定并增加了其保守倾向,比如通过想象法国、德国为核心主宰的欧洲大空间,他的设想在1989年之后的联邦德国不再流行。

尽管恽格尔和施米特是亲密的朋友,但他们的关系并非没有

---

① Schmitt,《政治的概念》(*Concept of the Political*, University of Chicago Press, 1996)。
  [译注]中译见施米特《政治的概念》,刘小枫编,刘宗坤等译,上海:上海人民出版社,2004。
② Mouffe,《施米特的挑战》;Hardt/ Negri,《帝国》(*Empire*, Harvard University Press, 2000);Agamben,《例外状态》(*State of Exception*, University of Chicago Press, 2005)。

矛盾,评论中潜藏着的敌意表明了他们意见不合,尤其是在战后,当他们不得不去适应建立于自由宪法基础之上的政治制度时。①尤其是施米特觉得恽格尔战后的著作缺乏诚实,他对此表示了不屑。② 他们的互相指责——当然,不是公开的——可以视为是他们立场的鸿沟日趋加深的标志。恽格尔离开了直接的政治参与,形成了带有宗教色彩的形而上的立场,而施米特则继续将他自己定义为激烈的反对自由主义主流思想的政治思想家,从而不仅成为1945年之后德国新保守主义的一个重要导师,而且也成为20世纪80年代和90年代国际论战中的一个极富争议的人物。

---

① Martus,《恽格尔》,前揭,页197。
② Schmitt,《语汇》(*Glossarium*, Berlin, 1991),页278,293。

第三编　政治思想处境中的施米特

施米特对自由宪政主义的批判

舒尔曼(William E. Scheuerman)著

曾文远 译　朱晓峰 校

施米特是20世纪德国头号右翼独裁主义政治思想家,尽管学界研究其思想的兴趣日益增加,但是,大多学美国学者仍无视施米特法律思想在其整体学说中的中心地位。本文试图通过批判性地审视施米特对自由宪政主义颇具影响力的批判,来克服这一弊端。施米特的批判无论是多么具有挑战性,但最终都被证明难以立足,这是因为(他的批判)(1)是以对自由主义法学史的一种过度选择的、甚至讽刺的解读为基础以及(2)复制了施米特主要学术对手凯尔森的法律实证主义中最令人生厌的方法论主张。

施米特是20世纪德国最具影响力的右翼政治思想家,尽管学界研究其理论的兴趣日益增加,但是,大多数美国学者仍贬低施米特对法学界的贡献。施米特关于政治实践的本质、主权和议会制统治的各种颇具争议性的观点,最终源自于他对法律自由主义的彻底批判,而这一事实却总是被忽视。① 若最后我们要给出一幅

---

① 这是两部施米特英文研究主要著作的一个共同缺陷:Joseph Bendersky:《施米特:帝国的理论家》(*Carl Schmitt:Theorist for the Reich*, Princeton, 1983);George Schwab,《例外的挑战:施米特思想导论》(*The Challenge of the Exception:An Introduction to the Ideas of Carl Schmitt*, New York,1989)。我也认为这两部著作在其（转下页注）

关于施米特思想的和谐图景,那么,我们必须对这一图景中的法律思想进行分析。施米特的法学著作对自由主义提出许多诘问。这正如一位杰出的德国法学家最近所指出的,(施米特)在魏玛时代对自由宪政主义的无情批判,构成了当代最具影响力的反自由宪政主义理论之一:

> 没有人像施米特这般清晰地、精炼地和冷酷地提出现代宪政国家中的反自由主义方案。①

在自由宪政主义再次遭受到许多片面的、纯粹"破坏性的"批判的历史时刻,我们重温(施米特)这位本世纪中期最具挑战性且

(接上页注)看待施米特同纳粹关系上都充满歉意,见拙作:《施米特的法西斯主义:对施瓦布的回应》(The Fascism of Carl Schmitt: A Response to George Schwab),见 *German Politics and Society* 29(1993)。淡化施米特法律思想普遍趋势的一个显著例外是 Rune Slagstad,《自由宪政主义及其批判:施米特和韦伯》(Liberal Constitutionalism and its Critics: Carl Schmitt and Max Weber),参见:Jon Elster and Rune Slagstad 编,《宪政主义及其批判》(*Constitutionalism and Its Critic*, NewYork,1988)。有关施米特法律学说的德文文献更为可观;我只提及我认为尤为有力的一项研究:Ingeborg Maus,《资产阶级法学理论和法西斯主义:施米特理论的社会作用和当下影响》(*Bürgerliche Rechtstheorie und Faschismus: Zur sozialen Funktion und aktuellen Wirkung der Theorie Carl Schmitts*, Munich,1976)。对于德文文献的概述,参见 Reinhard Mehring,《瓦解自由主义的施米特学说:作为历史性裁判之宪法学说的意义构造》(Carl Schmitts Lehre von der Auflösung des Liberalismus: Das Sinngefüge der Verfassungslehre als historisches Urteil),见 *Zeitschrif für Politik* 38(1991);Mehring,《施米特研究,新的文献》(Vom Umgang mit Carl Schmitt. Zur neueren Literatur),见 *Geschichte und Gesellschaft* 19(1993),尤见页399—404。

① Ulrich Preuss,《宪法概念及其与政治的关系》(Der Begriff der Verfassung und ihre Beziehung zur Politik),见 Preuss 编,*Zum Begriff der Verfassung. Die Ordnung des Politischen*, Frankfurt,1994,页 10。也见 Preuss,《为新政体制宪:制宪权和宪法之间关系的讨论》(Constitutional Powermaking for the New Polity: Some Deliberations on the Relations Between Constituent Power and the Constitution),见 *Cardozo Law Review* 14(1993),页 649。

最令人不安的批判者的思想,无疑大有裨益。①

在此,我希望通过辩证性地解读施米特在魏玛时期对自由宪政主义的批判完成这项任务。施米特认为,自由宪政主义因为本身存在着知识谱系内不可解决的深层次问题,所以其不能有效揭示政治生命的核心特征(第一部分)。我对施米特的回应是,我认为他的论述重蹈了传统法律思想和法律实证主义的许多谬误,而这些谬误恰恰又是施米特一开始就予以批判的。因此,施米特最终批判的是一种怪异的和不完整的自由宪政主义。只有我们承认施米特对"自由主义范畴"的界定是不周延的,那么,施特劳斯提出的施米特"对自由主义的批判发生在自由主义范畴之内"的研究结论才是正确的。② 因此,无论施米特的批判多么具有挑战性,其最终都难以立足(第二部分)。

第 一 部 分

对施米特而言,自由宪政主义的本质可以通过规范主义(normativism)这一术语得到最佳的把握,他以一种不容争辩的相反方

---

① 在此,我无法对当代总是令人生厌的、与施米特思想并论的左翼法学开展充分的讨论。但是最近许多(对自由主义)批判强调立宪政府必然的意志和独裁本质,其仍站在施米特的阴影之中。人们甚至可以想象施米特为德里达观点鼓掌,霍尼格最近辩护道,"每一系统都是经过在结构上不可取消之独裁性和不合理的各种占位符而固定。它们使得系统处于优势地位,但其并不合理"。关于将自由宪政主义视为天然独裁性的观点,见 Bonnie Honig,《独立宣言:阿伦特和德里达论共和国创立问题》(Declarationson Independence: Arendt and Derrida on the Problem of Founding a Republic),见 American Political Science Review 85(1991)。在此背景下,也可以参见:Chantal Mouffe,《政治的回归》(The Return of the Political, New York, 1993)。对于这些趋势的有益的批判性讨论,见 Seyla Benhabib,《民主与差异:利奥塔和德里达元政治学的再思考》(Democracy and Difference: Reflectionson the Metapolitics of Lyotard and Derrida),见 Journal of Political Philosophy 2(1994)。
② Leo Strauss,《〈政治的概念〉评注》(Comments on Carl Schmitt's Begriff des Politischen),见 Carl Schmit, The Concept of the Political, New Brunswick,1976,页 105。

式使用该术语,并将之贯穿于其魏玛时代的著述。尽管自由主义在立宪统治方面存在很大的分歧,但施米特断言,自由主义者总是寻求将政治权力置于规范体系以及以规则为基础的特定的法统治类型当中。不管是坚持"法治"与"人治"之间的争辩性的对立,还是坚持统治权力只有经过稳定的成文宪法的授权才是合法的这一当下普遍的观点,自由主义者均反复强调这样一种政治美德,即每一种可想象的国家权力的表达,都应服从于成文的法律标准。早期自由主义者对此予以最为严格的恪守;施米特将他们的这种努力视为对"统一的规范性"(consistent normativity)的追求。① 他们不仅希冀按照精巧的成文法律和宪法标准来规制国家权力,而且试图在自然权利体系中寻求实证法的更高的正当性;相应地,自然权利通常被认为是高级法而得以尊重。在早期的自由主义中,规范主义仍明确地提倡道德形式。自由主义者毫不掩饰地相信其法律和宪法思想的公正性和理性,他们的法律概念就是这一精神的最好体现。例如,对洛克(Locke)和其他启蒙自由主义者来说,国家行为只有以令人信服的一般法(general laws)为基础方可接受,洛克将此视为通过道德性重现神圣自然法普遍原理的一种努力。特殊的法律标准则被认为可能是专横的——与早期自由主义满怀抱负的道德普遍主义世界观格格不入。②

对于早期的自由宪政主义,尽管施米特有时也有令人吃惊的恭维性描述——他在1928年发表的《宪法学说》中的论证策略与

---

① Carl Schmit,《宪法学说》(*Die Verfassungslehre*, Munich, 1928),页8。《宪法学说》施米特法学理论的核心;因此,我在此对其予以强调。但是施米特魏玛时期的立宪政府思想也在更多著作中得以发展:《宪法的守护者》(*Der Hüter der Verfassung*, Tübingen, 1931);《合法性和正当性》(*Legalität und Legitimität*, Munich, 1932);《1924—1954年宪法论文集》(*Verfassungrechtliche Aufsätze aus den Jahren 1924—1954*, Berlin, 1973)。
② 有关自由主义法律思想中(法)一般性概念的地位,见Schmitt,《宪法学说》,前揭,页138—157。

其对当代议会主义的批判[这种是批判是通过不恰当地将当代议会主义与古典先贤理想化的、甚至浪漫化的论述予以对比而展开的]——但他仍然相信早期自由宪政主义者的努力最终必将付诸东流。对于施米特而言,规范主义总是一种非常乌托邦的世界观。自由主义者不可避免地将被迫放弃统一的规范主义而偏向更为谦抑的规范主义思想。因此,现代自由主义者最终抛弃了传统自由主义对法律规范一般性的神圣尊崇,他们越来越容忍与如洛克、孟德斯鸠(Baron de Montesquieu)和贝卡利亚(Cesare Beccaria)等作家在他们的理论中所阐述的雄迈法律思想不一致的法律形式。在施米特看来,在我们这个世纪里,空白的、模糊的法律的增多预示着今日的立法行为在很大程度上倾向于采用高度裁量的、以情境为导向的"权力决断"(power decision)形式;其中,大部分立法与早期自由法治国的雄迈思想鲜有关联。像最近许多自由主义法律思想流派一样,施米特认为,当代的行政国家与传统自由主义的一般法相冲突;然而与自由主义者如勒维或哈耶克完全相反,施米特假定非自由主义的法律趋势证明了规范性的自由主义思想的完全失败。对施米特而言,自由规范主义(liberal normativism)缺乏政治成效。因此,传统自由主义法治的持续性衰退既是可以预见的,也是不可逆转的。①

对施米特而言,自由宪政主义者衰败的两个新近表现具有特

---

① 有关施米特反对法律非古典形式的最重要论证,见《法官独立性、法律面前人人平等和魏玛宪法意义上的私有财产权保障》(*Unabhängigkeit der Richter, Gleichheit vor dem Gesetz und Gewährleistung des Privateigentums nach der Weimarer Verfassung*, Berlin, 1926)。常常与当代自由主义者的关注相呼应,施米特二十世纪二十年代期间的著作对行政国家深表焦虑。但是到了1932年施米特却减轻其焦虑:视行政国家为现代政治所基本要素,尽管同时考虑到其与自由主义法治不一致,施米特变成裁量性的、非一般性的法的捍卫者。见Schmitt,《合法性和正当性》,前揭;《论法学思想的三种模式》(*Über die drei Arten des rechtswissenschaftlichen Denkens*, Hamburg, 1934)。施米特思想的第二阶段是哈耶克在《通往奴役之路》(*The Road to Serfdom*, Chicago, 1944)中对施米特予以批判的对象。

别的意义。首先,凯尔森的法律实证主义认为由不同规范构成的法律体系最终来源于——在《纯粹法理论》中所定义的——"根本规范"(basic norm),即"没有根本规范之上的规范,所有法秩序规范均根据其而产生"。① 但是,凯尔森因呼吁在法律和道德研究之间予以清晰界分而与传统自由主义决裂。在这个体系中,施米特嘲讽地评论道,一个法律规范是"有效的,如果它是有效的且因为它是有效的",②但并非是因为它涉及到一个根本的道德理念。统一的规范主义由此演变成"布尔乔亚式相对主义"(bourgeois relativism)的样态。③ 早期自由法律主义之乌托邦式的全部悲壮遗产,仅仅留下这个微不足道的信念,即法律由"等级"(hierarchy)结构分明的不同规范构成。其次,凯尔森的实证主义对当代宪法学产生了一种确定的消极影响。对施米特来说,相对主义使得法学家们即使在最低限度的一致范围内亦不可能设想一种"根本规范"甚或一种宪法规范"体系"或"等级";凯尔森自己也有内在性的不一致。伴随着自然法的死亡结局,

> [自由主义的]宪法演变成一系列具体的、实证的宪法法。即使仍存在着"根本规范"或者"根本法"的言说……但是,这仅仅是其原义被不断掏空后的残余公式的结果。因此,它在论及宪法时是不精确和令人困惑的。在现实中,通过它来表示的是一种非体系性的多数或者宪法制度的纯粹性。④

---

① Hans Kelsen,《纯粹法学》(*Reine Rechtslehre*, Darmstadt, 1985),页64。
② Schmitt:《宪法学说》,前揭,页9。
③ 同上,页67。即使凯尔森没有明言,但施米特明显参考凯尔森的民主理论及其对妥协中心地位的重视。
④ 同上,页11。但是为什么施米特看似接受自然法死亡的必然性?他在《政治的概念》赞同韦伯的著名论断,即在现代世界里,政治的和道德的"生命世界"(life spheres)不可避免地存有差异。换言之,他认可韦伯"祛魅"(Entzauberung)理论若干特征的精确性。见Schmitt,《政治的概念》,前揭,页26—28。

如果价值是相对的,那么宪法不能表达任何核心的道德价值,并且所有的宪法标准不得不被视为具有等值性。没有任何价值具于被特别保护的地位。例如,从一位坚定的实证主义者立场出发,规定在魏玛宪法第149条中的"大学中应当保留神学院"的条款,并不比言论自由、集会自由或选举自由重要。以法律实证主义的视角看,宪法修改程序以绝对的中立性来对待这些条款。因此,只要议会超多数要求修宪,议会就获得足够的权力修改(甚至废除)自由民主的核心程序,如改革大学的神学院。对施米特而言,这显示出法律实证主义不言而喻的矛盾:实证主义无法提供方法以区分宪政体系的本质要素与外围要素。凯尔森的实证主义将一种虚无主义(nihilism)推至顶峰,即其不能有效捍卫其自身的自由主义主张。因为法律实证主义没有为自由民主提供任何道德上的正当性,故其在不自觉中获得了非自由主义的政治力量,并具有破坏自由规范主义遗产的真正机会:只要(该机会为)非自由主义的政治力量所掌控,例如,三分之二的立法投票,那么实证主义者在面临解散国会本身的潜在决定时将无能为力。其最终结果就是,相对主义形式和规范主义与其敌人相拥。①

但是,自由主义为什么不可避免地必须抛弃"统一的规范性"呢？为什么如施米特所坚信的,自我毁灭的、虚无主义的法律实证主义注定是古典自由主义的"最后流派"呢？②

施米特在构思关于规范宪政主义必然衰败这一引人瞩目的论文时,只提供了极少的历史细节。他的论述在本质上主要是法哲学的。

---

① Schmitt,《宪法学说》,前揭,页11—36。乍一看,施米特的观点在这里具有说服力。许多当代评论者(如本德斯基和施瓦布)在这点上高度称赞施米特。但是,警示之语已经就位。在《合法性和正当性》一书中,施米特也类似地对宪政主义的实证主义思想通过与"价值超负荷的"(value-laden)正当性予以对比的方式进行批判。但是施米特对此合法性体系以独裁形式予以明确标识。参见Schmitt,《合法性和正当性》,前揭,页87、96—98。

② Schmitt,《宪法学说》,前揭,页8。

即使是自由规范主义最融通的流派,在智识上也是有缺陷的;因此,规范主义注定要踏上一个历史衰败的漫长进程。历史似乎遵循着先例:施米特假定自由主义宪政理论之内在观念的局限性,既可以解释其在学术上的衰落,也可以解释(所谓的)真实生活中的政治病。

施米特采用了各种论据来阐明自由宪政主义(liberal constitutionlism)的内在不足。他指出,其中最为重要的是,自由主义者总是预设存在一个切实可行的政治机构;自由宪政主义自己的既定目标仅是(预先存在的[pre-existing])机构体的有限性(limitation)。这似乎是无足轻重的。但对施米特而言,尽管是以一种讽刺的方式,但这却意味着,自由主义者自己也承认,发挥作用的政治实体(political entity)的存在,必然是优先于任何加诸于其身的规范性限制。据称,自由主义者由此也开始承认规范主义不能对政治社会提供任何充足的基础。规范主义在不得不解决政治实践最基本的和最"实存的"(existential)要素问题时总是无能无力。一个民族"得以构成"(constituted),首先是因其拥有反对外在威胁的暴力能力和其能针对潜在的政治敌人采取"警醒的"(awakened)和"有能力的行动"(capable of action)这一事实(同上,页8)。政治实践必然的特征就是面对可能威胁(政治体)生命的诸种情势,在这些情势下,政治实体将与"以特别激烈的方式,现存之相异的以至于在极端情况下(与自己)发生冲突……都是可能的""他者、陌生者"和敌人进行斗争。① 当只有政治实体能够成

---

① Schmitt,《政治的概念》,前揭,页27。这段话可能表明,施米特是一个现代霍布斯主义者,意图阐明权力相对于法律的优先性。这种解释的一个直接问题是,施米特多次赋予其友-敌政治学的阐述以民族主义和甚至种族主义的内涵。不像霍布斯,施米特是在纳粹主义和排外主义的现代形式产生之后进行论述的,因此他为其异样的霍布斯式主张添附上不同于霍布斯的光泽。正如普罗伊斯所写的,施米特的"种族主义者"(ethnicist)宪法理论倾向于依赖以民族代替民众:人民被视为"民族和文化的统一体","具有认识到其和他者及自由普遍主义者人群之间差异性的能力"。见 Preuss:《为新政权制宪》,前揭,页650。

功地防御"陌生者",从而保障自己的生存时,自由主义的法律规范性方有机会成功地发挥作用。规范性对解决真正的威胁生命的政治斗争是无效的:"它们既不能通过预先确定的一般性规范被决定,亦无法通过无偏私的因而是中立的第三方被决定"(同上,页27)。这种"实存的"冲突的高度紧张性,排除了经由自由主义法律手段予以规制的可能性;对于相信魏玛民国的高度紧张可以部分因司法干预而缓解的凯尔森之流的理论家们,施米特不屑一顾。在(斗争)情势下,司法制度必然是如此的政治化——即其不过是与"实存的"敌对政治实体进行斗争的直接战场——以致于它们不再能够有效宣称,(这仍)体现法律面前中立或平等的自由主义法律观念。它们不过是成为了爆发的、潜在的暴力政治斗争的武器。[①] 当社会的政治诚信陷入危机的时候,自由宪政主义便变得一文不值。

自由主义者拒绝承认规范主义不可避免的诸多弊端。饶是如此,他们仍必须化解政治世界与其规范主义倾向之间不协调的危机。因此,当自由主义者努力去面对敌-友政治的必要性时,他们只能以背叛信念的方式行事。[②] 尽管法律自由主义仇视独裁,但自由主义者仍赋予国家当权者在紧急情势下以广泛的权力。同样,自由主义者一提到主权概念就闭口不谈。然而,他们常常有效地运用国家权力以战胜威胁其(政治体)生命的敌人。即使存在着自由主义的愿景,但立宪政府从来也没有采取一种彻底的规范主义形式;它总是与超规范的、"实存的"要素相交织,从而在不可

[①] Schmitt,《宪法的守护者》,前揭;针对凯尔森的答复,见《谁是宪法的守护者?》(*Wer soll der Hüter der Verfassung sein?* Berlin,1931)。实存的敌人可以是本国的政治对手。

[②] 对此的一个卓越解释,见 David Dyzenhaus,《真理的复仇:魏玛时期的施米特、凯尔森和赫勒》(*Truth's Revenge:Carl Schmitt,Hans Kelsen,and Hermann Heller in Weima*, Oxford,即将出版)。

避免的暴力政治世界中实现政治自保。虽然自由主义者再三逾越其规范主义世界观的狭窄范围;但他们从不公开承认,因为公开承认这一缺陷将会要求他们承认其世界观完全与政治无关。

　　规范主义的假设同样妨碍自由主义者对法律和宪法的有效性问题予以充分概念化。正如施米特挖苦地写道,"法律理念不能认识其自身"。① 法律规范之所以有效,是因为其经由权威性行为予以颁布:用施米特的话来说就是,每一个规范均有赖于某一具体"意志"(will)所作的"决断"。与此相似地,"只有制宪权的权力和权威……被承认"时,宪法才是正当的。② 早期自由主义者较之其后辈们,他们也许在学术上更能保持一致,但即便是他们也无法主张正当性"不需要通过道德的或司法的规范予以证成"(同上)。早期自由主义的自然法思想始终处于桎梏之中,不承认政治实践在这些方面的主导地位不能从法规范或法标准中推导出来。尽管施米特对法律实证主义的批判乍看似乎与当代以自然法为基础的法学有着许多相同点,但其观点最终却完全不同:因为政治实践的核心要素在现实中是超规范性的,正当性最终只能诉诸特定政治权力持有者或决策者的影响。在此,正当性从现实来看是权力的问题。③ 施米特不能否认的很明显的一点是,自由主义希望搞清法律效力的问题。但是,在他看来,自由主义者不可避免地对身边问题给出与事实相悖的答案。法律科学需要与对政治权力的实证

---

① Schmitt,《政治的神学》(*Political Theology*, Cambridge, 1985),页28。
② Schmitt,《宪法学说》,前揭,页87。
③ 对于施米特而言,"只有当宪法决断所依赖的制宪权的权力和权威得以认可时",宪法才是"正当的"。权力在此被描述为某种"必要的真正"之物,但权威则意味着"持续性"和传统。进一步说,"在每一个国家,权力和权威都共存着并彼此依赖",见 Schmitt,《宪法学说》,前揭,页75、87。对施米特理论这方面早期的有力批判,见 Erich Vögelin,《施米特的宪法学》(Die Verfassungslehre von Carl Schmitt),见 *Zeitschrift für öffentliches Recht* 11(1931)。沃格林赞同施米特对法律实证主义的一些批评。但他又对施米特未能将规范性考量整合到其对正当性问题的分析中予以批判。以下我将对这一错误的概念根源进行讨论。

分析相分离,凯尔森的坚持就是这种危险的最典型的例子。正是因为坚持政治权力的实证分析与法律科学之间的彻底界分,所以凯尔森甚至从一开始就不能弄清其法规范"等级"固有的强制性,更罔论给宪法制定的政治动力提供令人满意的解释。与凯尔森不同,施米特认为,只有我们承认宪法获得效力是以某一特定"意志"支配下的相应政治决断为基础时,我们才能开始将其视为一个统一的、有等级秩序的整体,其中一些宪法条款较之其他更为重要。比如说,魏玛宪法的创立者们一定会视该宪法基本的自由-民主原则,要比第 149 条之神学院教授的特别保护更为重要。在施米特看来,他们也许曾理所当然地解释道,实证主义试图将此问题视为潜在的不合法形式的建构起点,以反对德国人民基于特定政治形式的最初的基本"决断"。坚持完全以中立的方式对待每一宪法条款的实证主义者们,掩盖了"意志"的绝对关键性作用,而"意志"则从一开始即决定着特定的政治制度。①

进一步说,规范主义阻碍自由主义者正确地理解事物的本源,亦阻碍其形成宪法制度发展的自身动力。正如自由主义者踌躇再三地认可为保障自由民主自保的独裁性紧急权的必需性那样,他们也宁可扭曲自由宪政制度总是预设和存有独裁行为的事实:对每一个政治制度而言,在规范上不受规制的权力均至为关键。为了支持该论调,施米特认为,1919 年的魏玛国民议会拥有独裁权力。② 更大胆的是,他还诉诸于法国大革命的理论与实践以揭露自由主义法学的虚伪性。施米特通过对西耶士(Emmanuel-Joseph

---

① Schmitt,《宪法学说》,前揭,页 20—36。"施米特,运用'修(宪)权天然有限性'的美国理论,试图区分宪法修改和宪法违反性变更。他持宪法修正案不能攻击'作为基本决断的宪法'的观点……施米特认为,为宪法具体化的价值偏好的根本决断甚至不能被适格的国会绝大多数所变更,而议会绝大多数[在魏玛宪法上]有权力修改宪法",见 Franz L. Neumann,《民主和专制国家》(*The Democratic and Authoritarian State*, New York, 1957),页 53—54。

② Schmitt,《宪法学说》,前揭,页 56—60。

Sieyès)宪法理论的再阐释,认为自由民主主义法学含蓄地承认存有一个无限的、不可剥夺的和不可再分的创设主体,即制宪权(pouvoirconstituant)。① 对施米特而言,西耶士的理论反映了基本的事实,即现代主权者,也就是"人民"(people),一旦证明具备针对潜在敌人采取果断行动的能力,则其就是唯一有能力给其自身立宪的主体。② 但是,展示其政治诚信的非常行为本身,则可能要求"人民"诉诸于完全非自由主义的、专制主义的手段。这是为什么呢?如果政治实体要开始走向自由宪政主义之路,则它必须确保其能自保。自由宪政主义痴迷于政治权力的限制和拘束,但政治自保则取决于与此不一致的制度的可能性。人民和"外在敌人"(alien foe)的严格区分必然是超规范性的;在某种程度上,施米特质疑政治实体是否能够有效地建构在"规范主义"的观念上,如前所述,因为与"实存的"敌人的冲突已经达到了极度紧张的状态,以致于"规范性"有可能被证明是毫无意义的。因此,自由民主主义必须设定一个存在于规范之上的无任何限制的、能有效抵御"敌人"的、潜在的全能主权者。与如此之多的当代自由主义理

---

① 阿伦特严谨地批判了为施米特所称颂的法国大革命思想中的这些方面。在她看来,专制主义导致了法国大革命的失败,而美国人之所以是幸运的,则是因为他们击败了专制主义的幽灵。对于施米特而言,专制主义遗物是理解自由宪政主义的核心。尽管自由主义敌视专制主义,但自由宪政主义欠缺最低限度的"政治"要素,除非它保留专制主义的一些遗物。施米特驳斥美国宪法传统的重要性。据称,美国人缺乏一个"真正的"宪法理论,《联邦党人文集》(The Federalist Papers)只是提供"实践中组织性问题"(practical organizational questions)的细节!见施米特:《宪法学说》,前揭,页78—79。有关阿伦特的观点,见《论革命》(On Revolution, New York, 1963)。关于阿伦特和施米特之间引人瞩目的论战的研究,见拙著:《革命与宪法:阿伦特对施米特的挑战》(Revolutions and Constitutions: Hannah Arendt's Challenge to Carl Schmitt),见 Canadian Journal of Law and Jurisprudence,即将发表,1997 年。
② 施米特承认在现代世界中,民主的主权具有不可避免性。例如,见其《民主的胜利》中的解释,见《当今议会制的思想史状况》(The Crisis of Parliamentary Democracy, Cambridge, 1985),页 22—32。如我们所想看到的,人民主权原则在他的理论中以一种非常怪异的方式得以重新表述。

论不同的是,西耶士不受限制的制宪者观念,公开地表达了这一事实,即恰如施米特在1922年的《政治的神学》一书中所论述的,每一次立宪都建立在"一个不以理性和讨论为基础的、并且无需证成自身的纯粹性决断……一个从虚无中产生的绝对性决断"上。①

自由主义宪政理论则认为,原初制宪权的不受限制的意志可以被通过作为结果的宪法体系程序和制度——即制宪权(pouvoir constitue)——予以吸收和取代。施米特认为,这是逻辑混乱的。西耶士的原有理论和许多后来的政治实践将制宪权视为是无限的、不可剥夺和不可再分的,如果这是正确的话,那么,将制宪权纳入到"正式的"(normal)自由主义政治路径的努力则是语无伦次的。使制宪权屈服于法律规则和立宪统治的程序,就会从一开始使制宪权的所有构成要素被攫取。如果(1)统治的基础假定以拥有不受限制之权力的人民主体的存在为前提,以及(2)创立权的本质使其排除被纳入自由主义民主运行的规范性当中,那么,我们必须假设,自由主义民主不受限制的创设主体从来就没有被解散过。换言之,施米特坚信,我们必须严格奉行制宪权不可剥夺、不可分割以及绝对性的观点。甚至在创立行为之后,制宪权仍然是完整的;每一个自由民主的不受限制的主体——即人民——都必然是超越自由宪政主义机构体的真实存在。自由民主依赖的专断性的创设行为从未终结;独裁精神萦绕于自由主义政治的生活世界。不受限制的、创设性的人民,

> 即民族,始终是一切政治事件的根源,是一切力量的源泉。这种力量以在在常新的形式表现出来,由自身生发出在

---

① Schmitt,《政治的神学》,前揭,页66。关于施米特对西耶士再阐释的有思想的批判,参见 Stefan Breuer,《西耶士和施米特的民族国家与制宪权》(Nationalstaat und pouvoir constituent bei Sieyes und Carl Schmitt),见 Archivfuer Rechts-und Sozialphilosophie 70(1984)。

在常新的形式和组织,其本身的政治存在则永远不会有一个最终的定形。①

制宪权可以运用规范性的自由主义制度,但它也能信手抛弃它们。因为自由主义的程序和制度,仅仅是绝对的主权者人民的工具,其必然缺乏自由主义者赋予其的持久性。主权者人民并不存在于国会大厅当中;其无法通过也许是(暂时地)决定接受的宪法和制定法规范予以辨识;即使是合法授权的制宪会议仍不足以体现主权者的真正本质,除非其获得了潜在的、不受限制的权力。另外,"任何一个关涉政治秩序的基本决断的真正宪法冲突只能通过制宪权本身予以解决"(同上,页77)。或者,就像施米特在魏玛时代的一次率直评论中所表达的那样:有意义的宪政改革只能通过革命的方式发生。② 对施米特而言,任何"已正式化的"(formalized)程序和制度均不能揭示人民主权的本质,因为正式化与制宪权的有意志的、不受限制的性质相抵牾。

那制宪权身处何方呢? 施米特在1928年的《宪法学说》一书中对该问题已经作出了回答,这也预示着,他随后在魏玛民国最后的灾难性岁月中对那个具有群众基础的、经国民投票产生的政权的拥护。《宪法学说》坦率地告诉我们制宪权不在什么地方:即在自由民主政治的日常生活当中并不存在,而施米特在20世纪20年代愈加公开敌视自由民主政治。施米特倾其全力捍卫其宪法学说对可能的激进型民主的阐述。肤浅的读者或许会得出这样的结论,即施米特希望创造"不断革命"(permanent revolution)的特定

---

① Schmitt,《宪法学说》,前揭,页79。也可见Schmitt,《论专政》(*Die Diktatur*,Leipzig,1928),页140—143。[译注]中译见施米特《宪法学说》,刘小枫编,刘锋译,上海:人民出版社,2005,页89。

② Richard Fuchs,《施米特的宪法学说》(Carl Schmitts Verfassungslehre),见 *Juristische Wochenschrift* 60 (1931),页1661。

形式,借此原始的民主制宪权能够继续以尽可能不受限制的和直接的方式行使政治权力;有人甚至视施米特为卢梭全民定期集会偏好的追随者,并以之作为防范政治衰败的方法。① 但是这并不是对施米特的(正确)定位。在将看似令人心悸的各种权力归结为民主的主权之后,施米特立即补充写道,人民"只能参与鼓掌、投票以及对(来自各权力)的问题说是或否等行为"。② 若干年之后,他作了这样的评论,即,

> 人民只能说赞同或反对;人民不能建议、协商或者讨论;人民不能统治、不能管理;人民也不能制定规范,只能用自己的赞同来批准摆在自己面前的规范化草案。尤其人民还不能提问题,只能用赞同或反对来回答对自己提出的问题。③

主权者人民看起来只能回答简单的问题,这些问题由强有力的行政机构主导形成和提出,但其却会因国会程序潜在地削弱行政机构的权威而被无限地搁置。④ 正如魏玛时期施米特的一位批判者评论的那样,大众的民主行为在此可能会削弱为"对由假设

---

① Rousseau,《社会契约论》(*The Social Contract*,第三章),页12—13。
② Schmitt,《宪法学说》,前揭,页315。
③ Schmitt,《合法性和正当性》,前揭,页93。[译注]中译见施米特《合法性与正当性》,载施米特《政治的概念》,刘小枫编,李秋零译,上海:人民出版社,2004,页252。
④ 这是《合法性和正当性》的关键论点。施米特在20世纪30年代初期关于独裁型总统制的提议与他后来对纳粹政权的拥护之间的关系是复杂的。但让我们在此只进行一项观察:我们可能既需要将施米特自己的提议和"成熟"纳粹主义相区别,也需承认施米特理论许多内容所采的方式——最重要的是,他的"决断主义"(decisionism)——导致他去拥护纳粹主义。从明确亲纳粹立场对施米特宪法思想的批判,见Otto Koellreutte,《宪法危机中的人民和国家,及对施米特宪法学说的阐释》(Volk und Staat in der Verfassungskrise. Zugleich eine Auseinandersetzung mit der Verfassungslehre Carl Schmitts),见 *Fritz Berber* 编,《宪法的重构》(*Zum Neubau der Verfassung*,Berlin,1933)。

存在的机构提出的问题予以……一种无组织的回答"以及也可能没有回答。① 施米特的"全能的"人民原来只是扮演了一种相当谦抑甚至被动的角色。概言之,行政中心型的民众运动主义的特定形式,很可能最接近制宪权最初创设的独裁专制。但是"规范性的"法律自由主义肯定是不行的。

第二部分

至此,否认施米特对自由主义法学内部的真实问题的成功辨识是不公正的。施米特认为,自由宪政主义经历着不可避免的历史性衰落,我们不需要赞成该观点以示对施米特针对我们这个世纪里的价值相对主义和法律实证主义的担忧表示尊重。对实证主义者的宪法解释和修改思想的局限,施米特提出了许多重要问题;我们只需记得,许多当代自由主义法学家都已多次表达了对新近实证主义法学极其类似的担忧。② 施米特的宪政主义阐释是决断主义的,而非规范主义的,从传统自由主义的视角看,这无疑是令人担忧的。但施米特的构思至少公开承认,既有的自由民主一般都有赖于权力和排外的专制形式;真正的问题是,其是否如施米特所宣称的那样不可避免。相类似地,传统自由主义法学提供了司法解释的一种过度机械的观点,施米特认为,一些启蒙自由主义理论家们掩盖了法规范和司法决定之间的关系的复杂性,这无疑是正确的。施米特关于制宪权的具有争议的理论也许是以挑选的和未加批判的法国大革命的政治思想财富为基础的。同理,在自由

---

① Otto Kirchheimer,《政治、法律和社会变迁》(*Politics, Law and Social Change*, New York,1969),页78。
② 有关德沃金的讨论,见 David Dyzenhaus,《机器现在自行运转:施米特论霍布斯和凯尔森》(Now the Machine Runs Itself:Carl Schmitt on Hobbes and Kelsen),见 *Cardozo Law Review*16(1994)。

主义理论的框架内部,民主和大众决策的宪法限制之间的关系,仍然是一个极具争议的问题。① 姑且不论施米特论述的错误,他至少有助于提醒我们看到现代宪政主义真正的矛盾之一:"人民"可以独自创设立宪政府,但是,宪政主义随后则面临着通过正式的法律方式汇集和引导大众政治的艰巨任务。

但脱离这种叙事,则会使我们无法达到施米特对自由宪政主义的敌视深度。施米特论述了许多自由主义理论的重要问题。但他严重欠缺分析这些问题所必需的概念手段。正如我希望揭示的那样,施米特的这一失败最终源于他对将自身的学术立场与自由主义的"最后流派"即凯尔森的法律实证主义予以清晰区别的痴迷。与凯尔森各种独特的自由主义政治和法律理论相对应,施米特重蹈了凯尔森法律实证主义最基本的方法论缺陷。正像当代学界早就认识到的那样,施米特针对凯尔森的无意志规范(will-less norm)理论以无规范意志(norm-less will)理论予以回应。② 略有不同的是:凯尔森的纯粹法理论变成了施米特的"纯粹意志理论"(pure theory of the will)。就像凯尔森的原创一样,施米特将规范和意志的激进并置,从而歪曲了法律和政治实践的本质。因此,施米特从未真正成功取代凯尔森。他只是对凯尔森法律实证主义提

---

① 对此问题的一项新近研究,见 Stephen Holmes,《预先承诺和民主的悖论》(Precommitment and the Paradox of Democracy),见 Elster/Slagstad 编,*Constitutionalism and Democracy*, Cambridge University Press, 1993。

② 魏玛时期的理论家赫勒在其遭人遗忘的杰作《主权》(*Die Souveranität*, Berlin, 1927)中作了这项研究。对赫勒理论及其与凯尔森和施米特思想的关系的论述,参见 Wolfgang Schluchter,《社会法治国决定:赫勒和魏玛共和国国家学研究》(*Entscheidung für den sozialen Rechtsstaat, Hermann Heller und die staatstheoretische Diskussion in der Weimarer Republik*, Baden-Baden, 1983)。其他魏玛时期的作者也视凯尔森的实证主义和施米特决断主义如出一辙。例如,瑙曼指出,"通过投入对所有的政治的和社会的相关问题的论述,它[凯尔森的实证主义]铺平了决断主义之路,不管其如何产生或者其内容是什么,只要政治决断背后有足够的权力,则均可接受。"见 Neumann, Behemoth,《国家社会主义的结构和实践》(*The Structure and Practice of National Socialism*, New York, 1965),页47。

供了专制性的补充。①

如上所述,施米特将自由宪政主义之疾归因于所谓的规范主义。最近一些评论家作如是解释,即施米特使用这一术语(许多与此术语相关,如"规范性"和"规范化")是将其作为批判自由主义普遍性内容(如人人平等的自由思想)的工具。但这种解释可能导致精确度的丧失,从而偏离施米特用语的本意。② 对施米特而言,规范主义涉及到不同思想的庞杂多样性:它既包含了早期自由主义的自然法思想,也包括了现代法律实证主义;它既有坚定的和公开的(普遍主义的)道德理想,也有价值相对主义的理论立场;它既指法治(或:法规范统治),也指令政治受到规范性(或道德的)约束的自由主义抱负;它既有经由司法决断的整套自由主义思想,也有关于立宪统治起源的不同自由主义观点。尽管施米特提供了有关"规范主义"、"规范化"和"规范性"的无数例证,但他从来没有以真正的特质来定义这些术语。读者们翻阅施米特的大部分著作来寻求精确定义在其中所具有的恰当内容将是徒劳无功的。

无论一个修辞(术语)工具对败坏自由主义是多么有效,但规范主义的概念根本没有如施米特所认为的那样,为其有力的批判提供坚实的基础。施米特将各种自由主义思想反复粗暴地置于规范主义的(模糊)类别之下。这使他不能对自由主义思想及其典型特征确立起一种充分而精巧的阐述;通过将自由主义思想(如孟德斯鸠和凯尔森)非常不同的版本组合到规范主义的标题之

---

① 许多文献对施米特遗漏了这一点表示了惋惜,参见 Schwab:《例外的挑战》,前揭; Bendersky:《施米特》,前揭。
② 新近对施米特的阐释集中于其对自由主义的普遍性内容的敌视,见 Matthias Kaufmann,《无规则的法? 施米特国家理论的哲学原则》(*Recht ohne Regel? Die philosophischen Prinzipien in Carl Schmitts Staatstheorie*),Freiburg,1988。我也在拙著中对此错误予以探究,见《在规范和例外之间:法兰克福学派和法治》(*Between the Norm and the Exception: The Frankfurt School and the Rule of Law*,Cambridge,1994)。

下,施米特甚至在他对自由主义理念进行真正的批判之前,就已经采取了许多行动,以"演示"自由主义智识的矛盾性。此外,规范主义的守护者根本不可能让施米特从一开始就抓住自由宪政主义的本质。正如任何翻阅亚里士多德《政治学》的读者所清晰意识到的那样,现代自由主义者几乎不能在其法治的颂歌当中立足;如阿奎那(Thomas Aquinas)所清晰地揭示的那样,使政治受制于"规范主义的"(普遍主义的)道德理想的努力是中世纪基督神学的政治思想。但是,施米特运用规范主义这一术语令此变得困难,即是什么使得洛克或凯尔森较之柏拉图、亚里士多德、阿奎那或者其他许多优秀古典作家更具"规范性"。① 施米特对"规范主义"的抨击也许为批判西方政治主流思想提供了一个起点,但实难称之为辨识和批判自由宪政主义具体弊病的最佳路径。

然而这也许对施米特略显不公。当然,他在魏玛时期的著述对定义自由主义法治的任务投入了大量的关注;施米特恰当地认为,法治是自由宪政主义者思想的核心。施米特再三论述道,就司法独立而言,仅仅满足了法治理想条件的法规范的一般性,而其"面对个体标准则是不可想象的"。② 通过个体行为方式的立法活动,破坏了对司法决策和行政决定的任何有益区分。一旦国家行为直接针对特定对象或个体,那么,司法行为将不再从质上区别于在天性上具有裁量性的、针对特定情况的行政行为;法治的核心要素——基于确定性规范的司法行为观念——从而变得过时。但即使是这种看似合理的对规范主义的阐述,也很快被证明比最初表述的更不靠谱。和施米特的规范主义概念一样,他对一般法律的

---

① 很显然地,巨大的差异将这些作者区别开来,现代的自由主义毫无疑问,提出的法治观点不同于阿奎那所说的。我的立场在此非常明确,即施米特的概念工具恰恰没有令他意识到对这些种类予以精确区分的需要。
② Schmitt,《魏玛宪法上法官的独立性、法律面前的平等和对私人财产权的宪法保障》,前揭,页23。

定义过于灵活。最主要的是,施米特的一般法律概念简单地排除了对个体对象(如某一特定银行或者报刊)的法律规制。然而关键在于,一般法律被视为和合法的"不论采用何种形式的特许和特权"不相容——简言之,几乎和或多或少已特定了的立法行为的任何形式不相容。① 相较而言,(施米特)随后的观点影响更为深远:之前的观点对政府活动的限制相当少,而之后的观点则意味着,法治和现代福利国家所必需的大量立法相互冲突。自由宪政主义的规范性———般法律的规范理念——从未在施米特著述中有过统一的定义。

让我们姑且认为,施米特没能对其"规范主义的"自由主义之敌的确切本质进行阐明的原因在于其理论存在更深刻的缺陷。施米特对规范主义从未提供过一个统一的定义,因为将规范和决断本身的戏剧性并置是难以成立的。

施米特批判凯尔森对法律科学和具体权力关系实证分析的区分,这一点是正确的:对凯尔森而言,后者属于社会学的范畴,因此在"纯粹"法理论中绝无容身之所。正如施米特恰当指出的那样,凯尔森深深地掩饰了强制性的国家权力在法律关系中的关键性作用。"凯尔森通过否定主权的方式解决主权概念的难题。"②凯尔森的"基本规范"之所以是有效的,仅仅是因为特定的强制性(政治性)制度保证其有效性。但纯粹法理论不能在分析法有效性的具体制度来源方面发挥作用。凯尔森的法理论从而不仅将国家降低为法规范的等级秩序,而且也没有指明法律对国家权威之依赖性的生发之路。

---

① Schmitt,《宪法学说》,前揭,页154。他之后作出如是独特的评论,即只有[法律面前的]平等是可能的,至少在大多数情况下均会受到影响(页155)。对于魏玛宪法上法官的独立性、法律面前的平等权和私人财产权的保障,他偶尔也构建出更为宽泛的一般法律概念:一般法律与影响"若干个体"的规制格格不入(页22)。
② Schmitt,《政治的神学》,前揭,页21。

在批判凯尔森的作为法律实证主义的"规范主义"派别的过程中，施米特犯有两个致命的错误。首先，他似乎将凯尔森的实证主义放回到了早期自由主义法学的范式当中予以解读。因为凯尔森宣称，他的理论代表了法律自由主义的终极目标，所以他的理论仅仅体现在自由主义之前的流派之中。尽管施米特自己宣称凯尔森代表了规范主义的"最后流派"，但他似乎仍认为，其对凯尔森的许多（正当性的）批判可以运用于自由宪政主义的每一个流派。① 譬如，施米特断言，凯尔森执着于绝对区分法律科学和国家权力的实证分析，仅仅体现了"较之法律，旧自由主义更否定国家"的观点②——从自由主义理论家如孟德斯鸠或托克维尔（Alexis de Tocqueville）关于国家权力著作的详尽分析来看，这无疑是荒谬的，同时，至少一些自由主义作家也意识到了"紧急权力"（如洛克的特权理论）构成了现代政治实践的必然要素。③ 但施米特似乎并不为这类公开的反驳所动，这部分是因为他更关注于削弱自由宪政主义理想的正当性，而非对其起源和发展提供一种稳健的评价。

其次，施米特仅仅是颠倒了凯尔森对法律科学（其强调法规范）和具体政治权力问题（意志）的并列（次序）。但是，他并没有从一开始就质疑这种并列的价值。与凯尔森极其相似，施米特反

---

① 正如 Dyzenhaus 所正确指出的，施米特视"凯尔森对法律实证主义的再阐述……为启蒙运动主题的兑现，即置人类交往行为于非人性化的（客观的）秩序的规则中：法治而非人治"，见 Dyzenhaus:《"机器自行运转":施米特论霍布斯和凯尔森》，前揭，页10。在这一过程中，施米特使得各种事物对其自身而言过于简单：凯尔森明确地与启蒙运动自由主义的许多（内容）决裂。洛克以及甚至康德将会担心凯尔森的价值相对主义；一个人可以想象孟德斯鸠在怀疑凯尔森政治权力的实证分析在法学中无立足之地的观点时大摇其头。
② Schmitt,《政治的神学》，前揭，页21。
③ 这必然是一个复杂的问题。但是一个有力的观点可以作出，即自由主义政体已经发展出有效的法律"规范性"以规制危机情势。见 Ernst Fraenkel 编,《国家困境》（*Der Staatsnotstand*, Berlin, 1964）。

复构思的"意志",是完全有别于"规范"的东西。在《宪法学说》一书伊始,他断然认为,意志"与纯粹的规范相反",是"实存的"事物,因此,其在性质上区别于规范的"应然"(Sollen)特征。"法秩序的概念包含着两个完全不同的要素:法的规范要素和具体秩序基于存在的要素"[强调补充]。① 随后,他补充道,

> "意志"(Wille)一词——不同于一切有赖于规范正当性或抽象正当性的情形——是指这种有效性根据的存在基质。②

1922 年的《政治的神学》更是直接表述了这一点:有效性源于一个"不是依据理性和协商,不需要辩白,也就是说化约成从无到有的绝对"。③ 施米特将凯尔森的世界观发挥得淋漓尽致。对凯尔森而言,法律的规范性要素(视其不同于国家权力)是法律实践的核心,而施米特则指出,(决断主义构思的)意志构成其核心。

这一转变无法将施米特从其实证主义对手的错误中解救出来。施米特批评凯尔森的价值相对主义,并对其虚无主义格调不胜唏嘘。④ 然而特别是施米特的"纯粹决断不以理性或讨论为基

---

① Schmitt,《宪法学说》,前揭,页 9—10。[译注]中译见施米特《宪法学说》,刘小枫编,刘锋译,上海:上海人民出版社,2005,页 13。在他 1973 年去世时遗留的未完成手稿中,年长的凯尔森终于质疑意志和规范的这种戏剧性的并置。对其发展的有用研究,见 Stanley Paulson,《凯尔森的法律理论:最后的圆》(Kelsen's Legal Theory: The Final Round),见 *Journal of Legal Studies* 12 (1992)。

② Schmitt,《宪法学说》,前揭,页 76。[译注]中译见施米特《宪法学说》,前揭,页 85。

③ Schmitt,《政治的神学》,前揭,页 66。[译注]中译见施米特《政治的神学》,载施米特《政治的概念》,刘小枫编,刘宗坤译,上海:上海人民出版社,2004,页 42。术语"纯粹"在此时是具有揭示性的:凯尔森的"纯粹"法理论被施米特以强调决断"纯粹性"的理论所代替。

④ 关于民主和价值相对主义,见 Hans Kelsen,《民主的本质和价值》(*Wesen und Wert der Demokratie*, Tübingen, 1929)。

础,而且无需证成自身"这一不容批判的观点,甚至就是施米特本身对凯尔森实证主义的重述。施米特敏锐地评述道,凯尔森依据"纯粹规范性"建构起来的法律体系概念有虚拟王国之嫌。但施米特自己的"纯粹"决断和毫无规范性限制的"意志"又是怎样的呢?诚然,施米特有关"规范性的"概念极其任意,这使得(人们)难以精确想象是何者构成了"纯粹决断"或者"无规范的意志"。但一个幼稚的问题可能会摆在这里:这是不是说人的意志将总是必然地按照规范的一定形式或者"规范主义的"观点予以表达呢?正如韦伯在《经济与社会》开篇所述,人类行为牵涉到"行为之个体对其活动赋予主观意义——这或暗或明,或简省或默许"。① 该意义可能简约,也可能繁复,可能引人入胜,也可能令人心厌,可能偏向自由主义,也可能反自由主义:在任何情况下,我们的共同世界都是通过有目的的人类行为和具有重要实践或者规范性的人类活动模式得以建构的。以意义建构的人类活动不可避免地组成社会,事实性和规范性也由此必然互相重叠,并以其方式来片面和减缩地将施米特的无意志规范概念呈现为与凯尔森相对应的无规范意志(概念)。施米特的无规范意志观点迷惑性地指出,恣意的主观性的形式可能性可能会与主观性之可辨识的人类形式上的基本原则相冲突。动物和机器可能在"规范性"的标准之外活动,但人类则不行。

如上所述,施米特坚信,无规范的意志的原初状态通过许多实例得以展现。但政治和历史证据是否如他所认为的那么明确呢?我们当然可能会赞同施米特反对司法行为机械论的若干方面,而在司法行为当中,作为审查中的独立内容的决断却消失了。由此类推,我们需要探究司法决策是否能够采用全面的无规范形式;即

---

① Max Weber,《经济与社会》(*Economy and Society*, Vol. 1, Berkeley, 1979),页 4。也可见 Hermann Heller,《国家》(*Staat*, Stuttgart, 1955)。

使是施米特在20世纪30年代所热情支持的法西斯法律模式,也需要一种"规范性"的议程,尽管它是一个狂热民族主义的和严重反自由主义的议程。① 没有至为重要的"规范主义"要素的法律体系观念,就和没有强制性政治要素的凯尔森实证主义观念一样,是成问题的。从现代政治史来看,立宪往往意味着政治斗争爆发的时刻,这种斗争是特定政治实体"区别"其自身和异质之"敌"的斗争。然而,这样的斗争几乎不会发生在规范的真空当中:斗争的实践理念和"规范性"显然在最暴力的、威胁生命的政治时刻——革命、内战和紧急状态——中起着关键作用。对于这个问题,宪政史给我们呈现了哪怕一个有关规范性的、不受限制的制宪权的例子了吗? 即使是雅各宾派和布尔什维克也承认一些程序规则和规范的正当性;即使是现代革命政治最令人生厌的特质,也表达了一些规范性的理念和诉求,尽管这些也许并不引人关注。雅各宾派和布尔什维克是"规范主义"的一个令人生忧的变种,但他们的行为却难以体现"不以理性和讨论为基础并且无需证成自身的纯粹决断"。

对凯尔森法律实证主义的一个常见的批评是,因为难以将法律科学和社会学彻底分离描述,所以实证的考量不可避免地进入了他的纯粹法理论当中:凯尔森在他的"纯粹"法范畴当中"窃取"了实证的成分,这是因为没有它们,就不能对法律现象提供一个最低限度的融通性解释。难以理解的是,施米特与之相对应的纯粹意志理论,也在这一点上复制了凯尔森的缺陷。尽管存在着对相对于规范的意志的纯粹性的坚持,但是施米特的《宪法学说》多次承认,意志(和政治现实的意志性要素)和规范(规范性要素)不可

---

① 关于施米特和国家社会主义法律的关系,见 Bernd Ruethers,《堕落的法:第三帝国的法学和主要法学家》(*Entartetes Recht. Rechtslehren und Kronjuristen im Dritten Reich*, Munich, 1988)。

避免地融合在具体的政治现实当中。读者先前就被告知,魏玛宪法制度的"规范化"彻底区分于德国人民支持某一特定政权类型的实在的"决断"。但是施米特本人则公开宣称,一些宪法条款因其直接体现德国人民的原初决断,因此"比法律或规范化更重要"。换言之,尽管德国人民的"意志"据称欠缺所有的规范性要素,但其只能通过(典型的规范主义策略)成文宪法条款才可予以表达。① 如上所述,施米特认为一般法律的自由主义观点是标准的规范主义理念。但他同时也在《宪法学说》中指出,一般法律是"政治性的",因此在他的理论范围内也是天然地反规范性的(同上,页253)。在斥责自由主义者力图将制宪权限制在一套(所谓规范主义的)决策程序之后,施米特提出了他自己的以民众为基础的大众动员主义模型。但读者仍会思考,为什么施米特的提议必然是更"没有规范的":这些提议似乎确实构成了对大众决策之"规范主义"调控的特定类型,纵使其明显具有专制的印记。简言之,施米特本人揭示了他自己"纯粹意志理论"的神话本质。

施米特认为他已成功构建起凯尔森虚无的法律实证主义的理论对立面。但事实上,他的方案不过是凯尔森实证主义的远亲(second cousin)。此外,这一远亲已经相对背弃了当代实证主义者的自由和民主意旨。施米特的学说重蹈了现代自由主义法学极其奇怪——非主流的——版本的弊端。施米特绝不可能正儿八经地宣称已经取代自由宪政主义。施米特不过是放弃了自由宪政主义最有价值的成就。

---

① Schmitt,《宪法学说》,前揭,页23—25。

施米特对康德的批判:主权与国际法

本哈碧(Seyla Benhabib)著

朱晓峰 译 张佳静 校

一、战争之风——他们为谁而吹?

1922年,施米特出版了《政治的神学:主权学说四论》一书。①它在1934年被施米特加入一个新的序言后重新出版,该书与《政治的概念》(1932年)及《当今议会制的思想史状况》(1923年)一起,②确立了施米特作为自由民主事业最苛刻批评家的地位。施米特不仅用文件记录了自由议会主义在社会上转变为特别利益集团以及委员会的[最终从功能运行的角度破坏了议会这一审慎的组织的]规则。而且他也深入批判了自由主义纯理论的谬误,直到它的"极限概念"(limit concepts/ die Grenzbegriffe)被揭露。在施米特的观念当中,这些极限概念构成了现代国家结构所依靠的秘密与未加思考(unthought)的基础。主权就是这样的一个极限

---

① Carl Schmitt,《政治的神学:主权学说四论》(Political Theology: Four Chapters on the Concept of Sovereignty),施瓦布译,并且增加了导论(Chicago,1985),以1934年修订版为基础(以下简称为PT)。

② Carl Schmitt,《政治的概念》(The Concept of the Political),施瓦布翻译并增加导论,扩展版增加了施特劳斯对施米特论文的注释(Chicago,1996);以下简称TCP;Carl Schmitt,《当今议会制的思想史状况》(Crisis of Parliamentary Democracy),肯尼迪翻译并增加了导论(Cambridge,1988),以下简称TCPD。

概念;通过讨论的统治以及有关所有的观点最后都将通过商议而汇聚成为一个理性成果的设想,都在自由主义的其他毫无争议的预设之中。

施米特在社会学与哲学上的批判,已经证明是令人敬畏的了,并且它同时启迪了右翼和左翼思想家。从基希海默尔和本雅明到摩根索和施特劳斯,再到墨菲(Chantal Mouffe)和拉克劳(Ernesto Laclau),①以及我们时代的其他很多人,在自由-民主事业深陷危机时,施米特都成了他们参考的幕后操盘手(éminence grise)。这里不需要用文件证明,在过去的几十年间施米特思想在欧洲以及美国大范围的繁荣复兴。与此相反,我想简洁地回忆一下施米特《政治的神学》一书中的一些命题,以区分在"政治的神学"以及施米特自己专注之事物下,可能聚集的当代顾虑之间的连续性和间断性。

---

① Otto Kirchheimer,《对施米特〈合法性与正当性〉的评论》(Remarks on Carl Schmitt's Legality and Legitimacy),见 *The Rule of Law under Siege*: *Selected Essays of Franz L. Neumann and Otto Kirchheimer*, William Scheuerman 编,Berkeley,1996,页 64—98。关于施米特对想将其关于德意志巴洛克戏剧艺术的博士论文献给施米特的本雅明的影响,参见 Richard Wolin,《普罗伊斯特与左哈尔之间:本雅明的拱形图饰计划》(Between Proust and Zohar: Walter Benjamin's Arcades Project),见 *The Frankfurt School Revisited and other Essays on Politics and Society*,London,2006,页 21—45;关于摩根索和施米特,参见 Martti Koskenniemi,《国家温和的教化者:1870 年至 1960 年国际法的兴起与衰落》(*The Gentle Civilizer of Nations*: *The Rise and Fall of International Law 1870—1960*,UK,2002),页 413—40; William Scheuerman,《施米特与摩根索:现实主义与超越》(Carl Schmitt and Hans Morgenthau: Realism and Beyond),见 *Realism Reconsidered*: *The Legacy of Hans. J. Morgenthau in International Relations*, Michael C. Williams 编 Oxford,2007,页 62—92;关于施特劳斯与施米特,参见 Leo Strauss,《关于施米特〈政治的概念〉的说明》(Notes on Carl Schmitt, The Concept of the Political),见 Schmitt, *The Concept of the Political*,页 81—109,以及 Heinrich Meier, *Carl Schmitt*, *Leo Strauss und "Der Begriff des Politischen"*(《施米特、施特劳斯与〈政治的概念〉》),Stuttgart,1998;Chantal Mouffe, *The Challenge of Carl Schmitt*(《施米特的挑战》),London,1999;Chantal Mouffe and Ernesto Laclau, *Hegemony and Social Strategy*: *Towards a Radical Democratic Politics*(《霸权与社会战略:迈向激进的民主政治》),London,1986;2nd ed.,2001。

在施米特的《政治的神学》一书中,至少有三个互相联系的且并不总是被清晰区别的命题。第一个是存在于思想史之中的命题,有时也被施米特作为"思想的社会学"而被提及(《政治的神学》,45),并且通过如下的主张而被很好地表达出来:

> 现代国家理论中的所有重要概念都是世俗化了的神学概念,这不仅由于它们在历史发展中从神学转移到国家理论,比如,全能的上帝变成了全能的立法者。①

第二,施米特探究了法律诠释学(legal hermeneutics),即一般规则与特别情形的辩证法,法律与它所适用的实例的辩证法。第三,施米特发展了一个在现代国家作为正当性基础的主权构建与特权的命题。当代关于政治的神学的辩论,最能引起共鸣的既不是施米特前述第一个也不是第二个命题,而是第三个,即施米特的作为例外的主权理论。就好像我们时代的政治的时代精神(Zeitgeist)已经给予了施米特《政治的神学》著名的开场白以新的生命,"主权,就是决定非常状态"(《政治的神学》,5)。②

主权的概念具有一个内在的和一个外在的维度:它被认为是国内法中的一项规范,涉及一项法律制度中的权威的最高渊源,并且施米特著作中具有重要意义的一部分,就是用来分析围绕主权的合法性与正当性的宪法困境问题。③

---

① Carl Schmitt,《政治的神学:主权学说四论》,前揭,页36。[译注]中译见施米特《政治的神学:主权学说四论》,载《政治的概念》,刘小枫编,刘宗坤译,上海:上海人民出版社,2004,页24。
② 同上,页5。[译注]中译见施米特《政治的神学:主权学说四论》,前揭,页5。
③ Schmitt,《宪法学说》(*Verfassungslehre*, Berlin: Duncker & Humblot, 1928);J. Seitzer,《宪法学说》(*Constitutional Theory*, Durham, 2008);以及特别的章节《施米特的宪法学说》(Carl Schmitt's Constitutional Theory),见 *Constellations* 18, no. 3(September 2011)。

主权也具有国际性的方面:在威斯特伐利亚条约(1648年)结束欧洲的宗教战争之后,它意味着:一个统一的政治实体,不论是一个君主政体还是一个民主政体,都被其它的政治单位在特定规范、法律与条约的基础上,承认是一个与其平等的且相互作用的政治实体。在后"9·11"(2001年)的世界,很多学者已经转移到了施米特著作中关于外部主权与国际法的方面。① 虽然一些人在这种崭新的21世纪当中,看到了世界主义规范的出现与传播,但其他人则辩论说,是为了寻求美帝国或唯一的无赖超级大国的权利,驱动了我们时代的冲突。

因此,在一篇题为《一场正义战争? 或仅是一场战争?:施米特、哈贝马斯与世界主义的正统学说》的文章中,拉施推出了如下令人吃惊的主张:

> 如果你喜欢的话,可以将之称为辩证的教化,或只是乖张的讽刺,但从老"天主教"重新复活的精神来看,施米特显然是当代海涅(Heines)[意为海涅]主义者之一,这些人与我们当代的巴士底狱精神(Geistes Bastille)的结束斗争,与由哈贝马斯所设想的大一统的世界主义之法斗争。……一方面,在永久和平的名义之下,哈贝马斯提倡"温和之强制"与持续的警察行动的永恒战争;另一方面,在好战之同种[原文如此(sic)]个性的名义下,施米特向我们积极推出普遍价值和政治作为肯定与反对的可能性。因此,施米特这个国家主义者,也可能是国际多元文化主义者,他给那些"固执地"期望抵制"西方"的人士,提供了

---

① 试比较最近的成果:《空间性、主权与施米特:法的地缘性》(*Spatiality, Sovereignty and Carl Schmitt. Geographies of the Nomos*, Stephen Legg ed., London, 2011)。

理论上的立足点。①

拉施的文章发表于2000年,在9月11日世贸中心大楼和五角大楼被袭击之前;也在阿富汗战争、伊拉克战争、阿布格莱布以及关塔那摩监狱等许多事件之前。然而拉施的判断,即施米特能被称为"当代海涅"之一,确实是一个"乖张的讥讽"(同上,页1683)的实例,在发现"时代的气息"方面,即通过全球帝国主义和美国世界性的霸权主义事业,来确定世界主义的复苏,拉施却是正确的。施米特自从那时,甚至是更早一些时候起,就已经变成了对所有那些想揭露国内外自由民主政治之虚伪、不足,甚至可能是破产的人而言的不可或缺的参考点。②

在本文中,我的目标是通过考虑《欧洲公法的国际法中的大地的法》中被忽视了的施米特对康德"正义战争"概念的讨论,寻求到施米特批判自由国际法是隐藏霸权野心之策略这一观点的根基。③ 与拉施所宣称的相反,我们将认识到,施米特不

---

① William Rasch,《一场正义战争?或仅是一场战争?施米特、哈贝马斯与世界主义的正统学说》(A Just War or Just a War?: Schmitt, Habermas and the Cosmopolitan Orthodoxy),见 *Cardozo Law Review* 21(1999—2000),页1665—1684,这里是页1683。
② 参见 Paul Piccone and Gary Ulmen,《施米特导论》(Introduction to Carl Schmitt),见 *Telos* 72,Summer 1987;该文之前是肯尼迪的一篇充满争议的论文,《施米特与法兰克福学派》(Carl Schmitt and the Frankfurt School),见 *Telos* 71(Spring 1987),页37—66,以及 Martin Jay、Alfons Sollner、Ulrich Preuss 的回应。Tracy B. Strong 在下文中提供了一个四平八稳的综述:《序:围绕施米特之新争论的维度》(Foreword: Dimensions of the New Debate Around Carl Schmitt),见 *TCP*,页 ix—xxix。自从这些材料在 Telos 发表以来的20多年里,英语世界专心于施米特的文献,用伯恩斯坦的话来说,已经变得汗牛充栋了。Richard J. Bernstein,《施米特的悖论》(The Aporias of Carl Schmitt),见 *Constellations* 18, no. 3, September 2011,页403—431。
③ Carl Schmitt,《大地的法》(*Der Nomos der Erde im Völkerrecht des Jus Publicum Europaeum*, 4th ed., Berlin, 1997),页99;该书的英译本的译者是 G. L. Ulmen, New-York, 2003,页128—129。本文中所有的参考该书的地方都标明了 Nomos,紧随其后的是德文文本的页码,然后是英文版本的页码。我参考但未经常使用英语翻译版本。

是抵制西方霸权之多元文化主义的无辜辩护人。他是一个权威主义国家理论家,这个理论家希望战争依然是主权民族-国家的唯一特权,他们通过谴责国际联盟、凯洛格-白里安公约(Kellogg-Briandpact)以及支持"宣告战争为犯罪"的威尔逊(Woodrow Wilson)而与限制侵略战争的国际法相对抗。

在检查了施米特在他的《大地的法》一书中着手(第二部分和第三部分)争论的多层内容之后,我主要精读了他对康德在《法的形而上学原理》(1799年)一书中的"不公正的敌人"(hostis injustus)概念的批判。施米特在下述声称中并没有错误,即康德的讨论显示出了限制战争法(jus in bello, right in war)的一个深刻的道德理由,但是,它也包含了某些延误和模棱两可,而这些延误和模棱两可,可能证明例如使一个自由的国际秩序能够建立(第四部分)的人道主义干预是正当的。我的方法是批判-解释与重建两个方面的,通过这些方法,我希望通过施米特对康德的解读,能够提出与国际法和主权有关的更为广泛的问题。

在结论部分(第五部分),我转向对这些问题的当代讨论,其在美国最高法院也颇为流行,并且证明了施米特与美国霸权的左翼批判者一样,误解了国际法与民主主权之间的关系,好像这是自上而下的一种统治模式。正如国际规范与民主主权之间的关系的冲突一样,它需要被解释为调和的一种而非支配的一种。

二、施米特的《大地的法》

《大地的法》是施米特晚期的作品,其于1950年首次出版,虽然关于这些主题的一些文章已经在20世纪40年代出现了。该书是确立施米特作为国际法权威之重要地位的一部权威性成果。① 该书开门见山地在三个层面展开,我们将之描述为本体论的(ontological),现实的-政治的(real-political)以及个人的(personal)三个方面。在本体论层面,施米特在秩序(Ordnung)与方向(Ortung)之间,在作为规则(nomos)的法律(law)与大地(earth)之间,确立了一个联系。规则(nomos)在内涵上要比正当之法广泛,它经常作为"城邦(polis)的共性","宪法、法律和风俗习惯的内容"而被渲染。② 施米特所写的"大地上存在的人的基本秩序",毫无疑义地使人想起了海德格尔(Heidegger),他补充道,"我们寻求理解大地的规范性秩序"(《大地的法》,6;39)。然而,德语中所说的一个"大地的意味深长"(Sinnreich der Erde),翻译为大地的"意义域"("domain of meaning" of the earth)可能更好一些。

作为规则的法律、大地以及它的意义、秩序和方向这些本体论的主题,源于一个古老且不间断的争论,施米特与新康德主义者(neo-Kantians)例如凯尔森就卷入其中。③ 正如格罗斯(Raphael Gross)在

---

① 参见 Carl Schmitt,《对空间上外国势力干涉之禁止的国际法的大空间秩序:献给国际法中的帝国概念(1934—1941)》(Völkerrechtliche Großraumordnung mit Interventionsverbot für raumfremde Mächte),英语翻译为 The Großraum Order of International Law with a Ban on Intervention for Spatially Foreign Powers: A Contribution to the Concept of Reich in International Law(1939—1941),见 Carl Schmitt, *Writings on War*, trans. and ed. Timothy Nunan, UK, 2011, 页75—125。将德语关联的概念如 Großraum 和 raumfremde Mächte 精确地用英语呈现出来是不可能的。对施米特而言,Raum 概念并不简单地意味着 Space,它与 Ort(Place)、Nomos 关联。参见 Benno Teschke,《决断与优柔寡断:政治与学术对施米特的接受》(Decisions and Indecisions: Political and Intellectual Receptions of Carl Schmitt),见 *New Left Review* 67, January-February 2011, 页61—95,施米特著作中关于这一时期的论述,详见第65页及以下。
② Gerhard Nebel,《希腊的起源:第一卷,柏拉图与城邦》(*Griechischer Ursprung, vol. I, Platon und die Polis*, Wuppertal, 1948),页22和39,引用自 G. L. Ulmen,《译者的介绍》(Translator's Introduction),见 Schmitt, *Nomos*, 页20。Raphael Gross,《施米特与犹太人》(*Carl Schmitt und die Juden*, Frankfurt, 2000),页60—142。
③ 参见 Dan Diner、Michael Stolleis 编,《凯尔森与施米特:并驾齐驱》(*Hans Kelsen and Carl Schmitt: A Juxtaposition*, Gerlingen, 1999)。

一篇颇具启发性的文章中所解释的那样,施米特所采用的规则(nomos)概念,"是从例如由斯塔佩尔(Wilhelm Stapel)所倡导的德国新教的政治神学中继承而来的",后者相应地发展了这个概念,以作为他与犹太教神学相对抗的一部分。① 法律的权威的来源是什么:人之意志或是理性? 或者是一些先于(precedes)制定法律之人类行为的更为根本的秩序? 法律表达了人类正义的原则吗? 或者法律被建立在一些先于但不够约束人类正义的其它秩序之上? 施米特不是一个自然权利理论家,并且他不能通过援引自然法而对凯尔森主义者的实证主义做出回应;他宁肯诉诸于 项"大地的秩序",以及"空间"(Raum)的秩序,作为对实证主义者对法律之理解的反对,后者认为法律覆盖陆地与海洋,并且将之视为——用康德主义者的措辞来说就是——"每当人之意志必须被归于自由之法之下以与其他人之意志共存"时就会出现。对施米特而言,德语的"法律"概念,制定法(Gesetz),反而被深深地牵连在了对"犹太律法"与"基督恩典"的神学对立之中(《大地的法》,39;70)。②

在现实政治(Realpolitik)层面,施米特著作的后半部分卷入一个无情但也并不总是不正当的反对盎格鲁撒克逊(Anglo-Saxon)特别是美国所试图发展出的一种新的国家法的论战。在西方,现代国

---

① Raphael Gross,《犹太律法与基督的恩典施米特对凯尔森的批判》(Jewish Law and Christian Grace—Carl Schmitt's Critique of Kelsen),见 Diner、Stolleis,*Hans Kelsen and Carl Schmitt*,页 101—13,这里是页 106。比较 Wilhelm Stapel,《基督教与国家社会主义六论》(*Sechs Kapitel über Christentum und Nationalsozialismus*,Hamburg,1931,转引自格罗斯),页 112,脚注 2。施米特在其试图将 nomos 翻译为 Lebensgesetz(生命之法)时满意地援引了斯塔佩尔,但他指出:"下面的东西使我心绪不宁,即'生命'(life)这个单词已经沦为生物主义,就和'法律'(Gesetz)这个词一样,无论如何在这里都需要避免,但是在这个翻译里面仍被保留了下来"(《大地的法》,39;70)。令人难以理解的是,英译本将这一段置于脚注部分,而在德文本中并非如此(页 70 脚注 10)。
② 比较施米特:"然而,不像希腊语中的法(nomos),德语中的制定法(Gesetz)并不是一个原生词(Urwort)。它深深地卷入了(犹太律法)与(基督)恩典——(犹太)律法与(基督)福音之间的神学区分之中"(《大地的法》,39;70,脚注)。

家的形成始于空间的领土化(territorialization)。对大地之特定部分的圈占,以及通过受保护之界限的创造而把它从其他人那里划分出来——以及推测所有在这些界限之内的无论有生命或无生命的存在,都置于主权者的支配之下——在西方现代性的国家领土方面,有界限的体系居于中心位置。在这种威斯特伐利亚模式当中,领土方面的完整性与一个统一的司法管辖权威是一体两面;保护领土方面的完整性是国家维护其司法管辖权威之权力的对应面。

对于现代绝对主义者而言,西欧国家被作为它们国际法的"欧洲公法"(Jus Publicum Europaeum)所统治。可是,这种模式从其肇始起就是不稳定的,或者用克拉斯纳(Stephen Krasner)的著名习语来说就是,"主权就是虚伪"。① 美洲在15世纪被发现,帝国主义者冒险进入印度和中国,为控制印度海岸而进行的争斗以及19世纪非洲的殖民化,这些通过在边缘小打小闹而破坏了国家主权与国际法的这种形式。② 不仅是西方与其它大洲的对抗,而且非基督的奥斯曼帝国(Ottoman Empire)是否适用"欧洲公法"的问题,都显示出了这种秩序的局限性。虽然施米特自己在"大地的法"的演变中,使这种威斯特伐利亚制度几乎理想化了,但他自己的解释记载了它与生俱来的局限性以及最终的消亡。现代国家的非领土化(deterritorialization)与和它们关系密切的从早期资产阶级共和国到欧洲帝国的转换相匹配,英国、法国、西班牙、葡萄牙、比利时、荷兰或者意大利即属此类。③

---

① Stephen D. Krasner,《主权:有条不紊的伪善》(Sovereignty: Organized Hypocrisy, Princeton,1999)。
② 参见 Koskenniemi,《国家温和的教化者》,前揭,页98—179。
③ 对于这一主题的进一步的探究,参见 S. Benhabib,《主权的黄昏或世界主义规范的黎明:变革时代公民身份之反思》(Twilight of Sovereignty or the Emergence of Cosmopolitan Norms: Rethinking Citizenship in Volatile Times),见 Citizenship Studies 11, no. 1, February 2007,页19—36;现在见 Seyla Benhabib,《逆境中的尊严:动荡时代的人权》(Dignity in Adversity: Human Rights in Troubled Times, Cambridge, 2011),页94—117。

伴随这些发展的则是一些尝试去制定一种接替"欧洲公法"的新的国家间的法律。在这些尝试中，首先是已经失败了的国际联盟的尝试，即它在 1919 年到 1939 年之间所设计出的新的法律上的"空间秩序"（《大地的法》，225；257—258）。对施米特而言，这一时期的决定性问题——甚至甚于殖民地问题——是美国对国际联盟的关系。正如他颇为犀利地指出的那样，

> 一旦门罗主义的优先性——传统的西半球国家隔绝的原则以及对该原则的广泛解释——在日内瓦会议上被坚持，那国际联盟就放弃了所有严肃地解决最为重要之问题的尝试，即欧洲与西半球国家之间的关系问题的尝试。当然，对模糊不清的门罗主义的实践解释——它在具体个案中的适用、它对战争与和平的决定、它对盟国之间的债务问题以及赔款问题的影响——单独地留给了美国。……鉴于门罗主义在美洲事物上禁止所有国际联盟的影响，所以国际联盟在欧洲事物上的角色……被这些美洲成员国所共同决定。（《大地的法》，224；254—255）

在一个可能是对德里达（Jacques Derrida）笔下所产生的短语的转换中，施米特推断说：

> 美国因此正式并且绝然地不出席日内瓦会议。但是，正如在所有其它事情上一样，它也差不多是实际地并且极其热情地出席了会议。这也因此导致了官方缺席（official absence）与实际存在（effective presence）的一个奇怪的结合，也解释了美国和《日内瓦公约》（Geneva Convention）以及欧洲的关系。（《大地的法》，224—225）

施米特对涉及国际联盟、通常之国际组织与国际法上的美国例外主义——它的缺席存在(absent presence)——的识别是非常准确的,并且它在 1993 年的海湾战争至 2003 年的伊拉克战争期间,发现了新的并且能够予以接纳的受众。正是美国所理解的主权与当代那些处在最高法院法官疑惑不解的最源头的新的国家法律之间的关系,与国际法相对。① 事实上,从国际刑事法院(International Criminal Court)的角度来看,美国甚至于今天也仍然是一种缺席存在。

虽然我对施米特关于世界强国的美国在历史、地缘政治以及法律上反复无常的评论没有异议,但我们也必须清楚,施米特批判美国的行为举止,并不是想提供一种新型的国家间的法律,而是通过展现这种法律建立在伪善的基础上,而去完全破坏它。美国的霸权可能在经济和军事上是无可抵挡的,但在施米特眼中,它并不能在法律上被证明是正当的。

施米特在这个问题上的个人(personal)兴趣——这是前文提到的第三个层面——将摧毁 1919 年至 1939 年之间紧急出现的世界秩序的正当性,特别是将摧毁凭借侵略战争是法律上的犯罪(wars of aggression are legal crimes)的信条而将战争刑事定罪化(criminalization of war)的正当性。据此,施米特不仅试图挽救威廉二世的荣耀——作为 1919 年《凡尔赛和约》的一个结果,威廉二世被协约国宣布为战争犯,而且他也试图挽救他自己的荣耀,因为他要拒绝与去纳粹化委员会(Denazification Commission)的调查合作,并且要求恢复在二战后被盟国撤销的任教资格(venia legendi)的

---

① 美国例外主义的理论与实践和施米特政治理论之间的这种奇怪的密切关系,很好地被卡恩所研究,见其著作《政治的神学:主权概念新四论》(*Political Theology: Four New Chapters on the Concept of Sovereignty*, New York, 2011)。但是卡恩的方法论模糊了施米特的政治学并对其非常离谱的一些命题一笔带过。参见下述脚注第 30。

教育权利。① 如果这一时期,在国际联盟和侵略战争犯罪化影响下产生的法律秩序是以司法、道德和地缘政治上的伪善与矛盾为基础,那么,由战胜第三帝国而生的纽伦堡法律秩序,怎么可能是除这种已经破产了的法律秩序的继续以外的其它秩序呢?在这种背景下,施米特对于"有差别之战争概念"的抨击以及要求恢复"无差别的战争概念"的请求需要被评估,尽管对这些主题的关注,源自于其深刻坚实的理论担忧而并未独自反映其自我辩解的动机。

三、前现代之正义战争学说的终结

施米特在《大地的法》的第一部分对"欧洲公法"的颂扬,强调了这一体系通过抛弃中世纪的"正义"概念而使战争中立化。在这一转化过程中,敌人不再被视为是私敌(inimicus),而是公敌(justi hostes)(该分类也回到了施米特的"政治的"概念中)。② 敌人不是一个与其具有宗教、道德或存在主义之冲突的人——一个私敌——而是一个与其极可能产生潜在或真实利益冲突的人。

然而施米特在其从私敌当中区别公敌的尝试中从未始终如一,因为他的论点即敌人是一个与其有着最为"激烈冲突的"一种人。在最终的分析中,这种区别通向了原来他以人种的民族共同体(Volksgemeinschaft)为基础提出的人民理论。正如对施米特最早且最敏锐的观察者之一的洛维特所指出的:

---

① 参见 W. Scheuerman,《施米特与纳粹党人》(Carl Schmitt and the Nazis),见 *German Politics and Society* 23,summer 1991,页 71—79;以及 W. Scheuerman,《施米特:法的终结》(*Carl Schmitt: The End of Law*),Lanham,1999;R. Mehring,《施米特:兴衰浮沉》(*Carl Schmitt: Aufstieg und Fall*,Munich,2009)。
② 关于施米特自己的惯用语的不连续性,参见《政治的概念》(*Der Begriff des Politischen*),有一个前言和三个推论的 1932 年版,7th ed.,Berlin,[1932]2002;TCP,页 26—27;28;33;36。

一方面,他必须抓住一个不再适合于他自身之历史处境的实体,并从中派生出敌意的实质内容;另一方面,作为一个思虑间或非常深远以至于不能相信神圣意志与自然赋予之区分存在的现代的后浪漫主义的人,他必须再次使实质的假设相对化,并将他整个的根本区分转变为一种形式性的存在。结果就是,施米特区分敌人-朋友的关键性陈述,在一种实质的敌意与友谊和一种偶然的敌意与友谊之间来回变化。因此,我们不知道这里紧要的是指那些同一类人和不同类的人,还是说紧要的只是那些偶尔结盟的人,他们要么支持要么反对某种人。根据以这种含糊不清为基础而作出的转换,施米特强化了他的政治概念,它的本质特征不再是城邦(polis)的生活,恰恰相反,它仅仅是战争法(jus belli)。①

在一个更为实证的层面上,施米特重构基督教神学家在遭遇新世界时所使用的最终衰落了的"正义战争",是有先见之明的(《大地的法》,页69以下;页102以下),并且这些重构预见了使用后殖民主义理论的当代学者所完成的一些最好的成果。② 但在

---

① Karl Löwith,《施米特的机缘决断主义》(The Occasional Decisionism of Carl Schmitt),见 Martin Heidegger and European Nihilism, Richard Wolin 编, Gary Steiner 译, New-York, 1995, 页151。

② 比较 Uday Mehta,《自由主义与帝国:十九世纪大不列颠自由思想之研究》(Liberalism and Empire: A Study in Nineteenth-Century British Liberal Thought, Chicago, 1999); Sankhar Muhtu,《反抗帝国的启蒙》(Enlightenment against Empire, Princeton, 2003); Karuna Mantena,《帝国的辩词:梅因与自由帝国主义的终结》(Alibis of Empire: Henry Maine and the Ends of Liberal Imperialism, Princeton, 2010); Bhikhu Parekh,《文化多元主义的反思:文化的多样性与政治理论》(Rethinking Multiculturalism: Cultural Diversity and Political Theory, Cambridge/ MA, 2002); Richard Tuck,《战争与和平的权利:从格老秀斯到康德的政治思想与国际秩序》(The Rights of War and Peace: Political Thought and the International Order from Grotius to Kant, Oxford, 1999); James Tully,《关于财产的谈话:洛克与他的对手们》(A Discourse on Property: John Locke and His Adversaries, Cambridge, 1983),以及 James Tully,《公共哲学新解》(转下页注)

施米特那里,事情永远不会简单,因为他不仅打算批判中世纪的正义战争(just war)学说,而且计划整体性地谴责宣布侵略战争违法这一歧视(discriminating)战争的概念。

"以国家之间的关系为基础",施米特写道,

> 中世纪之后,从16世纪到20世纪的欧洲国际法,力求抑制正当原因(justa causa)理论。在国际法中,决定正义战争的参照点不再是教会的权威,而是平等的国家主权。将正当原因取而代之,国家之间的国际法则建立在公敌的基础之上。任何国家之间的、平等主权者之间的战争都是合法的。考虑到这种法律上的表述,战争的合理化和人性化已经实现二百年了。(《大地的法》,91;121)

这种战争的概念建立在道德的-神学的前提从法律的-政治的前提分离的基础之上,以及建立在"以道德论证与自然法为基的正当原因从典型的法律上的-正式的公敌问题相分离的基础之上,它有别于犯罪的,也就是说有别于变成惩罚行为的客体"(《大地的法》,91;121)。施米特也将之命名为"中立的"战争概念:

> 所有欧洲大地之上的国家间的战争,即通过由欧洲国际法(Völkerrecht)所承认的国家的军事上有组织的军队所实施的战争,在这种国家间时期的欧洲国际法的意义上来说,都是

(接上页注)(*Public Philosophy in a New Key*, Vol. 2, Imperialism and Civic Freedom, Cambridge, 2008); Anthony Pagden 编,《现代欧洲早期政治理论的语言:语境中的观念》(*The Languages of Political Theory in Early-Modern Europe: Ideas in Context*, Cambridge, 1987); A. Pagden,《全世界的主人们:公元1500—公元1800 西班牙、大不列颠与法国的帝国意识形态》(*Lords of All the World: Ideologies of Empire in Spain, Britain and France c. 1500—c. 1800*, New Haven, 1998)。

正当的。(《大地的法》,115;143)

相比之下,1918年至1939年的国际法通过宣布侵略战争违法而破坏了这些区别,从而也消除了公敌和私敌之间的区分。反对这种新法律秩序的战争变成了非正义的战争,并且敌人变成了罪犯——一个反人道的罪犯。《论永久和平》的作者康德已经在其混乱的"不公正的敌人"概念中,预料到了这些发展的一些内容。

四、康德的批判

"独立国家之间彼此攻打的战争,不可能公正地是惩罚的战争(bellum punitivum)",康德在他晚期的作品《法的形而上学原理》一书中写道。① 在自然状态下,国家既拥有进行战争的权利,也拥有对侵犯其之犯罪进行报复的权利。② 在这种情况下,没有裁判在国家之间去仲裁,也没有一个关于它们的上级,③准确地说,正因为如此,康德总结说:

一切国际战争,既不可能是摧毁性的战争(bellum internecinum),甚至也不可能是"征服的战争"(bellum sub juga-

---

① Immanuel Kant,《道德形而上学》(Die Metaphysik der Sitten in zwei Teilen),见 *Immanuel Kants Werke*, A. Buchenau, E. Cassirer, 与 B. Kellermann 编, Berlin, [1797] 1922;英译本 *The Metaphysics of Morals*, Mary Gregor 编、译, *Cambridge Texts in the History of Political Thought*, Cambridge, 1996。本文参引这一版时统称 Kant, MEJ, 然后是段落与页码。[译注]康德,《法的形而上学原理》,沈叔平译,北京:商务印书馆,1991,页182。
② 同上,56,116。[译注]中译见康德,《法的形而上学原理》,前揭,页181。
③ 康德在其关于"自然状态"的一些陈述出奇地接近霍布斯,对此已被塔克(Richard Tuck)在下书中所强调指出:《战争与和平的权利:从格老秀斯到康德的政治思想与国际秩序》,前揭,页207—209。

torium）。因为这会导致一个国家精神上的灭亡。……之所以不可能是征服的战争……因为民族权利的观念，仅仅包括一种对抗性的概念，也就是根据外在自由的原则，为了使一个国家可以保持应该属于它的东西，但是，这不是为了获得一种条件，从扩张它的力量中可能变成对其它国家的威胁。①

一国可以要求"战败国提供物资供应并纳贡"，但其不能"劫掠战败国的人民"，也不能"征服他们"，也不能"剥夺他们的公民自由"。② 康德试图依据尊重人之尊严以及民族道德上的地位的道德戒律来限制战争这种努力是如此伟大，以致于他甚至禁止一旦战争爆发时以一种可能会使臣民"不适合成为公民"的方式利用其臣民。③ 这些被禁止的手段包括，利用国民去当间谍、暗杀者、投毒者、狙击手以及散布伪造的新闻。战争必须以条约来结束，并且战俘必须无赎金而被交换。

清楚的是，康德尽可能地依据视人为目的而非仅为工具的原则，尽力限制进行战争的权利（jus ad bellum）和战争中的权利（jus in bello）。施米特也称赞了"康德的宅心仁厚和悲天悯人"（《大地的法》，142；170），但是，他也极大地被康德在引入"不公正的敌人"（der ungerechte Feind）④时而在《法的形而上学原理》一书第六十节处采用的转变所困扰。国家之间没有惩罚的战争观念，在施米特的术语里是"战争的非歧视概念"，通过"不公正的敌人"这一概念的引入，康德的思想对倒退到将战争视为正当原因并把敌人即"公敌"视为罪犯产生了威胁。但是，谁是"不公正的敌人"，即反对其的那些"被其威胁或者感觉被其威胁的国家的权利没有

---

① 同上，57，117。[译注]中译见康德，《法的形而上学原理》，前揭，页182—183。
② 同上，118；[译注]中译见康德，《法的形而上学原理》，前揭，页183。
③ 同上，117；[译注]中译见康德，《法的形而上学原理》，前揭，页183。
④ 同上，60，118；[译注]中译见康德，《法的形而上学原理》，前揭，页185。

限制"(《法的形而上学原理》,60;118;《大地的法》,141;169)?①

康德的回答是,不公正的敌人"公开表示自己的意志,不论它是用语言或行动,但它违背行为准则,如果把这个国家的做法变成一条普遍的法则,那么各民族之间便不可能维持和平状态,并使自然状态必然永远持续下去"。② 康德仅援引了对公约的违反作为这一准则的例证,但清楚的是,他对这个涉及到的内容有一个更加扩展的概念。而这正是施米特挂念之所在。施米特自信地宣称,"这肯定不是通过持续的犯罪与暴行来破坏战争规则和违反进行战争权利的敌人"(必须补充一点,我并不确定施米特是如何通过康德的著作而得出这一点的,但是,我并不想在这里就这一点展开进一步的研究。)。施米特问:"如果自由被威胁了,那么是被谁威胁了,谁将具体地来决定?"所有这一切依然是开放的,并且听起来像是正义战争这种古老的教条……。(《大地的法》,141;169)

作为一名法学家,施米特关注语言与行动之间的区分,并询问语言是否足以使一国单独成为"不公正的敌人",是正确的。比如,一个可能与已建立的国际秩序相矛盾的国家意识形态上的宣传,就足以宣布其为"不公正的敌人"吗?这里想一下当代的伊朗。康德的原则在看似消灭言语的战争与行动的战争间的区分内,不是危险地扩张并含混不清吗?

有一种更为直接的方法给康德的定义引进一些内容,这包括阅读那些根据康德在 1795 年《论永久和平》一文中所确立的原

---

① 比较 Hauke Brunkhorst 对康德和施米特的讨论,《进行战争的权利:霸权的地缘政治或公民的宪政主义》(The Right to War: Hegemonic Geopolitics or Civic Constitutionalism),见 *Constellations* 11, no. 4, 2004,页 512—25;同时比较 Wolfram Malte Fuss,《敌人:康德与施米特的极端罪恶与政治神学》(The Foe: The Radical Evil, Political Theology in Immanuel Kant and Carl Schmitt),见 *Philosophical Forum*, 2010, 181—204。
② 康德,《法的形而上学原理》,前揭,60;119。[译注]中译见康德,《法的形而上学原理》,前揭,页 185。

则。一个不公正的敌人可以被解释为一个像反对暂时性原则那样拒绝《论永久和平》一文中所说的三项决定性原则的国家。这些原则是:"每个国家的公民体制都应该是共和制","国际法以自由国家的联盟制度为基础",以及"世界公民权利将限于以普遍的友好为其条件"[康德(1795年)1923年版,434—446;1994年版,99—108]。① 通过明确拒绝承认这些原则而拒绝同其它国家进入一种"合法状态"的任何国家,依然处于一种"自然状态"中,那也就是说,它依然处于一种"敌意的状态"之中。对于我的前述理解,康德的两个史进一步的论点提供了文本证据。

首先,因为所有国家的自由将被那些拒绝这些原则的国家所威胁,那么,其它的国家就能够发动战争来反对这些国家,但它们并不能使这些国家从大地上消失,因为这将是

> 对该国人民不公正的做法,他们不能失去缔结成一个共同体的原始权利,并据此采用一部新宪法,从性质上看是不会倾向于战争的宪法。②

一个民族"能够采用一部新宪法",换句话说就是,政权更迭使不公正的敌人尊重永久和平的原则是允许的。于是,施米特在

---

① 我查阅了数个关于康德《永久和平论》这一篇论文的英文译本,并在必要的时候予以文本以修正。参见 Immanuel Kant,《永久和平论:一部哲学的规划》(*Zum Ewigen Frieden:Ein philosophischer Entwurf*), 见 *Immanuel Kants Werke*, A. Buchenau, E. Cassirer/ B. Kellermann 编, Berlin, [1795]1923;英译本:H. B. Nisbet 译, *Perpetual Peace:A Philosophical Sketch*, 见 Kant: Political Writings, Hans Reiss 编, Cambridge Texts in the History of Political Thought, 2nd and enlarged ed., Cambridge, 1994。本文中引用的第一个日期和页码是德文本的,第二个是英文本的。[译注]中译见康德,《历史理性批判文集》,何兆武译,北京:商务印书馆,1990,前揭,页109、113、118。

② 康德,《法的形而上学原理》,前揭,60;119。[译注]中译见康德,《法的形而上学原理》,前揭,页186。

这点上是没有错的,那就是,他在康德的作品中看到了自由世界秩序的开始,在这种自由的世界秩序当中,被认为合法的政权范围被缩小到尊重通过永久和平原则而被定义的国际法的政权。但这种回答产生了更深层次的困境:在新的世界秩序当中,于是只有共和制是可以接受的?对于康德在其它的著作中有溢美之辞的像中国这样的帝国又如何呢?或那些不想被欧洲列强征服且为康德在其它著作中所赞美的没有定居且游牧的人民又如何呢?"永久和平"原则究竟有多么广泛和深入呢?问题依然存在。①

其次,在康德讨论不公正的敌人之后的段落中,他回到了他"国家的联合体"(Völkerbund)观念,这一观念要摆脱与普遍流行于各国之中的自然状态的关系,并因此也放弃单方进行战争的权利。②众所周知,康德发现清楚地表达这样一种联合体的准确政治形态是非常困难的;他拒绝世界-国家的观念;希望为一种世界-共和制的原则辩护并以"一个为了维护和平的若干国家的联合体"而终结,这可以被称为"各民族的永久性的联合大会;每一个临近的民族都可以自由参加"。③也许那时,不公正的敌人是一个完全拒绝参加这样一个联合体的国家;或者是一旦已经加入而希望退出的国家,或者甚至可能是一个以不同的原则为基础而形成的相互竞争之联合体的国家之间的集团,这样就会阻碍世界-社会向一种法的状态发展演进。

我认为在这些问题上,康德文本至少有两点是可能的:第一,

---

① 这里康德关于国家间关系的学说导致了他的世界公民权利理论,它构成康德"永久和平"的第三个决定性的条款:"世界公民权利将限于以普遍的友好为其条件"(Kant 1795[1923],443;1994,105。[译注]中译见康德,《历史理性批判文集》,前揭,页118)。比较 Tuck,《战争与和平的权利》(*The Rights of War and Peace*),页220以下。比较 S. Benhabib,《导论:没有幻觉的世界主义》(Introduction: Cosmopolitanism without Illusions),见《逆境中的尊严:动荡时代的人权》,前揭,页1—20。
② 康德,《法的形而上学原理》,前揭,61;119。[译注]中译见康德,《法的形而上学原理》,前揭,页186。
③ 同上,页187。

不公正的敌人是那些完完全全拒绝永久和平全部的三项基本条款的国家;第二,一些国家也许拒绝前述条款中的第一条、第二条和第三条的一些文字,但可能接受国际法及"和平的联盟"的一些形式。① 尤其是,也许并非所有国家都乐意或能够接受一种"共和制的宪法"。它们也应被当作是不公正的敌人吗?

很难否定的是,在这些晦涩不清的字里行间,我们遭遇了康德主义者所谓的自由国际法的一些悖论。第一个且最为重要的是,国家必须自愿希望加入一个"和平联盟",也就是说,最小限度是,它们必须建立一种彼此合法共存的状态,例如,它们之间的冲突能够被居中裁定并且战争的选择权被严格限制——即使并未被完全消除。不像康德那样,施米特怀疑究竟能否有这样一种建立在一个"中立的"裁判权威基础之上的国家之间的一种合法性状态。对他而言,政治决定人的全部行动。因此,施米特建议人们接受主权国家之间战争的不可避免性,并将敌人不要视为是罪犯,而是将之视为一个有价值的对手,而不是努力并消灭国家之间的战争或者使之受制于只是看似中立的实体的裁判。对施米特而言,国家之间的战争更像是决斗而非战争。但是,康德在这里却更为激进:他并未将战争视为决斗,而是将之视为平民所遭受的最大的损害,这些平民除非生活在共和国里,否则他们为了主权者的荣耀则既不能免于服兵役,也不能免于牺牲和伤残。

对我们来说,尽管这里所说的很多东西可能听起来晦涩难懂,并且我们可能忽视了很多历史上的微小差异,②然而我们应当指

---

① 参看论文集:《永久和平:关于康德世界主义思想的文集》(*Perpetual Peace: Essays on Kant's Cosmopolitan Ideal*, James Bohman/ Matthias Lutz-Bachmann 编, Cambridge/MA, 1997)。
② 对于也调查了对康德这一方面思想的兴趣复兴的原因的一个有启发性且详细的解释而言,见 Martin Frank,《康德与非正义之敌》(Kant und der ungerechte Feind),见 *Deutsche Zeitschrift für Philosophie* 59, no. 2, 2011, 页 199—219。

出的是，施米特的话并未装腔作势，并且他将康德视为学说变革的首倡者，这种变革最终将破坏战争的非歧视概念。"但同样显而易见的是，对于康德而言，这是可能的"，施米特写道，

> 正如较早时候神学家使用哲学上的道德规范去否认公敌概念一样，通过引入歧视战争来毁灭欧洲公法的法学家的成果。（《大地的法》，143；171）

这些变革将导致通过凯洛格-白里安公约而宣布侵略战争违法并将国际法的范围扩大到不仅包括"战争犯罪"，而且也包括"反人类罪"的范畴。早在康德禁令里面就已经反对使用人类作为间谍、狙击手以及宣传者，某种意义上对战争中能需要人并对人作什么予以限制的人之尊严是显而易见的。

虽然施米特对康德的所有批判都与他所宣称的下述内容保持一致，即政治是"人类冲突的最为激烈的类型"，因此，并不能使它屈从于法律的、宗教的、道德的或者美学的领域，当然，也有施米特个人的怨恨因素，这些怨恨伴随着他的很多断言而出现。施米特将纽伦堡审判与东京审判视为胜利者的正义（Siegerjustiz, victor's justice）与非法的自我炫耀——法无规定，则无犯罪，亦无刑罚（Nullum crimen, nulla poena sine lege）——的一种形式。或者，就像他极为讽刺地将之与大屠杀置于一起："它是一个'反人类罪吗'？存在一个如对爱的犯罪一样的罪行吗"？① 施米特进一步说道，

> "种族灭绝——屠杀人民——一个令人同情的概念；我亲

---

① Carl Schmitt，《语汇：1947—1951 年笔记》（Glossarium: Aufzeichnungen der Jahre 1947—1951, Berlin, 1991）。第一处引用是从第 113 页开始，日期为 1948 年 3 月 12 日；第二处引用从第 265 页开始，日期为 1949 年 8 月 21 日；第三处引用从第 182 页开始，日期是 1949 年 12 月 6 日。

身经历了这样一个例子:1945 年德意志-普鲁士公务人员的灭绝。"最后他说道:"有反人类的犯罪和为了人类的犯罪。反人类的犯罪是德国人所犯下的。为了人类的犯罪则是杀害德国人。"

施米特不单单是好斗且喜欢争论的政治学理论家,而且也是为自保而发动战争的国家权的理论家,是拒绝人权以及反人类罪等概念的理论家,他认为这是在使超级大国的政治道德化。①

在《康德的永久和平观念:两百年的历史间隔》一文中,哈贝马斯讨论了施米特对康德的批判。他说,

> "从康德的永久和平观念中汲取并且指向世界秩序创立的世界组织的政治活动,留意到相同的逻辑",根据施米特,"它的泛干预主义将不可避免地导致泛刑事定罪化,并因此导致它原本应服务的目标的颠倒"。②

哈贝马斯尤其反驳了施米特的下述主张,即

> 人权政治导致了战争,这种在警察行动掩饰下的战争呈

---

① Chantal Mouffe 编,《施米特的挑战》(*The Challenge of Carl Schmitt*, London, 1999);C. Mouffe,《施米特与自由民主政治的悖论》(Carl Schmitt and the Paradox of Liberal Democracy),见 *Canadian Journal of Law and Jurisprudence* 10, no. 1, 1997,页 21—33。

② Jürgen Habermas,《康德的永久和平观念:两百年的历史间隔》(Kant's Idea of Perpetual Peace: At Two Hundred Years' Historical Remove),见 *The Inclusion of the Other: Studies in Political Theory*, Ciaran Cronin、Pablo de Greiff 译, Cambridge/ MA, 2001,页 165—203,这里是页 188。本文中引用的都标 Habermas, KIPP,接下来是页码。关于揭示康德-施米特之间一些密切联系之关系的读物,参见 Reinhard Mehring,《1945 年后施米特与哈贝马斯所使用的"法"》(*Der "Nomos" nach 1945 bei Carl Schmitt and Jürgen Habermas*), http://www.forhistiur.de/zitat/0603mehring.tm (2006 年 3 月 31 日)。

现出了一种道德的特性;第二,这种道德化给对手加上了敌人的恶名,并且作为结果的刑事定罪化首次给非人道以完全地自由决定权。(同上,页188—189)

毫无疑问,就国际性的联盟和世界政治而言,自冷战结束和1989年柏林墙倒掉之后的过去20年,一直都是极其令人困惑和扑朔迷离的,在这一进程中,还产生了一些奇怪的合作伙伴。我们仍然能听到这种施米特主义者批评的声音,即由美国主导的第一次海湾战争、北约干预科索沃危机、阿富汗战争以及伊拉克战争都是"战争道德化"的实例,其都宣布敌人是罪犯。[①] 当然,当代的左翼施米特主义者,即依据单一的霸权国家竭力成为全球性的帝国来理解每一场冲突的那些人,要比我们这些剩下的作为公共知识分子和公民的人拥有更多的悠闲时间,我们这些人在这些问题上的道德直觉与政治判断,经常混乱不堪且充满冲突,但这并不是因为缺乏清晰的思考与信息。正如阿伦特在一个极为不同的背景下所观察的那样,是意识形态思考的标志"拥有一把解开所有谜团的钥匙";[②]没有这把钥匙的话,我们就不得不学习作严格区分的技艺,例如,可能对最初美国反对塔利班的行动说"是",而对第二次伊拉克战争说"不";可能对在没有联合国安全理事会投票表决的情况下对科索沃危机说"是";可能对利比亚问题说"不",即使是具有安全理事会的决议授权等等。作出这样的判断是"我们这

[①] Perry Anderson,《武器与权利:战争时代的罗尔斯、哈贝马斯与博比奥》(Arms and Rights: Rawls, Habermas and Bobbio in an Age of War),见 *New Left Review* 31, January-February 2005,页5—40。

[②] 这是一种普遍流行于阿伦特的很多著作中的主题;比较《极权主义的起源》(*The Origins of Totalitarianism*, New York, 1979);第一次出版的题目是《我们时代的负担》(*The Burden of Our Time*, London, 1951)。关于判断、宣传与理解,参见《理解与政治》(Understanding and Politics),见 Arendt, *Essays in Understanding* 1930—1945, Jerome Kohn 编, New York, 1994,页307—28,这里是页313。

个时代的负担"。

总而言之,我希望探索思考有关国际法与世界人权规范的新的路径,这些国际法和世界人权规范证明了一些左派人士的不安,即国际法屈服于一个"精神的巴士底狱"(Geistes Bastille)是虚假的——一个思想的或精神的监狱。施米特对外部主权与国际法的讨论有很多维度,但我只想集中于其中一个。二战后,限制主权的人权公约是强加给民主制的民族意志的道德说教吗?我们如何能使国际人权规范与民主政治的主权之间的关系概念化?在这些问题上,自由主义思想家和民主政治思想家之间存在一个重大的分歧,施米特的思想在帮助我们彻底地想清楚我们当代的困境这一问题上有些许的指导意义。

五、主权主义的变种

除了侵略战争的刑事定罪化之外,二战之后国际法当中最为重要的发展之一就是通过人权规范的传播对国家主权所加的规范性的限制。我将把1948年的《世界人权宣言》之后完成的许多条约作为"世界性的人权公约"。① 这些公约确定了作为具有权利之存在的人的地位,这不仅是由于他们的国家的公民身份,而且是由于他们的人的特性,尽管这样的权利仅在特定政治实体的背景下,才能够被有意义地运用。在这些发展中,看到由康德明确有力地表达出来的特定规范性原则的繁荣兴旺,是非常正确的。

施米特对强加给内部主权的限制和强加给外部主权的限制以一样地嘲讽。通过不区分限制内部的、国内的主权的人权规范与禁止侵略战争、限制外部主权的规范,进步的思想家们,即

---

① 参见 Benhabib,《导论:没有幻觉的世界主义》,前揭,页1—20。

那些希望利用施米特的思想批判当下国际秩序伪善的人,面临着将孩子和洗澡水一起泼掉的风险,也就是说良莠不分一起抛弃。最后,我想简洁地说明,将世界性的规范强加于自决之政治实体的一种霸权模式,在制度和规范上曲解了当代条约与国家的世界。

由反对最近法律发展的主权主义者所提出的规范性反对意见,能够被区分成民族主义的变种和民主主义的变种。民族主义的变种将法的正当性回溯到了一种离散的、有清晰界限的民族自决那里,这种民族的法惟独表达并约束它的集体意志。民主主义的变种认为,除非自决的民族能视其本身既是它的法的制定者,又是法的主体,否则法不能被认为是正当的。对民主的主权主义者来说,法表达一个民族(ethnos)的意志并不是最重要的,重要的是,应该有清晰且受认可的有关法是如何形成的、以谁的名义颁布以及它们的管辖权在民族的名义下扩展到什么程度等的公共程序。

民主主权主义者(democratic sovereigntist)的论点有很多追随者,其间有纳格尔(Thomas Nagel)、斯金纳(Quentin Skinner)、沃尔泽(Michael Walzer)以及桑德尔(Michael Sandel)。① 让世界主义者和主权主义者之间的争论变得清晰一些的一种途径是,集中于享有广泛支持的全球性规范的系属(family)。这些国际性的人权规范,由1948年《世界人权宣言》发起。民主主权主义者如纳格尔和世界主义者如哈贝马斯都同意——施米特的步伐

---

① Thomas Nagel,《全球正义的问题》(The Problem of Global Justice),见 *Philosophy and Public Affairs* 33,2005,页113—47;Quentin Skinner,《自由主义之前的自由》(*Liberty before Liberalism*,Cambridge,2008 [1998]);Michael Walzer,《球形正义:为多元主义和平等辩护》(*Spheres of Justice: A Defense of Pluralism and Equality*,New York,1983);Michael J. Sandel,《民主的不满:美国追求一种公众哲学》(*Democracy's Discontent: America in Search of a Public Philosophy*,Cambridge,1996)。

(pace)——除了关于国家间战争之禁止与实施的国际法之外,人权构成二战后国际体系的基础。① 对于超越既存之国家政治自治的世界国家的形成而言,国际法的传播并不需要采取一种社会契约的形式。② 相反,正如哈贝马斯所主张的那样,"今天,世界政治的法律化的任何概念化,都必须把作为一部世界性宪法发起主体的两种范畴的个人与国家,看作它的出发点"(同上注,页449)。因此,问题并非是一个国家是否能够走向一个没有竞争对手的世界,而是是否有方式能够调停国际规范与民族-民主规范,民族-民主规范将不牵涉使国家的服从于超国家的,而是将在人权规范的解释、司法与适用中捍卫正当的多元化。

我想在三种不同但又相互支持的模式中进行区分,这些模式试图使世界主义的人权规范与意志和观念形成的民主过程之间的这种调和(mediatization)概念化。这种可以给予两种规范以新的且意想不到的解释学背景的调和,能够通过"民主反复"的法律生成过程(jurisgenerative processes)而发生,这种民主反复,根据世界主义者的思想来解释国家和民族并置其于相应的背景下。调和的第二种形式包含国际人权公约对申请加入其的国家的制度性影响;第三种形式是关于此类条约对法院与司法(adjudication)的影响。我的论点是,很多左翼世界主义批评家忽略了国际法体系的现实操作,并且认为这种新的法律秩序好像是一种平

---

① Nagel,《全球正义的问题》,前揭,页114。参见哈贝马斯对纳格尔论文的评论,《国际法的宪法化与一个对国际社会而言的宪法的正当性问题》(The Constitutionalization of International Law and the Legitimacy Problems of a Constitution for a World Society), 见 Constellations 15, no. 4, December 2008, 页444—55;关于人权,参见页445 与 447。我已在下述论文中广泛地讨论了这一问题:《跨国要求权利:国际人权与民主主权》(Claiming Rights across Borders: International Human Rights and Democratic Sovereignty), 见 American Political Science Review 103, no. 4, November 2009, 页691—704。

② Habermas,《国际法的宪法化》,前揭,页448—49。

稳的"控制结构",但它不是。今天的挑战是为明确表达这种新国际法的领域而发展出一种制度性的、规范性的与概念化的模式。①

(一) 国际规范与民主主权的法律生成调和

通过法律生成(jurisgenerativity)这一由科弗(Robert Cover)最早建议使用的术语,②我理解了法律创制一个规范性意义领域的能力,这种规范性的意义领域常常能够摆脱"正式的法律制定的起源"。③ 法律是在他们自身无法控制的表意背景内被解释从而获取意义的。没有解释就没有规则;规则只能在它们被解释的范围内被服从。④ 但是也没有这样的规则,即能在各种不同的解释背景之内控制其可以适用的解释的种类。法律的规范性不在于它的形式有效性,这也就是说,并不仅在于它的正当性,虽然这很重要。通过发展给公众制造主张的新型词汇,通过鼓励新的主观形式与公共领域相衔接,通过将未来的正义期待插入既存的权力关系,法律也能够建构一种超法律的规范领域。法律期待正义的形式在未来实现。法律不仅仅是统治的工具和强制的方法;"法律的力量"[这里使用了德里达说法]⑤包括期待正义的实现,虽

---

① 最近的参见 Jeremy Waldron,《为全人类所共有的部分法律:美国法院中的外国法》(*Partly Laws Common to All Mankind: Foreign Law in American Courts*, New Haven, 2012)。
② 参见 Robert Cover,《前言:法与叙事》(Foreword: Nomos and Narrative),见 *Harvard Law Review* 97, no. 4, 1983/84, 页4—68。这些材料中的一些取自 Benhabib 的《跨国要求权利》。
③ Cover,《前言:法与叙事》,前揭,页18。
④ 当然,这些是哈特(H. L. A. Hart)著作的决定性洞见,比较《法的概念》(*The Concept of Law*, Clarendon Law Series, Oxford, 1997),页79—100。
⑤ Jacques Derrida,《法的力量:权威的神秘基础》(The Force of Law: The Mystical Foundation of Authority),见 *Cardozo Law Review* 11, no. 919, 1989—1990, 页920—1046(双语文本,Mary Quaintance 译)。

然法律永远不能完全地实现这一目标,但是这永远是它的目标所指。

民主主权主义者忽略了国际人权规范在民主政治中能够通过给制造主张创制新的词汇以及通过给之后变成了权利行动主义与霸权抵制之跨国网络一部分的市民社会角色打开新的动员渠道,从而赋予公民以权利(empower)。① 人权规范要求解释并本土化;它们不能仅被法律精英与法官强加于反对的民族之上;与之相反,它们必须通过对它们自己的解释、清晰表达与重复而成为民主之民族的公共文化的要素。

这样的情景化,除了在不同的国家受各种各样的法律传统的支配外,在它通过市民社会自由公共空间之内法律与政治制度的相互作用而被实施的范围内,还获得了民主的正当性。当这样的权利原则被人民作为他们自己的而运用时,那么它们就失去了它们的狭隘特征以及经常与其关联的西方家长制的嫌疑。我把这种运用的过程称为"民主的反复"。②

(二) 国际规范的制度主义调和

西蒙斯(Beth Simmons)为分析人权规范对签约国的影响,提供了一个更有经验的和制度上的方法。在其颇有影响的著作中,西蒙斯着眼于通过现实情况的研究,来分析国家批准的各种人权条约对人权规范在国内被遵守的影响。西蒙斯观察到,

---

① Margaret E. Kick、Kathryn Sikkink,《超越边境的活动家》(*Activists beyond Border*, Ithaca,1998);Thomas Risse,Steven Rapp/Kathryn Sikkink,《人权的力量:国际规范与国内变革》(*The Power of Human Rights:International Norms and Domestic Change*, Cambridge,1999);Beth Simmons,《为人权而动员:国内政治中的国际法》(*Mobilizing for Human Rights:International Law in Domestic Politics*,Cambridge,2009)。
② 参见 Seyla Benhabib,《民主的除外与民主的反复:权利及其他的反思》(Democratic Exclusions and Democratic Iterations:Rethinking The Rights of Others),见《逆境中的尊严:动荡时代的人权》,前揭,第八章,页138—66。

比较有意思的情形……是那些政府批准了一项国际人权条约,但却没有采取行动使其生效或遵守它。一项已被批准的条约为什么在这样的情形中有很大不同?①

一个原因可能是因为,在一些行政辖区条约构成法律,它们能够使民权诉讼增加。但当被批准的条约使公民的动员成为可能时,那么它就有了更多的挑战。西蒙斯集中于"非民主"国家以证明,"批准将一种新的权利模式注入了国内的话语,潜在地改变了国内团体的期望,并鼓励他们将自己想象为有权享有官方尊重的形态"(同上,页445)。西蒙斯展现了《公民权利和政治权利国际公约》在几个国家对民事自由以及宗教自由之影响的分析。她写到,

这些成绩使人想起了一个谦逊但很重要的结论:国际条约的承诺很可能已经在全世界很多国家对民权实践作出了积极的贡献。(同上,页480)

(三) 调和国际规范的司法模式

还有一种由斯威特(Alec Stone Sweet)关于世界主义秩序兴起的著作所发展出来的更深层次的方法,这种世界主义秩序的出现是通过欧洲人权法院、欧洲法院与不断扩展的欧洲法律领域内的国家法院之间的立法与司法的相互影响而产生。斯威特写道:

---

① 参见 Beth Simmons,《国际法中的公民权:符合〈国际人权法案〉的外观》(Civil Rights in International Law: Compliance with Aspects of the International Bill of Rights),见 *Indiana Journal of Global Legal Studies*16, no. 2, Summer 2009,页437—481,这里是页443。本文中缩略为 Simmons,然后是页码。

世界主义法律秩序是一种超越国界的法律体系，在这种法律体系内，所有的公众官员都必须承受在其管辖权范围之内实现每个人基本权利的职责，不论国籍和公民资格。在欧洲，世界主义法律秩序已经随着《欧洲人权公约》并入国家法而形成了。这种体系由分散着的主权者所支配：通过欧洲人权法院的支配而使其活动相协调的法院共同体。①

通过民主的反复、通过制度上由国家间的条约而将条约义务融入市民社会，并且也通过司法与立法的相互影响，人权规范呈现出了血肉之躯。民主主权主义者害怕世界主义的人权规范必须推翻民主政体的立法，这是没有根据的，因为人权规则特有的解释与实施根本上要依靠由民众形成的民主意志，当然，这并不是说在解释或者实施的过程中没有冲突。

结　论

我们已经在全球市民社会的发展中进入到了一个新的阶段，在这种全球性的市民社会中，国家主权与各种人权政治制度之间的关系不仅产生了日益增加的干预主义的危险，而且也自相矛盾地为跨国界的民主反复之串联形式创造了空间。正是这种新法律与政治景致的纠缠不清，使左右翼评论家对施米特的著作都进行了评判。然而施米特的著作，尽管它可能在历史上富有价值且在概念上引人入胜，但是，要想将其从施米特自己与纳粹政权的政治纠缠之中的意识形态的系泊处解脱出来，却并非易事。施米特在

---

① Alec Stone Sweet,《一种世界主义的法律秩序：欧洲的宪政多元主义与权利裁决》(A Cosmopolitan Legal Order: Constitutional Pluralism and Rights Adjudication in Europe)，见 *Global Constitutionalism* 1, no. 1, 2012, 页 53—90。

康德的"不公正的敌人"的学说中所看到的模棱两可与晦涩难懂，也并不是就是错误的，这种模棱两可与晦涩难懂可能导致自由世界主义的一个高压政权。然而，在二战后的期间内，人权规范的演变开创了国际法的新阶段，其并不能被解释为一个新自由主义霸权所意图的高压政权(coercive regime of neo-liberalhegemonic intentions)。如此做的批评者们未能理解由这些发展所创立的国际法与民主之主权之间调和的结构。最后，我简洁地提出三种不同但互补的方法来理解这样的调和。当然，超级大国在赞成或违反侵略战争规范中的伪善，并不能独自地被满布人权规范的政权所阻止，但是，通过对国际法律规范在这两方面的区分，公民们变得更加有权利去批评他们自己的政府。与此相反，施米特的遗产通过把国家对解释的垄断专用于它自己在平行世界中幸存的战略利益，从而剥夺了公民的权力。

施米特与托克维尔论民主时代的政治未来
——纪念托米森(Piet Tommissen,1925—2011)

加缪(Anaïs Camus)、斯多摩(Tristan Storme) 著
张兴娟、白雪松 译　朱晓峰 校

一、导　言

　　虽然托克维尔和施米特都影响了政治理论的主要趋势(正如在马克思主义学说衰落之后他们思想在欧洲的复兴所表明的那样),但是他们代表了两种明显对立的运动:托克维尔被看作是一名自由主义者或倾慕自由的共和主义者,而施米特经常被认为是自由主义的主要反对者。尽管一些学者已经对他们可能趋同这个论题做过一些简短而敏锐的评论,但试图在他们的理论之间进行对比,由此看来也许是反直觉的。

　　在欧洲大陆,受益格鲁-撒克逊作品的激发,阿隆重新发现、引进并为适应法国读者而改造了一个比那位几乎缺席的作者①更自由主义、更社会学的托克维尔。托克维尔作为一位缺席的作者充其量被置于学术界的边缘,这个状况一直持续到1950年代。② 从

---

① ［译注］托克维尔本人。
② 参见 Claire Le Strat、Willy Pelletier,《对托克维尔的自由主义的封圣》(*La Canonisation libérale de Tocqueville*, Paris,2006)。除非另作说明,所有法文和德文引文都由本文作者翻译。

那时起,他的名字就几乎被系统地、无可非议地与法语言文学中的自由主义联系起来。里佛(Claude Lefort),马南(Pierre Manent)和戈谢(Marcel Gauchet)都与阿隆接近,他们积极地将这位19世纪的作者塑造为"自由主义的追封圣者",同时,在他所谓"经典的"自由主义中找到了对民主制错误及其对自由造成的挑战的解决办法。① 此外,里拉(Mark Lilla)强调,这些作者都属于1980年代"法国自由主义'复兴'"的一部分(紧随先前时代的反自由主义),并且在更大的范围内,他们是在"大陆系统"(Continental constellation)内对自由主义思想再次引介的一部分。②

相反,施米特总是责备自由主义忘记了人类基本的政治方面;他坚持认为民主的政治原则,也就是说,平等,与自由的观念是不相容的。耐人寻味地是,政治和自由主义之间的施米特式的矛盾,为极左和极右的反自由主义倾向提供了养料。此外,1980年代还见证了"新右派"运动的成长,而这个运动甚至在今天仍在借鉴施米特的理论。法国新右派(Nouvelle Droite)领导人本努瓦(Alain de Benoist)通过诉诸施米特来捍卫新右派"整体民族主义"的概念并反对平等主义和普遍主义,而平等主义和普遍主义都被认为是对文化特殊主义的损害;③与此同时,激进的左派分子——从意大利的阿甘本(Giorgio Agamben)到法国的本赛德(Daniel Bensaïd)——则分析了法律自由规则的"极权主义"后果。④

尽管对这两位理论家进行类比存在着直接的困难,因为至少

---

① 同上,页103;另见 Catherine Audard,《什么是自由主义?伦理,政治,社会》(*Qu'est-ce que le libéralisme? Éthique, politique, société*, Paris, 2009)。
② Mark Lilla,《自由时代的合理》(The Legitimacy of the Liberal Age),见 *New French Thought: Political Philosophy*, Princeton 1994,页7。
③ Jan-Werner Müller,《施米特:一个危险的心灵》(*Carl Schmitt: Un esprit dangereux*, Paris, 2007),页288—290。
④ 参见例如 Giorgio Agamben,《例外状态》(*State of Exception*, London, 2005);以及 Daniel Bensaïd,《对世俗政治的赞美》(*Éloge de la politique profane*, Paris, 2008)。

第三编　政治思想处境中的施米特

在欧洲,他们两个曾开启了相反的当代传统,但是,林登别格(Daniel Lindenberg)却在一本争议很大的书中支持这样的断言:许多新托克维尔式的法国思想家可能已经采纳了施米特的一些观点。① 其他大陆学者则相信,一些知识分子因重新在法国介绍这位19世纪历史学家观点的重要性而闻名于世,这些知识分子实际上隐藏在一个稻草人似的托克维尔后面,支持那位魏玛公法学家有重大影响思想。在这个意义上,奥迪尔(Serge Audier)强调了马南一味惧怕于所谓的民族-国家(nation-state)的衰落,其论证道,尽管马南使用了托克维尔的理论,但他的这位同事实际上是受到了施米特的激发。②

这个轻率的推论(即秘密或隐含地将马南这个阿隆的继承人与施米特的政治思想联系起来)可能使人惊讶。雷诺(Philippe Raynaud)在一篇对奥迪尔著作的评论中论证说,这个论点只会说服"那些认为阿隆不关心施米特思想的人",③他毫不犹豫地承认他对这位德国法学家著作的倾慕。④ 实际上,我们可以从他的主要著作《思考战争:克劳塞维茨》(如果作者可信的话,这部著作源于对《政治的概念》的一次讨论)的第二卷中解读出,阿隆这位自由民主的倡导者看出了施米特的思想同他自己的思想相接近,尽管他们之间存在明显的"分歧点"。⑤ 阿隆详细说明了存在某种像共同意图(con-

---

① Daniel Lindenberg,《唤起秩序:关于那些新的反动分子的调查》(*Le Rappel à l' ordre:Enquête sur les nouveaux réactionnaires*,Paris,2002),页58—60。
② Serge Audier,《反68的思考:关于智力恢复的试验》(*La pensée anti-68:Essai sur une restauration intellectuelle*,Paris2009),页183。
③ Philippe Raynaud,《什么样的复兴?》(Quelle restauration?),见 *Commentaire*,no. 124 (Winter 2008),页1217。
④ "我非常钦佩他"(Aron to Julien Freund,17 April 1967,quoted in Piet Tommissen,《阿隆面对施米特》(Raymond Aron face à Carl Schmitt),见 *Schmittiana:Beiträge zu Leben und Werk Carl Schmitts*,Piet Tommissen 编,vol. 7,Berlin,2001,页119。
⑤ Raymond Aron,《思考战争:克劳塞维茨》(*Penser la guerre,Clausewitz* vol. 2,L' Âge planétaire,Paris,1976),页210。

currence of intentions)一样的东西。① 奥迪尔似乎并没有看出,大体上,相互敌对的自由主义与反自由主义可能在不同路径的共同问题意识上沟通开放,例如,当代政治消解的危险(不管它是否与自由的保持有关)。因此这个假设仍然是,一种表面上的不兼容(它归因于一个最初缺乏意识形态意味的相似问题域)可能被超越。此外,我们需要注意,一个共同的问题序列——由共同的关注构成的区域——并不必然意味着逻辑水平上的意识形态的或重人的联系。

撒开法语学界的争论不谈,在盎格鲁-撒克逊背景下,对这个趋同的问题的讨论也是中肯的,即便英语学界研究者的分析倾向于相信托克维尔自由主义立场并不强烈。② 舒尔曼强调这两位作者都惧怕"民主专制",他证明,从一个特定的视角来看,"施米特可以被解读为只是加强了托克维尔对民主时代最隐晦的忧虑"。③在美国,他们的思考可能对保守派和社群主义者的政治潮流产生了决定性的影响。然而,尽管事实上对这两位作者的解释部分根植于一个可以追溯到法国无政府主义者索雷尔(索雷尔是施米特的主要影响者)和迈尔的悠久传统,但舒尔曼和其他评论者都没有详细探索托克维尔和施米特之间可能存在的联系。迈尔(他本人受索雷尔的激发)宣称已经揭示了"真正的"托克维尔,意味着一位思想家不再如第一思想那样自由(a thinker not as liberal as first thought)。④ 虽然阿隆清除了这样的分析,从而将他的版本强

---

① "我的想法同他的一致"(Mon intention coïncide avec la sienne)(同上)。
② 参见例如,Bruce Frohnen,《美德与保守主义的承诺:伯克和托克维尔的遗产》(*Virtue and the Promise of Conservatism: The Legacy of Burke and Tocqueville*, Lawrence, 1993)。
③ William E. Scheuerman,《施米特:法律的终结》(*Carl Schmitt: The End of Law*, Oxford, 1999),页98。
④ Jacob-Peter Mayer,《托克维尔:政治科学的传记研究》(*Alexis de Tocqueville: A Biographical Study in Political Science*), Gloucester, 1960。施米特知道迈尔的解释,他以很多的敬意支持他的解释,并且曾将之与他的朋友克拉(Díez del Corral)的解释相比较;见 Carl Schmitt,《"只要帝国在":施米特1971年谈话》("*Solange das Imperium da ist*": *Carl Schmitt im Gespräch* 1971, Frank Ertweck、Dimitrios Kisoudis 编, Berlin, 2010),页42。

加于法语学界,但这两位作者的遗产,在法国像在盎格鲁-撒克逊世界一样,似乎并没有排除这种趋同的可能性,这种趋同并不是意识形态的,而(更精确地说)是有问题的。考虑到正在被研究的托克维尔仍然被看作是理解很多美国自由主义理论家(如普特南[Putnam]、德沃金[Dworkin],并且在某种程度上,阿克曼[Ackerman]和罗尔斯[Rawls])的一个必要条件,那么,关于这种趋同问题的研究,就更加迫切了。

鉴于霍布斯、黑格尔、博丹和柯特的哲学论题对施米特思想所具有的重大意义,我们只得这样评论,乍看起来,除了区分开两位作者的理论鸿沟外,这位法国历史学家在施米特的写作中只起到极小的作用。1946年8月,施米特在柏林被美国人监禁起来时,这位保守的哲学家写了一个简短的、令人困惑的题为《简略传记:托克维尔》(Historiographia in nuce:Alexis de Tocqueville)的文章。这篇不到10页的文章被收录到施米特1950年出版的《从囹圄获救》一书。① 同年,他出版了一本小书献给西班牙反革命思想家柯特,这本小书包含了两年前在马德里举行的会议上递交的一篇文章。在书中,托克维尔的名字在3页长的文章中被多次提到。② 不过也要承认,即使将那不多的几页的系统论述算在内,施米特也没有对托克维尔谈论太多。但是,一旦谈托克维尔,施米特就高度的评价他:托克维尔被说成至少是"19世纪最伟大的历史学家",③并不由自主地去支持这位伟大的历史学家。

施米特谈到托克维尔的地方,大多时候仅用了缺乏解释的简

---

① Carl Schmitt,《简略传记:托克维尔》(Historiographia in Nuce:Alexis de Tocqueville),见 Ex Captivitate Salus:Erfahrungen der Zeit 1945—1947,Cologne,1950。

② Carl Schmitt,《一种对柯特的总体欧洲解释》(Donoso Cortés in gesamteuropäischer Interpretation),见 Donoso Cortés in gesamteuropäischer Interpretation:Vier Aufsätze,Cologne,1950。

③ Carl Schmitt,《简略传记:托克维尔》,前揭,页27。除非另作说明,以下对这部作品的引文用第二版。

短粗糙的评论方式,并且常常位于补充注释或脚注当中。虽然施米特不断地攻击自由主义理论家,但是,他对托克维尔似乎青眼有加。霍尔摩瑟(Günter Rohrmoser)曾在明斯特与施米特会面,他声称,相对于其在柏林监禁期间写的小文章,这位德国的法学家"打算写一部关于托克维尔的更大部头的著作"。① 为了证明这个论点,《施米特亚纳》(schmittiania)的编辑托米森在2001年出版了施米特给其博士生格瑞美尔斯(Heinrich Gremmels)的一个速记笔记的抄本。② 这个笔记完全专注于托克维尔的思想,尽管它很简短,却能帮助我们去理解施米特对这位法国历史学家的赞赏。在1980年代初,施米特甚至还拥有一幅托克维尔的肖像画,经常能在其书桌的读经台上看到它。③ 这些在施米特圈子内的学者的回忆录中所聚集起来的元素,似乎并不仅仅是简单的名人轶事。难道它们实际上没有给两位作者之间的一种"无可怀疑的相似性"增添说服力吗?

考虑到施米特对托克维尔的赞赏,去怀疑这两位理论家是否并不比看起来共享更多的东西就是切题的。我们不想用比较的方法去列举他们在学说上的分歧与一致,因为这种比较不可避免地会通过一些实际上不相容的概念体系而被危险地予以实施。实际上,他们是从不同的关键问题出发:托克维尔试图在一个平等主义的社会中保留自由,而施米特则想知道如何在一个自由主义的全球化时代中保留政治及其生存(主权、民族)的条件。不管怎样,

---

① Günter Rohrmoser,《黑格尔的国家死了》(Der Hegelsche Staat ist tot),见 *Schmittiana*, Piet Tommissen 编, vol. 6, Berlin, 1998, 页148—149。
② Carl Schmitt,《托克维尔笔记》(C. S. s Tocqueville Notizen),见 *Schmittiana* 7, 页105—109。
③ 参见 Günter Maschke,《对"政治的概念(1927)"的评论》(remarks on "Der Begriff des Politischen 1927", by Carl Schmitt),见 *Frieden oder Pazifismus? Arbeiten zum Völkerrecht und zur internationalen Politik* 1924—1978, Günter Maschke 编, Berlin, 2005, 页225—227。

我们将会论证，虽然这位历史学家与这位法学家详细论述了不同且几乎矛盾的问题（这些问题沿着相异的建构方式发展出来），但是，他们在问题意识上却表现出了深刻的趋同。从根本上讲，这种趋同指向他们各自时代的可能的非政治化，这种惧怕处于他们思想的中心，尽管他们的思想不能被还原为这种惧怕。

在整篇文章中，我们将聚焦于施米特对托克维尔著作的解读，因为施米特对这位法国思想家的论述分散于他的整个写作中，所以在解读时需要彻底重构。通过批判性地分析施米特对托克维尔的评论，我们会更敏锐地把握有效连接两位思想家的东西。除了再现施米特对托克维尔著作的重构外，我们还要表明，可以不扭曲施米特而以非常接近他的方式去解读托克维尔，对此要归功于这位法学家所知道的趋同的问题意识：可以在阿隆及其追随者中找到的去政治化的危险，对阿隆及其追随者来说，一个自由主义思想家首先要成为一个政治思想家。

首先，我们会突出他们各自对民主社会的考察。在他们对民主现象的理解中，政治统一体的差异性、平等性和一致性的危险都发挥了基础作用。这给他们对现代政体的政治未来给予共同关注这个论点提供了支持。他们构想的民主政治遵循相似的理智模式，其间只有一个值得注意的例外：施米特不断地从托克维尔的民主公式中驱逐出"自由"的变量。在接下来的两部分论述中，我们将强调他们针对民主政治发展中固有的危险所提出的警告的相似性。这些警告和批评直接处理民主现象所传达出的政治本性的潜在丧失。更准确地说，文章第二部分集中于他们源于民族界限的扩大的忧虑。这位德国法学家着迷于这位法国历史学家对人类民主政治未来的"伟大预测"。最后，我们将就他们各自对个人主义和人民专制的批判进行分析。我们需要理解他们各自如何探究人民、组成人民的个体及其享有的自由的本质。

二、民主政治的概念结构

不可能仅仅通过集中于敌对意识(hostility)来把握施米特对政治定义(在目的论上与 1920 年代的民主/国家[state]的极限点相关①)的很多微妙之处。在《政治的概念》中,施米特说,每个事物都可以成为政治的,因为朋友概念只要它符合最高等级的团体,就可以在任何分类形式中出现。② 因此为了有益于群体承诺的单一标准,最初的朋友将多元主义的减少作为消极条件。围绕这一标准,人民形成了一种一致的民族统一性,同时,每个民族(nation)都有"它自己的民族概念",并找到了"内在于它自己的民族基本特性"。③ 依据施米特的观点,人民总是聚集在一起的人民,被具体化的人民,他们乐意被代表。在他指国家(state)或者其生存必要的民族(national)基础时,他使用"政治统一性"这个表达。④

政治统一性在托克维尔的思想中并不是一个陌生的观念。的确,托克维尔将好的统治(在这种情况下,指的就是好的民主统治)与一种预先设定的社会统一性和政治统一性联系在了一起。他论证说,"民族统一性有助于政府的统一性,而政府的统一性服务于民族统一性"。⑤ 换句话说,集中化随着民主政治的到来而到

---

① 参见 Jacques Derrida,《友谊政治学》(The Politics of Friendship, George Collins 译, London 译,2005),页 119。
② Carl Schmitt,《政治的概念》(The Concept of the Political, George Schwab 译,London, 2007),页 38。
③ Carl Schmitt,《中立化和去政治化的时代》(The Age of Neutralizations and Depoliticizations),见 Telos,no. 96,1993,页 134。
④ Schmitt,《政治的概念》,前揭,页 45。
⑤ Aexis de Tocqueville,《社会平等与政治自由》(Égalité sociale et liberté politique,Paris, 1977),页 113。

来,它创造了这种民主政治发展所需要的政治统一性。他补充说,为了繁荣,一个民族需要一种强有力的政治集中化,这种集中化必须被理解为一般法(general laws)的管理。① 此外(这种比较在这点上呈现出了它的全部意义),他还承认,这种统一性必须建立在譬如民族认同或宗教的共同价值之上。这种统一性的意义不仅基于共同的习惯,而且基于共同的观点、情感和思想(同上,第二部分,第十章,页543)。托克维尔发展了"出发点"(idee mère)的概念,以强调这种历史和文化因素的存在,这些因素决定了社会的演化(同上,第一部分,第二章,页69)。个体以他们在其中发展的文化为条件,且不可能逃避他们的过去——美国的清教徒起源就是明证,要充分把握美国人的民族性格,就需要将这种清教徒起源考虑在内。相反,若民族的多样性太深,就会危及民主政治,因为忍受多数决原则会变得极为"痛苦"(同上,第二部分,第三章,页371)。按照这个观点,与施米特相反的是,民族由很多不同的实体组成并它得益于少数派的存在,因此,民族-国家(nation-state)是当时好的统治必要的理想程度上的联合。然而,由于其并不为两位所独有,我们也不会用他们来描述这两位作者思想的独特性,所以在形成一个政治社会实质性同一的必要性上,我们的两位作者所共有的这个信念本身,并不是决定性的。因此我们有必要进一步深入分析。对这两位作者来说,政治统一性在逻辑上先于个体:② 这是一种具体的同一性,对于民主政治现象(它严格依赖于诸如同质性和平等等概念,正如下面将会看到的)的解读来说,它

---

① Alexis de Tocqueville,《论美国的民主》(*De la Démocratie en Amérique*, André Jardin 编, vol 1, Paris, 1986, part 1, chap. V),页150。
② 虽然这个论证关系到托克维尔可能令人惊讶,但是它与许多社群主义者(他们将他们对自由主义学说的批评建基于托克维尔的理论的这个方面)的观点是相一致的。见,例如,Charles Taylor,《交叉目的:自由主义-社群主义者的争论》(Cross-Purposes:The Liberal-Communitarian Debate),见 *Liberalism and the Moral Life*, Nancy L. Rosenblum 编,Cambridge,1989,页159—81。

是必不可少的。

施米特的国家(state)概念是"民主政治"的国家。后者依赖于民主政治想象力中的特定平等原则:"民主政治的平等(demokratische Gleichheit)实质上就是同质性(Gleichartigkeit),尤其是人民中的特定同质性。"①在这位法学家的反思当中,同质性可以由平等推衍而出。这两个概念之间的推衍被一个德语双关语削弱了——相等(gleich)意味着"平等",它在两个名词性实词(平等[Gleichheit]和同质性[Gleichartigkeit])中起到前缀的作用。于是,同质性表现为有效的国家统一性的基本条件——按照这个观点,只要完全承认其政治独特性及其在政治上存在的愿意,人民就成为了一个民族。在政治主体成员或共同体成员之间的"实质"平等概念,与首先被尊崇的统治者和被统治者之间,并无质的不同。在施米特看来,现代民主政治依赖一个基础,这个基础颠倒了君主统治形式所特有的实质不平等原则。于是它意味着,被概念化为民族同质性的平等不可能是绝对的;民主政治并没有忽视外人的概念。民主政治的平等(demokratische Gleichheit)意味着,在民主国家内,只有国民才可能是"平等的";因而非国民并没有被邀请参与公共生活。更有甚者,为了安抚人民的同质性,民主政治的成就有赖于"控制外国人的进入和驱逐多余的外国人"(同上,页262),这必须被理解为驱逐"内部敌人"。在没有持续、反复地驱逐敌人(敌人仅通过在场就取消了人民的政治存在)的情况下,民主政治是不可想象的。

众所周知,托克维尔的民主政治要比施米特的民主政治更少的排外并且更多地向差异性开放。然而,托克维尔也将平等和同质性之间的循环依赖概念化了,这对于他对民主的考虑来说至关

---

① Carl Schmitt,《宪法学说》(*Constitutional Theory*, Jeffrey Seitzer 译, London, 2008),页263(italics in original; translation slightly modified)。

重要。施米特从同质性来理解平等,而托克维尔认为同质性是平等(最初被理解为是社会条件的平等)的一个可能的结果。的确,民主政治意味着一种生长着的个人主义,并且,公民感到越来越特别,而他们实际上却变得更加相似。① 因此,个人可以见证中央政府自身拥有的权力的不断授权以及集权化的加深(同上,第四部分,第三章,页406),这被看作是等同于掌控了中央政府。集权化相应地对群体同质化和平等意识的加强(它将公民联系在一起)负责任。此外,托克还维尔证明了,群体同质化的逻辑适用于不同的邻近民族,而且两个民主的民族不可避免地变得相似并且最终被同化(同上,第四部分,第二十六章,页386,注释2)。尽管托克维尔很少使用"同质性"这个确切的术语,但他所见证的群体日渐发展的相似性被他的解释者看作是一个群体同质化的过程——如果不是这样,那它至少也是日趋加深的一致。② 在此需要注意,其与施米特的版本形成了对比,它并不是一个体系的现象。

大概意识到了这种相似性,施米特认为,托克维尔也会认识到,革命危及人民的同质性即民主政治的平等主义这个方面。的确,不到20年后,"托克维尔在1830年非常熟悉的情形……[显示了]它真实的一面,也就是内战的一面"。③ 由于这位历史学家给1848年震撼法国社会的事件给出了自己的证据,施米特清楚地意识到"他不想要任何革命。"④尽管施米特这样认为,但是这种反

---

① Alexis de Tocqueville,《论美国的民主》前揭,卷二,第一部分,第二章,页21。
② 在使用术语同质性"homogeneity"和一致性"uniformity"上,参见 Agnès Antoine,《民主的代价:托克维尔,公民身份和宗教》(*L'Impensé de la démocratie:Tocqueville, la citoyenneté et la religion*, Paris,2003),页58;David Clinton,《托克维尔、里波尔和白芝浩:自由主义对抗世界》(*Tocqueville, Lieber and Bagehot:Liberalism confronts the World*, New York,2003),页24。
③ André Doremus,《对〈简略传记:托克维尔〉的评注》(commentary on "Historiographia in Nuce:Alexis de Tocqueville", by Carl Schmitt),见 *Ex Captivitate Salus*, A. Doremus 编,Paris,2003,页212。
④ Tocqueville,《回忆录》(*Souvenirs*, Paris,1999),页123。

革命的意见在托克维尔作品的其他地方却是温和的。托克维尔证明,革命本身并不令人恐惧,并且往往带来更多的善而非更多的恶。在他批评革命时,他根本不是为了群体的同质性,而是为了自由才这样恐惧:

> 我知道,如果一场伟大的革命可以在一个国家建立起自由,那么,几次连续的革命就会使任何恒常的自由在很长时间内成为不可能。(同上,页88)

如上所述,国内敌人这个概念在托克维尔的理论中是无关紧要的,并且他并不会把少数民族看作是对民主政治的威胁。虽然他预见到同质性可能成为标准,①并且预见到内部斗争会随着民主政治的发展而消失,②但一个国家内存在差异或少数是必然的,即便群体深层的异质性可能导致民主游戏的瓦解。那些指导社会的原则同样如此。如果它们看上去大不相同,那么,托克维尔看到的不过是社会的崩溃:

> 如果一个社会真的有一种混合的政府,并且这种政府是一种在相反的原则之间平等划分开的政府,那么,它就开始革命并瓦解。(同上,卷一,第二部分,第十七章,页377)

这种对同质性的矛盾心态以及对在仍统一的异质人民之间找到平衡的需要,解释了为什么施米特能够在他自己对民主政治的描述中利用了托克维尔的部分思考成果。

---

① Daniel Jacques,《托克维尔与政治的终结问题》(Tocqueville et le problème de la cloture politique),见 *Tocqueville et l'esprit de la démocratie*, Lawrence Guellec 编, Paris, 2005,页380。
② Tocqueville,《论美国的民主》,前揭,卷二,第三部分,第一章,页229。

有人可能会认为,他们共同使用的同质性只是同音异义的问题,只是对发音相似的概念的一种无关紧要的使用。这里要论证的是,事实上,他们各自对民族同质性的理解存在一定的概念趋同。虽然我们要坦率承认,这个概念在施米特的著作中广为人知,而在托克维尔的著作中却没那么明显。但我们确信,如果仅仅是为了保证政治统一,那么,由日渐发展的平等所引起的一定的民族同质性,对于托克维尔所要提倡的自由是必要的。正如他所论证的:"为了联盟的持久存在,那么在这种文明中存在的同质性,就不能少于构成这个联盟的不同人民所需要的同质性"(同上,第一部分,第八章,页258)。在这里,托克维尔明确认识到,为了联盟的存在,一定的同质性是必要的,对于更为集权化的国家来说,就更为必要了。托克维尔理论中对民族现象的这种模棱两可(甚至有人可能会说矛盾)的态度,会让某些作者称他为"民族主义者"。的确,在这一点上,他关于阿尔及利亚殖民化的著作反映的尤其突出,在托多罗夫(Todorov)声明托克维尔的民族主义只不过是他的自由主义(即便是通过"民族的伟大"原则,这种自由主义也依赖于要确保自身生存的共同体的预先存在)的国际连续性时,他所讨论的核心就是这一点。① 在民主政治中自由必须依赖于特定的政治基础这个理念,给跨越两种对立的传统提供了一种当代的可能性,因为它们都关心政治概念的未来。

这位法国理论家试图维持群体内在一定程度上的统一,以便保护这种政治自由,而按照这位德国法学家的观点,"一个民族同质的国家表现……为某种正常的东西"。② 考虑到民族构成了民主政治平等的事实基础,一个缺乏这种同一性(sameness)的国家

---

① Tzvetan Todorov,《我们和其他人》(*Nous et les autres*, Paris, 1989),页219。另见Jennifer Pitts,《向帝国的转变:英国和法国的帝国自由主义的崛起》(*A Turn to Empire: The Rise of Imperial Liberalism in Britain and France*, Princeton, 2005)。

② Schmitt,《宪法学说》,前揭,页262。

"具有一种威胁和平的反常性"(同上)。民族同质性对有效的民主国家来说是必要的先决条件。一旦国家形式被建立起来,那么,朋友的同质性就成为"民主政治的平等",也就是说,主要是那些意识到其政治根基的人民的民主政治的平等。之所以如此,是因为在施米特的思想中,

> 为了使国家中的人民成为政治性的存在,那么,在人民之中就必须有某种相似性(Gleichartigkeit)、某种同质性(Homogenität)。①

一方面,国家的民主政治结构必须假定同质的民族,另一方面,它还意味着不断努力以维持和保护这种最初的同一性(sameness)。

在民族和民主政治(民族-国家主权和群体主权)的分析去耦(analytical decoupling)中,施米特看到了非政治化到来的先兆。如果政治领域在民族统一中实现了自身(这种民族统一随着敌人的出现而在政治上受限,以至于它转而在存在上否定了,一定民众构成的公民可以在一起成为的东西),那么,按照施米特的观点,自由思想就是"去政治化概念的……一个完整体系"。② 的确,在个体以及他们所代表的社会多元化中,出现了最终的民主主体,从而将这种同质民族变为一种一致的民众。在《民族的理由》一书中,马南反对以下事实,即我们已经远离了民主的"托克维尔时代",他将这种"托克维尔时代"的民主描述为向着越来越多的平等前进的持续运动。③ 自从"9·11"袭击以来,我们已经进入了一个新

---

① Carl Schmitt,《公民法治国家》(Der bürgerliche Rechtsstaat),见 Staat, Großraum, Nomos:Arbeiten aus den Jahren 1916—1969,Günter Maschke 编,Berlin,1995,页47。
② Schmitt,《政治的概念》,前揭,页71。
③ Pierre Manent,《国家的崛起:反思欧洲的民主》(La Raison des nations: Ré? exions sur la démocratie en Europe,Paris,2006),页25。

的民主周期,对"一个人民"概念的削弱和对联合国意图的质疑,在这个新的民主周期中具有决定意义。然而,按照马南的观点,同质概念允许我们界定民族,因为"区分民族和先于它(也就是城市国家)的政治体制的是,民族是一个政治实体,它的内容是同质的或趋向于同质的"。① 这种与托克维尔相关的民族同质性(我们已经论证了)距离施米特的概念并不遥远,它可能指明了跨越这两位作者问题意识(problématiques)的桥梁。由于马南赞成托克维尔,所以他能够援引这两位意识到了民主时代固有危险的思想家。对于托克维尔来说,政治依赖于公民对集体决议的参与和他们的互动。这两个概念要求公民保持部分不同以支持较小的冲突和争论的存在,同时又足够相似以接受民主游戏,并为了集体利益而牺牲私利。按照托克维尔的观点,政治在民主中的衰退可能危及个人的自由,然而对于施米特来说却是相反的,这种政治的衰退有助于实现个体的自由。

三、在民主时代内思考边界:违背法国大革命的遗产?

按照施米特的观点,如果说托克维尔是一位顶级的历史学家,那么,这主要归功于"在他《论美国的民主》一书第一卷结尾处可以找到的伟大预测"②以及他出色并确切地表达出来的内容。根据施米特的说法,这位法国历史学家先于他的时代而预见到了人类世界向着集中化、民主化远征:

> 托克维尔的预测意味着人类将无可逃脱、不可控制地继

---

① Pierre Manent,《政治哲学通俗课程》(*Cours familier de philosophie politique*, Paris, 2001),页90。
② Schmitt,《简略传记:托克维尔》,前揭,页28。

续走在其长期以来一直追求的、朝向集中化和民主化的道路上。①

托克维尔不仅预测了大致的趋势,而且指出了能够承受和利用这种此前从未出现过的发展的历史政权。换句话说,施米特称赞这位在所有人前面觉察到了欧洲的衰落和两种政权出现的思想家:

> 最令人惊叹的是,这位法国思想家同时以一种具体的方式指出了两个尚未工业化的政权,美国和俄罗斯。两个上升的巨人,都不是欧洲国家,又都被打上了欧洲精神的印记,它们将越过小小欧洲的边界、超越其前端而遭遇彼此。(同上,页29)

这位德国思想家明确指出:托克维尔是第一位预见到两个全球政权诞生的人,也是第一位预见到俄国-美国在欧洲范围内的会合意味着人类的民主统一的人。

1945年之后,施米特认为,美国自由主义和俄国苏维埃共产主义之间的对立是表面的。他甚至将冷战理解为"美国和苏维埃的一个接吻礼"。苏联主要试图去赞成实现着世界统一(即人类国家[Menschheitstaat])的新的美帝国。不可否认,在施米特看来,人类正依据朋友和敌人的决定性区分列阵,由此,世界被塑造成为了一个复数、一个国家的多元体(a pluriversum of states)。因而人类不适合于成为团体(association)的严格标准。"在本质上,政治实体不能在包含所有人类和整个世界的意义上是普遍的"。②

---

① Schmitt,《一种对柯特的泛欧洲解释》,前揭,页104;Schmitt,《简略传记:托克维尔》,前揭,页28。
② Schmitt,《政治的概念》),前揭,页53。

对于施米特而言,为了统一世界,美国信奉一种新的人道主义意识形态,例如,对特别方便帝国主义扩张的人类概念的使用。另外,他也相信,俄国革命战争(它破坏了外国政府并试图颠覆其他国家的社会秩序)并没有远离这种统一世界的、憎恶国家主权的意愿,其进一步证实了托克维尔的出色直觉。

托克维尔还批判了普遍国家的理念。他知道,全球国家的出现是可能的,它会是广泛民主的结果。① "中世纪是分隔的时代。……现在,可以感受到一种相反方向的运动,人们似乎开始迈向统一"(同上,卷一,结论,页596—597)。然而他害怕这样的发展,正如施米特在一个多世纪之后所害怕的一样。由于"立法者必须给予法规以一种并不表现地方和风俗差异的统一特征"(同上,第一部分,第八章,页249),"可以说,没有什么像大帝国那样,如此反人类的幸福和自由"(同上,第一部分,第八章,页247)。换句话讲,帝国将会危及全球社会的自由和多样性。不过,托克维尔强调了三个因素会自然地阻碍在人类当中实现这种不断生长着的相似性:民族主义,②特定民族特征的存留(同上,页39)和民族不断增长的软弱;③正如他所坚决主张的那样,"在人类法律巨大的复杂性当中……彻底的自由有时会纠正自由的滥用,并且……彻底的民主会消除民主的危险"(同上,第二部分,第五章,页295)。就像施米特在1954年之后反思的核心一样,对于托克维尔来说,人类并不是团体(association)所满意的标准,这并不是由于人类本性上是非政治的(apolitical),而是因为这样一种社会会通过人的过度匀质化而导向政治的终结。

托克维尔的看法实际上是出于以上所提到的人类不会联合的

---

① Tocqueville,《论美国的民主》,卷二,第四部分,第十六章,页386,注释2。
② Alexis de Tocqueville,《托克维尔在下加拿大》(*Tocqueville au Bas-Canada*, Jean-Marie Tremblay 编,Montréal,1973),页108。
③ Tocqueville,《论美国的民主》,卷一,第一部分,第五章,页158。

理由,而这对于施米特来说是奇怪的。施米特会有意或无意地误读这位法国理论家吗? 对此,最有名的预测这样写道:

> 今天,在地球上,有两个强大的民族从不同的观点出发,并且似乎是瞄准了同样的目标:他们是俄国人和盎格鲁-美利坚人。……美国人反抗自然给其设置的障碍;而俄国人则同人作斗争。一个对抗荒漠与野蛮,另一个则对抗武装起来的文明。一个用自由,一个用奴役。尽管起点不同,道路迥异,但是,它们似乎都被上天选定,将半个世界的命运握于股掌之上。(同上,结论,页598)

鉴于施米特将其论证集中于托克维尔论述的最后一句话上,所以,我们可以清楚地看到,托克维尔并不像施米特所认为的那样专注于这个论证。施米特用这段话解释了发生在托克维尔死后很久的事情:他的诠释着上了冷战的色彩。并且尽管这位法国思想家想象了一种普遍的统一,但这个例子对于论证这种普遍的统一并不具有重大意义,它必须被正确地看待。托克维尔(用地理和意识形态的术语)谈论了两种生长着的同化个体的人民。正如施米特所提示的那样,这两种人民决不表现为隐藏一个共同议程或作为即将到来的暴力冲突的象征。

法国哲学家雅内(Paul Janet)相信托克维尔是自由精神之一,"由于事实证明了他的一些重大预测,因此,他的名字一直在不断扩大影响,他的重要性越来越得到认可"。[1] 施米特使用了雅内著作的1913年的版本,人们可以想象,在雅内对托克维尔的阅读中,是如何着迷于这么一位富有远见的19世纪的历史学家。然而按

---

[1] Paul Janet,《伦理报告中的政治科学的历史》(*Histoire de la science politique dans ses rapports avec la morale*, 2nd ed., Paris, 1887, 2:736)。

照施米特的观点看,托克维尔在其代表作中给予美国的描述(特别是对这个国家的外交的描述)不只在今天是空洞的(void),实际上它一直以来都是不真实的。在他速记的笔记中,施米特与托克维尔社会学报告中的"在现实中无物存留"(in reality, nothing remains)①的观点相抗诘,但这个抗诘只是他偏见的例证。

> 有些东西就美国而言是正确的,而这不是就民主而言;而其他一些东西就一般外交而言是正确的,而非就美国而言。(同上,页108)

尽管如此,施米特仍将这位历史学家看作是一个"好的观察者",他良好的理智祛除了其先验社会学描述(a priori sociological description)的不准确性。重要的是,他设法避开了那个时代的腐朽的想象力,从而预测了俄国-美国在欧洲相遇以及随之发生的围绕民主价值的人类统一。施米特用一个生动的比喻来形容《论美国的民主》:"就像绘画可以比拓扑地图案更好地表现风景一样,这本书更有美感,并且让人印象深刻"(同上)。托克维尔的观察似乎远比他同时代的所有"抽象的、过于植根于那个时代且缺乏宏观想象力"(同上,页107)的预测更为宏大,在以此来处理美国的天命,即出于即将统一的人类的利益而将民主强加于被战争削弱了的旧大陆时,尤其如此,

如果说托克维尔对美国的描述是失败的,那么,这是因为他别有用心。确实,根据施米特的观点,《论美国的民主》与其说是一种社会政治学研究,不如说是一种教诲的尝试:

> 他在美国并且在写关于美国的东西。但是他的心在法

---

① Schmitt,《托克维尔笔记》,前揭,页107。

国,并且从没间断对法国的思考,这不经意间为他所描绘的每一幅图画增添了色彩。(同上,页108)

通过描述民主而非美国的精确图像,托克维尔想要警告法国要防备他清楚理解的民主的危险。同大多数历史学家相反,他并没有陷入那个时代的历史主义,因为他被打败了,或者说施米特是这样论证的。确实,这位《政治的概念》的作者认为,只有对于那些经历了失败的人来说,基本的历史知识才是可以理解的,① 并且施米特差点要说,托克维尔"属于被1789年法国大革命打败的社会阶层"(同上)。这也是为何他将产生于大革命的价值观念理解为人类统一即将得以实现的基础。

在《当今议会制的思想史状况》中,当谈到托克维尔的时候,施米特指出,"自从1789年起,明显就不再有针对民主浪潮的堤防了"。② 然而,通过有些偏颇的描述,托克维尔试图告诫法国人民,要恢复1789年事件后废除了的民族根基以及它以前的社会组织模式。这种向前革命情形的回归是基于这样的一个郑重警告:

> 这样的一个对法国的警告,是为了使法国对其民族生活具有一种道德的和宗教的基础,从而重建被革命推翻了的社会大厦。③

如果施米特的论断是可信的,那么,这就是这位法国贵族献给

---

① 参见Schmitt,《简略传记:托克维尔》,前揭,页30—31。显然,施米特在这点上同情托克维尔。他也被打败了:他在1945年曾被捕并监禁。在二战后日记中,他不断将自己描述为"被打败的"和耻辱的人。
② Carl Schmitt,《当今议会制的思想史状况》(*Die geistesgeschichtliche Lage des heutigen Parlamentarismus*, 2nd ed, Berlin, 1996),页31。
③ Schmitt,《托克维尔笔记》,前揭,页108。

美国的两卷本著作的中心思想。托克维尔被描述成了一名反革命分子。

在对政治普遍主义的批判中,这位保守的法学家或多或少明确地将其自身置于托克维尔所在的道路上,至少是在他相信其所理解的道路上。托克维尔对1789年革命内在价值的厌恶,被理解为对全球多元化的辩护,实体的多元主义再转变为民族-生活准则。由此,施米特对冷战的理解似乎注入了托克维尔那个著名的预测的元素,并伴随着这个预测的规范性考量。对帝国的批评,逐渐唤起了施米特坚决反对"俄国-美国接吻礼"所暗示的即将到来的世界统一。此外,根据施米特的推理,一种对"多元世界"(pluriverse)的保证堂而皇之地产生于民族同质实体的共存当中,并以此奉献给民主政治的平等。这个概念链条部分地解释了这位保守的理论家对这位19世纪法国自由主义历史学家的赞赏。然而,我们要注意,如果说托克维尔公然反对一种统一的世界政治模式,这种政治模式以必要的复杂性为代价来支持制度上的一致性,那么,施米特就在这条思想路线上走得更远,他谴责任何普适的道德准则,这可能将相关的多元区域去政治化。他的确将所有的恶归因于普世说逻辑(the universalistic logic),他将普世说逻辑看作是用道德替代政治。通过唤起人类打败对手的希望,统治力量将敌人从法律和人类物种中排除了出去。这非常妨碍朋友-敌人的区分,而这种区分本身就是政治的特别准则。

如果施米特利用托克维尔来批判人类不断增长的同质性,那么,他可能扭曲了这位法国人的话。的确,一种"多元",即使托克维尔没有明显地用到这个词,但其对于保留多样性和自由是必要的,而对保护民主平等本身是不必要的。施米特在1944年写道:

> 对于托克维尔来说,1789年革命是不可阻挡的中央集权化过程的征兆,这个过程可作用于国家的所有方面、所有政

党、所有意识形态,势不可挡。①

回到托克维尔《回忆录》的最初语境,也就是法国1848年的事件,如果不考虑施米特的暗示的话,那么,这句话特指伴随法国大革命而来的危机,而不能被认为是一种对1789年革命的批判。② 即使托克维尔确实将大革命解释为中央集权化现象在法国的延续——中央集权化是他在《旧制度与大革命》中的一个主要议题,然而在某个要点上,他还是被这位德国哲学家误解了,施米特将托克维尔同反革命家思想联系起来了。他认为,这位法国贵族实际上是被大革命打败而成为大革命的批评家的。然而,托克维尔意识到,大革命是不可避免的或"天赐的"(heaven-sent)(天意[Providentielle]),③对旧制度感到遗憾是没有用的。他也澄清了"对于未来的时代,他最惧怕的并不是革命"(同上,卷二,第三部分,第十一章,页361),而是社会的平静剥夺了这样一种实施新想法的方式——一种缺乏多样性、冲突和参与的稳定社会阻止任何的政治革命,从而将公民从政治领域隔离出去。在施米特文献学缺陷的背后,却显示出这样一个共同观点,即,统一的人类将会造成政治意识的丧失。

四、对个人主义和大众主权的共同批评

干涉并判定入侵者有罪的趋势,将不可避免地伴随着民主政

---

① Schmitt,《一种对柯特的泛欧洲解释》,前揭,页104。
② 托克维尔的原始文本足以说明一切:"在所有的连续变化之后,据说法国大革命在达到其放肆地被称作目标的东西之后结束了;据说是这样,人们相信是这样。哎,我希望在恢复之后它是真的,甚至在恢复后政府倒下;这是法国大革命的再次开始,并且总是一样的。(《回忆录》,前揭,页89。)
③ Tocqueville,《论美国的民主》),卷一,导论,页41。

治而到来:"自然地",施米特写道,

> 没有哪个民主体系能逃避这个原罪,民主平等的平台只是通往新的不平等的出发点。这就是托克维尔个人的苦恼(die eigentliche Angst Tocquevilles)。①

"自由民主的"平等将会危害真正的平等,真正的平等关涉到国民,并且应当具备民主的特性。任何政治方向都会导致适当的民主,因为后者并没有政治实质;它只是一种简单的组织形式。然而,通过试图给其填充内容,自由主义的中产阶级试图将民主从政治领域转移到经济领域。"说真的,这意味着民主概念的根本转变,因为只要契约自由和私法指引经济,那么政治观点就不可能被转变为(übertragen)经济关系"。② 一旦民主支持私法,那么民主将不再是政治的,因为它现在的构成形式同权威与宣传的内容极为不同。

只有以一种明显抽象的方式而愿意接受"民主"组织的社会经济团体,才能形成一个一般的主体——"人民"(people)。具体来说,他们代表了本质上异质的民众(masses)。个体意志的总和并不能实现政治表达,政治表达需要使团体或个体的私人利益消失并且合并于整体之中。施米特奇怪于是否"一个特定的政治理念能够从纯粹且重要的个体自由主义概念中导出"。③ 当然,他选择了否定的答案。按照施米特的观点,民主无关乎个人主义和多元论;它首先并首要地是国民的同质性。并且,施米特论证了中产阶级法治国(它保证了个体自由)适合于复数人民的存在,由此认

---

① Schmitt,《语汇:1947—1951笔记》,页240。
② Schmitt,《当今议会制的思想史状况》,前揭,页33。
③ Schmitt,《政治的概念》,前揭,页69—70。在后面的几行他写道:"政治的否定……内在于每个始终如一的个人主义之中"(同上,页70)。

可了反民主的边界。承认个体的首要性(它内在于自由主义)将会把公民变成消费者。施米特主张,国民(在他们的投票站被孤立起来[polling booth]——因此与政治共同体相分离)必然表达个人的信念。个体自由完全与个体公开之所是(也就是说,公民)相对立,并且自由权利只会使公民疏离于他们的政治根源。

施米特清楚地意识到,托克维尔一直在考察19世纪的一种可以比较的现象。这位法国思想家对个人主义的批评像施米特一样致命。① 他并没有谈到投票站,而只是做出了与这一断链(a broken chain)的著名的比较。② 然而,对托克维尔而言,这种等级制度的缺乏却具有不同的意义。这些个体现在正在采取不同的观点,因为他们在社会上不再具有业已决定的地位,并且"他们不再从任何人那里期望任何东西"(同上)。而且,个体通过使自己服从于多数人的无所不能,服从于大众主权的腐朽权力,进而束缚了自己,他们失去了参与公众生活的任何意愿,甚至"宣布放弃他们作为公民的权利"(同上,卷一,第二部分,第七章,页385)。此外,一个由对物质福利的疯狂追求所驱使的社会,一个如施米特所要说的消费者社会,将是托克维尔所指的可怕的社会;这样的社会就是物质主义软化个体的地方。通过他著名的政治参与和公民社会的概念,这位法国理论家仍然相信公民能够像一个团体(group)那样行动,尤其是通过他们对团体的归属而行动,并且这也让人想起了上面讨论过的他对同质性的含糊观点。另外,施米特谴责自由,而托克维尔批评平等及其对公众的解构性影响,并且希冀于"正

---

① 托克维尔对个人主义的解释是争论的主题。我们赞成由沃林(Wolin)发展的一个对这个概念稍微不同的解读,既作为多样性的潜在资源又是一个危险的孤立要素;见Sheldon S. Wolin,《两个世界之间的托克维尔:一种政治理论生活的形成》(*Tocqueville between Two Worlds: The Making of a Political and Theoretical Life*, Princeton, 2001),页350—53。

② Tocqueville,《论美国的民主》,前揭,卷二,第二部分,第二章,页143。

确理解的私利"(l'intérêt bien entendu)来反对这种过分的平等。这种特定的利益形式,一个相异于施米特的概念,蕴含着通过一个开明的利益(它是指"在所有其他哲学理论中,最适合于那个时代的人[也就是民主的人]之需要的利益"[同上,第二部分,第八章,页174])个体将"他们的幸福同他们的同胞"(co-citizens)联系起来(同上,第二部分,第八章,页173)。

因此,托克维尔和施米特分享了对个人主义的共同批评,按照他们的观点,个人主义使民主政治去政治化;在施米特战后的日记式笔记中,当他在讨论托克维尔的"个人的痛苦"时,他完全承认了这种相似性。然而,对于在民主装置中给予平等的意义与作用,他们二人在标准方面的分歧构成了严重的障碍。托克维尔的民主概念需要使自由和平等都得到维持。① 相反,施米特力图解释真正的民主并没有自由的实质(substance),因此,他反对选择会导致同质人民不可避免的原子化理论。即使托克维尔察觉到了内在于民主个人主义的危险,然而他很可能也忽视了,通过给予自由以支配的地位,使对民主政权的特征识别过程(它应该达到统治者和被统治者之间的完美一致)的陈述效力,变得不牢靠了,也正是在施米特去世后出版的笔记当中,他评价说,这位伟大的历史学家"没有领会到美国人民的实质特性",②这是他的自由主义的显著后果。

施米特出人意料地没有看到托克维尔曾较多地分享了他对社会的某些解释,或者说,至少他没有认识到这位法国理论家认识到

---

① 同上,第二部分,第一章,页137。另见 Olivier Meuwly,《自由与社会:贡斯当与托克维尔面对现代自由主义的限度》(Liberté et société: Constant et Tocqueville face aux limites du libéralisme moderne, Genève, 2002),在这篇著作中,在他对托克维尔的对自由和平等之平衡的需要的分析中,该作者发展了"共生平衡"(symbiotic equilibrium)这个概念。

② Schmitt,《托克维尔笔记》,前揭,页108。

了自由主义的局限。按照他的观点,托克维尔没有领会美国人民的实质特性,是出于美国人民还没有共同特性这个简单的理由。那时的美国联邦依赖于各州的利益,因而是不稳定的。他写道:"合众国的居民讲了很多他们对祖国的爱;我承认,我不相信这种理智的爱国主义(patriotism of reflection),因为它以利益为基础,而利益会随着对象的改变而毁坏。"①利益会改变、演变甚至消失。托克维尔警告他的读者,不要聚集太多不同利益的团体,同时警惕国家不要太同质。如果要被视作为一个民族,那么,一个政治团体不仅需要普通法,

> 只有当许多人共同考虑许多事情的时候,当他们对很多主题持有相同观点的时候,并且当同样的事件启发他们的心灵以同样的思想和观感的时候,社会才可能存在。②

是的,托克维尔拥护自由主义运动,并对特性(identity)没有一个严格的实质性看法,但是他仍给自由理论提供了一些限制。天意(Providence)"的确在每个人的周围勾画出了一个命中注定的圆环(un cercle fatal);但在大量的限制之内,人是有力量的和自由的;这对人民也同样如此"(同上,卷二,第四部分,第八章,页455)。在这里,托克维尔为某种形式的自由观提供了一个清晰的限定,他说,每个人都具有完全的自由意志,并能够出于纯粹的合理性发现他们自己的个性。每个人都受到天意和"出发点"的限制,但是这个圆环也是自由得以成功的保证,它无可辩驳地将这种自由的存在与政治存在(the survival of the political)联系起来。然

---

① Tocqueville,《论美国的民主》,前揭,卷一,第二部分,第十章,页543。
② 同上,另见第一部分,第八章,页258:"文明的某种一致性对于联邦的长久来说是必要的,正如它对于国家中的利益的一致性(这种利益的一致性构成这个国家)是必要的"。

而,大众主权必须有某些限制:它是条件平等化的具体化,但是它也可能转变为一种"多数人的暴政"。少数派因此在多数人的权力(最终是主权)下受到打压。对两位作者来说——出于不同的理由——主权从顶层到底层的垂直结构,阻碍了人们成为权力的有效拥有者,即便他们是权力的来源。

按照施米特,在严格的词义上,人们最终不是有主权的。更精确地说,权力在这样的意义上来源于他们,即,他们表达的意图(voluntas)将由他们的代表借助于决断来进行政治上的合理化。虽然施米特似乎质疑"平等的暴政"①这个观念,但必须认识到,他可能是模棱两可的,因为与其他事情比起来,他更害怕人民的暴政,为了争得大众主权的有限版本而实现被选举权,他主张人民的选举权。对他来说,人民天生是邪恶的。它被原罪封印所诅咒,因此,施米特认为政府是必要的,并且他对大众主权抱有希望。对于是天主教徒的施米特来说,人类按照上帝的形象被创造,但这并不意味着它们本性是善的。屈服于他们的偏好的悲剧,他们不能维持其原初的纯洁性。人类学上的悲观主义断言,构成了他不成熟的政治哲学推理的出发点,因为"所有的政治理论都假定人类是恶的,也就是,无论如何都不是一个无可置疑的存在,而是一种危险的、有活力的存在"。②

在《政治的概念》中,施米特援引托克维尔的文章来结束他有关政治理论的人类学基础的章节。"1789年革命之前的法兰西贵族社会对'本质上善的人'和大众的美德感到伤感"(同上,页68)。这位法国历史学家以他特有的修辞法和政治意识,描述了这个相当奇怪的情形:在那时,没有人看到大革命即将来临。施米特惊讶于(托克维尔也是这样)"看到当1793年已经来临时,这些享有特权的人们心安理得且毫无疑虑地谈论人民的善良、温和以

---

① 见 Schmitt,《宪法学说》,前揭,页235—36。
② Schmitt,《政治的概念》,前揭,页61。

及无辜——《荒谬和可怕的奇景》(spectacle ridiculeet terrible)"（同上，原著为法文）。施米特暗示，用托克维尔的话来说，就像反革命思想家那样，这位法国作者相信人民是危险的。然而，在那个主题上，这两位作者的趋同之处到此为止。作为一个基督徒，

> 由于屈服于他那个时代的科学的不可知论，他（托克维尔）失去了通过洗礼和传统而从他的父辈那里继承下来的信念。①

施米特主张，如果从抵挡者（Katechon）②（按照圣保罗的观点，这股力量抵挡反基督者的暴力并保证了历史的连续性）的新圣约形象来设想，托克维尔可能没有察觉到，被美国和俄国小看的欧洲大陆能够重新获得它之前的荣耀。通过指出欧洲"大空间"（Großraum）的敌人，这个至高无上的中心会保证历史的政治辩证运动。通过实行与反基督者相一致的美国的自由力量，它确保了历史的恒久性并延缓了世界统一的到来。自由世界主义会诉诸于任何可能的技术手段来追击普遍友谊的对手，促成现在永世的目的。托克维尔并不知道抵挡者，他"缺乏神圣历史的支持来确保他的欧洲历史观免于绝望"（同上）。施米特确信他当然是天主教徒，但他的自由主义妨碍了他看清美国人（即反基督者的历史化身）所持有的这种政治教条。③

---

① Schmitt,《简略传记：托克维尔》，前揭，页31。
② [译注]抵挡者，原为希腊文 katechon，是一个《圣经》中的概念，它随后被发展为一个政治概念，有拦阻、抑制的意思。
③ 施米特写道，"这些杰出的人物，如蒙塔伦博尔特（Montalembert），托克维尔和莱克戴尔（Lacordaire）有时代表了自由主义天主教义，但是他们的很多天主教徒朋友仍然在自由主义中看到了反基督者，至少看到了反基督者的先驱"。参看, Carl Schmitt,《罗马天主教和政治形式》(Roman Catholicism and Political Form, Gary L. Ulmen 译,London,1996)，页4。

对于托克维尔历史观中抵挡者的潜在存在,多缪曾有论述,并且他还论证说,施米特在他的分析中有点太苛刻了,

> 对托克维尔著作的快速阅读可能得出这样的印象,即施米特是不公平的,当他说托克维尔没有抵挡者的时候。①

正如我们已经论证过的,托克维尔的确强调了阻碍全世界人类发展的因素。然而,不管这一命题是否构成了一个抵挡者,当断言托克维尔惧怕人民时,施米特就误解了托克维尔。他的确惧怕大众的力量,尤其是通过多数人的暴政,②但他信任个体。施莱弗(James Schleifer)表明了,这位法国作者最初认为人类行为最重要的原因是法则,当认识到这个结论没有为个体的意志力留有余地之后,他重新思考了他的观点。③ 后来,他用托克维尔与他朋友博蒙(Gustave de Beaumont)通信中的一段引文来说明这个论点:"人一定不要鄙弃人。"④尽管如此,施米特似乎相信,对这位19世纪的作者来说,沿其道路达到特定"贵族化"(中产阶级化)的人们是一种"勤劳而胆怯的动物群落(troupeau d'animaux industrieux et timides)"。⑤ 施米特肯定了托克维尔对民主时代的晦暗解释,并首先尝试通过他的"完全国家"理论去巩固它,该理论看起来是"一种控制社会朝向托克维尔所指的'民主专制'国家缓慢而明确地演进的方法,他把管理的集权化

---

① Doremus,《关于〈简略传记:托克维尔〉的评论》,前揭,页224。
② 见,尤其是 Tocqueville,《论美国的民主》,前揭,卷一,第二部分,第七章。
③ James T. Schleifer,《托克维尔的〈论美国的民主〉的形成》(*The Making of Tocqueville's "Democracy in America"*, 2nd ed., Indianapolis, 2000),页80。
④ Tocqueville to Beaumont, 22 April 1838,转引自 Schleifer,《托克维尔的〈论美国的民主〉的形成》,前揭,页80。
⑤ Schmitt,《当今议会制的思想史状况》,前揭,页31。

归于民主专制",①就像将多数人的暴政归于民主专制一样。

民主的罪恶是"这个时代'完全国家'的原因",②完全国家意味着一个在量上的完全的国家,它假定了国家和社会的同一,并且延伸到人类生活的方方面面。③ 通过将全部社会关系政治化,这种"完全国家"趋向于管理经济和社会生活的一切方面;它只不过是"政治与社会专制的一种新的形式"。④ 托克维尔相信,这种"民主专制"应当在公民社会的刺激下中止,施米特强烈谴责这个补救方法。尽管如此,这位德国法学家所责难的这种情况呼应了托克维尔所描述的暴虐的力量,无可否认,它不会破坏人的存在,它只会妨碍、压制和窒息人民的思想,直到他们成为全能政府的奴隶。另一方面,托克维尔建议公民回归政治领域,回到他们所逃避的这个世界,他论证道,"生活既不是快乐的也不是痛苦的,而是我们要承担并且必须自豪地去实现的严肃事情"。⑤ 这些话语必然唤起了为施米特所中意的"政治存在主义",施米特在非政治甚至反政治的教条中,看到了存在中明显缺乏的严肃性,而存在只有通过政治的概念才能假设。⑥

---

① Norbert Campagna,《权利,政治和斗争:施米特学说的两个主题》(*Le droit, le politique et la guerre:Deux chapitres sur la doctrine de Carl Schmitt*,Laval,2004),页32。这一主题另见 Scheuerman,《施米特:法律的目的》,前揭,页86—87,98—99。
② Carl Schmitt,《合法性和正当性》(*Legality and Legitimacy*,Jeffrey Seitzer 译,London,2007),页90。
③ 见,例如,Carl Schmitt,《强国和健康经济》(Strong State and Sound Economy:An Address to Business Leaders, Renato Cristi、Joseph Velaidum 译,见 *Carl Schmitt and Authoritarian Liberalism*,Renato Cristi 编,Cardiff,1998),页212—32;Schmitt,《政治的概念》,前揭,页22—24。
④ Scheuerman,《施米特:法律的目的》,前揭,页98。
⑤ Alexis de Tocqueville,《使命》(*Œuvres*, André Jardin 编,vol. 1,Paris,1991),页171。
⑥ 参看,Richard Wolin,《施米特、政治存在主义和完全国家》(Carl Schmitt, Political Existentialism, and the Total State),见 *Theory and Society* 19, no. 4(1990):页389—416。

五、结论:一个源于神学-政治学的共同框架?

通过利用先天对立、处于政治理论基本问题两极的关键问题,施米特和托克维尔以他们自己的方式回答了同民主制度中的政治的限度相关的问题;更精确地说,问题是民主现象是否会引起政治的一种辩证的自我消解。如果我们可以想像一个要点,在这个要点上,他们的主要问题相汇合,那么,这个要点可以被认定为是对非政治化的惧怕。确实,假如这位法国历史学家担心在平等背景下自由的保存问题,那么,他就不会不强调自由的存在依赖于政治的存在。他们各自的关键问题可以重组为一个共同的问题,比如,如何避免公民还原为简单的消费者? 如何拯救生存的政治维度?尽管两位作者对它的论证是从有距离的和分歧的理论背景进行,但他们都诊断了政治所面对的、在民主时代仍然造成影响的困难;他们都试图去拯救能够被拯救的,并在觉察到公民潜在的消费主义堕落的情况下,发展了一条共同的政治救世神学(soteriology)道路。虽然施米特故意歪曲了这位伟大的法国人的话语,但其显然明白,在将他自己和这位"19世纪世纪最伟大的历史学家"连接起来的问题上,二者是趋同的。

本文说明了,尽管不能混淆他们所主要代表的概念体系,但是自由主义和反自由主义之间不可规约的对立向(在意识形态上不同路径的)共同问题的流通开放。马南和其他知识分子所强调的观点接近于阿隆,即,在民主时代,人类自由的存在依赖于特定的政治基础的存在,并且威胁到这些基础的危险必须被禁止。这种观点证实了共同的问题序列是可能的,并不需要存在实质性的联系。施米特将政治的概念视为多元主义向有利于民族所有物的单一标准的缩小,而托克维尔主张,政治从激活多元化公民社会的小冲突中出现。虽然同样惧怕由现代民主所承载的非政治化,但是,他们仍然处于一个共同的问题范围的两极。因而,他们只能对受威胁的重新政治化(repoliticize)的空间提供相反的解决办法:对于施米特来说,通过建设强大的国家来实现,它的权力由实施主张的新途径产生出来;对于托克维尔来说,按照习惯和习俗行动,由促成团体和权力的去中心化来实现。

总之,这个共同的框架可以回溯到在这两位作者思想中所呈现的一种神学-政治学教义,这种神学-政治学教义由某种奥古斯丁主义所激发。的确,作为前现代的继续,他们对社会的看法建立在一个能够维持政治存在宗教性(无论是国民的与否)体系的必要性上。

《政治的神学Ⅰ》一书的第三章第一句话因为表达了施米特的世俗化法则而闻名于世:"所有富有意义的现代国家理论概念都是世俗化的神学概念。"①通过在现代性之内寻找可以被看作是从古代借来的东西,施米特拒绝承认其全新性。对于这位威斯特伐利亚法学家来说,现代政治的概念(conceptuality)继承了神学-宗教领域的结构。现代不能以自己的资源力量来证实自身,因而从一种结构的观点来看,它毫无疑问地依赖于神学概念。② 尽管施米特对托克维尔的解读表明了,这位法学家认为自由权利起源于18到19世纪的欧洲革命,但是,作为施米特思想中的决定性范畴的公法(public law),却受益于由前现代而来的观念,这些观念本身由神学和形而上学理念所驱动。由于担心克拉伯(Krabbe)和凯尔森的内在主义,这位德国法学家参考了托克维尔(托克维尔不会否认政治领域的形而上学起源)。"在他对美国民主的描绘中",施米特说,

---

① Carl Schmitt,《政治的神学》(*Politische Theologie*: *Vier Kapitel zur Lehre von der Souveränität*, Berlin, 1922) 页43。
② 参见布鲁门别格对施米特理论的批判,Hans Blumenberg,《现代的合法性》(*The Legitimacy of the Modern Age*, Robert M. Wallace 译, Cambridge, 1985),页89—102。

托克维尔仍然宣称,在民主思想之内,人民在整个国家生活的上方滑过,就像上帝在世界上方滑过一样:正如所有事情的起因与目的,正如所有事情由之起源和向之回归的点。①

自治的政治领域被施米特视为一个真正"来自上帝的礼物",作为一种神意的而非"偶然的"礼物,归功于圣典。② 失去了伊甸园之完美的人重新组合,形成派别,世界成为了政治的世界。通过使人进入敌对状态这个政治的特殊准则,上帝向人显示自身,作为他对世间的赦免。伴随着敌人的出现,感到生存上受威胁的个体在国家的庇护下稳固自身,而国家可以保卫他们并驯化他们堕落的天性。施米特实际上处于路德(Lutheran)或帕斯卡尔(Pascalian)传统下的一种极端的奥古斯丁主义的边界上。由于人的天性就是邪恶的,他们需要被管理。亚当的罪是国家的源头(没有国家,人在自然状态下会彼此分崩离析),这是奥古斯丁(Augustinian)的一个著名的论题。希坡主教(Bishop of Hippo,即奥古斯丁)会说,国家意味着对罪的补救(remedium peccati),是人类黑暗命运的补救方法。

托克维尔会同意施米特的论题,即现代性不是戏剧性变化的结果,而毋宁是前现代的继续。"革命所取得的所有东西没有革命也可以取得;革命是一个暴力而急速的过程,多亏这个过程,政治状况适应于社会状况,事实适应于观念,法律适应于习俗"。③此外,施米特正确地强调了托克维尔在人民和上帝之间进行的对比。在致力于人民主权的章节里,托克维尔确实比较了人民和上

---

① Schmitt,《政治的神学》,前揭,页53。
② Myriam Revault d'Allonnes,《政治的衰亡:一种老生常谈的系谱学》(Le Dépérissement de la politique:Généalogie d'un lieu commun,Paris,2002),页204。
③ Tocqueville,《古代的社会制度与革命》(L'Ancien régime et la révolution,Paris,1988),页85。

帝,他说"人民统治美国的政治世界,就像上帝统治宇宙"。① 在给他的表兄和知己柯格雷(Louis de Kergolay)的信中,托克维尔承认帕斯卡尔是他的"灵感的三个主要来源"之一。② 在他对帕斯卡尔的理解基础上,他认为人不能在自己经验的基础上理解和懂得自身,这个弱点意味着民主政治的人将成为自己"可无限完美性"观念的囚徒。③ 人不是上帝——民主不能在这样的前提下来思考。另外,托克维尔在讨论民主事件的不可避免性的时候,使用"天意"这个词不是无缘无故的。④ 米歇尔(Joshua Mitchell)和若莫(Lucien Jaume)等作者探讨了托克维尔的分析的神学-政治学层面。通过对非理性或无节制的人在两种极端生活方式(一方面是一种自我封闭,另一方面是一种焦躁不安的生活方式)⑤之间犯错的一个共同阐释,米歇尔明确将托克维尔和奥古斯丁的思想联系起来,若莫则独创性地研究了托克维尔作品中宗教词汇的重现。若莫特别专注于托克维尔在处理民主权威(民主权威在这位19世纪历史学家的论证中发挥着重要的意义)时对"存放"(dépôt)这个词的分析。若莫论证说,托克维尔在三种情况下使用这个词,并且总是参照宗教,由此唤起新的公民宗教的出现。的确,若莫相信,这位伟大的历史学家在援引宗教词汇来加强这样的观念,即民主以及在这种特定情况下的公众主张是一个新的上帝、一种新的

---

① Tocqueville,《论美国的民主》,前揭,卷一,第一部分,第四章,页109。
② 《托克维尔写给柯格雷》(Tocqueville to Kergolay, 10 November 1836, in Œuvres complètes, vol. 13.1, André Jardin 编, Paris, 1977),页418。
③ Tocqueville,《论美国的民主》),前揭,卷二,第一部分,第八章,页52—54。关于这个话题参见 Lucien Jaume,《托克维尔:自由主义的贵族阶级源头》(Tocqueville: Les Sources aristocratiques de la liberté, Paris, 2008),页232—34。
④ Tocqueville,《论美国的民主》,前揭,卷一,导论,页41。
⑤ 参见 Joshua Mitchell,《自由的脆弱性:托克维尔论宗教、民主和美国式的未来》(The Fragility of Freedom: Tocqueville on Religion, Democracy, and the American Future, London, 1995)。

宗教。① 尽管托克维尔的奥古斯丁主义或帕斯卡尔主义是尚待讨论的主题,②但是他对宗教词汇的使用以及他对某些天意行为的信念却见证了以下事实:这位法国贵族在一种神学视野的支撑下进行他的政治考察。

因为根据这两位思想家的观点来看,国家—民主形式具有一种天意的本质,并且1789年之后的概念似乎支持了神学体系(从国王到人民,最高统治者作为上帝而行动)的本质特征,所以冒险去说他们各自对民主的理解共享了一种共同的松散形式,就不轻率。由于依旧受他们原本的轨迹与结构的影响,所以参与到对民主现象界定中来的概念,只能采用一种与之相应的结构。不过,我们必须记住,托克维尔也曾对他的堂兄吐露,人既非善亦非恶,而在这两个极端之间找到一个平衡是他的职责;他再次强调了自己对个体及其自由意志的信念,③从而确保了其与施米特之间存在的不可逾越的区别。

---

① Jaume,《托克维尔》,前揭,页94。
② 参见 Marinus Ossewaarde,《托克维尔与政治神学的延续》(Tocqueville and the Continuation of the Theological-Political, *European Journal of Political Theory*7, no. 1, 2008),页99—109。
③ 《托克维尔写给柯格雷》,前揭,页387。

施米特：20世纪的霍布斯主义者？

汤姆森（Jacob Als Thomsen）著

贾泽 译 张佳静 校

一、导 论

毋庸置疑，施米特是20世纪政治思想家中最具代表性，当然也是最具争议性的人物之一。作为一名具有领导性的法学家和德国魏玛时期学识最为渊博的保守知识分子，施米特的盛名在1920年即已远播德国之外。他是一名杰出的文体学家和真正的原创性思想家，他对自由民主体制的批判性思想，让几代的右翼政治思想家和左翼政治思想家都心驰神往，这包括：施特劳斯，[1]摩根索，[2]本雅明，[3]曼海默，基希海莫尔，瑙曼，马尔库塞，哈贝马斯。[4]

---

[1] 施特劳斯与施米特的关系参见迈尔的文章，《隐匿的对话：施米特与施特劳斯》（Carl Schmitt and Leo Strauss: the hidden dialogue, London, 1995）。

[2] 摩根索与施米特的关系参见 Kenneth Thompson/ Robert J. Myers，《真理与悲剧：对摩根索的追思》（Truth and Tragedy: A Tribute to Hans J. Morgenthau, New Brunswick/London），页15、16。

[3] 本雅明与施米特的关系参见 Samuel Weber，《把例外引入决断：本雅明和施米特》（Taking Exception to Decision: Walter Benjamin and Carl Schmitt），见 Diacritics 22, nos. 3—4, 1992，页5—18。

[4] 施米特对法兰克福学校的影响，参见 Ellen Kennedy，《施米特与法兰克福学派》（Carl Schmitt and the Frankfurter School），见 Telos, Number 71, 1987, 页37—66。这篇文章的评论进行了相同的报道，由 Martin Jay、Alfons Sellner、Ulrich K Preuss 撰写。Telos 对施米特进行了跟踪专访（Number 72, Summer 1987）。

施米特于1888年在藻厄兰地区的一个名叫普勒滕贝格的小镇出生。施米特是天主教徒的后代。他在柏林和斯特拉斯堡学习过法律,1910年毕业于斯特拉斯堡大学。受德国一战战败(一战中,施米特在慕尼黑为德国参谋部门工作)、第二帝国解体和随之而来的魏玛民国政治混乱的影响,作为法学教授和活跃的公法学家的施米特,成为了对现代自由议会制国家和对更广泛意义上的个人自由主义最尖锐的批评者。在1920年至1930年间,作为保守主义者的施米特考察了公共秩序和来自激进政治力量(共产主义者和纳粹分子)对公共秩序的威胁。施米特指出,他找出了魏玛宪法在自由体制国家中的缺陷,并且批判了法学规范主义中的决断主义。

作为一名政治思想家,施米特在魏玛时期所作的一系列杰出的工作,使他的名望与日俱增。在这期间,他进行了许多政治基础理论演讲,包括主权国家的性质、立宪制度的基础、政治力量的目的和局限性以及国家的合理性等。① 随着20世纪工业化社会的发展,施米特试图去阐述,是什么理论使马基雅维利、霍布斯、洛克、卢梭和康德心驰神往,这促使其对自由政治概念、民主议会和自由宪政国家展开了尖锐得批判。施米特的主要思想理论包括:民主否定自由主义、自由主义否定民主(《当今议会制的思想史状况》,1923);政治概念的本质是划分敌友(《政治的概念》1927/1932);主权就是决定非常状态(《政治的神学》,1922)。在魏玛民国后期,作为兴登堡政府宪法顾问的施米特,仍保持着自

---

① 有关施米特的文章很多,书目概览包括如下内容。英文专著参看:George Schwab,《例外的挑战:施米特1921年至1936年间政治思想导论》(*The Challenge of the Exception: An Introduction to the Political Ideas of Carl Schmitt between 1921 and 1936*, New York,1989);Joseph W. Bendersky,《施米特:帝国的理论家》(*Carl Schmitt, Theorist for the Reich*, Princeton, 1983);Paul Gottfried,《施米特:政治和理论》(*Carl Schmitt, Politics and Theory*, New York, 1990)。

己的政治思想以及对政治混乱的担忧。他为魏玛宪法第48条即德国总统在紧急情况下有不受限制的权力,作法律和理论上的辩护。

尽管没有人会怀疑施米特所作工作的重要性,但是,施米特仍然是现代政治哲学领域最饱受非议的学者。他经常被认为是法西斯主义者、虚无主义者、机会主义者和"集权主义国家的预言者"。对很多人来说,他被视为是侵蚀德国魏玛时代议会制民主理论,以及预示纳粹势力到来的象征。施米特饱受争议的主要原因是,其在1933年3月纳粹颁行《授权法》以后,表现出对纳粹政府的暧昧,并且接受了纳粹授予的思想家和"桂冠法学家"(Crown Jurist)的称号。尽管在魏玛民国的最后几年,施米特就已表明支持总统使用紧急法令以限制反对民国的政治组织的权力。同时,他在1932年出版的《合法性与正当性》一书中向人们警示,共产主义者或纳粹国家社会主义者可能通过合法手段掌管国家。但施米特还是在1933年3月加入了纳粹党(海德格尔在这一月也加入了纳粹)。在随后的三年里,他发表了一系列支持纳粹政府的文章。1933年7月,他成为普鲁士国家议会的一员。同年,他被任命为国家社会主义法学家协会大学教授专家组的主席。自1936年施米特被党卫军机关报《黑衣军团》攻击而被迫离开公共领域之后,他的政治态度开始变得飘忽不定。尽管施米特从来没有被正式指控过支持纳粹,但他在1945年还是被美国人逮捕并且监禁超过一年。[1]

由于他和纳粹政权在1933至1936年的亲密关系,以及其具有第三帝国政治理论家和桂冠法学家的身份,施米特在二战后被禁止从事学术活动。同时,在很长一段时间里,他的学术成

---

[1] 施米特的审讯报告由本德斯基翻译和评论,见 Telos,1987,页91—129。

果被其他国家所忽视。但是,最近越来越多的研究表明,施米特显然仍是极左或极右翼政治思想家学术灵感的主要源泉。① 在1980年以及施米特1985年去世后的时间里,尤其对于德国和法国的后马克思主义者和其他新右翼主义者而言,他们重新对施米特的作品产生了浓厚的兴趣。事实上,今天,施米特和他的老朋友恽格尔已经被奉为传奇人物,施米特是欧洲大陆新激进保守派知识分子的主要哲学参考。从德国《新自由》(Junge Freiheit)和法国《新学校》)这些杂志中,我们就可以看出他们很支持这种观点。

然而,有人可能去评判施米特的政治思想。正如普罗伊斯所指出的那样,若施米特的相关作品在纳粹政权覆灭后完全丢失或沦为思想史的研究对象,那么他本人也不会成为典型范例。若施米特的作品仍然对我们有重要意义,那就应该理解为,他本人的思想已经上升为指导范例。② 然而,我们在评论施米特时遇到的主要问题仍然是,什么促使他在一开始就与纳粹合作?是由于他的抱负、智慧的荣耀,还是一种个人机会主义行为,又或是因为其政治哲学思想?在我看来,任何一个单一的原因都不能解释施米特对纳粹的暧昧态度。作为施米特的传记作者,美国人本德斯基认为,施米特妥协的原因是与其基本政治哲学紧密相连的一种个人参与行为。③ 因此,

---

① 施米特在1945年后的影响力,见 Ellen Kennedy,《西德视野中的施米特》(Carl Schmitt in West German Perspective),见 *West European Politics*,Vol. 7,No. 3,1984,页120—27;Ulrich K. Preuss,《政治秩序与民主:施米特及其影响》(Political Order and Democracy. Carl Schmitt and his influence),见 *Poznam Studies in the Philosophy of the Sciences and the Humanities*,Vol. 33,1993,页15—40。
② Ulrich K. Preuss,《政治秩序与民主:施米特及其影响》,前揭,页15—40,页15。
③ Joseph Bendersky,《牺牲的桂冠法学家:施米特和国家社会主义,1933—36》(The Expendable Kronjurist:Carl Schmitt and National Socialism,1933—36),见 *Journal of Contemporary History*,Vol. 14,1979,页309—28,310。

本文的目标不在于完整分析施米特与纳粹联合的背景与目的,而是指出一种可能的解释。这个解释来源于施米特在翻译和分析作品时的主要灵感来源:霍布斯。根据施米特所翻译的霍布斯的作品《利维坦》,我的初步结论在于指出下列内容:1. 阐明施米特的政治理论以及其对国家定位当中所包含的新霍布斯主义;2. 解释施米特20世纪30年代在纳粹统治时期的政治策略。

二、施米特对霍布斯的热衷

众所周知,施米特长期热衷于霍布斯,对于任何熟悉施米特作品的人来说,很容易从他的作品中推断出这些。这种热衷最清晰的表现,实际上是施米特将自己有关利维坦的讲稿于1938年整理成书,取名为《霍布斯国家学说中的利维坦:一个政治符号的意义和失败》。①

即使在1930年初,在施米特进行利维坦演讲之前,他对霍布斯的崇拜已广为人知。这在他与施特劳斯的信件中就可以看出。② 在施米特《政治的概念》一书中,他已经将他所了解的霍布斯的保护—服从理论作为关注的中心议题。在《政治的概念》修正版中,

---

① Hanseatische Verlagsanstalt AG发行的第一版是在施米特15岁生日的时候并且是霍布斯诞辰315周年,见 Hamburg-Wandsbek,1938。第二版发行,见 Köln,1982。最后在德国有效的一版附了 Günter Maschke 的评论,见 Klett-Cotta,Stuttgart,1995。英文译本最近已经出版,George Schwab 和 Erna Hilfstein 译,见 Greenwood Press。译本附介绍,名为《霍布斯国家学说中的利维坦:一个政治符号的意义和失败》(*The Leviathan in the State Theory of Thomas Hobbes: meaning and failure of a political symbol*,Connecticut/ London,1996)。
② 施米特1933年7月10日的信,施特劳斯向施米特征求信息和建议关于参加"霍布斯作品的批判版",见 Heinrich Meier,《隐匿的对话:施米特与施特劳斯》,前揭,Chicago/ London,1995。[译注]中译见迈尔《隐匿的对话:施米特与施特劳斯》,刘小枫编,朱雁冰等译,北京:华夏出版社,2008。

施米特作出了自己的解释。① 他在 1937 年出版了一篇短文:《霍布斯和笛卡尔思想中作为机械装置的国家》。正如戈特弗里德(Paul Gottfried)所讲的,施米特与霍布斯的联合实际上已深深的凝结在施米特的思想之中,以至于他的门徒和批评者对此都习以为常。②

施米特在利维坦的著作中有几个方面引人瞩目。首先让我们回顾一下 1938 年德国的历史背景,此时纳粹已经统治德国五年,距 1936 年施米特被袭击也已经过去了二年,那部可被看做对纳粹政府批判性评论的利维坦,就是施米特属于纳粹社群主义还是魏玛时期个人主义这个问题的答案。基于这种观点,施米特成为第三帝国桂冠法学家的一员以及其在 1933 年前后立场转换这些问题,都可以得到充分地解答。赞同和批判施米特的评论家们都因此对这部利维坦产生了浓厚兴趣。这部利维坦为理解施米特的政治理论和其有关国家概念的思想,起到了关键性作用。利维坦表明了施米特作品中的极权主义和思想的开放性这一点不足为奇。

从施米特对《利维坦》的评论中我们可以清楚地看出,他看到了自己与霍布斯在时间和概念上一系列明显的相似情形。他在战后监禁期间所写的那些著作,就包含在了这些相似情形之中。像 17 世纪英国的霍布斯一样,施米特自己也面临政治动荡与民族战争的威胁。正如霍布斯所做的,施米特发现问题的根源在于个人强权的缺乏。他们因此都选择了国家命令理论。

---

① 秩序没有形式,在没有服从与保护的情况下,不合理但具有合法性或合法的情形是存在的。这种保护与服从是国家思想的总和。这种非系统性理解这句话的政治理论维持了一种残缺碎片。霍布斯指出(在其 1651 年的英译本第 396 页)利维坦的目的是再次向人们灌输"服从与保护的相互关系"的人类本质,以及神圣权利不可侵犯的观点,见 Carl Schmit,《政治的概念》(*The Concept of the Political*, Chicago/London,1996),页 52。施米特在 1927 年出版了他的早期版本,它的英译本是基于扩展的专题性论文出版于 1932 年,Duncker/ Humblot, Berlin。

② Paul Edward Gottfried,《施米特:政治和理论》,前揭,页 39。

正如霍布斯所为的一样,施米特沉浸在对混乱局势的担忧以及个人人身安全和公共秩序的关注中,他比其他政治思想家更多虑。施米特以牺牲个人自由来换取人们对公共秩序的关注。像霍布斯一样,施米特强调基于人类经验的暴力本源,在这一点上他与历经劫难的执政党(译注:纳粹党)联合起来了。正如哥特弗里德指出的那样,不管是弗罗因德和马施克这样的赞扬施米特的评论家,还是像朗夫(Helmut Rumpf)一样的自由民主批判家,都赞同这种平行的观点。朗夫提出了一种比较的观点,即霍布斯在国家稳定对个人和社会利益的重要性远大于个人这个问题上,采取保守的倾向。霍布斯是政治现实主义者,在某种程度上他认为革命这个巨兽时常威胁到利维坦,这种警觉和坚持需要国家权威的维护。在某种程度上,施米特有相似的观点,这体现在他部分的作品当中。

施米特接受霍布斯的人类学假说,即人性本恶,以及由此推导出的人的自然状态和原始条件都是混乱的。① 施米特的观点是,人类的基本状态和相互交流的基础受制于冲突。任何"真正的"政治理论都须基于人性本恶的前提作出,毫无疑问,这是一种危险和动态的存在。② 因此,自由主义的政治理论对施米特的主要批判即是对这种前提的否定,他们认为应当由基于理性推理和理性论述解决利益冲突的观点取而代之。但对施米特来说,这是一种

---

① 正如施特劳斯在《政治的概念》的评注中指出的,施米特与霍布斯在国家本质定义上存在根本分歧。对于霍布斯来说,自然状态是个人之间的战争;对施米特来说,自然状态则是群体的战争(尤其是国家)之间的战争状态。霍布斯认为,在自然状态中,任何人都是除自己以外其他人的敌人;施米特则认为,所有的政治活动都在于区分敌友。参见施特劳斯,《〈政治的概念〉评注》,见 Carl Schmitt,《政治的概念》(*The Concept of the Political*, Chicago/ London, 1996),页90。[译注]中译见施特劳斯《〈政治的概念〉评注》,载迈尔《隐匿的对话:施米特与施特劳斯》,刘小枫主编,刘宗坤译,北京:华夏出版社,2008,页197。

② Carl Schmitt,《政治的概念》,前揭,页61。

危险的错误观点。这种观点忽视了人类突发冲突中存在的根本敌对本质这一事实,并且这种观点也不能通过理性论述解决。① 对施米特来说,宗教战争就是它的一种例证。

三、施米特对霍布斯的诠释

研究施米特对霍布斯评价的最好资料,是他 1932 年出版的《政治的概念》以及 1938 年出版的有关利维坦的《霍布斯国家学说中的利维坦》。在这部利维坦中,他一方面称赞霍布斯是第一位实现国家政治决断论主张的政治思想家;另一方面,他批判霍布斯在一些重要问题上犯错,违背了他自己的政治目标,变成了基于实在法的立宪主义国家的先行者。

施米特这本书的副标题(一个政治符号的意义和失败)表明,霍布斯第一个错误在于其对政治符号的选择。在《旧约》中,利维坦是一个巨大的海怪,力大无穷。他从海里诞生,可匹敌陆地上的力量之王比蒙(Behemoth)。在犹太—基督教的传统观念里,它是仇恨的象征。但根据施米特的描述,霍布斯并没有意识到这点。作为这种形象的代表,现代国家的宗旨因此在几个世纪中都被误读为对自然的扭曲和反常。

霍布斯第二个重要错误是区分"信仰"和"信任"。他公然宣传中立国家公民的宗教信仰。在施米特看来,这会带来严重后果。在此种情形下,霍布斯所持的个人宗教信仰会成为资产阶级道德和私人观念的桥梁。而这个桥梁会带来那些逐渐蔓延的危险势力。历史告诉我们,私人领域已经延伸至资产阶级的公共领域,并且,通过议会这种权威性的立法机构,资产阶级社会终究会推翻利维坦。在

---

① 马克思主义是施米特发现阶级冲突本质的最好来源。然而,关于施米特的天主教信仰,他的无神论以及其对唯物主义阶级冲突观点的中心关注是让人费解的。

《霍布斯国家学说中的利维坦》中,施米特通过建立利维坦的敌人,一个反犹太人的家族,来说明国家的退化。施米特从斯宾诺莎(犹太人)那里开始接触其他宗教,并且打开了一扇自由思想的大门。这个学派在门德尔松(Moses Mendelsohn),玫瑰十字会(Rosicrucians)和共济会(Freemasons)那里延续,并且维持了18世纪后期的秩序,它以犹太人海涅、伯尔内(Börne)、马克思的思想解放而告终。① 这个过程结果导致了霍布斯国家理论的中和,使其从神话变成了机械装置。随着权力主观化的扩散和增加,人们需要国家客观化。这种结果可能使国家完全中立化。

施米特支持霍布斯的观点,他提出了利维坦的三种形式,即传说中的怪兽、代表性人物和机器:

> 首当其冲的显然是利维坦那具有多种含义的神话形象,集合了上帝、人、动物和机器。然后,它又是一个法律上的契约建构,以解释通过代表所产生的主权身份。此外,霍布斯把笛卡尔的人观,也即人作为带有灵魂的机械结构转而运用到"巨人"即国家身上,这样,他便把国家变成了一台具有主权这一灵魂的机器。在我看来,这正是霍布斯国家建构理论的关键。(同上,页32)

然而,作为巨人(magnus homo),作为上帝般的国家主权者,利维坦在18世纪就从内部毁灭了。国家在极大程度上以机械装置和机器的共同形象出现了。霍布斯国家理论的消灭是因为法律和权利观念以及宪法型国家普遍立法化的发展导致的,这一情况是被人所熟知的。国家本身则转而变为实证主义的合法体制。现代社会,国家已经被剥夺了他本身的实质内容,法律体系已经不是

---

① Carl Schmitt,《霍布斯国家学说中的利维坦》,前揭,第5章,第六章。

个人独断,而是一种基于法律规则的配置机制。人类立法者变成了立法机器(同上,页65)。

正如哥特弗里德所观察的那样,施米特对霍布斯的诠释具有无可辩驳的影响。这种影响超过了他本人的追随者对霍布斯本人的了解。在施米特眼中,德国学者滕尼斯(Ferdinand Tönnies)是研究霍布斯的学者当中最有名气的。滕尼斯认为,霍布斯是现代自由国家主义的先驱者,他影响了17世纪的新科学。与施米特相反,滕尼斯认为霍布斯的政治理论的前提是发达的物理学和人类学中所体现出的唯物主义。他还认为,霍布斯支持大多数人所赞同的宗主国统治。对于滕尼斯而言,霍布斯认为公民社会是一个基于个体保护的人造堡垒,其以那些服从主权的人的同意(明示或暗示)为前提。① 滕尼斯支持霍布斯的《论人》和《论物体》中所表达出来的在微观层面上对人类本性的界定,这已经影响了霍布斯在《利维坦》中关于社会问题的观点。按滕尼斯的话来讲,霍布斯政治理论的源泉,可通过其作品《法律的元素》(1640)、《论公民》和《利维坦》(1651)中看出,这使霍布斯有关国家的理论进入了现代自由主义的领域。

滕尼斯的这种解释成为了其他学者研究霍布斯的经典模型。在施特劳斯对施米特《政治的概念》的著名评论当中,施特劳斯提到,滕尼斯批判施米特关于霍布斯主义具有魅力的观点,只是一种非自由的政治传统。② 基于滕尼斯这个范例,施特劳斯认为霍布斯是自由主义的开创者。他指出,霍布斯的著作超越了自由主义的视野,我们无法以他的作品为基础而对自由主义提出批判。从滕尼斯和施特劳斯的著作中可以看出,霍布斯减少了政府保护

---

① Paul Gottfried,《施米特:政治和理论》,前揭,页40。
② 参见施特劳斯,《〈政治的概念〉的评注》,前揭。[译注]中译见施特劳斯《〈政治的概念〉的评注》,前揭,页198。

"自然人"的职能,由此导致人的全部自然权利的个性化。在施特劳斯对《政治的概念》一文的评论中,他写道:

> 若举例来说,那么霍布斯作为文明理想的创始者,则远在培根之上。恰恰由于这一点,他成为自由主义的奠基人。单纯保全性命的权利——这种权利是霍布斯自然权利的概括——具有人权之完全不可剥夺的性质,换言之,个体的权利要求先于国家并决定国家的目的和权限。霍布斯所奠定的单纯保全生命的自然权利要求为自由主义的整个人权体系开辟了道路,即使这一基础事实上并没有必然产生这种进程。①

在1936年施特劳斯流亡期间,他在《霍布斯的政治哲学:基础和起源》一书中对霍布斯的理论进行了批判,称其否认了柏拉图和亚里士多德的经典政治理论。不像后者那样,霍布斯对善良和公正毫无兴趣。霍布斯理论融合了享乐主义感觉论和卢克莱修(Lucretius)的唯物论,成为具有唯物主义科学理论的以自我为中心的道德规范。霍布斯这种微观的政治自由主义社会观以及他对个人物质利益的关注,都是霍布斯主义综合体的副产品。②

---

① 同上,页90—91。[译注]中译见施特劳斯《〈政治的概念〉的评注》,前揭,页198。
② Leo Strauss,《霍布斯的政治哲学》(*The Political Philosophy of Thomas Hobbes: Its Basis and Genesis*, Chicago, 1952),页1—5、30—43。Gottfried,《施米特:政治与理论》,前揭,页41。正如其他评论家已指出的,施特劳斯对霍布斯的敌意进攻可被视为与施米特的批判性对抗。施特劳斯在施米特1933年5月加入纳粹后完成了这部书。施特劳斯与施米特的对话发生在此之前,当时施米特给他留下了很好的印象。事实上,施特劳斯想把作品的初稿送给喜爱它的施米特,施米特曾为此写了一封令人信服的推荐信给洛克菲勒基金会赠款。因此,他后来很可能试图强调霍布斯所写的作品是最现代的,最中立的和反社会的,以此来批判他最初的导师。

施米特不否认霍布斯受其所处历史环境的启发而吸收了物理学、解剖学和高等数学等新科学的知识。但是,施米特反对那些宣称霍布斯是单纯唯物主义者、机械论者、感觉论者和利己主义者这种浅薄论断的人。① 在施米特看来,霍布斯是顽强的革新者。这种对霍布斯为政治现代化所做出的贡献的否定,是对他个人的轻视,也是违背他本意的。因此,施米特否定任何形式的立宪主义,以及指向霍布斯的个人自由主义。

相反,施米特试图寻找一种传统主义的世界观,以支持霍布斯的科学政治理论。同时,施米特也反对任何形式的利维坦道德原则和现代科技文化的统一。施米特表达了对霍布斯著作中表现出的对现代权力结构功利主义的轻视。他认为这种主义不具体、不人性化、毫无生气,他的这种态度为人们所熟知。尽管施米特肯定了霍布斯所持的行政高效性的理论,但施米特强调,霍布斯已经开始创立那种帮助统治者对人民作出正确决断的主权者理论。霍布斯没能想象到一种机械化的社会。在这个社会里,个人决断让位于行政法令,这种法令让人回想到交通信号灯中红灯绿灯的交替闪亮。② 在霍布斯去世后的几个世纪中,霍布斯理想的国家已经失去了与人类权力的联系,但是,这种发展却与霍布斯的理想背道而驰。

四、霍布斯对施米特的影响

评论家们对施米特1938年出版的有关利维坦的这部作品中主题思想和目的有着不同的理解,这和他们在研究施米特对霍布斯主义本质理解时是一样的。像施米特的大部分作品一样,这部

---

① Carl Schmitt,《霍布斯国家学说中的利维坦》,前揭,页11。
② Gottfried,《施米特:政治和理论》,前揭,页48。

关于利维坦的作品提供了一种多角度的论证模式,但这让读者对施米特所表达的真正含义产生了疑问。对于这个问题,朗夫的解释是正确的。他指出,这部有关利维坦的著作可以解释为对极权主义体制和像霍布斯这样的极权主义者的批判,但我们很难总结出施米特真正的主张。霍姆斯在批判施米特的权威性文章中指出:战后,施米特在他的著作中试图灌输一这样种思想,也就是他对霍布斯的根本态度是无害的和尊重的,由此来掩盖他反犹太的言论以及支持纳粹这一污点。① 施瓦布是施米特这部有关利维坦著作的英文译者,他对施米特有极高的评价。他的著作《例外的挑战》是关于施米特政治理论最有代表性的英文著作。他认为,从另一方面讲,施米特在关于霍布斯的著作中所体现出来的观点,更接近于资产阶级自由主义的命令说,而不是希特勒式的纳粹说。②

我们应多加关注施瓦布的解释,这比他所写的施米特的传记要清楚得多。这部自传的中心思想是,施米特与纳粹政权的联合是基于"判断错误"以及"错误理解或者纳粹的鼓吹煽动"。并且,施米特在1938年已经回到了其在1933年前反对极权主义的状态。按施瓦布的话说,这部关于利维坦的著作,成为了理解施米特和1930年成立的纳粹政权的联合所表现出的政治策略,以及施米特国家理论的主要来源。

五、施瓦布对施米特的阐述:国家总体性质的纲领

对施瓦布而言,施米特关于霍布斯的著述必须要立足于1938

---

① Steven Holmes,《反自由主义的剖析》(*The Anatomy of Antiliberalism*, Cambridge, 1993),页50。
② 来自施瓦布对施米特的介绍,《霍布斯国家学说中的利维坦》,前揭,页21。

年这一历史背景来分析。大多数施米特的研究者认为,1936年是施米特的"分水岭"。① 1936年12月施米特被党卫军机关报《黑衣军团》攻击这一事件直接导致②其退出公众视野,并且其基本上断绝了和所在学校的日常活动的联系。本德斯基和施瓦布都认为,施米特日后声称这些攻击威胁到了他本人的人身安全,他在这件事上没有撒谎,我们有理由相信他。

为了对这一结论提供佐证,施瓦布在介绍施米特这部利维坦的英译本时写到,毫无疑问,施米特又一次转向了霍布斯,因为他本质上就是霍布斯主义者,正如其反复重申的,他坚持国家是保卫和服从的结合体这一理论。③ 基于此,施米特关于霍布斯的著作可以视为是对纳粹国家崛起的批判。按施瓦布的话说:

> 施米特通过关于霍布斯的著作,表达了对政治实体诞生的评价和回应。简单地来说,鉴于纳粹统治集团无视他关于有必要将新德国打造成多元化政治体的理论,他暗示第三帝国将会覆灭。尤为重要的是,因为新政府堕落为纳粹党一党专政的国家,这是对霍布斯的理论,即国家是保卫与服从的结合体的嘲弄。施米特大失所望并感到极度的担忧,他在其关于利维坦的著作中表明了他自己将回归1933年前的状态。(同上,页10)

关于1933年前的施米特,施瓦布主要参考了施米特的《强力

---

① 它的政治背景,见 George Schwab,《例外的挑战》,前揭,页141—143;Joseph W. Bendersky,《施米特:帝国的理论家》(*Carl Schmitt, Theorist for the Reich*, Princeton, 1983),页235—243。
② 在这篇文章中施米特因其反犹太主义被指控为机会主义者,他不仅缺乏种族观,而且与其1933年前的文章风格与对犹太人的友善大相径庭。最近针对施米特的攻击起始于罗森贝格,他在1937年1月8日发表了一篇15页的充满自信的报告。
③ 施瓦布对施米特的介绍,《霍布斯国家学说中的利维坦》,前揭,页10。

国家与健康经济》,①该成果发表于 1933 年 1 月,是兴登堡任命希特勒为总理的前一天,这篇文章被施瓦布评为通往施米特过去的桥梁。文章中,施米特通过辨别无政府领域(社会)和政治领域(国家)的管辖范围,来否认单一性国家和多元化国家的界限。在施米特的构想中,多元化国家超越社会并因此可以辨别敌友。尽管多元化国家被社会所束缚以至于其本身不加区分的充斥于每一个王国和人类存在的每一领域。当然,众所周知,国家的统治无处不在,因为国家无法区分这些领域。②

正如施米特在《政治的概念》中已经解释过的,对于国家和社会界限的侵蚀,早在 20 世纪之前即已发生。但是,在德国魏玛时期,这种形式的侵蚀却来自于无数思想对立的党派论战,它成功的通过议会来分裂政体。政府使国家成为各个党派妥协的产物。施米特在 1932 年就已经指出,不管这种形式如何发展,拯救共和政体为时不晚。因为国家的两大基石,官僚体制和最高统帅没有改变,总统在宪法第 48 条的授权下还有广泛的权力。施米特对这个问题的解决方法,正如他在 1932 年出版的《合法性与正当性》与《强力国家与健康经济》中所写的,③是通过社会的去政治化,避免来自社会领域的政治纷争。基于此种理论,施米特建议取缔那些反对共和政体方案的政党。同时,他建议放弃传统意义上对国家与三层体制式社会的划分。有基于此,国家被区分为政治领域,既非严格政治性又非私人性的公共领域以及纯粹非政治性的社会领域。④ 这种理论以参议院的创建为基础。参议院是有组织的利益

---

① Carl Schmitt,《强力国家与健康经济》(*Starker Staat und gesunde Wirtschaft*, Berlin, 1932)
② 这里引用了施瓦布对施米特的介绍,《霍布斯国家学说中的利维坦》,前揭,页 10。
③ Carl Schmitt,《合法性与正当性》(*Legalität und Legitimität*, München/ Leipzig, 1932)。[译注]中译见施米特《合法性与正当性》,载施米特《政治的概念》,刘小枫编,李秋零译,上海:上海人民出版社,2004,页 189—256。
④ 这里引用了施瓦布对施米特的介绍,《霍布斯国家学说中的利维坦》,前揭,页 12。

共同体,包含诸如代表工业利益的群体、代表农业的群体以及代表专业人员和技术人员的群体。正如施米特在 1932 年所预想的,这个共同体不能代替代表广泛议会的众议院,而只能是它的补充。根据施米特的这个架构,一个强大的国家应当赋予众议院以威望,以及赋予人民必要的权限,来解放他们对利益的热情,使他们不必担心被对其不满的领导开除而敢于坚持自己的主张(同上,页13)。

令施米特感到惊奇的是,①当他应邀出席 1933 年 4 月举行的纳粹政府成立仪式②以及随后接受戈林的委任加入普鲁士国务院时,按照施瓦布的话来说,他错误地认为这是帮助第三帝国建立自己理想中的多元化国家。在施米特的想象中,纳粹不是一个极权体制的独裁国家,而是一个强大的、中立的表现出美好前景的权威国家,正是基于此,施米特才加入第三帝国。当他意识到自己的错误时,纳粹政权已经迅速发展成为一党专政的极权体制国家。在纳粹违背了霍布斯保护与服从这一基本原则时,施米特维护了其在 1933 年前的国家合法性理论,开始批判纳粹统治。

施瓦布认为,施米特第一部主要论著是出版于 1933 年的《国家、运动、人民:政治统一体的三个肢体》,③它表明了其与 1933 年前的著作保持一致。在这篇文章中,他认为国家先于政治运动,所以反对纳粹通过政治运动接管国家。然而,正如施瓦布所承认的,施米特在谁可以拥有政治上的垄断时犯了错误,他宣称政治起源

---

① 正如施瓦布和本德斯基指出的,施米特是标志性人物,当他加入第三帝国的时候。大家都知道他是天主教徒,对马克思主义者和犹太人很友善(他将自己 1928 年出版的《宪法学说》[*Verfassungslehre*]送给了其犹太朋友 Fritz Eisler),他曾两次娶斯拉夫人,并且他从来没有对犹太人或其他民族发表过种族言论。
② 1933 年 4 月,施米特被邀请加入一个委员会,从事制定一部法律。这部法律授权希特勒可以任命委员会委员监督政府。
③ Carl Schmitt,《国家、运动、人民:政治统一体的三个肢体》(*Staat, Bewegung, Volk. Die Dreigliederung der politischen Einheit*, Hamburg, 1933)。

于国家而非运动,国家的领导者即是运动的领导者。① 但在1934年5月,施米特重新坚持第三帝国至高无上的地位。在《国家架构与第二帝国的崩溃:市民对士兵的胜利》一文中,②他指出,德国国防军是第三帝国的支柱,而没有提及希特勒那支极具政治性的冲锋队。不久后,施米特发表了其另一部著作《论法学思维的三种模式》,③文中强调一种基于制度的法律规则,即根据个人的学历、经验和政治倾向对人进行定位。施米特补充道,尽管这套法律规则可能不会被国家社会主义者之外的人所理解。然而施瓦布却认为,施米特通过假设一种政治的合法性基础,暗示他保留的意见,即纳粹独裁统治和其显而易见的合乎制度正义的法律规则,比别的政治体制更能解决混乱状态。④

因此,在施瓦布的眼中,这部关于利维坦的著作是施米特对霍布斯国家主义的回归。施米特在纳粹统治前两年中所写的文章或多或少地提到了这种理念,并且这种理念也贯穿于其在魏玛时代的作品之中。

1936年施米特遭受人身攻击后,他意识到自己过去的言行太过失体,自己对纳粹的希望完全是错误的。基于对纳粹政权本质的认识和对自身安危的担忧,施米特重新坚持霍布斯关于保护与服从的国家理论。他指出如果保护停止,那么国家将会灭亡,职责的服从也会终结(同上,页18)。施瓦布认为,施米特在他的言论中始终倾向于霍布斯的立宪理论。在施米特的论述中,霍布斯关于国家和法学理论的思想包含具体的法治国元素的论断,往往被

---

① 施瓦布对施米特的介绍,《霍布斯国家学说中的利维坦》,前揭,页15。
② Carl Schmitt,《国家架构与第二帝国的崩溃:市民对士兵的胜利》(*Staatsgefüge und Zusammenbruch des zweiten Reiches-Der Sieg des Bürgers über den Soldaten*, Hamburg, 1934)。
③ Carl Schmitt,《论法学思维的三种模式》(*Über die drei Arten des rechtswissenschaftlichen Denkens*, Hamburg, 1934)。
④ 施瓦布对施米特的介绍,《霍布斯国家学说中的利维坦》,前揭,页17。

人们错误评价(同上,页19)。施米特在他的论述中强调服从的优先级高于保护。这是一种独特的国家哲学,其全部思维链条只包含了基于对国家本质的极度恐怖而把人类推动到由摩洛神(Moloch)或傀儡(Golem)统治的相似恐怖中去(同上)。对于这种观点,施瓦布认为,施米特所经历的纳粹一党专政,最终使他确信和更加钦佩霍布斯的个人主义。施瓦布因此作出如下总结:

> 毫无疑问,施米特更接受资产阶级自由化的威权主义,而非希特勒的纳粹主义。施米特1938年出版的著作大部分体现的是魏玛时代的个人主义,而非纳粹的社群主义。施米特的作品更多的赞扬创建强大自由国家理论的霍布斯,而非为希特勒一党专政的出现作合理解释。施米特有关多元化政府的概念迫使人民服从法律的权威,但这种服从的前提是保证国家的安全。施米特其他的国家理论在本质上不是极权主义,而是内容与形式上的权威主义,这种由他发展起来的理论先于纳粹政府而发生(同上,页21—22)。

六、施瓦布的评论

施瓦布翻译的施米特关于霍布斯的著作在很多方面无疑是正确的。施瓦布坚持认为,施米特有关利维坦的著述在很大程度上应理解为一种对当时历史环境的反应,很明显,这种观点非常重要。基于此,我们应当把这部关于利维坦的著作看成是对纳粹政府的批判,并且视为施米特逐步对纳粹政府本质的恐惧和失望的产物。然而,当施瓦布试图去辨别施米特多元化国家理论中的霍布斯元素时,并且他所认为的施米特开始倾向于霍布斯的立宪主义著作时,他的分析出现了问题。这样,在我看来,施瓦布关于施米特的文章以低估一系列更多社群主义者和极少带有霍布斯主义属性的新国家主义有机元素的方式来结尾。在此我要指出他的三个错误：

首先，施瓦布说道，施米特特别强调服从比保护更重要。鉴于施米特在《政治的概念》一文中已经声明，国家有权力安排人民的生活，施瓦布的说法存在疑问。施米特的论述如下：

> 国家作为决定性的政治统一体拥有巨大的力量：即发动战争和以国家的名义安排人民生活的可能性。战争法权便包括这种安排。它意味着双重的可能性：即要求国民随时准备赴死的权力和毫不犹豫地消灭敌人的权力。①

有鉴于此，施米特更多选择了服从而非霍布斯所认为的那样。因此他更倾向于批判霍布斯的极权主义，而非施瓦布所说的立宪主义。我认为，施米特没有完全摆脱其1938年所持的国家观点。

其次，施米特不只是通过参考霍布斯的保护—服从理论，来为其强国理论的合法性作辩护。他认为，一个强大的国家同样也可以建立在社群主义、民族主义以及其他主义之上。对施米特来说，现代自由主义立宪制国家的主要问题就像德国魏玛政府一样，是在例外情形下不能保护自己。这一问题来源于它对讨论的赞美和以牺牲决断为代价的妥协（议会的制度化）。施米特十分反对这种制度的国家，因为它不能进行有效的统治，而且它对民主政体也没有益处。施米特的民主思想来自于卢梭主义者。对施米特来说，民主的特征是统治者与被统治者的统一，而不是自由、多元主

---

① Carl Schmitt，《政治的概念》，前揭，页46。[译注]中译见施米特《政治的概念》，刘小枫编，刘宗坤译，上海：上海人民出版社，2004，页125。

义和讨论。因此施米特认为,民主的任务是建立一个新的决断主义国家。它是基于国家共同体而自然表达这一职能的合法性,有些接近于纳粹国家这种民族主义表现本身。这种自然的本质是通过排除文化相对主义而建立的。文化相对主义驳斥作为政治纲领对与错这一基本道德原则。这种自然的本质还建立在对同质化的人民以及(外部)敌人的确定上。只有当这些前提条件成立时,多元化国家才可以存在。正如《当今议会制的思想史状况》(1923)一文所谈到的:

> 对议会制和靠辩论施政的信念,皆属于自由主义的思想界,而非属于民主制。……现实中的民主都建立在这样的原则上:不但平等者平等,对不平等者也要平等对待。所以,民主首先要求同质性(Homogenität),其次要求——假如有必要的话——消灭或根除异质性。①

因此,对施米特来说,决断主义国家的建立不仅需要国家的集权,还要求从文化和政治上确定敌友的排他性权力(这里还需要哲学上的前提,因为施米特是反犹太主义者,是基于文化而非种族)。有人会说,施米特超越霍布斯的地方在于,其为文化多样性保留了更多空间(比如,施米特批判霍布斯区分"信念"和"信仰")。若无视施米特国家概念的影响,有人可能指责施瓦布让人们认为施米特不是社群主义者,而是个人主义者。事实上,这与真实的施米特不相符合。

最后,我有些怀疑施瓦布试图证明施米特对独裁统治持保留

---

① Carl Schmitt,《当今议会制的思想史状况》(*The Crisis of Parliamentary Democracy*, Cambridge,1985),页8—9。[译注]中译见施米特《当今议会制的思想史状况》,载施米特《政治的浪漫派》,刘小枫编,冯克利译,上海:上海人民出版社,2004,页165。

意见。同时，我也怀疑其所认为的、基于公正议会的法律规则比其他制度更能解决混乱局势（同上，页17）。正如施瓦布所正确指出的那样，我们在阅读《论法学思维的三种模式》时也可以获得这种印象。照这样说，有人可能会支持施瓦布，《论法学思维的三种模式》一文间接批判和警告了领袖崇拜的危险。然而，我们必须关注施米特在魏玛时代对立宪主义的批判，这能使我们真正理解施米特对纳粹领导原则的思想。我认为，施米特1934年在《论法学思维的三种模式》中的警告不仅仅是具体的领袖，还包括那种领袖崇拜思想。施米特对这方面态度的回应是基于其对立宪主义的批判，正如其1920年对凯尔森法律规则主义的著名驳斥所表现出来的那样。

在1922年出版的《政治的概念》一文中，施米特已经对资产阶级社会在国家法律安排上毫无根据的信念进行了批判，并且也对凯尔森的理论，即完整的立法保证国家稳定这一理论进行了批判。施米特认为，法律不能预料所有的可能结果，无法估计所有的情形，例外情形永远不能被清楚界定。这意味着，主权国家永远无法被法律规范所规制。只有无程序性标准的活跃国家，通过其领导者的领导，才可以采用高效的措施。这种思维方式代表了一种规则怀疑主义。政治决断的合法性建立在独立于其内容的正当性的基础上，当其被确定时，就不能再进一步讨论。换句话说，在政治上，作出决断比如何作出决断更重要。在施米特的决断论中，政治决断既不会受人民意志的约束，也不会受法律规则的约束。

通过这番论述，我们就会理所当然地认为，施米特会坚定地支持总统行使魏玛宪法第48条所赋予的权力，也会清楚他从根本上怀疑宪法制度化过程中所产生的领导者于1933年颁行的那部《授权法》。一方面，施米特1932年出版的《合法性与正当性》中为宪法第48条所规定的紧急法令的行使作辩护。并且在希特勒政府上台前,施米特曾建议取缔反民国的政党。这种行为可以被看做拯救民国的一种尝试,这表明施米特希望出现一种总统权威国家,而非独裁国家。正如施瓦布和其他一些学者所当然认为的那样,施米特魏玛时代的大部分著作证明了这种结论。另一方面,施米特臭名昭著的作品《领袖守护法律》出版于"长刀之夜"(the night of the long knives)之后。在"长刀之夜"这次事件中,罗姆(Rohm)领导的冲锋队被清洗,施米特的密友施莱歇尔也被杀害。施米特希望通过牺牲民国来支持希特勒。在这部著作中,施米特为国家使用(非法)暴力作辩护。他宣称领袖有权在国家受到严重危机时以最高决断的方式作出行动,区分敌友以及采取适当行动。尽管从机会主义者的角度看,这部作品试图取悦新政权,但我们不能这样片面地理解。正如乌尔门所指出的那样,施米特对领袖的支持以及后来对元首所主张的理论(不管什么理由)的明确支持,揭示出其对现代国家政治结构隐匿性的根本怀疑。这种怀疑也可以从韦伯的思想中找到。对施米特和韦伯而言,权力都是个人化和具体化的。但是与韦伯不同,施米特考虑是否能在新时代重建带有领袖号召力的个人化权力。我认为,这种信念是我们理解施米特在支持总统法令实施以及其在纳粹政权刚上台时支持领袖理论这些问题时的关键要素。

七、麦考米克的解释:施米特以及其对神话和恐惧的需要

在一篇优秀的关于施米特和施瓦布肯定霍布斯主义的文章当中,麦考米克(John P. McCormick)注意到了施米特关于霍布斯文章中科技与神话两者关系的论述。他认为,当施米特强调霍布斯的利维坦不仅是一部机器,而且是神话中的海怪以及伟大领袖时,那么,正如已经出版的《政治的概念》一文所体现出的那样,这也

影响到施米特本人对政治和国家的理论。麦考米克认为,施米特的《政治的概念》试图重塑国家概念,将其单独定义为"重要性"、必然的"神话性"和带有恐惧的元素,而排除了带有科学和技术的"中和性"元素。① 换句话说,施米特(同样包括施瓦布)试图去重塑霍布斯国家概念的智力基础,他们通过清除霍布斯创建的有关建立国家基础所必须用到的自然科学和技术中所包含的元素来达到这一目的(同上,页620)。

施米特通过阅读霍布斯的历史以达到这一目的。与滕尼斯和施瓦布不同,施米特特别关注当时的历史背景,以此来准确理解霍布斯的《利维坦》。施米特认为,霍布斯政治上的新科学应当在一定背景下理解。这个背景是,由新教徒的改革和天主教反宗教改革所引起的宗教战争,以及17世纪蹂躏英格兰的英国立宪主义与社会主义的斗争。不通过战争,而只通过允诺订立的协定,是不足以完全保护人民的,这体现了霍布斯《利维坦》中所表明的对内战的恐惧。作为《利维坦》的历史背景,霍布斯坚决支持英国内战。施米特意图表明,霍布斯对利维坦最大的关注不是建立一套科学的政治理论,而是警示国家的本性仍然存在。利维坦不是真实的历史事件,而是政治上的可能事件,它无时无刻不在威胁那些孱弱的国家。正如施米特在《政治的概念》一文中所阐述的那样,任何政治理论都建立在这一假设之上,并且以相应的保护规则作为主要目标。正如霍布斯在《利维坦》中所说的以及施米特在《政治的概念》中所认为的那样,人性本恶使得承认对维持权威的恐惧成为必要。麦考米克针对这点已经指出:

> 正如霍布斯一样,施米特认为通过恐吓人们能有效向其

---

① John P. McCormick,《恐惧、技术、国家》(Fear, Technology, and the State),见 *Political Theory*, Vol. 22 No. 4, 1994, 页 619—652, 645。

灌输这种理论,即"国家认知工作的总和"——保护与服从(《政治的概念》,页52)。换句话说,恐惧是政治秩序的源泉。(同上,页622)

麦考米克认为,在魏玛政权崩溃前夕,施米特试图确定恐惧是什么以及将是什么,以解决政治秩序的原始来源以便增强现有的制度(同上,页625)。他想详细阐述霍布斯关于人性的论述以及恢复这种恐惧。我们从下述三点来描述这种恐惧所具有的人类自然属性:(1)说明这种介于施米特的政治概念与霍布斯关于国家本质的概念之间的实质关系;(2)表明恢复内战情形始终存在可能性;(3)说服个人、政党以及相关无党派人士,只有垄断政治决断的国家才可以确保和平与安全(同上,页623)。施米特希望魏玛时代的人们重新确立这一契约,这一契约促使人类摆脱国家本质的束缚,从而进入公民社会,通过他们所确立的涉及敌友的主观主义,使国家返回原来的状态(同上,页625)。这是《政治的概念》一文的中心议题,施米特指出:对国家而言,政治体的实质包括战争权,决定敌人具体情况的现实可行性以及从政治体中获取战胜敌人的力量。①

笔者认为,麦考米克十分看重施米特思想中的神话与恐惧关系的考察,因为这不仅仅解释了施米特所阐释的《利维坦》中所表现的历史论和中世纪观点,并且也提供了一种解释方法。借助这种解释方法,我们可以知道,施米特通过降低敌友之间在政治上的对抗性分歧最终想要得到的东西,正如他在《政治的概念》中所表述的那样。施特劳斯在《政治的概念》评注中已经指出,施米特对政治的定义是那么充满敌对性,以至于酷似霍布斯关于国家本质

---

① Carl Schmitt,《政治的概念》,前揭,页45。这里引用John P. McCormick,《恐惧、技术、国家》,前揭,页625。

的理论。在施米特的脑海中,自然科学真正的地位是政治地位。施米特使霍布斯国家的本质概念恢复了荣耀的地位。① 令人惊奇的是,施米特关于政治本质的观点代表了一种对斗争的美化。很多对施米特持批判态度的评论家因为这一缘故,把施米特描述为典型的政治保守主义拥护者,把他定位为像恽格尔一样的革命保守派。沃林认为,施米特非常突出地将斗争、暴力和死亡作为他们的结局而进行美化。② 尽管恽格尔的事例可能是真实的,但是施米特的例子却未必是真实的。恽格尔见证了像净化过程一般的战争。麦考米克公正地指出,施米特试图感受并且畏惧冲突或战争带来的威胁,并不是因为恐惧本身,而是因为随着内战爆发可能性的降低,国外战争的爆发可能性增加。③ 换句话说就是,施米特对冲突的美化别有意图。与霍布斯不同,在施米特的脑海里,他试图创建一种对冲突的恐惧,霍布斯已经表明一种支持国家权威必要性的情形。有鉴于此,施米特《政治的概念》不仅试图描绘一种其所看到的现实,而且试图重建一种神话般的国家框架。这种对神话重要性的认识,使施米特不仅借鉴了霍布斯的理论,还借鉴了索雷尔的思想,后者建立了自己的革命理论。索雷尔利用总罢工的神话建立了革命的基础,施米特利用冲突的神话建立了国家理论,他这样做是为了阻止革命。

笔者认为,施米特接受纳粹政权的委任并且暂时支持纳粹政府的一种原因,也与其对神话的认识有关。他目睹了纳粹运动中恐惧与神话的结合足以加剧德国的疲弱感。然而,施米特和德国许多其他派别的保守主义者一样,错误评估了希特勒以及纳粹运

---

① Strauss,《〈政治的概念〉的评注》,前揭,页90。
② Richard Wolin,《保守革命者的习惯与恐惧的美学》(The Conservative Revolutionary Habitus and the Aesthetics of Horror),见 Political Theory, Vol. 20, No. 3, 1992,页 424—447。
③ John P. McCormick,《恐惧、技术、国家》,前揭,页626。

动的实力。作为宣扬国家神话性的代替,希特勒超越了现有的国家制度而建立了自己的暴力独裁国家,并完全无视保护与服从的必要平衡。施米特回归霍布斯主义之后批判了这种变革。

八、结　语

当我们考虑施米特对霍布斯《利维坦》的阐释以及其试图建立一种对自由主义的批判论时,我们将会看到施米特计划中的一种新的政治秩序。正如戈特弗里德所指出的那样,对施米特有关霍布斯著作的探讨与结论,不仅是在单一研究模型的基础上得出的,而是在总括西方政治理论以及中世纪治国之道的基础上得出的。施米特认为,他处于一个霍布斯所描述与评价的主权国家的时代之末。① 国民无政府主义与权威去神秘化二者的结合,是侵蚀主权国家的信号。因此,戈特弗里德认为施米特回归了霍布斯主义,他希望理解在最近的历史中超越主权国家所带来的致命瑕疵(同上,页50)。显然,在他的计划中,这个问题是重大的。

首先,施米特试图克服他所描绘的历史发展即对主权国家的侵蚀,从而使历史倒退。尽管施米特基于个别情况而在激进的历史主义者当中认为,政治的文化和神学可以与特定时代绑定,但其不能被置于其他时代。他自身对传统专制性权力体系的偏爱,与他所持的"现代不能还原到过去"的观点相矛盾,这种体系忽视了启蒙运动与资产阶级革命的自反性。

其次,霍布斯的政治哲学与施米特有关政治的概念之间存在调和的问题。通过霍布斯的科学唯物主义理论,他无意中为现代政治生活的非神圣化铺平了道路。施米特通过疏远同时代的自由主义者来试图回避这种政治观点。施米特《政治的概念》表达了

---

① Paul Gottfried,《施米特:政治和理论》,前揭,页50。

当代的本质冲突与具有实质含义的政治行为,它唯一的活动需要作为社会成员的个人牺牲生命。因此,施米特超越了霍布斯,因为霍布斯在保护与服从的原理中不强调牺牲生命。正如施特劳斯所说的那样,我们对这种政治牺牲理论与施米特钦佩霍布斯这一观点的适当性产生了怀疑。施米特从来没有在这个问题上回答过施特劳斯。

此外,施米特试图去建立一种有关政治概念的决断主义。在这个主义当中,施米特认为立宪制国家是错误的,是对霍布斯主义的错误认识。正如哈贝马斯所指出的那样:这种现象完全忽视了一个事实,霍布斯从一开始就已发展出了主权概念与制定法之间的联系。对于这个概念,制定法需要政治上的立法者,他不再被自然法的上位概念所束缚,而是被权威所束缚。因此,霍布斯关于主权立法者的理论,决定了中世纪制定法理论已经带有被施米特认为是灾难的、发达的立宪国家的萌芽。①

---

① Jürgen Habermas,《自主的恐惧:施米特在英国》(The Horrors of Autonomy: Carl Schmitt in English),见 Jürgen Habermas, *The New Conservatism*, Cambridge, 1989,页 131。

无价值的规范:对施米特
《价值的僭政》的哲学反思

马尔基(Paola Premoli De Marchi)著
王萍 译 朱晓峰 校

1959年10月23日,德国法学家施米特在埃巴赫参加了他的学生福斯特霍夫组织的研讨会。在研讨会上,施米特提交了一篇名为《价值的僭政:一个法学家对价值哲学的反思》①的论文。该论文在第二年以限量版发行,随即取得了巨大成功,多次再版并且被翻译成多国文字。通过使用"价值的僭政"这种表述方法,施米特指出,试图利用价值使规范正当化,必然导致狂热与暴力,因此必须拒绝价值的僭政。施米特选择这个题目作为其论文的主题,源于舍勒的价值哲学在二战后的20世纪对德国法律思想的影响。作为文化重建的一部分,它意味着反省之前数十年对人类犯下的可怕罪行,因此战后德国对于价值的关注再度复苏。一种新的价值基础被召唤出来,从而能够修复和从法律上保护受侵害的人类尊严。作为对价值虚无的科学国度的回应,价值哲学被视为是使人类自由空间正当化的途径。特别是舍勒的质料价值伦理学

---

① Schmitt,《价值的僭政》(Die Tyrannei der Werte,3. rev. ed. ,Berlin,2011[1960],英文版:The Tyranny of Values, S. Draghici 译,Plutarch Press,1996)。[译注]中译见施米特《价值的僭政》,朱雁冰译,载《施米特与政治法学》(增订本),刘小枫编,上海:华东师范大学出版社,2008。

(material value ethics)展现出其作为满足法律规则正当化需求的理想解决方式。然而在《价值的僭政》一文中,施米特认为价值不仅不能为规范提供一个科学的普遍化的正当事由,反而埋下了敌意与冲突的因子。

本文主要关注施米特观点的前提,旨在揭示,尽管施米特将自己定义为一名法学家而非哲学家,但是拒绝将价值作为市民法的基础依赖于某些哲学假定。本文将分成五个部分:第一部分致力于阐述施米特的价值概念的历史背景;第二部分介绍《价值的僭政》中涉及价值和规范之间关系的主要相关内容;第三部分阐述施米特的主要观点,也就是说推行价值与攻击性之间的关系,并且探讨其理论前提;第四部分阐明,在施米特看来如何能够使规范实现无价值而正当化;第五也就是最后一部分,通过引入舍勒的一些洞见来回答施米特对价值的拒绝,在《价值的僭政》一文中,舍勒是主要的批判坐标系。

一、价值内涵的现代史

为了理解施米特的观点,我们应当了解他赋予价值这一词汇的准确含义。价值这个概念在伦理哲学和现代政治哲学上的地位日涨。霍布斯在这一历史中扮演了重要角色,他否认了善的本体正当化。很多思想家论及善时,也认同霍布斯的观点,进而影响了施米特的价值的概念。①

在其标志性著作《道德的形而上学原理》中,康德区分了价格——事物的相对价值——与其本质价值或者尊严,后者专属

---

① Hobbes,《利维坦:或教会国家和市民国家的实质、形式和权力》(*Leviathan: or the matter, Forme and Power of a Common Wealth Ecclesiastical and Civil*, 1651,第 1 部分),页 6。

于人类,是一种"绝对的,不可比拟的价值","无限高于所有价格"。① 在康德所使用的一些表述当中,我们可以看见价值的概念同样也受到现代政治经济发展的影响,尤其是配第(William Petty)、斯密(Adam Smith)、李嘉图(David Ricardo)以及之后马克思的价值理论的影响。根据这些理论,价值具有可量化的特征,它并非事物的本质属性,而是由特定的历史环境所赋予的,如同在经济进程中,要生产某样东西就需要一定量的工作,有其用途与交换价值。②

另一位对有关价值的争论产生影响的思想家是洛策(Hermann Lotze)。在其《逻辑》(Logik)一文③中,区分了事物实有的存在(being)与具有有效性(Geltung)的价值(Werte)。洛策认为,虽然与存在有所差别,但是价值仍然具有形而上学的地位,不过这种区分依然倾向于在辩论之初就区分事实判断与价值判断。

尼采(Nietzsche)对将价值与人类意志相结合做出了决定性的贡献,他的理论贬低了传统的价值(善、美、真),并对所有的价值进行重新评估,也就是说推翻了传统价值并追寻新的价值。在其试图将伦理从禁令和义务中解脱出来的努力中,尼采使用价值这个术语来表达自我实现和快乐。因此,价值提升生活,而消极的价值则否定生活。对于尼采而言,所有价值都是主观的、可预期的,因为它们都是从意志到权力的评价结果。④

---

① Kant,《道德的形而上学原理》(*Groundwork of the Metaphysics of Morals*,1997[1785], M. J. Gregor 译,Cambridge University Press,Cambridge),页41—42。
② Lunghini,《价值理论》(*Valore, teorie del*, enciclopedia delle ScienzeSociali Treccani, 1988)。
③ Lotze,《逻辑》(Logic),见 *Three Books*, 1884[1843], B. Bosanquet 译,Clarendon-Press,页316—317。
④ Volpi,《价值剖析》(Anatomia dei valori),见 C. Schmitt, *la tirannia dei valori*(《价值的僭政》),Adelphi,Milano,2009,页88。

在其名作《哲学作为一种志业》①中,韦伯承袭了尼采的这一观点。韦伯认为科学必须是无价值(wertfrei)的,在价值方面是中立的,他认为价值是个人的自由与主观的意志所赋予的。确立价值的行为受制于价值与世界观之间的永恒冲突。他因此提倡一种已被掏空了初始基础的价值多元主义,但是这种价值多元主义却成了战争的一个源头。有关价值的现代争论的另一边的代表是价值哲学,该哲学最早由新康德主义学派的文德尔班(Wilhelm Windelband)和里克特(Heinrich Rickert)发展起来,之后在受到舍勒的著作《伦理学中的形式主义和质料的价值伦理学》影响的现象学中繁荣发达。对舍勒来说,价值是我们所感受的品质,但是这种品质既不能被简化为我们据以抓住价值的那些经验主义层面的善,也不仅仅是一种心灵现象。就像色彩和有色彩的事物有所区别,但是可以通过有色彩的事物感受色彩一样,价值和事物也有所差别,但是可以通过事物感受价值。任何个人和民族都有自己对客观价值的主观看法(民族精神),但是,这与客观价值的存在并不矛盾。因为整个价值王国不可能完全赋予某个个人、某个民族、某个国家或者历史中的某一个时期。因此道德在历史上存在的差别"并不是对道德价值客观性的一种反驳,而是相反,它是道德价值客观性的一种要求"。② 换句话说,舍勒将有关价值的纷繁看法更多地视为一项有意义的存在,而非冲突的动因。③

对那种认为价值"只对其本身有效"的观念最强烈的反对者

---

① Weber,《哲学作为一种职业》(Science as a Vocation, 1946[1922]),见 *Essays in Sociology*, H. H. Gerth、C. Wright Mills 编, Oxford University Press, 页 129—159。
② Scheler,《伦理学中的形式主义和质料的价值伦理学》(*Formalism in Ethics and Nonformal Ethics of Values: a New Attempt toward the Foundation of an Ethical Personalism*, Northwestern University Press, 1973[1916]),页 493。
③ Simonotti,《舍勒:普遍主义与个人真理》(*Max Scheler. universalismo everità individuale*, morcelliana, Brescia, 2011, 第 1 章)。

中还有海德格尔①,他认为客观有效的价值荒谬而且缺乏根基。他认为尼采对价值概念在新康德哲学甚至基督教神学中的传播负有首要责任。尽管如此,他认为,这种范式导致价值成了形而上学概念的一种代替品。在其《论人本主义的信》中可以看到,他的批评是由其超越形而上学的意图所激发的,而施米特并不涉及这一点。但这个德国法学家仍然与海德格尔的批评相关,因为他认同,价值是"评价行为"的结果,而这种行为——按照海德格尔的说法——一直是主观化的。因此,提倡客观价值是完全不可能的,甚或按照海德格尔的说法,"思考价值是所能想到的对存在的最重大的亵渎"。"当一个人宣扬上帝就是最高价值时,这是对上帝本质的贬低。"

二、施米特的《价值的僭政》

施米特的价值观念源自海德格尔的立场及其理论背景。在《价值的僭政》中,价值有三个主要的特征。

第一,施米特认为,"价值的特定特征存在于这样一个事实,即它不同于存在,只具有有效性"。② 因此,价值是否具有某种理想存在这个问题并不相关。

第二,据此,对施米特而言,价值是"渴望予以实现的";它不是现实的,而是旨在于变成现实的。因此,"价值的有效性建立在体现立场的行为的基础上"(同上,页39),并且"价值,即使它们可能被认为是崇高神圣的,依然只对某事或某人具有有效性"(同上,页40),就是说,总是涉及"存在价值感的主体"(同上,页41)。

---

① Heidegger,《尼采说,上帝死了》(Nietzsche Wort Gottisttot,1950),见 *Holzwege*, Klostermann, Frankfurt a. m,页259。

② Schmitt,《价值的僭政》,前揭,页36。

结论是,价值总是源自确立价值的行为,而这种行为总是一种主张,也是一种施加。因此,"有人说,无需任何人提出主张,它们就是有效的,那是谎言"(同上,页57)。

第三个特征是,由于视角问题,价值总是同一定的观点联系在一起(同上,页41)。这可以解释为其第二个特征的结果:如果一种价值是由姿态所产生的,那么它就一直依赖于其创造者的观点。价值总是被插入"纯粹的视角主义,一种关系体系",并通过它们相互的位置而获得价值,因为,正如施米特所说,"观点本质上并非生来确定与持续的",相反,"它从属于它们的功能与意义,当参照系改变时也会随之改变"(同上,页42)。接下来,施米特的核心看法是,每一种价值立场均包含一种潜在的攻击性。因为价值必须被实现,每一种价值必须施加给那些想要主张不同价值的其他人。

> 攻击性是借助价值的论题这一规定性结构而自然产生的,并由于价值之具体实施不断重新产生出来。……一旦价值是由具体的人针对其他同样具体的人推行的,攻击性就会因价值的双重性不断重新蔓延。(同上,页46—47)

根据施米特的观点,"一旦这种施加与强迫变得真正严重起来,……评价者、否定评价者、再评价者和探究者之间的冲突便不可避免"[①]。价值的潜在破坏性不仅包括主观价值,也包括客观价值,例如舍勒在质料伦理学中提及的那些:高阶位的价值"有权利与义务"去征服低阶位的价值,而价值应当摧毁那些反面价值。对此,施米特总结道,这是一种价值的僭政(同上,页48)。

这种表述来自哈特曼(Nicolai Hartmann),而施米特赋予其重要

---

① Schmitt,《价值的僭政》,前揭,页56。

意义,尽管这个意义与最初的意思有所不同。这从施米特本人所引用的哈特曼《伦理学》的段落中可以窥得全豹。① 哈特曼说,"每一种价值一旦取得支配一个人的权力,便倾向于自命为整个人类精神特质独一无二的借主,实际上这是以其他价值为代价的"。这种倾向"并不在于那些价值本身",而在于它们决定人类的行为与感觉。哈特曼只想显示当某种价值以其他价值为代价而获得首要地位,例如正义凌驾于博爱或者相反时,价值在个人或者团体的道德行为中具有潜在的危险。对哈特曼来说,补救这一危险的方式是一种成熟的价值体系,在这种体系中,各种价值均衡存在。

相反,施米特将"价值的僭政"一词用在了政治领域,来表明那些用价值来证明法律规范正当性的企图必然导致与持有不同价值观念的人之间的意识形态战争。对施米特来说,那些诉诸价值的人首先区分了价值与非价值,进而区分了朋友与敌人,最后通过消灭敌人去推行他们的价值。

三、价值与攻击性的关系

施米特价值的僭政这一观念建立在其对"价值主张"与"攻击性"模棱两可的理解之上。要理解该困惑的原因,需要对施米特的哲学有一个更广泛的探讨。尽管看起来,施米特对研究其做出判定的最终哲学基础不感兴趣,但其价值的僭政这一观点预设了一些更具一般性的观念,涉及人类学、价值理论和认识论。

(一) 人类学前提

施米特对人类的看法显然受霍布斯和马基雅维利所共享的人

---

① Hartmann, N. (2002—4 [1926]),《伦理学》(Ethics, Transaction Publishers, New Brunswick, 3 voll),页425—426。

的现代理念的影响。这种理念,最终的分析建立在一种对个人和社会关系的悲观看法的基础上。在其《政治的概念》和《关于权力的对话》中,施米特说道,人不是生来善与和平的,而是邪恶与危险的。这个观点有助于我们理解,为什么施米特《价值的僭政》断言价值施加与攻击性之间存在一种因果关系。然而在对《政治的概念》的评论中,施特劳斯注意到,施米特对人类好战性的断言并非"不可动摇的确定","因为施米特自己将对人类危险性的观点看作一种'假定'",并将悲观与乐观之间的选择看作一种"人类学的信念教义"。① 因此,施特劳斯总结说,施米特的人类学前提并未经过论证,而其相反观点也可能正确。②

(二) 价值论前提

如果我们回到最初有关价值与规范关系的问题,我们可以说,从施米特的角度看,得出这样的结论是正确的,即价值不能使规范正当化,价值自身也没有能够进行规范的力量。如果价值如施米特所思仅仅是一种"评价与主张"的主观行为,那么,试图以价值作为规范的基础,其结果只会导致破产,并且施加价值的唯一途径就是力量。我们已经在霍布斯和马基雅维利那里找到了这一结论。③

然而,对施米特的价值概念做进一步分析是必要的。首先,施米特似乎有将伦理和人类行为的其他领域分离的趋势,但是并没有对这种趋势的基本特征做一个清晰的描述。霍布斯认为自然状

---

① Schmitt,《政治的概念》(*The Concept of the Political* G. Schwab 译,University of Chicago Press,1996[1932]),页58。
② Strauss,《对施米特论文的评论》(Commentson Schmitt's Essay),见 Schmitt,*The Conceptof the Political*,G. Schwab 译,The University of Chicago Press,1996,页111。
③ Berlin,《马基雅维利的创造性》(The Originality of Machiavelli),见 *Against the Current*,*Essays in the history of ideas*,The Hogarth Press,1980,页75。

态下的人是恶的,也就是说,人如同野兽一般被其本能所驱使,并且这种本能是一种"无辜"的恶,因为道德责任是社会结构所赋予的。施特劳斯注意到,在《政治的概念》一书中,施米特充满同情地讨论这种"恶",一种道德所无法理解的"恶"。然而施特劳斯已经表明,这种假设的道德中立性是错误的,因此这种同情是不恰当的,因为施米特所欣赏的并不是道德中立的,而是一种缺陷。因此,"人的危险性,揭示了治权的必要,只能恰当地被理解为道德的卑劣"。① 在《价值的僭政》一文中,我们同样可以看到在何为道德中立与何为道德相关之间缺乏清晰的区分。施米特倾向于忽视政治领域与伦理领域的这种差别与联系。

施米特还说,"为了实现这种至高价值,任何价格都不算高"(同上,页51)。如果这种至高价值是无价的,那么,根据施米特的说法可以得出结论认为,为了追求这种价值,任何东西都可以被牺牲:目的并不能使手段正当化的原则就不再具有价值,因为为了实现这种被视为无价的价值,任何价格都不算高。这里我们再一次看到了霍布斯的影响,在《利维坦》当中,霍布斯说:"人的价值或身价,和其他任何东西一样,就是他的价格。"②然而,在施米特的论证中,我们发现这种与经济上的价值概念的类比具有误导性。事实上,说最高价格是无价的并不意味着如施米特所思的那样,为了寻求它可以付出任何价格,相反可能意味着一些价值在价格的逻辑范围之外,因此需要同市场估价不一样的评价标准。康德有关尊严的概念提供了第二种意义:无价在这里意味着人的尊严使得其他非人格的存在无法与之比拟,这些存在都有价格,因此人的尊严必须作为目的进行欣赏与尊重,因为其价值在我们的权力之外。

---

① Schmitt,《政治的概念》,前揭,页115。
② Hobbes,《利维坦》,前揭,第十章。

另一个被施米特用于论证价值与危险性之间存在必然联系的观念是否定与责任之间的关系。施米特提到舍勒认为对于否定性价值的破坏是一个肯定性价值,并将舍勒的这种判断解释为一个危险的邀请,这个邀请将会导致"以恶报恶,使我们的世界变为地狱,一个通往价值天堂的地狱"①。这是因为对舍勒而言,价值是一种应然,价值缺失时尤其明显。当消灭否定价值成为一种义务出现时,施密特总结认为,这意味着非价值(non-value)的灭绝就是一种权利与义务。② 何以价值上的不一致必然导致彼此排斥,而不是承认某些价值可以共存,以及价值与义务之间的关系,还需要进一步地清晰研究,但是如果价值是主观的,并且人们无法为讨论找到客观参照,任何此种探讨就都是不可能的。接下来,《价值的僭政》提出的关键问题,是在施米特的认识论前提之中发现的。

(三) 认识论的前提

价值就是"对某人有效"的概念实际上与普罗塔哥拉(Protagoras)所论述的"人是万物的尺度"别无二致,亦即一种理论相对主义与伦理独断主义。施米特似乎也认识到了这一点。在《价值的僭政》中,施米特说,试图赋予价值客观基础,只能是傲慢的一种新工具,这种傲慢刺激了斗争,而"无需向那些观点不同的人多提供任何其他客观证据"。③ 将"价值"和主观的"信念"和"利益"区分开来是不可能的④,价值的无知这一观念——例如希尔德布兰德(Dietrich von Hildebrand)所捍卫的——是愚蠢的。⑤ 他同样也

---

① Schmitt,《价值的僭政》,前揭,页51。
② Scheler,《伦理学中的形式主义和质料的价值伦理学》,前揭,页62。
③ Hobbes,《利维坦》,前揭,页46。
④ Schmitt,《价值的僭政》,前揭,页49。
⑤ Hildebrand, D. von,(1922),《伦理与道德的价值认识》(Sittlichkeit und ethische Werterkenntnis),见 *Jahrbuch für Philosophie und phaenomenologische Forschung*; Schmitt,《价值的僭政》,前揭,页68。

注意到,评价行为并不能拯救那些适用的善、利益与目的,因为不足以创设合法性(同上,页24)。

四、无价值的规范何以能够正当化?

因此,如果对施米特而言,规范无法通过价值这个参照系而正当化,那么,有人也许会问,规范如何能够确立。要回答这个问题,需要一个超越本文探讨之外的研究。然而,这里我建议从阅读施米特的《论法学思维的三种模式》开始,在书中,施米特介绍了三种模式的法学思维,即规范主义、决断主义和具体秩序理论。这是符合法律的本质与基础的三种设想,因为"即使在自然法或者理性法中,人们也能够找到法律的终极概念,或是规范,或是决定,或是秩序存在"。[①] 在任何法律理论当中,均包含着这三种观点的因子,只是在不同的法律中,其中之一是基础性的,而其他则由此衍生。

根据规范主义,规范是绝对的而且创造了秩序,从而使其凌驾于个别情形与具体情形之上。正如克吕西普(Chrysipp)所说的:"法律是国王,是道德与不道德、正确与错误的主人。"[②]施米特强烈批评了这个理论,并且在其《论法学思维的三种模式》中说,规范主义是错误的,因为它忽视了法律总是以具体适用的人作为前提条件。因此,他拒绝这个理论并不是因为该理论无法使规范的内容正当化,而是因为该理论忽视了这一点,即规范如果没有具体的社会、个人或者群体作为参照系,则是无法适用的(同上,页51)。第二个理论是决断主义,施米特是该理论的创始人。他在

[①] Schmitt,《论法学思维的三种模式》(*On the three Types of Juristic Thought*, J. W. Bendersky 译,Praeger Publisher,2004 [1934]),页43。

[②] Schmitt,《论法学思维的三种模式》,前揭,页34。

20世纪20年代引入这个理论，试图去解决政治形势问题，也就是所谓的国家的例外问题。在其《政治的神学》一书中，他认为规范要求"一种正常的、日常框架的生活"，从而规范可以适用于此种生活，而"没有任何规范可以应用于混沌状态"。因此，当正常的秩序被破坏或被威胁时，应当召唤主权来决定何为正确并且因而合法。① 因此，他引用了一个霍布斯在拉丁语版本的《利维坦》中提及的原则（尽管语境完全不一样）："权威，而非真理，制定法律（auctoritas, non veritas, facit legem）。"在其《论法学思维的三种模式》中，他解释道，"命令并不因为命令而成为命令，而是被要求作出最终决定的权威或者主权才是所有法律的源泉"。② 主权性决定是"绝对的开始"（同上，页62）。

数年之后，施米特意识到决断并非法律的唯一来源。纳粹掌权及其对价值和传统的攻击，可能促使施米特对保护国家之内的若干机制产生了兴趣，例如婚姻、财产以及教会。虽然在《论法学思维的三种模式》出版之前没几个月，施米特就加入了纳粹党，但在他的著作中，施米特看起来要捍卫法律的另一渊源，也就是说既有的体制、社群和人际关系这些具体秩序。③ 根据第三种法学理论，规范来自于已经存在的社会秩序，从而能够反映社会团体、社会组织和社会机制有关正义和价值的观念。

遗憾的是，在其著作《论法学思维的三种模式》之后，施米特不再对法律的基础这个议题进行细致阐述。原因可能在于，作为一个法学家，他更感兴趣的是，法律如何更加有效并且规范社会，而不是其正当性问题。不管怎样，上述提及的作品显示，即使是法学家也无法避免适用客观价值作为参照系：施米特清

---

① Schmitt,《政治的概念》，前揭，页13。
② Schmitt,《论法学思维的三种模式》，前揭，页60。
③ Schmitt,《宪法学说》(*Verfasssungslehre*, Berlin, 1965 [1928])，页170—182。

晰地提及了诸如"法律秩序"、和平、常态、正义等概念,以及一些基本实体如家庭等,因为这些组织本身被赋予积极价值。他可能没有意识到他对这些实体的维护与其20年后的《价值的僭政》引入的观点——规范不能由客观价值正当化——之间的矛盾。

五、结论:舍勒对施米特的回应

在1923年有关韦伯的一篇短文中,舍勒说道,韦伯"将超出其科学概念的所有问题……抛给完全无关理性的、个人的意志选择——并因此只剩下党派与团体之间的争斗"。然后我们看到:

> 韦伯的根本缺陷是,其断言实质理性只有主观意义,并且在有关客观现象和价值的知识与超越实证科学的善或者善的体系之间并不存在联系,对不同体系的代表而言也不可能"说服"彼此或者在智识上丰富彼此。[1]

这个批评同样适用于施米特:价值被拒绝,因为其内涵被看作只是意志的一种选择。但是舍勒说,将这些涉及道德、宗教和世界观的主题抛给非理性的力量,这是对其性质的完全误解,并因此排除了哲学与智慧。经由哲学追寻的智慧是唯一能够将"有关存在的知识、有关价值的观念和遵守源自有关存在的知识和有关价值的观念之综合义务提出的要求的全面意愿"之类连接在一起的知识。透过智慧,舍勒继而提出:"灵魂维持了构成其本身的多种能

---

[1] Scheler,《韦伯对哲学的排斥》(Max Weber's exclusion of Philosophy, R. C. Speirs 译,见 Weber, *Science as a vocation*, P. Lassman & I. Velody 编, London, 1989[1921—3]),页94。

量之间美丽的动态平衡,持续地将善转化成知识,将知识转化成善"。①

施米特不会追求这一理念,因为他否认这一关系的两个术语:知识与善。他拒绝价值的所有客观基础而攻击价值哲学,结果是,他也拒绝哲学的任何基础。价值的暴政这一观念最深层次的根源首先是一种认识论本质:施米特拒绝承认人类的知识能够推导出人类经验的本质信息,也排斥哲学思想的任何自治状态。在施米特看来,人类的状态需要的不是哲学,而是政治结构,只有后者能够保护人的生活免遭战争与冲突。相反,舍勒认为,各种不同的人类行为(例如,科学、对这个世界采取的行动、领导人类),"只是在智慧的指引下形成人的人格,并旨在稳定的引导着向其前进的不同方式",而且"将人类的这种形成作为其终极正当性"(同上,页95)。诉诸价值为规范进行辩护的结果,与施米特所描述的暴政应当是完全不同的:若法律反映了世界上的重要价值的层级结构,将有助于丰富那些让人性勃发的智慧。

---

① Scheler,《韦伯对哲学的排斥》,前揭,页94。

施米特与对法律战的批判

鲁本(David Luban)著
钟云龙 译 朱晓峰 校

一、导 论

"法律战"是将法律作为武器来攻击军事对手。法律可以以多种方式武器化,但是最简单的是控告对手犯有战争罪行,由此通过诉讼与负面宣传使之受到攻击。当然,战争罪行的控告不是仅有的一种法律战方法。美国政府律师撰写酷刑备忘录,精心地为中央情报局的酷刑提供合法性论证,从事的是一种不同类型的法律战;实际上,这些律师当中最著名的尤(John Yoo)将其回忆录起名为《另一种形式的战争》①——对于克劳塞维茨战争是另一种形式的政治这一名言的巧妙借用——而婉转地炫耀法律战。显然,在他看来,他在政府服务当中所实践的法律是另一种形式的战争,这只是法律战的另一个名称。还有,在其他情况下,国家可以像非国家行为人那样采取法律战。首席检察官邓拉普(Charles J. Dunlap)普及了"法律战"这个术语,指出法律战"可以作为一种积极的'善'来实施",并具体举了几个例子,在这些例子中,美国"为

---

① John Yoo,《另一种形式的战争》(*War by other means: an Insider's Account of the War on Terror*, 2006)。

传统的有形方式找到了替代性的法律方法"。① 虽然我主要的法律战例子是控告非国家行为人利用强大的现代化的军队犯有战争罪。这就是今天我要大声讨论的内容。

尽管"法律战"这个术语可以作为一个纯粹的描述性术语使用,正如邓拉普检察官那样,但是通常并非如此。② "法律战"是一个贬义词,一个充满争议的词。控告某些人实施法律战,就是控告他们实施了某些卑鄙行为。这一控告包括两部分。首先是含沙射影,说进行法律战的那些人正遭受懦弱的攻击。这是 2002 年至 2005 年《美国国防战略报告》中颇受关注的一句话的弦外之音:

> 作为一个民族国家,我们的力量将持续受到挑战,挑战者利用国际论坛、司法程序和恐怖主义而运用了一种懦弱的策略。③

将司法程序与恐怖主义团成一团作为一种"策略",就等同于

---

① Charles J. Dunlap,《〈今日法律战〉书评》(Commentary, Lawfare Today: A Perspective),见 3 *YALE J. INT'L A FF*. 146, 2008,页 146—147。

② Charles J. Dunlap,《〈今日法律战〉书评》,前揭,页 146,试图将这一术语中性的界定为"法律的运用——或者误用——策略",这一策略将法律看做"为善或者恶的目的而可运用的手段"。这与邓拉普此前一篇论述法律战的文章形成鲜明对比,那篇文章认同一些最刺耳的法律战批评者,这些人认为"非政府组织的态度在绝大部分情况下看起来就像政治议题",并且"随着其在当代的发展,在国际法当中存在一种无可否认的反美主义因素"。Charles J. Dunlap,《法律与军事干预:在二十一世纪的冲突当中维护人道主义价值》(Law and Military Interventions: Preserving Humanitari. an Values in 21st [Century] Conflicts, 2001),可以在 http://www. duke. edu/~pfeaver/dunlap. pdf 看到(最后访问日期 2010 年 12 月 7 日)。

③ 《美国国防战略报告》(National Defense Strategy of the United States, 2005 年 3 月),可以在 http://www. globalsecurity. org/military/library/policy/dod/nds-usa_mar2005. htm 看到(最后访问时间 2010 年 12 月 7 日)。见 Charles J. Dunlap,《〈今日法律战〉书评》,前揭,页 148。(值得注意的是,Charles J. Dunlap 检察官明确反对这一观点:"很显然,我谴责任何将法律战当做那些恐怖分子合法地利用法院以挑战政府行为的解释。")

控告那些运用法律战将美国政府诉诸法庭的人属于特别卑鄙的一群,并且将法律战贴上"一种弱者策略"的标签大加嘲讽。为什么敌人不冲出来,像个真正的男人那样战斗,相反却装扮成合法性的无私信徒?

第二,法律战控告潜在地假定的"法律战者"(lawrior)——我用以称呼那些实施法律战的人——正在滥用法律,毫无根据地控告他们的敌人违反法律。法律战者摆出一副无私的法律参与者的姿态,悲愤地呼吁世界关注恰巧——只是巧合——是对手的一方犯下的战争罪行。这样的指控在实际上或者在法律上都是毫无根据的。因此,法律战是一种对战争德行与法律德行的双重羞辱。

为什么说法律战侵犯了法律的德行,且由我略作申述。法律战是一种法律政治化的类型。合法的法律诉求要求遵循超越特殊案件与特殊当事方的标准。法律诉求绝不应该只是根据当事方的意愿——"给我,因为我想要!"——所提出的要求,而应当是根据中立标准确定的诉求提出的要求,其形式是"给我,因为我有合法权利!"当然,我们有权在各个层面质疑法律的政治中立性:立法,了解法律制度,司法解释以及将法律适用于事实。但是,法律能够并且确实坚持了至少相对中立与相对去政治化的承诺——与之形成对比的是党派间的诽谤、肮脏的计谋以及武力冲突;如果法律从未兑现这一承诺,就无法解释法律能够在如此长时间里欺骗如此多的人。

法律战的批评者可能因为某些基础性理由而指控敌对的法律战者将法律政治化。特别是法律战的批评者指控敌对的法律战者滥用国际人道主义法和国际刑法,以瘫痪或者至少扰乱敌对的军事策划者。① 在过去的10年当中,可以看到法律战批评的两次重

---

① 我使用"国际人道主义法"(IHL)这一术语,而非"武装冲突法"(LOAC)这一标准的军事用语,基于两个原因。首先,我这样使用旨在强调我讨论的是国际法,而非国内法。第二,旨在强调大量国际人道主义法源于将战争的痛苦与破坏限制在可能范围内的人道主义议题。

要爆发。① 第一次是在布什政府期间由美国提起的,第二次是在紧随《戈德斯通报告》(Goldstone Report)之后由以色列与以色列的美国支持者提起的。前者控告"老欧洲"的政府与诸如国际红十字会等非政府组织想要暗中破坏美国在针对实质出于政治动机的恐怖行为所发动的战争当中采取的策略。② 在此,控告实施法律战是间接的:没有人控告国际红十字会或者西欧国家意图帮助基地组织,虽然法律战的批评者暗示欧洲人可能有一项约束美国的军事统治地位的地缘政治议题。相反,控告认为,人道主义组织是帮助圣战者的白痴。③ 对《戈德斯通报告》的反应则是不同的:在此,借用新闻记者戈德伯格(Jeffrey Goldberg)的话,控告的是,戈德斯通是"绞刑党的首领",对他的"任命……就是要判定以色列有罪"。④ 与美国的争论相比,这是一项对有意与蓄意的法律战更为直接的指控。

正如对法律战的控告是一种对法律政治化——特别是法律战者因为某些人的军事优势而将法律政治化——更为宽泛的控告,

---

① 使用"法律战批判"这一术语,我的意思是将对国际人道主义法及其机构的攻击视为一种法律战形式;我使用"法律战批评者"这一用语来指称对法律战进行批判的人。

② 针对国际红十字会的值得注意的法律战指控,参见 David B. Rivkin Jr. & Lee A. Casey,《法治:朋友还是敌人?》(Rule of Law: Friend or Foe?),见 WALL ST. J.,2005 年 4 月 11 日,版 A23(批评国际红十字会对国际人道主义习惯法的研究政治化并呼吁美国退出国际红十字会);David B. Rivkin Jr.,《时过境迁的红十字会》(Not Your Father's Red Cros),见 NAT'L REV. ONLINE,2004 年 12 月 20 日,http://crunchycon.nationalreview.com/articles/213182/not-your-fathers-red-cross/david-b-rivkin-jr(最后访问时间 2010 年 12 月 7 日)(指责国际红十字会在宣传中放弃其公正立场)。

③ 有关这一欧洲议题的范式文本及其与美国的差别或可参见 Robert Kagan,《天堂与权力:世界新秩序中的美国与欧洲》(Of Paradise and Power: America and European in the New World Order),Vintage Books,2004。

④ 戈德伯格关于美国的报告,见 The Atlantic,2009 年 9 月,可参看,http://www.theatlantic.com/international/archive/2009/09/on-that-united-nations-report/26777。

它也是一种从个人偏好出发的论证。通过揭示借助将人道主义法律作为旨在实现相关一方的军事目标的法律战,法律战的批评者将注意力从法律诉求的实质转向介入其中之人的卑鄙动机。就像所有从个人偏好出发的论证,对法律战的批判具有修辞学上的功能,将注意力从古典修辞所谓的一项论证的 logos——其实质——转向其 ethos——演说者的品性。① 在此,logos 是论证士兵已经犯下战争罪行;ethos 是提出这些控告的阴险而军事化的动机。

当然,从个人偏好出发的批判本身是政治化论证的基本技巧。法律战批判者也深陷法律战。并不是说对法律战的批判必然是一种法律战形式,只是并非所有对战争罪行的控告都是一种法律战形式。有时候一项论证只是一项论证。但是大部分惹人注意的法律战的批评者对自称无私的人道主义与人权法律人的诉求持怀疑态度。要给法律战者致命一击,法律战的批评者并不比战场上的士兵更需要无私的调查。②

有些问题看起来陷入了政治化的学术讨论,因为它们引起了高风险的公共争论,不过是间接的。几年前,我正在撰写一篇有关埃斯库罗斯(Aeschylus)的《俄瑞斯忒亚》当中的审判场景的法律与文学论文,我的研究导向这样一个问题:历史上是否曾经存在一个母系社会。③ 1861 年对《俄瑞斯忒亚》的一种著名解释坚持,其传说源于父系的多利安侵入者对母系的希腊社会的一次真实的征服。④ 恩格斯(Frederick Engels)在《家庭、

---

① 这一区分的源头是 Aristotle:《修辞学》(Rhetoric),见 *The Complete Work's of Aristotle*,2152,2155(Jonathan Barnes 编,1984),1.2.1356a1—21(Barnes 版本的边码为 1358a1)。
② 在此我特别想到"法律战计划"(Law fare Project),这个组织在 2010 年在主要的法学院举行单边"学术"会以谴责《戈德斯通报告》并对可能涉及美国利益的法律战大加威胁。
③ Aeschylus,《俄瑞斯忒亚》(*The Oresteia*,Hugh Lloyd-Jones 译,1993)。
④ Johan Jakob Bachofen,《母权论》(*Das Mutterrecht*,1861)。

财产与国家的起源》当中接受了这一解释,结果成为共产主义社会的官方教条。① 我发现,关于历史上的母系社会这个问题,站在任何一边的古典学者实际上都未逃脱冷战争论的漩涡。对这场辩论的局外人——诸如我自己,这事与我无关——来说,很难发现看起来还算可靠的学术研究。② 显然,冷战甚至将一个偏僻的人类学与考古学问题吸入政治漩涡,并将学者拉了进来。另一个例子是有关惩罚性损害赔偿以及所谓的美国人的好讼和失控的陪审团的令人厌倦而且无休无止的争论。几年之前,我参加一次有关惩罚性损害赔偿的学术会议,这次会议有一个公正的发言者列表,"支持者"、"反对者"与"经验主义者"——实际上拥有惩罚性损害赔偿的影响范围的数据——非常平衡。早晨这个会议开始,令人沮丧的组织者宣布站在商业一边反对惩罚性损害赔偿的发言者已被扫地出门。看起来一家重要保险公司的总法律顾问已经读过那些论文草稿,并得出结论认为这些实证研究太要命了,以至于不能容忍反对惩罚性损害赔偿一边。因此,这次会议必定因为明显的单边性的商业压力而丧失了合法性。她组织公司的客户对发言者的计划提出他们的建议,从而将他们从这次会议当中扫地出门。会议组织者令人瞠目。我印象中只有一个站在商业一边的发言人留下了。今天的法律战争论有着其他此类争论的许多标志:学术研究总是带着被遮蔽起来的论战潜台词,争论的局外人能够

---

① Frederich Engels,《家庭、财产与国家的起源:以摩尔根的研究为基础》(*The Origins of the Family*,*Private Property and the State*:*in the Light of the Researches of Lewis H. Morgan*, Ernest Untermann 译,1992)。

② 我最终发现了一篇提供平衡展示的学术文章。Marilyn Arthur,《〈古典学〉评论》(Review Essay:Classics), 见 *Signs*,*J. Of W Omen in Culture and Society*,382(1976)。经典马克思主义解释,见 George Thomson,《俄瑞斯忒亚与雅典:戏剧的社会起源研究》(*Aeschylus and Athens*:*A study in the Social Origins of Drama* DRALawrence & Wishart,1973)。

意识到,即使他们不能解码。① 最终,真诚的希望形成一种意见以及想要获得具有洞见的学术而非证实已有的政治态度的读者都会大失所望。正如我阅读那些"历史上的母系社会"文献一样,他们将会断定,没有什么是靠谱的。不仅法律问题被政治化,而且与之相关的学术争论亦如此。

对法律战的批判并不是说控告国家犯有战争罪行别有用心这么简单,那不是一个令人关注的指责。当然,他们确实别有用心。任何自发的诉诸法律制度的人都是别有用心的:没有人会出于对回答某个法律问题的无私好奇而提起诉讼。在日常诉讼当中,我们不认为知道原告对诉讼具有自利动机就值得关注或者在道德上应受谴责;如果不是如此,我们实际上可能拒绝其诉讼地位。毫无疑问,国际红十字会为其对国际人道主义法的解释辩护,里面有自己的制度利益。毫无疑问,哈马斯控制戈德斯通委员会接触某些证人而非其他人,其中别有用心,正如以色列限制戈德斯通的调查别有用心一样。任何称职的法律人在选定其将提出何种法律论证、其将何时提出以及提交哪个法庭背后,都有策略上的考虑。如果说法律论证背后的策略性的、目标导向的策划是法律战的标记,那么整个诉讼就和法律战一样。仅有的不同是目标所特有的军事

---

① 当然,读者可能好奇这篇文章是否也有这个问题。为了揭示我自己的潜台词,我花了数年时间批判布什政府实施虐囚并将之合法化,而法律战批评者可能将此种批判看做一种实质上的法律战。例如,参见 David Luban,《华盛顿的酷刑法律人》(The Torture Lawyers of Washington),见 David Luban, *Legal Ethics and Human Dignity*, Cambridge Univ. Press, 2007。我还批评布什政府对关塔那摩拘囚的法律态度,《针对恐怖主义的战争与人权的终结》(The War on Terrorism and the End of Human Rights),见 *War after September* 11,页 51, Verna V. Gehring 编, 2002。还可参见 David Luban,《关塔那摩的法律战与法律伦理学》(Lawfare and Legal Ethics in Guantánamo), 60 STAN. L. REV. 1981(2008)(批评美国官方试图诋毁关塔那摩囚犯的法律申述,主张此种努力可能已经构成针对关塔那摩辩护律师的法律战的法律战)。这些批判也可能落入来自法律战批评者充满敌意的审查当中。我的回答是,有时候,论证只是论证。

本质,亦即,法律上成功将限制一个国家的军事实力,宣布其某些策略在法律上突破底线了。和国内诉讼一样,真正的问题不是当事方是否别有用心,而是别有用心是否能够得到有效的法律论证的支持——logos 是否构成 ethos 与 pathos 的基础。暗示提出此类论证属于法律战并因此不合法,而是在暗示法律决不能限制武装力量。因此对法律战的激进批判就是攻击国际人道主义法与国际刑法本身。

二、作为法律战批评者的施米特

我对法律战批评者的知识谱系学很感兴趣。将人道主义法律误解为消除一个国家的军事的一项工具或者挡箭牌背后,是否存在一种连贯的哲学呢？在我看来,20 世纪最重要与著名的政治理论著作之一,施米特 1932 年的论著《政治的概念》当中存在这样一种哲学。① 施米特是魏玛民国时期的一位保守主义法学家与哲学家。他在二战之后黯然隐退,因为他是一位支持纳粹党的法律政论家,并出版了一些反犹著作。② 在 20 世纪 70 年代,施米特经

---

① Carl Schmitt,《政治的概念》。这个增订本还包括 Leo Strauss,《施米特〈政治的概念〉评注》(*Notes on Carl Schmitt*, *The Concept of the Political*, J. Harvey Lomax 译),以及 Carl Schmitt 在 1929 年的论文《中立化与去政治化的时代》(The Age of Neutralizations and Depoliticizations, Matthias Konzett & John P. McCormick 译)。后一篇论文本质上是《政治的概念》的延续,而施特劳斯对施米特的重要评论主要指向这篇论文。这个版本还包括一篇极有价值的导引性论文,Tracy B. Strong,《前言:围绕施米特的新争论的诸维度》(Foreword: Dimensions of the New Debate around Carl Schmitt)。[译注]中译见施米特《政治的概念》,刘小枫编,刘宗坤等译,上海:上海人民出版社,2004。

② Gopal Balakrishan,《敌人:施米特的智识肖像》(*The Enemy: an Intellectual Portrait of Carl Schmitt*, Verso, Sept. 26, 2002)。关于施米特的反犹著作,参见 Heinrich Meier,《施米特的教训》(*The Lesson of Carl Schmitt*, 1998),页 151—173(细数并总结了施米特最重要的反犹言论);Stephen Holms,《反自由主义剖析》(*The Anatomy of Antiliberalism*, 1993),页 38—39,50—53。

历了一场由左翼理论家发起的奇妙复兴,在"9·11"之后,对他的兴趣再次提高起来,很大程度上是因为他的著作支持面对突发事件时不受约束的行政权力。① 许多著者注意到布什政府的宪法论证具有"施米特式"的特征,政治理论家与评论家沃尔夫(Alan Wolfe)在其2009年的著作《自由主义的未来》中的一章有一个很有意思的标题"施米特先生前往华盛顿"。② 施米特健康地活到90多岁,一直看到其名声的复兴,实际上他最终被看做一位重要的政治思想家。不管你是否喜欢,施米特是一位重要的政治思想家,还是一位富有魅力与令人兴奋的作者。

《政治的概念》的基本命题是,正确的理解,"政治"仅仅涉及

---

① Schmitt,《政治的概念》,前揭。
② Alan Wolfe,《自由主义的未来》(*The Future of Liberalism*,2009),页126。斯特朗(Strong)为《政治的概念》所写的导引性论文(《前言:围绕施米特的新争论的诸维度》,前揭),为此等曲折提供了一项富有启发的解释并转向对施米特的接受。早在2005年,霍顿(Scott Horton)就已经注意到施米特、布什政府的政策与法律战批评之间的联系,他在一系列漂亮的博客与文章中将之发扬光大,见 Scott Horton,《施米特归来》(The Return of Carl Schmitt),见 *Balkinization*(2005.11.7),见 http://balkin.blogspot.com/2005/11/return-of-carl-schmitt.html;Scott Horton,《施米特与2006年军事委员会法》(Carl Schmitt and the Military Commissions Act of 2006),见 *Balkinization*(2006.10.16),http://balkin.blogspot.com/2006/10/carl-schmitt-and-military-commissions_16.html;Scott Horton,《施米特:背后一刀与武装冲突法》(Carl Schmitt,the Dolchstoßlegende and the Law of Armed Conflict),见 *Balkinization*(2006.10.21),http://balkin.blogspot.com/2006/10/carl-schmitt-dolchstolegende-and-law.html;Scott Horton,A Kinder,《一场更仁慈、更温和的法律战》(Gentler Lawfare),见 *Harper's Mag.*,2007.11.30,见 http://www.harpers.org/archive/2007/11/hbc-90001803;Scott Horton,《例外的状态:布什的法治战争》(State of Exception:Bush's War on the Rule of Law),见 *Harper's Mag.*,2007年7月,见 http://www.harpers.org/archive/2007/07/0081595。施米特已经被反恐怖主义的鹰派所吸收。参见 Eric Posner、Adrian Vermeule,《平衡的恐惧:安全、自由与法院》(Terror in the Balance:Security,Liberty and the Courts,38,2007,宣称"从施米特那里吸取精华,抛弃糟粕");比较 Alice Ristroph,《奇爱教授》(Professors Strange love,[译注]文章题目来自同名的一部电影名),见 11*Greenbag* 2D 245,248(2008)(认为他们的比喻"可能并非用以唤醒一位与第三帝国联系在一起的理论家的最佳形象")。

朋友与敌人的区分。① 进一步说,"朋友与敌人这对概念必须在其具体的生存意义上来理解,不能把它们当作比喻或象征"(同上,页 27;中译页 109),"朋友、敌人、斗争这三个概念之所以能获得其现实意义,恰恰在于它们指的是肉体杀戮的现实可能性"(同上,页 33;中译页 113)。施米特并不是要说政治总是涉及对肉体的战争:

> 战争既非政治的目标,也非政治的目的,甚至也不是政治的真正内容。但是,作为一种始终存在的可能性,战争乃是典型地决定着人类活动与思想并造成特定政治行为的首要前提。(同上,页 33;中译页 115)

施米特坚持认为,"敌人也不是为某个人所痛恨的私敌";相反,这与如有必要我们是否会杀掉他无关(同上,页 29;中译页 109)。我们战斗,不是出于私人的痛恨,而是因为敌人威胁到我们的生活方式。

> 如果一个人在肉体上毁灭人类生命的动机不是出于他自己的生活方式在生存意义上受到威胁,那么,这种毁灭行为就无法正当化。这正如战争无法由伦理准则和法理准则正当化一样。(同上,页 49;中译页 128)

对施米特来说,自由主义的谬误在于认为人类在本质上是善的,因此如果我们清除仇恨,就能够清除敌对与杀戮。相反,"所有真正的政治理论均假定人性'邪恶',也就是说,人绝不是一种

---

① Schmitt,《政治的概念》,前揭,页 26。[译注]中译见施米特《政治的概念》,刘小枫编,刘宗坤等译,上海:上海人民出版社,2004,页 106。

没有任何问题的生物,而是一种'危险的'动态生物"(同上,页61;中译页141)。

从施米特在政治学上的基础性的敌友概念出发,可以看到所有的政治群体都是互相对立的——没有敌人,也就没有政治。根据定义,政治世界就是我们和他们的世界,"那种囊括全世界和全人类的世界国家(Weltstaat)不可能存在"(同上,页53;中译页133)。古代的世界观,一种包含所有人类的共同体,是一种非政治的虚拟,他们——敌人——和我们一样是人,一样正派,一样有爱,这一事实不能为我们杀死他提供任何反对论证。

当然,人们还会继续祈求"人类"这一理念。但是在施米特看来,任何这样做的人都是心存不轨的。正如他在这部及其令人难忘的著作当中以最令人难忘的语言所表述的:"谁讲人类,就是在欺骗"(同上,页54;中译页134)。欺世盗名没有任何错——这是政治:

> 以人类的名义发动战争并不与这条简单的真理相矛盾;恰恰相反,它有着特别深奥的政治含义。当一个国家以人类的名义与其政治敌人作战时,这不是一场为人类而战的战争,而是一场某个具体国家试图篡取这个普世概念以反对其军事对手的战争。(同上,页54;中译页134)

在施米特看来,人道主义是极具危害性的。代表"人类"进行斗争,使你的敌人成为"人类的罪犯",并允许你对他做出非常可怕的事情(同上,页54;中译页135)。一场终止所有战争的战争——"人类绝对的和最后的战争"——"这种战争必然空前惨烈、毫无人性,因为一旦超出政治范围,它们必然在道德和其他方面贬低敌人,并且把他们变成非人的怪物"(同上,页36;中译页116)。

"人类"这个词并非只是伪装成崇高的道德概念的那个用于论战的政治术语。

> 世界上总是存在着某些人类群体以"权利"、"人类"、"秩序"和"和平"的名义与另外一些人类群体进行斗争。当某些群体被斥为不道德和犬儒主义时,明眼的政治现象观察家总是能从这种斥责中辨认出实际斗争中所运用的政治武器。(同上,页67;中译页148)

"政治"不是一个哲学理念甚或任何类型的理念:它是一种具体的、存在的现实。政治概念则只有论战上的意义。它们可能看起来是哲学化的或者普世化的,但事实上,

> 一切政治的概念、观念和术语的含义都包含敌对性;它们具有特定的对立面,与特定局面联系在一起;结果(在战争和革命中表现出来)便是敌-友阵营的划分,而当这种局面消失之后,它们就变成一些幽灵般空洞的抽象。(同上,页30;中译页111)。

严格来说,施米特拒绝了政治哲学的可能性。存在的只是被伪装成哲学的政治打击与压迫。

实际上,对施米特来说,政治的类型涵盖了所有其他类型,不仅是政治哲学。没有任何中立领域可供政治藏身。

> 首先,政治一词的用法取决于这种敌对性,而与是否对手被称为非政治性的(在无害意义上)无关,反过来,也与是否有人抨击或指责敌人具有政治性,以便把自己打扮成非政治性的(在纯学术、纯道德、纯法学、纯美学、纯经济的意义上或

者类似的纯粹性基础上)并因而具有优越性无关。①

我们可以通过一个当代的例子理解施米特的观点:有关气候变化或者进化论的争论。有人认为人类带来的温室效应气体是否造成了危险的气候变化是一个科学问题;因此是一个人类从非人类的祖先开始就牵扯其中的问题。而这些认为科学问题应当遵从科学的人无法理解科学与其他一切一起被政治的概念所吞噬。如果科学结论表明,我们必须改变我们的生活方式,我们将会拒绝这一结论,如有必要,还会消灭那些科学家。如果那些科学家抗议说对其品行、正直或者诚实的攻击是"政治性的",我们将会(出于政治理由)指责他们的回应是纯粹政治性的。

这就是施米特的指向,他说:"这种论战特征决定了政治这个词汇的使用。"甚至政治这个词汇本身也是政治性的:我们用它贬低与削弱我们的对手提出的诉求。"术语上的问题变得……高度政治性"(同上,页31)。在将那些科学家提出的自我辩护贬低为政治性之后,我们会继续抹黑他们,尽可能地使他们失去工作、失去资助直至闭嘴沉默。他们可能认为他们正在回答一个科学上的技术问题。但在政治的世界里并不存在技术问题,存在的只有政治问题。霍布斯意识到这一点,他写道:

> 我毫不怀疑,"一个三角形的三角之和等于两个直角",这个理论如果与任何人的统治权或者有统治权的人的利益相冲突,即使没有争议,也会在他们力所能及的范围内,烧毁所有几何学书籍,镇压这一理论。②

---

① 同上,页31—32;[译注]中译页111—112。这包括纯政治的,施米特已经清晰表明。同上,页39。上帝可能高于政治,但是对上帝的信仰不是。
② Thomas Hobbes,《利维坦》(*Levithan*),页74,11章,Richard Tuck 编。

当然,施米特并没有否认,如果政治体发现对其生活方式无害,科学、艺术、法律或者几何学可以无关政治;当他们发现它们在政治冲突当中有用时,甚至更会如此。人们不会否认,一个国家有时可以通过推动某种繁荣发展的文化景象而获得政治上的优势。但是在政治参与者有权判定艺术家或者科学家何时具有政治危险性的意义上,政治仍然具有优先性;一旦他们做出判定,就不存在追求艺术的艺术家或者追求知识的科学家了。科学家所做的无关政治、清白无辜的申明,将被指责为一种极其狡猾的政治诡计。

需要注意的是,在前述所引这段话中,施米特认为,作为一种论战的立场对手的"纯法学的"伪装成非政治性时,可以作为一种政治性的方式。国际红十字会主张它正在做的是有关战争法的中立的、"纯法学的"论证。① 法律战批评者意识到,国际红十字会纯法学与非政治性的主张只是一种潜在的政治性的方式,一种针对那些拥有强大武力的国家进行法律战的方式。国际红十字会装扮成中立的——我们由此意识到敌人的迹象之一。施米特在其著作的那些最引人注目的语句当中的一句中写道:"政治的极致也就是那些明晰无误地把敌人确认为敌人的时刻"。② 在施米特看来,对法律战的批评就是政治的一个顶点。

施米特谴责所有"中立化与去政治化"(同上,页69、80、89),对他来说,它们是自由主义的标志。并不存在中立化:如果你不和

---

① 1986年10月23日至31日于热那亚召开的红十字会第25次国际会议通过的国际红十字会与红新月运动的立法,第5(2)(c)条与(g)条(委托国际红十字会"为适用于武装冲突的国际人道主义法的准确适用而工作并……使之适用任何发展")。一般参见 Yves Sandoz,《作为国际人道主义法守护者的国际红十字会》(*The International Committee of the Red Cross as guardian of international humanitarian law*, ICRC Resource Centre, 1998. 12. 31),见 http://www.icrc.org/eng/resources/documents/misc/about-the-icrc-311298.htm(介绍了国际红十字会"照看法律本身以保护其免遭可能的诋毁或者削弱"的"守护天使"功能)。
② Schmitt,《政治的概念》,前揭,页67。[译注]中译见施米特《政治的概念》,前揭,页148。

我们一起,你就是我们的对手,我们就要消灭你:"如果一部分人宣布他们不再承认以前的敌人,那么,他们就会根据情况加入到敌人那边并帮助敌人"(同上,页51;中译页130)。你可能对政治不感兴趣,但是政治对你感兴趣。

有可能逃离吞噬一切的政治流沙吗?在施米特看来没有可能:"即使一个民族不再拥有生存于政治领域的能力或意志,政治领域也不会因此而从世界上消亡。只有弱小的民族才会消亡"(同上,页53;中译页132)。想要避开政治就会招致毁灭;渴望在政治上缓口气就是渴望死亡。

没有在《政治的概念》当中明确阐明的一个附加的理念,出现在施米特后来的一些著作当中,特别是其1962年论述我们今天所谓的恐怖主义的讲座——《游击队理论:〈政治的概念〉附识》——与其1950年论述国家法的著作——《大地的法》。认为施米特拒绝对战争进行规制的法律理念,或者就此而言,他将战争理想化并拒绝人道主义约束,是一个误解。相反,他相信,"框定"战争——根据非战斗豁免与避免不必要的痛苦的战时法(jus in bello)原则对其进行限制——的能力在历史上是欧洲公法的一项有可能实现的目标,限制在那些将战争视为绅士之间决定的主权之内。随着美国的兴起,使战争脱离领土限制的空中力量以及残酷的参与绝对战争的非国家士兵的出现,欧洲公法(jus publicum Europaeanum)崩溃了。与其一同崩溃的还有"框定"战争的可能性。

至此,论证的各个方面已经各就各位。在真实的、非隐喻性的杀戮背景下,一个世界被区分为固定在现实斗争中的朋友和敌人。"人道主义"作为一种政治策略受到批判。自由主义者受到蔑视,因为他们软弱,未能意识到命中注定的生死之争。任何类型的中立的、非政治的论证——包括法律论证——受到彻底的质疑。坚决主张,即使那些自认为可以超越政治从而进入一个更中立的、客观的科学、法律、经济学或者哲学领域的人,也正在帮助敌人并应被视为敌人。坚决主张,规制武装冲突的法律,特别是保护非交战人员的法律,依赖那些属于欧洲公法古典秩序的国家之间的对等互惠,针对恐怖分子的战争从未予以框定。施米特已经创造出对法律战的批判。

三、施米特、施特劳斯与影响问题

施米特是否对当代的法律战批评者产生了某种实际影响呢?我不知道答案——你得去问他们。就面上看,这一主张看起来不大可能:在新千年头十年中期之前,几乎只有学术圈才会讨论施米特,甚至学术圈内讨论的也不多。《政治的概念》最近的版本是2007年的;在2006年重印之前,其颇有影响力的《政治的神学》的英文版已经绝版有年;施米特大部分其他著作直到2005年之后才有英文译本。① Lexis搜索显示1980年至1990年提及施米特的法律评论有5篇;1990年至2000的有114篇;2000年以后的有420篇,其中后5年的数量几乎是前五年的两倍。

霍顿在2005年注意到的一种透过施特劳斯而可能存在的联系。② 这部著作的英译本收录了施特劳斯年轻时的一篇讨论《政治的概念》的论文。③ 施特劳斯赞同施米特对自由主义充满激情的批判,而他对施米特的唯一批评是施米特掩饰了其对和平主义和自由主义(施特劳斯所谓的)深恶痛绝的程度,并在其随后的论证当中强忍着未能提出人道主义理念不仅是不现实的,而且实际

---

① 参见 Ellen Kennedy,《宪政的失败:魏玛时期的施米特》(*Constitutional Failure: Carl Schmitt in Weimar*),页2,Duke Univ. Press,2004;Craig McFarlane,《英语世界中的施米特》(Carl Schmitt in English),见 *Theoria*,可以在http://www.theoria.ca/research/ 看到(2008年11月1日更新)。

② 参见 Horton,《施米特归来》(The Return of Carl Schmitt1),见 *Balkinizaion*(7 November 2005)。

③ Schmitt,《政治的概念》,前揭,页97。

上是不道德的,必须大加反对这一必然结论。① 施特劳斯的论文召唤一个更少仁慈,更少温婉的施米特——有人可能会说,施特劳斯的论文是没有人道主义一面的施米特。施特劳斯与施米特不同,对美国政治学产生了强有力的持久影响,在一定程度上是因为如此多的施特劳斯主义者在政府、新闻媒体与新保守主义运动中已经占有一席之地。② 新保守主义者已经跻身最活跃的法律战批评者之列。

但是,我不认为施米特对法律战批评者具有因果影响,因为我无法证明存在这样的影响。相反,我认为施米特的哲学提供了我已看到的批评法律战的最佳表述。对于法律战批评者来说,可能是从其先驱者那里接手的时候了。

四、施米特对政治的曲解

该说些什么来回应施米特呢?③ 对施米特的观念进行全面评估,超出了我在这篇短文中设定的目标。但是我想专门针对有关法律战的辩论提出几点看法。

首先,施米特坚持"政治"这一术语本身是论战性的。④ 对于

---

① 同上,页116("深恶痛绝"),页119—120(讨论施米特掩饰其对人道主义理念的道德批评)。
② 例如参见 Catherine H. Zuckert、Michael Zuckert,《施特劳斯的真相:政治哲学与美国民主》(*The Truth about Leo Strauss: Political Philosophy and American Democracy*, Chicago Univ. Press, 2006); Shadia B. Drury,《施特劳斯与美国人的权利》(*Leo Strauss and the American Right*, St. Martin's Press, 1999); Anne Norton,《施特劳斯与美帝国政治学》(*Leo Strauss and the Political of American Empire*, Yale Univ. Press, 2004)(讨论施特劳斯的影响)。
③ 且将其作为一个纳粹与反犹分子的令人不快的生平放在一边,这些并非以下批判的基础。参见 Strong,《前言:围绕施米特的新争论的诸维度》,前揭,页 ix—x; Meier,《施米特的教训》(*The Lesson of Carl Schmitt*); Holmes,《反自由主义剖析》,前揭,页 38—39; Balakrishan,《敌人:施米特的智识肖像》。
④ 参见 Schmitt,《政治的概念》,前揭,页 31—32。

读者来说,这意味着一种隐藏的、自我指涉的警示,施米特自己对政治的界定是论战性的。它并不是中立的、客观的、学术性的或者哲学性的。它是有倾向性的、有所偏倚的和大有深意的。施米特告诉我们这么多,但是他从不给他自己图形画像并准确告诉我们其概念的真正内涵。

我的回答是,尽管"这只是政治!"常常成为一种指责,"政治"这个词汇在我们被施米特巧妙利用的传统当中有着肯定的联系。亚里士多德宣称,人是 zoôn politikon,也就是政治动物,并主张,政治生活对人———一种实践性存在——来说是最佳与最自由的生活。① 然后,看起来就是,渴望终结血腥的朋友-敌人对立的和平主义者与人道主义者想要破坏人类的某些本质。施特劳斯充分意识到,施米特在《政治的概念》中的几个点虽然没有实际说出来,但是暗示即使有可能从世界上删除致命的朋友-敌人二分法,仍然难以令人满意。这会将人类生活的意义压缩为只有娱乐;生活至多是有趣的,而绝不是有意义的。② 施特劳斯抓住了这些暗示——一个去政治化的世界将是一个准人类的世界——并且认为这就是施米特的实际观点。③

我们从中看到,施特劳斯附和尼采对"终极之人",后危险的人,懦弱的中产阶级的蔑视,施米特谈及这些人时同样满眼蔑视(同上,页51、62)。没有政治,人将不人。他将是一只驯服的小狗。施米特并没有这样说,但是,他对此有所暗示:"如果这种统一体消失了,哪怕是潜在的消失了,政治本身就将不复存在"(同上,页45;中译页123)。如果你与政治之间存在亚里士多德式的

---

① Aristotle,《政治学》(Politics),见 *The Complete Works of Aristotle*,前揭,1.2.1253a2。亚里士多德在《政治学》一开篇就主张,城邦(polis)"是以至高且比其他[共同体]包容更广的善为目的的"。同上,1986,1.1.1252a5—63。
② Schmitt,《政治的概念》,前揭,页35;Strauss,《〈政治的概念〉评注》,前揭,页53。
③ Strauss,《〈政治的概念〉评注》,前揭,页115—117。

肯定联系,这听起来相当可怕,但是实际上,施米特的断言只是一种同义反复。他已经将政治的概念界定为朋友-敌人分组,因此根据界定,如果朋友-敌人分组消失,政治也会消失。那又怎样呢?唯一让这一断言听起来意味深长的是这种关联的集合,这种关联的集合不在施米特的朋友-敌人结构当中,但是它让我们想到政治是一种聚合,而非抵触的形式,因此对有意义的人类生活而言,政治不可或缺。

在这些联系中,亚里士多德的政治概念的基础是政治的肯定性和建构性的一面,对此,施米特完全置之不理。我们经常说,政治是一种可能性的艺术。它是组织所有人进行合作的媒介。和平的文明、民事机构与诸如收集垃圾和给饥饿的人派送食物等基本工作,都依赖于政治。当然,以审视香肠工厂的视角审视市政长官办公室之类普通市政机构,将会看到出大量肮脏的政治交易,职位与赞助的争夺,以及彻头彻尾的腐败。施米特将之嘲讽为"政治的老套形式……各式的策略与实践,竞争与阴谋",并且轻蔑地将之作为"寄生性与依附性的形式"而弃如敝屣(同上,页30)。事实上,施米特丝毫没有提及政治的建构性的一面,也没有提及地方政治;他全部的理论聚焦在敌人,而非朋友。在我的小小共同体当中,政治会议上争论的问题和是否要关闭一条街道并将交通转到另一条街道一样微不足道。在这些纷争当中很难看到生死对决,哪怕只是极小的可能,因此在施米特看来,它们不能算作政治,而只是行政。但是这样的问题是和平的人类政治的本质。

我已经说过,施米特论战性地——他所指向的是政治性地——使用"政治"这个词汇。我已经证明,他选择"政治"这个词汇来描述不共戴天的敌对状态是有偏向性的,将之与不共戴天的敌对状态捆绑在一起,亚里士多德学派与共和主义者对此都很陌生。但更基础的一点是施米特批判人道主义具有政治性与论战性本身就是政治性与论战性的。一言以蔽之,对法律战的批判本身就是法律战。这是自我的根基,因为在某种程度上说,它成功地显示出法律战是非法的,它自己也不合法。

施米特对人道主义的批判,价值何在?他的论证直截了当:或者人道主义软弱无力而无关政治,在这种情况下,无情的政治参与者将会毁灭人道主义者;要不然人道主义就是一种斗争的信念,在这种情况下,它已屈从于政治,结果更加糟糕,因为打着人类旗号的战争是所有战争当中最不人道的战争。自由主义的人道主义不是过于软弱,就是过于残酷。

这一论证有其显而易见的价值。当施米特在 1932 年写道,针对"人类的罪犯"的战争将是最可怕的战争时,很难不向他这样一个广岛先知行礼致敬。当施米特论及国际联盟运用"经济制裁与粮食禁运"(同上,页 79)作为解决方案,他称之为"以纯粹的经济力量为基础的帝国主义"时(同上,页 78),同样如此。施米特不是一个好战分子——他说对人类的杀戮是"邪恶与疯狂的"(同上,页 48)。除非是因为存在现实性的威胁,他对人类的痛苦并非漠不关心。

但是,国际人道主义法与国际刑法并不等同于终结所有战争的战争或者人道主义军事干预,因此,施米特对最终的军事上的自以为是提出的重要的道德警示并非真的有用。① 对战争行为施以人道主义约束从而"框定"战争,并不预示一种已经销声匿迹的欧洲公法秩序。事实是,在 9 年的常规战争当中,美国已经有效地框定了战争行为,甚至对那些并不承认对等义务的敌人亦如此。② 这可能会使当前的法律战批评者大感挫败,他们抱怨美国士兵在阿富汗正被迫放下他们的武器。框定战争是一种决断,施米特可

---

① David Luban,《反人类犯罪理论》(A Theory of Crimes Against Humanity),见 29 *YALE J. INT' L L.*,页 85(2004)。

② 一般参见 Mark Osiel,《对等互惠的终结》(*The End of Reciprocity*,Cambridge Univ. Press,2009,主张有理由超越对等互惠以维护人道主义规范)。

能称之为一种现实决断,这一决断部分依赖那些超越朋友-敌人这一区分的价值。自由主义的价值并不是强加给政治的异物或政治的遁词;它们是政治的一部分,正如霍姆斯(Stephen Holmes)对施米特提出的批评,自由主义已经证明自己是强大的,而非软弱的。① 我们可以选择放弃自由主义的人道主义,而这将是一项政治决断。这只会是一项糟糕的决断。

---

① Holmes,《反自由主义剖析》,页57—58。霍尔姆斯平淡地提醒我们,正是自由主义国家打赢了第一次世界大战。同上,页48。

从"政治的神学"到"政治的宗教"
——沃格林与施米特①

贡捷(Thierry Gontier) 著

朱晓峰 译 张佳静 校

一、导 论

在《作为宗教的政治学》一书中,让蒂勒(Emilio Gentile)将创制"政治的宗教"——即使不是这个表述本身——这个概念归功于沃格林(Eric Voegelin),后者在整个20世纪60年代都使用它来描述极权政体。② 在根据1973年记录的一个采访而成的《自传性反思》中,沃格林再次使用了这种表述,③并表明了激发他去接受"政治的宗教"的源泉:

---

① 本文所有参考沃格林的著作均采自《沃格林作品集》(*The Collected Works of Eric Voegelin*, Paul Caringella, Jürgen Gebhardt, Thomas A. Hollweck, Ellis Sandoz 编, 34 vols., Baton Rouge/ Columbia, 1990—2009, 下文均简称 CW)。
② 在沃格林之前使用"政治的宗教"这一术语的,见 Emilio Gentile,《作为宗教的政治》(*Politics as Religion*, G. Staunton 译, Princeton, 2006)。事实上,沃格林极少使用这一术语(他仅仅使用过两次,其中不包括1938年著作中的标题),在1938年之后极少出现。
③ 关于沃格林放弃使用这一术语的原因,参看 Thierry Gontier, Totalitarisme, religions politiques et modernité chez EricVoegelin, 见 *Naissances du totalitarisme*, Philippe de Lara 编, Paris, 2011, 页157—181。

在谈论"政治的宗教"时,我使用的文献资料将思想运动解释为一种宗教。这种文献资料的代表是鲁吉埃(Louis Rougier)颇为成功的《论政治的迷思》(Les Mystiques politiques)那卷书。①

除鲁吉埃的著作外,沃格林也极可能参考了法国天主教的"人格主义"哲学家,如马里坦、吕巴克(Henri de Lubac)及维亚拉图(Joseph Vialatoux),他们也没有将新兴的极权主义运动解释为社会与政治现象,而是将之作为一种意义深远的精神上的混乱来加以解释。这些人的作品被伯格森(Bergson)的著作(经证明,它对沃格林是有决定意义的)《道德与宗教的两个渊源》所丰富。沃格林没有参考施米特于1922年所写的《政治的神学》这本标志性的著作,这点看起来可能颇令人意外。如果说施米特并没有创制一个术语,那么至少,他也给自己命中注定的多产职业生涯创制了一个概念。② 此外,《政治的神学》与沃格林的《政治的宗教》有着类似的目标,那就是说明所有的政治学说都涉及人类与这种或那种形式的宗教之间的关系,甚至是(或者尤其是)与那些宣称彻底地消灭宗教因素的宗教之间的关系。沃格林在其早期的著作中多次引用了施米特的著作,那么,我们如何来解释沃格林在这里的遗漏呢?映入我们脑海的首个答案是,在1938年的时候,施米特被认为是纳粹主义的主要人物之一。奇怪的是,当沃格林在1936年(此时施米特在第三帝国的体制内正处于他事业的巅峰)出版他的《权威主义国家》一书时,他所参考的只是施米特于20世纪30年代早期的那些作品,他似乎并没有注意到这种发展变化,要不然

---

① 《沃格林作品集》,前揭,34:78。
② "政治的神学"这一术语已曾被 Varro 所使用(见 Augustine,《上帝之城》(*The City of God*, VI. 5)。其也曾在1871年 Bakunin 反对 Mazzini 的小册子(*The Political Theology of Mazzini and the International*)被使用过,这可能是施米特使用这一术语的直接来源。

就是未能将之考虑进去。① 尽管施米特在那个时候所倡导的反对议会民主政治自取灭亡的守法主义以及解决由极端政党接管政治的极权主义方案,在1933年之后在德国就无关紧要了,但它们在1936年的奥地利仍然是有意义的。我们可以推定,在1938年的时候,沃格林非常敏锐地意识到了施米特的富有理智的计划,这毫无疑问是沃格林在其之后的著作中极少引用他的重要原因之一。

此外,重要的是,即使沃格林频繁地将他的思想与施米特在1930年至1936年间的思想进行比较,但他也没有着手去做关于宗教问题方面的比较。他所引用的施米特的文字是后者1928年至1932年写的。施米特1928年的《宪法学说》一书,构成了沃格林于1931年发表的一个长篇评论的主题。② 此外,显而易见的是,在沃格林1936年的著作《权威主义国家》一书的第一章(同上,4:58—63)所概述的——彼时是为了批判它的不完整性——全权国家的谱系,在施米特1931年出版的《宪法的守护者》一书中已有表述。在《权威主义国家》一书中(同上,4:218—21),沃格林还概括了施米特1932年《政治的概念》一书中关于议会民主发展的分析,从而将其与韦伯和奥里乌(Maurice Hauriou)的分析进行对比。最后,在20世纪30年代早期的各种文章与演讲中,沃格林讨论了施米特于1932年发表的《政治的概念》一书的若干基本观点,特别是敌意理论。③ 在这些构成有关施米特文献的文章当

---

① 在该书第一章的一个简单的脚注中参引了——没有评论——施米特思想中的"新的范畴"(《权威主义国家》[*Authoritarian State*],见:《沃格林作品集》,前揭,4:62n)。
② 《沃格林作品集》,前揭,13:42—66。在20世纪30年代初于日内瓦开设的课程中讨论了同样的主题,这些内容记载于《沃格林作品集》中的"观念的民族类型"这一标题之下(《沃格林作品集》,32:470—71)。
③ 特别是参见沃格林于1930—1932间未完成的作品统治理论(《沃格林作品集》,32:360—66)。在1937年,沃格林也针对克鲁帕(Hans Krupa)就施米特的政治理论所写的文章写了一篇简洁的批判性的评论(《沃格林作品集》,13:109)。

中(应当指出的是,这些都是始于1935年之前的文章,之后沃格林不再对施米特的思想表现出任何直接的兴趣了),沃格林几乎完全集中于研究政治-法律问题,特别是那些处理宪法的问题——而不是神学问题。就能够确定的来说,沃格林在他的著作中从未引用过施米特于1922年发表的具有标志性意义的《政治的神学》一书。他很少使用由施米特彻底改造过的习语,如果他偶然地使用了诸如"市民神学"或"国家神学"的概念,那么,相比之下,这也不是为了描述一种两个领域之间的结构性和象征性关系,不是为了描述在这两个领域中规范性和合理性面临限度的问题,而是为了描述一种通过政治来使神学论述工具化的直接和制度化的方法,是为了描述面临其极限的规范性之合理性的两个领域之间的结构。①

因此,我们被引导着去为我们自己设想一个关于这个问题的对话,虽然它从未直接(或仅仅是很少)发生,②但其仍能从两位作者的反对意见中清晰地显露出来。可以说,我们于此的目的是证明他们之间存在着一个隐匿的对话,这个对话可能有助于阐明那些在用一种完全不同的方式来理解我们世俗时代中政治和宗教关系时所用到的术语。我首先考虑的是,在20世纪30年代两位思想家之间的关系,在笔者看来,这涉及构成一种错误的亲近的东西,即,他们共同追求不把政治学说简化为一种理性主义和规范性

---

① 除了1938年的《政治的宗教》以外,尤其参见John Hallowell于1953年1月28日的来信,见:《沃格林作品集》,30:140。
② 施米特对沃格林作品的所做的极其罕见的引用也是极为皮毛的。例如参见Carl Schmitt,《向歧视性战争概念的转变》(*Die Wendung zum diskrimierenden Kriegsbegriff*,Berlin,2003);1975年施米特给桑德尔的一份信,载:*Carl Schmitt and Hans-Dietrich Sander*,见 *Werkstatt-Discorsi:Briefwechsel 1967 bis 1981*,Erik Lehnert、Günter Maschke编 Schnellroda:Antaios,2008,页363;Carl Schmitt,《语汇:1947—1951年笔记》(*Glossarium:Aufzeichnungen der Jahre* 1947—1951,Eberhard Freiherr von Medem编,Berlin,1991),页65,240。

的法律理论。然后笔者将着手于对更根本的差异进行理论调查,虽然在由这两位作者所构思的神学与政治之间的关系所产生的教义学与人类学问题的框架之内,这些差异也许并未导致直接的冲突。

二、超越规范主义

我们来看沃格林20世纪30年代的著作,在这些著作中,他稍稍地参考了施米特早期的作品。我们可以发现这两位作者之间的一致之处,特别是他们对议会民主政治在面对反民主政党即无论是纳粹分子还是共产党人崛起时所表现出的脆弱性的批判。但是他们在政治上所表现出的差异在随后的岁月里却日益变得清晰,这不仅体现在两位作者面对纳粹主义时截然不同的态度之中,也体现在战后的日子里。例如,为沃格林所坚持的典范式的美国民主,在施米特看来却总是与他的政治概念相左。这些差别在神学层面上也有,对于由第二次梵蒂冈大公会议(Vatican II)所发起的文化运动,沃格林始终如一地表现出了同情之心,而施米特则基本上对之保持敌意。事实上,即使是在20世纪30年代,这两位作者之间的相似之处也极其流于表面,因为那时他们就在形而上的及神学的问题上存在根本的分歧。两位作者甚至对(来自德国的吕布宁、巴本、施莱歇尔,以及来自奥地利的陶尔斐斯[Dollfuss]和他的继承人们)他们支持的权威政治学也有不同的理解:对施米特而言,权威政治学依赖于一种权威与服从的道德规范,这种规范在形而上学与神学层面得到了扩张。但是,这种类型的形而上学在沃格林那里则完全不存在,对于他而言,独裁主义问题并不是政治学的特有本质,它在附翼于政治目的之统治方法的范围之内,更加地流于实用主义,这些政治目的则依据特定的情形(社会的、经济的、文化的等等)而变化。或者,从另一个角度来说,沃格林认为独裁是一个在例外情形下为了国家的安全而需要求助的法律之外的一种方式；它丝毫不代表着"正常"的政治秩序的根本性结构。①

在我们看来，容易让人误解的另外一个共同点，或许体现在两位作者对凯尔森的法律规范理论的反对意见当中。从沃格林最早期的著作起，他就对凯尔森将政治科学简化为法律科学的作法予以了批评。② 他认为自己属于尝试着通过复兴古典政治科学来克服社会学与法学相分离的那一派——施米特也属于这一派（包括诸如韦伯、斯门德、桑德尔等一大批学者）。③ 不过，这种表面上的一致性高度模糊了这两位思想家在政治思想一般取向上的显著差异。④ 正如施米特所陈述的，存在的难题是法律规范的实际效力。由于纯粹理想性的与形式化的特性，凯尔森的体系可能沦为无谓的反复，施米特在他的《宪法学说》（1928）中这样总结了这种无谓的反复："如果某个规范有效，并且因为它有效，那么它就是有效的。"⑤然而，施米特所批评的东西并不完全是在说凯尔森的实证主义，也就是某种东西只有当最终被以"有效的"呈现的时候才是有效的，在这种公式下，我们可能会看到一种形式上的无谓的反复形式；施米特想批判的并不是这种无谓的反复，

---

① 关于权威主义，在两个作者那里都可以发现，也可参见 Heimes，《政治与超越》，前揭，页40。

② 参见笔者的文章《对规则的崇拜：沃格林对凯尔森的批判》(Le fétichisme de la norme: Voegelin critique de Kelsen)，见 *Dissensus*，no. 1(2008)，页125—47，http://popups.ulg.ac.be/dissensus/document.php? id=368。

③ 尤其参见沃格林对 Heinz O. Ziegler 于1932年出版的《现代国家》(*Die Moderne Nation*)的评论，见《沃格林作品集》，13:68，以及他对 Max Rumpf 于1934年出版的《政治学与社会学的国家学说》(*Politische und soziologische Staatlehre*)的评论，见《沃格林作品集》，13:34。

④ Heimes 的《政治与超越》一书第2章谈论的是同一主题，尽管是从不同的视角（在我看来，他有以施米特的概念范畴来理解沃格林的倾向）。

⑤ Carl Schmitt,《宪法学说》(*Constitutional Theory*, Jeffrey Seitzer 编，Durham/ NC，2008)，页64。［译注］中译见施米特《宪法学说》，刘小枫编，刘锋译，上海：上海人民出版社，2005，页12。

他想说的其实是:对于凯尔森而言,某个规范只有在另外一个有效规范的基础上才是有效的,等等等等,直到基础规范。我们因此发现,我们自身处在与世隔绝的纯粹理想的法律理性之中,并且因此无力面对真实的政治现实。规范的逻辑,无论它的技术理性有多完美,都不能解决拥有实际权威的国家的难题。对于施米特而言,真正的问题是界定在什么条件下法律规范是有效的;然而他并不像凯尔森那样,是从规范性的虚构(如单纯的"应该是")的纯粹形式性的视角,而是从政治效力的视角进行界定——由此,施米特的回答是:

> 实际上,一部宪法之所以有效,是因为它出自一种制宪权(即权力或权威),并且凭着它的意志而被制定出来。①

这里的问题并不是知道制宪权是如何获得的问题,而是要知道通过什么样的行为,让一项法律规范进入生活;在这种情形下,生活涉及在社会领域之内的可见性,与凯尔森对规范的纯粹虚构相反。法律规范的生活条件是,其必须建立在它自身存在之规定的行为基础上,即,一个或数个真实的人的意志:"与单纯的规范不同,'意志'(Wille)一词将一个基于存在的东西描述成应然的起源。意志实际存在着",施米特继续讲到,法律规范拥有价值并不是因为它是"正确的",而仅仅是"因为它是以法令的形式实在地制定出来的,也就是说,它所凭借的是一种实存的意志"。②

对沃格林而言,并不是凯尔森的规范的理想化特性以及它相

---

① 同上,页64。[译注]中译见施米特《宪法学说》,前揭,页12。
② 同上。就此来说,例如,"《魏玛宪法》是有效的,因为德国人民'给予其自身以这部宪法'"(同上,65)。[译注]中译见施米特《宪法学说》,前揭,页13。

对于实际生活而言的缺陷构成了一个难题。从这一点来看,施米特仍然是自然现实与规范虚构之间的——实然与应然的①——凯尔森式的(而且,更普遍地来说,是新康德主义者)反对者的囚徒,施米特仅通过决断的半神奇性质解决了这一问题。对沃格林而言,在现象学和美国实用主义的共同影响下,他成功地将自己从这种现实主义者的心理模式中摆脱了出来。让我们来引用从他对克鲁帕关于施米特政治理论之作品的评论中摘录出来的一段:

> 决断理论不能克服纯粹规范主义的逻辑困境。……一个真正的"辩证的"和"综合的"理论应当超越施米特"分离的"思想,并承认规范如同决断一样是现实的组成部分。②

如果"规范如同决断一样是现实的组成部分",那么,不现实的虚构与"自然的"现实之间的对立看上去是虚假的。理念从来都不是纯粹抽象的存在:它们是现实经验的对象并且同样是现实。在沃格林看来,"现实"(同"生活")这个术语并不如实证主义的经验主义者理解的那样,最终指的是现实(一种看得见的现实——并且我们知道在施米特那里这种可见性问题重现的频率),而是回溯至人之精神的"真实经验"。当涉及这种经验的时候,如果仅是从纯粹的方法论上的原因而言,那么,要想把纯粹规范虚构的规则从其在人类思想中的表现分离出来是不可能的,通过人类的思想,我们将规则视为行动的动机或者用韦伯的话说就

---

① 因此,在《宪法学说》中,我们读到了"法秩序的概念包含着两种完全不同的要素:法的规范要素和具体秩序的基于存在的要素"(同上,页65;[译注]中译见施米特《宪法学说》,前揭,页13)。
② 沃格林,《对克鲁帕于1937年所著之施米特"政治"理论的评论》(review of Carl Schmitts Theorie des "Politischen", by Hans Krupa, 1937),见《沃格林作品集》,13:109—10。除非另有说明,否则本文中对沃格林的翻译都是由笔者自己完成。

是一种"价值"。

因此,沃格林对凯尔森的主要批判与施米特的极其不同。沃格林将重点放在法律科学是一门从属性的而非自洽的科学上,它依赖于法律规范的意义的-内容所构造的科学以及它们阐述的背景。这种批判在沃格林对《宪法学说》批判性的审视中可以发现:

> 把方法论的纯化的原则适用于人文学科,比如政治理论,这在我看来是不可行的,因为应成为科学研究主题问题的领域,在科学建立的背景之外就形成了其自身。这样,对主题问题的科学解释就不能独立地且仅依据其自身的原则进行,它必须遵循源物质的轮廓而进行。①

所以,纯粹法学必须辅之以一个意义的-内容的解释学,这种解释学并没有在实证法本身之内,而是在现实的人类学领域之内——并且意义的-内容的解释学形成政治科学的目的。因此,沃格林的批判并不关注规范不能使自身在政治上有效的问题,而是关注实证法不能提出规范的问题。纯粹法理论并没有体现出现实的不足(用现实主义者的话来说),而是体现了意志的不足。所以,在凯尔森那里,沃格林争论的并不是规范主义,而是实证主义。政治科学从(实证的)法律规范所假定的内容,也就是实证主义的伦理意义视野去分析实证主义:"在我看来,如果仅因为道德信念和规范解释的原则(包括宪法规范)不可缺少,那么,国家理论和更为狭窄的宪法理论都不可以忽略法的规范因素"(同上,49)。

这些评论被沃格林总结在 1933 年的出版的《种族与国家》的

---

① 沃格林,《对施米特于 1931 年发表之《宪法学说》的评论》(review of Die Verfassungslehre, by Carl Schmitt,1931),见:《沃格林作品集》,13:44。

导论里面：

> 一个本质的问题——正如已在国家学说中大概地提及到的那样——是法现象(Rechtserscheinung)的正当性问题。要追溯法现象直至它的源头，这些源头的其中之一将在个体的道德经验中发现，而另一个则存在于共同体的经验之中。从个体的道德经验出发，事物未来的真实状态（在环境中的行为与其后果）接受"什么应当被做"的指引而从共同体的经验出发，在我看来，对大多数人而言，出现的普遍性的规范呈现出了强制性。个体与共同体是基本的人类经历，从基本的人类经历中产生了为人以及共同体成员未来行为所预设的"规范"。①

在该书中我们可以注意到：(1)规范性的虚构是真实经验的主题。因此，在这层意义上（非常确定的是不在现实实证主义的意义上），它是一种存在着的"现实"；(2)法现象并不需要在实际的/实证的层面上的实现，但是，必须经由回到"法现象的源头"而被证明正当，换言之，必须在人类共同体的根本经验中证明法现象的正当性，而在人类共同体的根本经验之内形成了规范性的虚构。

如果从施米特主义者的角度来看，凯尔森的规范体系显示出了实证方面的缺失，参考基本规范并不足以在公共领域给其提供一个看得见的存在。不过在沃格林看来，这被认为是体现了规范方面的缺失。对施米特而言，这种难题的解决方案当中应包含一个实证的前规范性的基础，然而对沃格林而言，它必须涉及一个规范性的前实证范围。

---

① 《沃格林作品集》，2:2—3。

三、决断与信仰

从法律规范的实际存在条件到它的规范性条件这种问题的转变,极有助于解释沃格林方面对施米特决断主义的批判。沃格林意识到,施米特的学说并不限于决断主义。① 然而他倾向于将决断主义不仅仅视为施米特学说演进中的一个特定时刻,而是将之视为施米特思想的一个永恒的结构,该结构转换为精神基础的缺位,并解释了施米特之主张在政治上的逆转——尤其是他对纳粹主义的坚持。简而言之,即使施米特并未一直将决断主义作为一种学说而加以维护,但是,对沃格林而言,从"萨特一样的不可知论者和无原则的存在主义者"的意义上讲,他依然是一个决断主义者,换句话说,施米特本质上是虚无主义者的一类。② 因此,对决断主义的批判被归入到对精神疾病③的一种形式上的更为一般的批判之列,这种精神疾病隐含着与神学的一个被毁坏了的联系——我们后面将会再次讲到。

沃格林对施米特决断主义最为清楚的表述之一,见于他20世纪30年代早期在日内瓦所作的系列演讲:

---

① 施米特思想中的"天主教"时刻在其1953年11月18日给Theo Morse的信函中提到(《沃格林作品集》,30:184)。"制度主义"阶段在《权威主义国家》一书中模糊地提到(《沃格林作品集》,4:53),对于它较为精确的样式的论述则在其对克鲁帕的评论中(《沃格林作品集》,13:109)。
② 沃格林,《1953年11月18日给Theo Morse的信》(letter to Theo Morse,18 November 1953),见《沃格林作品集》,30:184。
③ [译注]Pneumopathology一词为德国哲学家谢林所创的哲学概念,它并未被广泛地承认和使用,比较例外的是,德国的另一名哲学家沃格林借用这一概念来特指诺斯替主义的精神疾病。"沃格林面面观",页248脚注1中的中文注中认为该词是neumapathology的笔误,这种理解是错误的。(参见沃格林:《没有约束的现代性》,张新樟/刘景联 译,上海:华东师范大学出版社,2007。)

[施米特]依据他的决断理论构思出[国家的存在]难题;他并没有探究信仰的事情,因为他自己生活地非常惬意,并且在他的信仰的特有类型中没有考虑这种信仰,他根本没有理解信仰。对于他而言,国家由其关于它自己的存在的决断而生。……我不能接受施米特的决断。对于谁来决定? 施米特并没有告诉我们;他说,国家在它本身之内产生决断,这样就回避了说出决断的主体。……像政治的存在的任何部分一样,民族-国家的本质是信仰,而不是……决断。①

"谁决断?"——该问题好像唤起了霍布斯的问题,谁判决? 谁解释? (Quis judicavit? Quis interpretabitur?)这一问题也在施米特那里再现:谁决断,即,谁是实际被认可的能够具体表达自身是抽象法律规范的人,从而保证公共领域法律规范的可见性。除了一个同时是规范性与创造性的、先于规范存在的行为之外,法律规范不能被任何东西所建立:"从规范性的视角看,蕴含在法当中的决断从虚无中产生(aus einem Nichts geboren)。出于概念的必然性,它被表述/口述出来(diktiert)"。② 对于沃格林来说,这个问题有着一个完全不同的意义。对于他来说,问题并不是知道是谁在公共领域体现了权威并且赋予了他以"可见性",而是作决断的意志的性质问题。因为决断并不是一个从规范的虚无中将政治秩序引入存在的一个非理性的行为,而是一个理性意志的行为,它被善的表现赋予了生气。正如中世纪的亚里士多德的追随者们(Aristotelians)所说的那样, quid quid appetitur, appetitur sub ratione bo-

---

① 沃格林,《观念的国家类型与国家间关系的限制》(National Types of Mind and the Limits to Interstate Relations),见《沃格林作品集》,32:477—78。
② Carl Schmitt,《论专政》(Die Diktatur,4th ed.,Berlin,1978),页 23。

ni——当参与善的时候,我们只想要我们能够构思出的东西。因此我们必须从意志出发然后走向统治它的表现。由此,沃格林得出结论:"民族—国家的本质是信仰,而不是……决断。"没有决断在无行为动机之表现的情形下被作出,没有决断能在与善的联系下被理解。因此,任何决断都预先假定一个规范的目标以及向善之意志的一个优先方向。对沃格林而言,这种向善之人类精神的开放性同时也是基本的经验,这个基本的经验是人从其存在和政治秩序的实质核心中为自身创造的。[①]

因此,对两位作者而言,政治秩序绕着一个超然存在的极点旋转。然而,对施米特和沃格林而言,超然存在并不具有相同的意义。对于前者而言,它实质上意味着一个关于法律合理性之所有形式的决断的彻底他律性。对沃格林来说,它涉及将法律秩序归入到一个更高级的伦理与形而上的秩序中,在其中可以发现它的原初意义。这两种政治模型依赖于根本不同的神学模型。施米特的决断主义者政治模型类推着符合上帝的绝对权能(potentia absoluta Dei)的神学,这种模型可以在中世纪晚期的司各脱主义者(Scotist)和奥卡姆主义者(Occamist)的神学中发现。对沃格林来说,他参考了柏拉图式(Platonic)灵感的神学,在该神学中,神圣者没有被作为极端的异类来理解,而是被作为超越的善来理解,人的精神依然自然地对其开放。

这些相对的神学模型都延伸到了政治领域。对施米特而言,主权者的决断创造政治秩序,仅仅是因为它规定了国民单纯的(以及无条件的)服从;这种服从并不依靠规范的正确性而存在,而是唯一地从对颁布它的主权者能力的认可中产生——一种毫无

[①] 对施米特机缘主义的一个类似的批判——尽管是从另外一个视角——能够在洛维特那里被发现(在这一点上洛维特与诸如赫勒以及考夫曼等德国法学家比较接近)。参见他的著作《施米特的机缘决断主义》(*The Occasional Decisionism of Carl Schmitt*),第一次于 1935 年在德国出版。

争议且绝对信任的类似物。① 我们知道,沃格林将一直拒绝,特别是在与施特劳斯(在这个问题上施特劳斯认为自己是施米特的继承者)的对话中,把宗教信心解释为对非理性之信条的盲目支持;②信心,从希腊的信(pistis)的意义来理解,意指有关基础之爱欲的以及持续受质疑的动力。这种神学也延伸到了政治领域。沃格林不能足够严厉地表达他对国家公务员不负责任式的服从的反对,特别是在他开设的课程《希特勒与德国人》上,③这种服从的一个原因可以在法律实证主义中发现——在这种实证主义下,施米特的决断主义只能在现实中用来强化它。在正当性的一个超越伦理范围的承认中,沃格林为合法性之制度来源的一个多元化的美国模式辩护,对他而言,就转化成了为国民责任化的辩护。除了通过精神抽象之外,规范并不能在它的伦理环境之外被体现:公共精神并不是由对实证法的无条件服从构成,而是通过公共的符号由对普遍的善的开放构成。

四、人类学上的延续部分

在施米特那里,政治权力超然特性的激进化以及在一个根本非理性主义者的图解之中去解释它,自相矛盾地导致了像神圣者在物质世界现实化一样的政治的绝对化,换句话说就是,导致了准确地说是沃格林在1938年称之为"政治的宗教"的形成。从上帝

---

① 关于这一点,参见 Heinrich Meier,《施米特教程:政治神学与政治哲学之区别四论》(*The Lesson of Carl Schmitt: Four Chapters on the Distinction between Political Theology and Political Philosophy*, Marcus Brainard 译, Chicago, 1998),页 10—25。
② 参见 Thierry Gontier,《沃格林:政治的符号》(*Voegelin: Symboles du politique*), Paris, 2008,页 71—82。
③ 《沃格林作品集》,31:219—21。亦可参见 1943 年 9 月 17 日沃格林给 Alfred Schütz 涉及 Edmund Husserl 的信中所直接针对"人类机关"的幽默的冷嘲嘲讽,见:《沃格林作品集》,6:49 以及 29:367。

的绝对权能的极端神学到人类的自我-肯定的转变,已经被布卢门贝格(Hans Blumenberg)在不同的背景下彻底地研究过了,对他而言,"对超然之绝对的挑衅,在其最极端激进的时候进入到了对内在绝对的揭示"。① 施米特对超然存在的激进化,被以同样的方式颠覆了,并因此转到了绝对的内在性的位置,从而把没有爱欲(eros)的人留在了要么是一个彼岸世界的存在之内,要么留在了政治社会之内。

很显然,施米特对人性自生论的普罗米修斯式的思想以及他们在市民社会国家的自然宪法中的政治对等物,持很严厉的批判态度。正是由于反对这种自由的乐观主义,他提出了关于原罪的基督教神学。但是,问题出现在他给原罪这一概念所赋予的含义上。我们来看一下1922年《政治的神学》的第四章:

> 每一种政治观均以不同的方式对人的"本性"采取某种立场,不是假定"人性善",就是假定"本性恶"。②

针对"无神论主义的无政府主义者",即相信"人显然是善"的,施米特罗列了迈斯特、博纳德以及柯特这三个"人性邪恶"论的支持者。施米特解释说,这种激进主义与路德宗的教义相反,路德宗的教义:

> 没有断言人性绝对没有价值,而只是讲扭曲、晦暗和损害,并且为可能的天性之善留下了余地。③

---

① Hans Blumenberg,《现代的合法性》(*The Legitimacy of the Modern Age*, R. W. Wallace 译, Cambridge/ MA,1983),页178。
② Carl Schmitt,《政治的神学》,前揭,页65。[译注]中译见施米特《政治的神学》,载施米特《政治的概念》,刘小枫编,刘宗坤译,上海:上海人民出版社,2004,页37。
③ 同上,页57。[译注]中译见施米特,《政治的神学》,前揭,页37。

除了本性善良与原罪的对立之外，在一个并不抑制渴求善的原罪与一个抑制渴求善的原罪之间，还存在另一个——也是根本的（原罪）。施米特采取的立场是什么呢？通过将柯特挑衅性的描写置于《政治的神学》一书的结尾处，施米特没有赋予后者以决定性的价值吗？在《政治的概念》一书当中，施米特谈到了他自己赞同的观点：

> 所有的国家理论和政治观念均可按照它们所依据的人类学来检验之，并由此分为两类，即那些有意识或无意识地假定人在"本性上是恶的"，以及'那些有意识或无意识地假定人在"本性上是善的"。……所有真正的政治理论均假定人性"邪恶"，也就是说，人绝不是一种没有任何问题的生物，而是一种"危险的"动态生物。①

在这些"真正的"政治理论之间（它们将自由政治理论作为"错误的"政治理论而排除出去），施米特除了引用马基雅维利、霍布斯、费希特、丹纳（Taine）以及黑格尔之外，还引用了迈斯特和柯特的大名。施米特的政治人类学于此利用了原罪激进的与异端的说法，它甚至抑制人对上帝的渴求。

对沃格林而言这个意味着什么呢？对他来说，对原罪教条的拒绝构成世俗化进程的一个明确的特性。让我们查阅一下他1940年的一篇文章，在该文中，沃格林整合了他1933年关于种族的成果：

> 在基督教的人类学之中，人本质上是一种不完美的存在，

---

① 施米特，《政治的概念》，页58、61。[译注]中译见施米特《政治的概念》，刘小枫编，刘宗坤等译，上海：上海人民出版社，2004，页138、141。

他担负着原罪的重担,并且在恩典与忏悔、诅咒与救赎下引导他的生活。这样的罪恶在世界上通常与人的身份关联,尤其是与每个单个的人的存在关联。没有人能够摆脱他对人类罪恶和相应不完美的社会所分担的责任。①

世俗化的现代现象确实成功地将人的内部结构问题转变为一个可以应用"技术的"回应的外部问题。但沃格林并没有从原罪"教条"的体系视角提供一个始终如一的解释。为了显示人的有限条件,他以一种颇为一般的方式讨论了它。这种条件也许有两项非常不同的含义,有时涉及人性与生俱来的对自动达到超然之善的内在的无能为力(虽然没有力争去接近它),有时涉及他所拥有的永恒可能性,这种可能偏离了探索这个实质上难以达到的善以有利于另一个他相信自己能够支配的客体——近似于廊下派的自我异化(allotriosis)。沃格林借用奥古斯丁的词汇,频繁地把这种叛教(apostasy)的原因称之为傲慢(superbia)、自我之爱(amor sui)或统治欲(libido dominandi)。决定性的因素依然是这种叛教并不是人的不可避免的宿命这一事实,且这种决定性因素依然一直有效。简而言之,对于沃格林而言,人从未停止力争接近超然之善;即使后者在此岸世界从来不可能被独占,在建构人之总体性的可预见的、道德的、政治的行为时,它依然是有重要意义的。

没有什么比施米特对这种人类堕落后的国家(postlapsarian state)的纵容更具有启迪作用的了。② 确实,不管有多大的错误,悖论对人类来说却是美好的。美好的罪过,还可以说,因为有了

---

① 沃格林,《1940年种族观念的增长》(The Growth of the Race Idea 1940),见《沃格林作品集》,10:50。
② 这种评论在洛维特1935年对施米特政治理论的分析中也能够看到,见《施米特的机缘决断主义》,前揭,页144。

它，敌意被作为政治之特性的基础而保存了下来，这种特性不仅建立在一个经济利益或者文化利益的共同体之上，而且——回到施特劳斯在他对《政治的概念》一书高度清晰的调查中所使用的简洁表述——建立在"人严肃认真的生活"的基础之上。① 假如我们要废除罪和敌意；那么就像施特劳斯指出的那样，我们将拥有相当于经济与文化的社会，一个悠闲娱乐的社会，但没有了牺牲的可能性，因此在伦理方面就是缺失的。另外，根据施特劳斯的观点，施米特并不满足于说这种静谧的世界——人间取代上帝的王国——在此岸世界是无法实现的（沃格林同意的一种说法）；他表达了他对于这种缺乏一些伦理因素的去政治化的世界的极大憎恶，并且他提前谴责了可能寻求建立这种世界的所有计划，哪怕是作为一种潜在趋势的结果。因此，敌意不是对一个错误的惩罚，而是由上帝给予人类的恩赐，从而使其免于遭受那种世界所代表的混乱，在这种世界中，政治制度已经不再是必须的了。关于原罪的这种显然很"黑暗"的看法因此带来了矛盾的效果，给人类开启了一个内在（对超然存在关闭）的世界。

对沃格林而言，敌意丝毫没有构成政治的主旨。在其20世纪30年代早期对《统治理论》这一流产的写作计划中，沃格林谴责施米特将政治的本质与事实上只是外围的现象混淆起来。② 人们一致的准备在战斗中献出生命，显示了一个政治共同体的意识，如果这是真的，那么，争战（agon）③自身无论如何丝毫也不是那种认同的构成部分。它毋宁是由共同体的信仰与象征性的表现构成，信仰与表现自身则以共同体成员对"同样超然之内容"

---

① Heinrich Meier，《隐匿的对话：施米特与施特劳斯》，页112。[译注]中译见迈尔《隐匿的对话：施米特与施特劳斯》，刘小枫编，朱雁冰等译，北京：华夏出版社，2008。
② 沃格林，《统治理论》（Theory of Governance），见《沃格林作品集》，32：364。
③ [译注]希腊语，原指竞争，常用于体育竞技。

的开放为基础,"每一个人都根据他的能力去接受目标的精神"(同上,页367)。尽管这些信仰与表现可能有所不同,但它们归根结底都指从参与超然之现实中获取的相同的难以言喻的人类经验。对于沃格林来说,这样的一个结果是,根本的政治框架并未被限制在民族国家之内。后者只是一个暂时的解决方案,正如被施米特用来反对普遍主义者与和平主义者之意识形态的国家间的联盟那样(例如,同盟与军事协议)。用柏格森主义者的话说,敌意就是被一个封闭社会所使用的认同范畴;换句话说,不仅对其自身关闭,而且对把灵魂开放给超然之善的体验同样封闭的这么一个社会,它的认同范畴是敌意。对于沃格林来说,他一直在神秘主义和世界主义的双重意义上,把自己作为开放社会的辩护人而呈现出来。神圣帝国(Imperium sacrum)统治者的形象普遍的等同于柏拉图哲学的统治者;在某种意义上,这里的统治者构成一个沃格林主义者所烘托的陀思妥耶夫斯基(Dostoyevsky)——他深深吸引了施米特,且他谴责基督之死是为保护一个尘世之神学-政治秩序的利益——笔下的宗教法庭大审判官(Grand Inquisitor)。① 在这种世界政治的-普遍的背景下,朋友-敌人关系不是一个真正的政治认同的组成部分,而是一种病态认同的组成部分。②

在剥夺了人类向往神圣的动力的情形下,施米特主义者的概

---

① 在施米特主义者那里宗教法庭大审判官的形象,参见 Théodore Paléologue,《宗教法庭大审判官视野之下:施米特政治神学的遗产》(*Sous l'oeil du Grand Inquisiteur: Carl Schmitt et l'héritage de la théologie politique*, Paris, 2004)。在沃格林那里的形象,见《统治理论》,载《沃格林作品集》,32:326—32,以及 Hans-Jörg Sigwart,《经验的模式:关于沃格林的统治理论》(Modes of Experience: On Eric Voegelin's Theory of Governance),见 *Review of Politics* 68, no. 2(2006),页259—86。对于一个更为一般的方法而言,参见 Ellis Sandoz,《政治启示录:关于陀思妥耶夫斯基宗教法庭大审判官的研究》(*Political Apocalypse: A Study of Dostoevsky's Grand Inquisitor*, 2nd ed., Wilmington, 2000)。
② 《沃格林作品集》,34:80,85—86。

念至少在功能上与最极端形式中的世俗化的自由主义概念——与巴枯宁的无神论者的无政府主义概念相符合。① 沃格林在他关于霍布斯的研究中——特别是他在1938年《政治的宗教》一书内关于利维坦思想的发展中,在多种场合分析了这种现象。因此,在从他的精神生活与他向一个至高之善的奋斗中(被属于一个物理之恶[physical evil]的至恶[supreme evil]的恐惧所取代),在由此分离出来的政治人(homo politicus)当中,霍布斯以单独建立在激情的机械式相互作用基础之上的一个伦理学和政治学的形式,为建立在渴求善——古人之政治友情的基础——的基础之上的政治学创建了一个替代物,他最深刻的表述见诸于将生活比喻为种族。② 将超然存在的含义曲解为一项激进的他律性,以及它的必然结果——即人类对上帝的渴求的根除,以同样的方式作用于世俗的政治制度向绝对的内在性的转换。

五、结论:政治的有限性

因此,施米特与沃格林代表了当代(后黑格尔派哲学家)神学-政治秩序下的两种不同类型的人,这种秩序抛弃了作为永恒王国历史与世俗之化身的国家概念。这种末世与历史的切断在施米特和沃格林处都出现了。但它却导致了存在分歧的伦理概念。对于施米特而言,根本的政治美德是容忍的品德;在施米特那里,反基督主义者代表了在尘世建立来世之自由主义者的急

---

① 例如参见《政治的神学Ⅱ》(*Political Theology II: The Myth of the Closure of Any Political Theology*, M. Hoelz and G. Ward 编, Cambridge, 2008),页128—130。[译注]中译见施米特《政治的神学续篇》,载施米特《政治的概念》,刘小枫编,吴增定译,上海:上海人民出版社,2004,页333—400。
② 参见 Thomas Hobbes,《自然法和政治的基本要素》(*The Elements of Law Natural and Politic*, F. Tönnies 编, 2nd ed., London, 1969),页47—48。

躁,但是与反基督主义者形象相对的是抵挡者,使政治社会与对人类而言永远不可企及的末世保持了一定的距离。简而言之,天选之子的极乐之福并不是政治所关心的——政治必须重新被聚焦在这个世界之中的人类的现实性上。在这一点上,基督教信念的宣誓形式与现实政治的防御并肩战斗。另一方面,对于沃格林而言,人的(以及公民的)品德依然以爱欲作为基础来构筑。确定的是,爱欲并不能在尘世完成;这种原则富有经验的好像是超越世界与历史而存在的一样,但是,其仍然是全人类意志的终极目标。这种伦理的对立物也是急躁的一种形式。在20世纪50年代,沃格林(在此之前的是洛维特和陶伯斯)使用灵知派(Gnostic)的形象,成了这种急躁的典型——诺斯替派不能忍受存在的极度紧张,并试图在内在世界引起末世,由此把它还原到历史中的人类活动中去。诺斯替派在历史本身中确定历史的意义。虽然沃格林与施米特可能仍然看起来在这一点上(将现代政治视为对来生而言的一个承诺的内在化)有点儿意见一致,然而这样的事实仍然存在,那就是这种表面的一致隐藏了一个更深的分歧,并且施米特政治的神学通过一条毫无疑义地矛盾的路径(有关政治方法和目的的简单明确的醒悟)导致了与其要求批判的自由政治学同样的结果。

这也正是沃格林批判之所在。在1950年给许茨(Alfred Schütz)的信中,沃格林没有将施米特对纳粹主义的坚持解释为深刻的坚定信仰的结果,而是解释为主要是由机会主义所激发的一个决定。此外,沃格林质疑了如下见解,即"我们可以简单地通过把施米特称为一个纳粹分子而解决由其引发的问题"。然而这种机会主义本身却揭示了施米特构建的对人类生活的概念,这里的人类生活被剥夺了向善转变的动力。

我现在坚信,他的(也就是海德格尔的)国家社会主义与施米特的具有类似的原因,或者像拉斯基的种族主义一样:一种知识分子在入世的-历史的层面上的政治预期——比很多其他人的"正派"要明智,这些人的固执使他们在危险的冒险中维持了安全——但却缺少能够避免世俗的-内在的诱惑之伤害的精神高度——它对于在柏拉图哲学意义上的"灵魂的转向"(periagoge)而言一直是不充分的。①

与海德格尔一样,施米特破坏了柏拉图将之理解为心灵转向之目的的超然存在的意义。对两位作者而言,激进的超然存在(激进到了不再为人类提供一个开阔视野的程度)被颠倒了过来,变成了对一种绝对之内在性的肯定。正如沃格林在《政治的宗教》一书中所写的,"当在俗世之后的上帝看不见的时候,俗世的内容将变为新的神灵"。② 如果从这个视角看,很显然,施米特从1933年开始投机取巧地参加纳粹主义,理智地说,并不与他在1920年至1932年所采取的立场相矛盾(甚至不管这一事实,即只要这一区别有意义,那么施米特毫无疑问更多的是一个权威主义的思想家而不是一个极权主义的思想家,是一个将市民社会与国家分离的思想家而不是将它们集中的思想家)。

通过摧毁精神的秩序,施米特也摧毁了尘世的秩序,这里显然指的是人。实际上,不可能在施米特使用"政治的神学"这一术语的意义上,即,在面临限制的两种合理性间的一个结构性的类似的意义上,谈论沃格林那里的"政治的神学",不过这两种合理性在其各自的秩序之内依然是自主的。对于沃格林而言,这样的自主性并不存在。对于沃格林而言,神学与政治学之间的关系问题从

---

① 沃格林,《1950年3月20日给许茨的一封信》(letter to Alfred Schütz, 20 May 1950),见《沃格林作品集》,30:56。

② 《沃格林作品集》,5:60。

没有依据两种相互独立的合理性之间的一个结构性的类似而被陈述；它总是依据一种直接的关系而被陈述——不论那种关系是可靠的或者是腐朽的。俗世的人和追求超然目的的人是同一个个体。此外，国家不能自然而然地与一个完美社会(societas perfecta)的状态相一致。沃格林的"宗教的政治学"，如果我们可以使用这个短语的话，有着一项不同的意义。它将政治吸引力的一种类型指定给超然存在的一极，这个超然存在一极由呈现在人类理性活动中心的，特别是人类共同体活动中的超然存在的经验所构成。这种经验保存了政治的有限性，抢先取得它的自我建构，以作为一种世俗的神学(而且不考虑具体的制度形态)，同时它保存了人类根本上的躁动不安以及它对基础的超然存在问题的开放。对于沃格林而言，宗教的功能因此主要是作为一个激进批判的权威以及一个政治之探求者的保证人。

图书在版编目(CIP)数据

施米特的学术遗产/朱晓峰编;朱晓峰,张洁等译.
--上海:华东师范大学出版社,2015.9
(经典与解释・施米特集)
ISBN 978-7-5675-3724-8

Ⅰ.①施… Ⅱ.①朱…②朱…③张… Ⅲ.①施米特,C.(1888~1985)-政治思想-研究 Ⅳ.①D095.165

中国版本图书馆 CIP 数据核字(2015)第 134440 号

华东师范大学出版社六点分社
企划人 倪为国

本书著作权、版式和装帧设计受世界版权公约和中华人民共和国著作权法保护

施米特集
施米特的学术遗产

编　　者　朱晓峰
译　　者　朱晓峰　张　洁　等
审读编辑　温玉伟
责任编辑　彭文曼
封面设计　吴元瑛

出版发行　华东师范大学出版社
社　　址　上海市中山北路3663号　邮编　200062
网　　址　www.ecnupress.com.cn
电　　话　021-60821666　行政传真　021-62572105
客服电话　021-62865537　门市(邮购)电话　021-62869887
地　　址　上海市中山北路3663号华东师范大学校内先锋路口
网　　店　http://hdsdcbs.tmall.com

印 刷 者　上海景条印刷有限公司
开　　本　890×1240　1/32
插　　页　2
印　　张　12.5
字　　数　280千字
版　　次　2015年9月第1版
印　　次　2015年9月第1次
书　　号　ISBN 978-7-5675-3724-8/B・953
定　　价　58.00元

出版人　王　焰

(如发现本版图书有印订质量问题,请寄回本社客服中心调换或电话021-62865537联系)